ÉTUDES ROMANTIQUES ET DIX-NEUVIÉMISTES
sous la direction de Pierre Glaudes et Éléonore Reverzy
88

La Belle-Époque des amours fétichistes

Ouvrage publié avec le soutien
de la Faculté des lettres de l'université de Genève
et de la Fondation Schmidheiny

Martina Díaz Cornide

La Belle-Époque des amours fétichistes

PARIS
CLASSIQUES GARNIER
2019

Martina Díaz Cornide est docteure ès lettres françaises de l'université de Genève, où elle a été assistante puis maître-assistante. Elle a participé en tant que post-doctorante à l'université de Fribourg (Suisse) pour le projet « La Figure du poète-médecin : une reconfiguration des savoirs » soutenu par le Fonds national suisse et mené par la chaire « Médecine et société » du département de médecine.

ISBN 978-2-406-08275-0 (livre broché)
ISBN 978-2-406-08276-7 (livre relié)
ISSN 2103-4672

A mis padres :
Orlanda Cornide Puentes,
Marino Díaz García.

A Serene y Myriam.

A ellos que me enseñaron el verbo amar.

On n'aime que ce que l'on ne possède pas tout entier.
Marcel PROUST, *La Prisonnière*, p. 98.

POUR UNE HISTOIRE DU FÉTICHISME

> Le mot fétiche a un petit air savant qui séduit toujours, et tout cela ne paraissait en somme qu'un jeu innocent[1].

En 1874, dans une nouvelle intitulée *La Science de l'amour* que l'exigeant des Esseintes apprécie pour ses « folies chimiques[2] », Charles Cros imagine un jeune physicien souhaitant « entreprendre l'étude scientifique » de l'amour :

> Je m'étais dit : Je veux étudier l'amour, non comme les Don Juan, qui s'amusent sans écrire, non comme les littérateurs qui sentimentalisent nuageusement, mais comme les savants sérieux. Pour constater l'effet de la chaleur sur le zinc, on prend une barre de zinc, on la chauffe dans l'eau à une température rigoureusement déterminée au moyen du meilleur thermomètre possible ; on mesure avec précision la longueur de la barre, sa ténacité, sa capacité calorique, et on en fait autant à une autre température non moins rigoureusement déterminée.
>
> C'est par des procédés aussi exacts que je me proposai (projet remarquable à un âge si tendre – vingt-cinq ans à peine) d'étudier l'amour. Difficile entreprise[3].

Le projet « savant », aussi inédit qu'ardu, trahit d'emblée sa cocasserie : la « longueur » de la « barre de zinc », dont on évalue la « ténacité » et la « capacité » pour déterminer la chaleur du corps, entache le « sérieux » de l'« entreprise », ou en tout cas situe l'étude de l'« amour », que la littérature « sentimentalise », du côté du sexuel. Ce qui n'aurait donc

1 Müller, Friedrich Max, *Nouvelles études de Mythologie*, traduites de l'anglais par Léon Job, Paris, Félix Alcan, 1898, p. 143.

2 Huysmans, Joris-Karl, *À rebours* [1884], éd. Marc Fumaroli, Paris, Gallimard, « Folio classique », 1996, p. 314.

3 Cros, Charles, *La Science de l'amour* [1874], in *Le Collier de griffes*, présentation par Louis Forestier, Paris, Gf Flammarion, 1979, p. 306.

jamais été abordé avec rigueur ne seraient pas tant les aléas de l'âme éprise que les « minutes caractéristiques » : « Il n'y a que les meubles, quelquefois un chien, un chat, qui assistent à ces mystères qu'une inexplicable fatalité a dérobés jusqu'ici à l'analyse. » Et si l'étude érotique a toujours échappé à la science, c'est parce qu'elle ne peut être qu'entravée par la sexualité du savant lui-même.

En effet, pour que l'observation soit précise, surtout dans les moments intimes, il faudrait que l'observateur soit l'observé. Le scientifique doit donc jouer « personnellement le rôle d'amoureux ». La question est cruciale : pour parler d'amour, faut-il soi-même être amoureux, ou du moins partie prenante de l'expérience ? Sans doute, assure le narrateur, dont la posture épistémologique n'est alors plus celle d'un savant détaché de son objet, mais contaminé par lui. Cependant, il prétend participer à l'expérience tout en conservant son ethos objectif, puisqu'il ne s'agirait pas de mesurer sur lui-même les effets de l'amour, mais sur un autre individu dont l'observateur doit percer les secrets amoureux à travers les signes corporels. Charles Cros délimite ainsi dans sa fiction un protocole d'expérience exigeant que pour parler d'amour, on le fasse – tout en demeurant maître de soi et séméiologue de l'autre.

Le narrateur, dont le cœur s'était « étiolé à l'ombre des bibliothèques[4] », doit apprendre un savoir-faire séducteur afin de conquérir un cobaye. Pratiquer l'amour exige en effet de connaître l'art des futilités énamourantes grâce à des élèves de Chopin (qui lui enseignent une pièce pathétique pour piano) et aux disciples de Musset (qui lui composent des acrostiches). Fort de ces acquis, il conquiert une certaine Virginie : l'expérimentation débute alors. Deux thermomètres sont discrètement nichés dans un portrait que lui offre le narrateur, afin de « vérifier les modifications à la température normale d'un organisme affecté d'amour[5] ». Astucieusement, le scientifique enlève la belle un soir, après l'avoir menacée de se suicider, comme il l'a appris dans la littérature romantique. Pendant une étreinte, il applique un cardiographe entre les côtes de la femme, ce qui lui permet « d'enregistrer les expressions viscérales de la situation » – et ce au sens littéral, espère-t-il. Dans la chambre d'amour, elle s'abandonne aux « transports fictifs » du savant, soi-disant toujours à son fait :

---

4 *Ibid.*, p. 306-307.
5 *Ibid.*, p. 310.

> Les murs doublés de cuivre empêchaient tout rapport avec l'atmosphère ; et l'air, à son entrée d'abord, à sa sortie ensuite, était analysé d'une manière rigoureuse. Les solutions de potasse des appareils à boule révélaient, heure par heure, à d'habiles chimistes la présence quantitative de l'acide carbonique. Je me souviens de nombres curieux à ce sujet, mais ils manquent de la précision justement exigée dans les tables puisque ma respiration à moi, non amoureux, était mêlée à celle de Virginie. Qu'il me suffise de mentionner en gros l'excès d'acide carbonique lors des nuits tumultueuses où la passion atteignait ses maxima d'intensité et d'expression numérique.
>
> Des bandes de papier de tournesol habilement distribuées dans les doublures de ses vêtements m'ont révélé la réaction constamment très acide de la sueur. Puis les jours suivants, puis les nuits suivantes, que de nombres à enregistrer sur l'équivalent mécanique des contractions nerveuses, sur la quantité de larmes sécrétées, sur la composition de la salive, sur l'hygroscopie variable des cheveux, sur la tension des sanglots inquiets et des soupirs de volupté[6] !

Alors qu'il dit quantifier les données de l'acte sexuel, le langage du savant, ce « moi, non amoureux », trahit un incommensurable. L'amour devient de la « passion » ; les nuits atteignent des « maxima d'intensité » ; l'acide carbonique est dans l'« excès » ; les nombres sont surtout « curieux », tandis que les sanglots et les soupirs ne peuvent être abordés que par la « tension » qu'ils suscitent, on ne sait plus chez qui. Et cette quantification fantasmée se concrétise particulièrement dans un « compteur de baisers » glissé dans sa bouche avant d'embrasser la dupée Virginie. L'ingénieux instrument lui permet de constater que l'expression « mille baisers », utilisée notamment par des poètes « de mauvais goût tels Jean Second », n'est pas une hyperbole : au comble de l'ardeur, neuf cent quarante-quatre baisers ont été enregistrés. L'expérimentation scientifique semble ainsi vérifier que les catachrèses amoureuses sont fondées, alors même que les savoirs séducteurs acquis dans la musique, dans les romans ou avec les poètes ont porté leurs fruits. Tout se passe donc comme si le langage figuré de la « nébuleuse » littérature ne se trompait pas tant que cela, et que les résultats de la science fournissaient simplement une assise scientifique à des conceptions archaïques et littéraires de la passion.

Mais pour que son mémoire scientifique (« dont l'effet académique s'annonçait désormais comme devant être foudroyant ») soit complet, le narrateur ne peut négliger les effets de l'absence sur Virginie, expérience

6 *Ibid.*, p. 312-313.

ô combien douloureuse des amants. Tandis qu'il est à Paris en train de s'amuser, elle lève le camp (« il faisait trop triste dans vos boudoirs à trucs », lui écrit-elle), pilant auparavant « sous les talons de ses bottines » tous les instruments et brûlant les documents inédits. Virginie n'est en définitive pas du tout virginale, puisqu'elle choisit de partir vivre ailleurs la sincérité des corps qu'elle ne peut connaître dans le laboratoire amoureux. Sa fuite montre alors que connaître l'amour, c'est le vivre, sans le « mesurer ». La science se trouve ainsi fatalement « retardée » dans l'élucidation de la passion, alors même que le savant en découvre la mélancolie :

> Et j'allais m'évanouir, ô honte, en m'enfouissant dans l'oreiller pour y retrouver l'odeur des cheveux que je ne devais plus toucher.
>
> Pour comble, perdant l'occasion d'enregistrer les éléments analytiques d'un si profond déchirement, d'un ensemble si particulier de sensations violentes, je ne pensai pas à m'appliquer le cardiographe[7].

De ce corps que le narrateur réduisait à des chiffres il ne reste désormais qu'une odeur évanescente. L'amoureux cherche alors, dans le désarroi de la solitude, à étreindre le fantôme des cheveux, à conserver les traces de celle qui l'a quitté, à s'accrocher au rien qui ne demeure même pas – à n'en garder que la relique fétichiste. *La Science de l'amour* s'achève ainsi sur l'échec et de la science, et de l'amour, lorsque l'amour veut être su scientifiquement. Il ne reste, en définitive, que la narration de son échec – de la littérature nébuleuse.

S'il semble prendre à la légère l'investigation scientifique de la passion, Cros montre néanmoins combien il pourrait sembler audacieux et vain de constituer l'amour, sentiment aussi universel que déroutant épistémologiquement, en objet de savoir. Et pourtant, une *libido sciendi* traverse bel et bien la science de la Belle Époque, où des spécialistes aux profils variés ne cessent de réfléchir à l'instinct amoureux et à ses dérèglements : philosophes, médecins, psychiatres ou amateurs de psychologie rédigent maints traités et articles. Mais toutes ces approches souhaitent une saisie objective, rigoureuse, voire expérimentale des faits érotiques, qu'ils soient morbides ou physiologiques : aux théories aliénistes, qui déportent leur rayon d'action des asiles aux alcôves, se nouent les spéculations neuropsychiatriques sur les mécanismes nerveux du désir. Et tandis que la médecine légale dénonce les conséquences sociales des

7 *Ibid.*, p. 315-317.

emportements sexuels, la psychologie, en cours d'institutionnalisation, aborde la physiologie amoureuse et ses dérives.

Parler de « science » de l'amour est par conséquent une dénomination générique recoupant de multiples tentatives d'appréhensions de « l'amour », terme général sous lequel on désigne, surtout, le sexe. En effet, le sentiment est réduit à une physique corporelle et nerveuse, puisque l'étude de l'amour est imprégnée par les théories de la dégénérescence, omniprésentes dans le champ médical depuis 1850. La science cherche à saisir la passion par l'entremise de ses manifestations organiques, dont les formes pathologiques sont appréhendées comme un symptôme de la grande maladie du siècle, la folie héréditaire, provoquée, pensent les aliénistes, par une tare congénitale empirant de génération en génération. L'amour semble pouvoir se réduire scientifiquement aux phénomènes nerveux qui le secouent, à sa manifestation sexuellement maladive.

Toutefois, l'assimilation du sentiment au sexe apparaît comme périlleuse dans des descriptions médicales qui peinent souvent à maintenir une approche scientifique claire. Joanny Roux, interne à l'Infirmerie spéciale de Paris, réfléchit notamment en 1899, dans sa *Psychologie de l'instinct sexuel*, à la formation de l'amour, « sentiment complexe, ayant toujours ses racines profondes organiques » dans « le besoin sexuel ». Il serait l'effet d'une association constante entre un « rêve » et le « mécanisme » du désir organique, dont Roux esquisse un graphique :

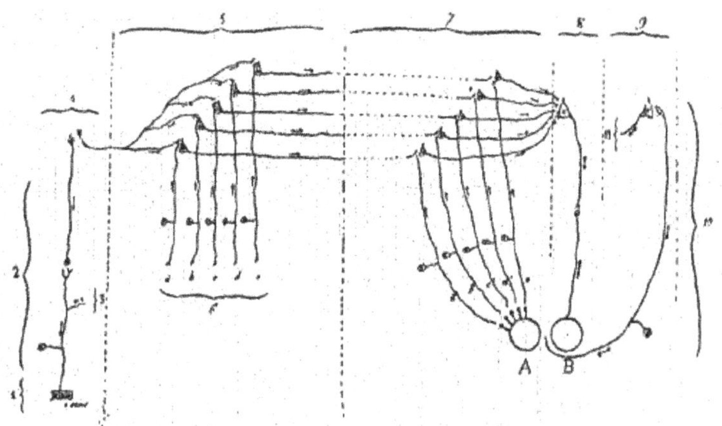

À l'origine de toutes les manifestations de l'instinct sexuel se trouve une excitation causale périphérique, qui se produit au niveau de tous nos éléments anatomiques (1 de la figure). L'influx nerveux né de cette excitation s'élève de la périphérie vers les centres, à travers le système nerveux centripète (2). Durant ce trajet, il se réfléchit probablement vers la périphérie (3) pour donner lieu à des réflexes ganglionnaires, médullaires, bulbaires, encore inconnus. Arrivé dans les centres (4), il donne naissance à un phénomène de conscience, le besoin sexuel [...]. L'influx nerveux poursuit son trajet à travers la corticalité (5). Là il est rejoint et renforcé par d'autres influx nés ailleurs : sensations génitales, olfactives, visuelles, auditives, tactiles (6, *a, b, c, d, e*). Il s'associe avec ces sensations, de telle façon que dorénavant le besoin sexuel les évoque, et qu'inversement il puisse être évoqué par elles. Le besoin sexuel s'associe ensuite avec des sentiments plus complexes qui pourraient être représentés de la même manière. C'est la phase de la *cristallisation* de l'amour [...]. Plus tard, les mêmes associations se produisent encore (7), mais les sensations et les sentiments (*a', b', c', d', e'*) ont alors une origine bien déterminée : l'objet qui va être aimé (A). C'est la phase du *choix*, puis de la *systématisation* de l'amour. Dès lors, l'influx nerveux est prêt à s'extérioriser ; il le fait (8) par le rapprochement du sujet amoureux (B) et de l'objet aimé (A). Du contact naît une excitation qui s'élève (9) vers les centres, pour y provoquer la sensation voluptueuse (10). Celle-ci est elle-même le point de départ de nouveaux réflexes (11). Ainsi s'enchaînent tous les actes humains[8].

Le médecin réduit le fonctionnement de « tous les actes humains » à onze étapes, en s'appuyant sur les avancées neurologiques. Mais aussi simple que paraisse la topographie du phénomène amoureux, la cartographie demeure obscure et illisible, aux « aléas inconnus » – de même que sa mise en discours. La réduction de la « psychologie » à « l'instinct », en matière de sexualité, demeure ainsi fatalement trouble, en dépit d'efforts théoriques et normatifs.

Avant que le mot « sexologie » n'apparaisse autour de 1910 pour remettre en cause l'ordre médical[9], les experts ont en effet établi depuis le milieu du siècle une distinction entre la régularité du mariage (favorisant l'« harmonie des plaisirs » et la « réussite de la fécondation », comme l'a montré Alain Corbin[10]) et les « sexualités périphériques[11] ». Les « perversions » de ce que l'on nomme « l'instinct » ou le « sens »

8 Roux, Joanny, *Psychologie de l'instinct sexuel. Avec figures dans le texte*, Paris, J. B. Baillière et fils, 1899, p. 92.

9 Voir Chaperon, Sylvie, *Les Origines de la sexologie (1850-1900)*, Paris, Petite Bibliothèque Payot, 2012, p. 240-242.

10 Corbin, Alain, *L'Harmonie des plaisirs. Les manières de jouir du siècle des Lumières à l'avènement de la sexologie*, Paris, Perrin, 2008, p. 562.

11 Foucault, Michel, *Histoire de la sexualité I. La volonté de savoir*, Paris, Gallimard, « Tel », 1976, p. 56.

génésique – parmi lesquelles l'onanisme, contre lequel on met en garde depuis le XVIIIe siècle, le sadisme et le masochisme (ainsi nommés par le psychiatre austro-hongrois Richard von Krafft-Ebing) ou encore l'exhibitionnisme, théorisé par Charles Lasègue. Tandis que l'Allemagne s'intéresse en particulier à l'« inversion » (car la législation y punit encore pénalement les relations homosexuelles même entre adultes consentants), la médecine française s'occupe à ce que l'on nomme de nos jours les paraphilies – ces pratiques sexuelles dont la finalité n'est pas le coït reproducteur[12]. Le savoir médical s'est donc « approprié » les déviances sexuelles, comme le décrit Lanteri-Laura[13]. Et parmi elles, Michel Foucault l'a bien remarqué, une « perversion-modèle » a « servi de fil directeur à l'analyse de toutes les autres déviations, car on y lisait clairement la fixation de l'instinct à un objet sur le mode de l'inadéquation biologique[14] » : cette perversion, c'est le fétichisme amoureux.

L'adoration érotique d'une partie corporelle ou d'un objet est théorisée médicalement par Alfred Binet dans son article « Le Fétichisme dans l'amour », que publie en 1887 la *Revue philosophique de la France et de l'étranger*[15]. Mais cette nouvelle catégorie nosographique apparaît comme superlative. D'une part, elle englobe les autres perversions : les invertis incarneraient des fétichistes du même sexe, tandis que les sadiques et les masochistes aimeraient la douleur. Mais d'autre part, la réflexion psychologique qu'inaugure Binet considère tout amour comme étant en germe pervers, puisque les détails et les objets jouent un rôle dans n'importe quelle relation sentimentale. Penser le fétichisme dans sa forme pathologique permettrait donc de réfléchir, plus largement, à ce qu'est l'amour physiologique – dit « normal ». C'est dire l'importance de cette déviance érotique dans la science fin-de-siècle.

Le fétichisme est d'ailleurs la seule forme amoureuse à ne pas être désignée par un néologisme : son nom vient d'ailleurs. En effet, alors

12 Sur les divergences entre l'Allemagne et la France autour de la clinique des perversions, voir Mazaleigue-Labaste, Julie, *Les Déséquilibres de l'amour. La Genèse du concept de perversion sexuelle, de la Révolution française à Freud*, Montreuil-sous-Bois, Ithaque, « philosophie, anthropologie, psychologie », 2014, p. 193-205.

13 Lanteri-Laura, Georges, *Lecture des perversions. Histoire de leur appropriation médicale*, Paris, Masson, 1979.

14 Foucault, Michel, *Histoire de la sexualité 1. La volonté de savoir*, p. 203.

15 Binet, Alfred, « Le Fétichisme dans l'amour », *RP*, vol. XXIV (juillet à décembre 1887), p. 143-167 et 252-274 ; rééd. Binet, Alfred, *Le Fétichisme dans l'amour* [1887], préf. André Béjin, Paris, Payot et Rivage, 2001. C'est à l'édition originale que l'on se référera par la suite.

que Karl Marx utilise le mot « fétichisme » pour désigner une déviation économique dans *Le Capital* (texte que les médecins français semblent méconnaître)[16], c'est toutefois dans l'anthropologie religieuse que puise Alfred Binet. Le président Charles de Brosses a forgé la notion de « fétichisme » en 1760 dans *Du culte des dieux fétiches* pour décrire l'adoration religieuse adressée à des objets matériels, investis par les sauvages d'un pouvoir transcendant. L'histoire des religions a dès lors pensé que l'adoration fétichique représentait le premier stade symbolique de l'humanité, pendant lequel les êtres seraient subjugués par une matière perçue comme ensorcelante et animée. C'est pourquoi, remarque Baudrillard, le fétichisme a pu devenir une « *métaphore* » : il n'a « cessé d'être le leitmotiv de l'analyse de la "pensée magique" » par l'Occident, que ce soit « celle des tribus bantoues ou celle des peuplades modernes métropolitaines immergées dans leurs objets et leurs signes[17] ». Le psychologue de l'amour construit donc une nouvelle entrée dans la nosographie perverse à partir d'un mot chargé d'un substrat anthropologique qui, fatalement, imprègnera cette nouvelle maladie.

C'est précisément ce mariage entre le fétichisme anthropologique et une pratique érotique que l'on se propose de retracer, au moment où la Belle Époque se passionne pour la science de l'amour. Pourquoi est-ce justement alors que le fétichisme érotique a suscité un tel questionnement, lui qui n'avait jusqu'alors jamais été envisagé comme une

16 Pour Karl Marx, les objets manufacturés sont transformés en marchandises par le capitalisme, recélant alors un pouvoir aliénant. Une simple table en bois devient « une toute autre affaire » quand elle « se présente comme marchandise » : « À la fois saisissable et insaisissable, il ne lui suffit pas de poser ses pieds sur le sol ; elle se dresse, pour ainsi dire, sur sa tête de bois en face des autres marchandises et se livre à des caprices plus bizarres que si elle se mettait à danser » (*Le Capital*, trad. de M. J. Roy, éd. Louis Althusser, Paris, Flammarion, « Champs Classiques », 1985, p. 99). La table anthropomorphisée, devenue tournante, montre comment la matière (dans sa valeur d'usage) s'anime au moment de sa confrontation avec les autres marchandises (acquérant une valeur d'échange). Cette illusion, qui fait oublier la valeur des choses dans leur confrontation mutuelle, constitue précisément le fétichisme économique : « C'est ce qu'on peut nommer le fétichisme attaché aux produits du travail, dès qu'ils se présentent comme des marchandises, fétichisme inséparable de ce mode de production. » (*Ibid.*, p. 29) Sur la théorie marxiste du fétichisme, voir la section « Magic Capital » dans Apter, Emily S., et Pietz, William, *Fetishism As Cultural Discourse*, Ithaca, N.Y., Cornell University Press, 1993, ainsi que Derrida, Jacques, *Spectres de Marx. L'état de la dette, le travail du deuil et la nouvelle Internationale*, Paris, Galilée, 1993.

17 Baudrillard, Jean, *Pour une critique de l'économie politique du signe*, Paris, Gallimard, 1972, p. 96.

manifestation maladive ? Certes, sa cristallisation médicale surgit alors que la « “scientia sexualis” se constitue en Occident ». Mais il est clair aussi que « sadisme, masochisme, bestialité et autres raffinements ont existé dans les lupanars bien avant d'être objets d'étude pour les sexologues[18] ». Comment la focalisation du désir sur une partie du corps ou sur un objet est-elle devenue une perversion sexuelle taxée, qui plus est, de dangereuse, et exigeant pour les aliénistes la réclusion asilaire ?

Une telle étude exige d'adopter un angle résolument historique. Il ne s'agira cependant pas ici de refaire l'histoire du mot « fétichisme[19] », ni d'étudier les variations que le concept a pu connaître au fil des siècles[20], mais de se concentrer sur l'élaboration de cette catégorie par la science de l'amour en l'ancrant dans la continuité des études envisageant ces dernières années les relations entre littérature et médecine, récusant ainsi « l'isolement disciplinaire[21] » de deux champs que la modernité s'est efforcée de séparer[22]. L'on abordera donc tout énoncé avec la conviction que « le sens et les valeurs soulevées par un texte ne peuvent être pleinement appréhendés si ce dernier n'est pas rendu aux déterminations de son contexte d'origine[23] », et l'on suivra notamment les méthodes de l'histoire de la médecine pour rendre compte du dynamisme et du contexte des thèses savantes.

À l'instar des songes, dont Jacqueline Carroy a montré la dense réflexion dont hérite *L'Interprétation des rêves* de Freud[24], l'on passe trop vite sur le fétichisme amoureux dans les histoires sur la sexualité, où l'on se contente de nommer Alfred Binet comme son créateur en psychologie

18 Corbin, Alain, *Les Filles de noce. Misère sexuelle et prostitution (19e et 20e siècles)*, Paris, Aubier Montaigne, 1978, p. 186-187.

19 Voir Pietz, William, *Le Fétiche : généalogie d'un problème*, trad. de l'anglais (États-Unis) par Aude Pivin, Paris, Kargo & L'Éclat, 2005.

20 Voir Iacono, Alfonso M., *Le Fétichisme : histoire d'un concept*, Paris, P.U.F., « Philosophies », 1992 ; Assoun, Pierre-Laurent, *Le Fétichisme*, Paris, P.U.F., « Que sais-je ? », 2006 et Fedi, Laurent, *Fétichisme, Philosophie, Littérature*, Paris, L'Harmattan, « La Philosophie en commun », 2002.

21 Pierssens, Michel, éditorial d'*Epistémocritique. Littérature et savoirs*, (http://www.epistemocritique.org/).

22 Voir Chomety, Philippe et Lamy, Jérôme, « Littérature et science : archéologie d'un litige (XVIe – XVIIIe siècles) », *Littératures classiques*, n° 85, 2014/3, p. 5-30.

23 Voir Carlino, Andrea, et Wenger, Alexandre (éd.), *Littérature et médecine : approches et perspectives (XVIe-XIXe siècles)*, Genève, Droz, « Recherches et rencontres », 2007, p. 12.

24 Carroy, Jacqueline, *Nuits savantes. Une histoire des rêves (1850-1945)*, Paris, Éditions de l'École des hautes études en sciences sociales, 2012.

avant d'en venir, sans transition, à la théorisation freudienne dans ses *Trois Essais sur la théorie sexuelle* de 1905 et *Le Fétichisme* de 1927 – comme si les formulations antérieures n'avaient été que des balbutiements tâtonnants. Pourtant, toute une réflexion est alors menée par des savants tels que Jean-Martin Charcot et Valentin Magnan, Émile Laurent, Richard von Krafft-Ebing, Paul Garnier, Gaëtan Gatian de Clérambault ou Louis Barras. La thèse récapitulative de ce dernier, publiée en 1913, constitue une sorte d'aboutissement de la réflexion aliéniste sur le fétichisme, puisque les écrits qui lui sont consacrés disparaissent ensuite de l'horizon psychiatrique. Il semble donc nécessaire de plonger dans le débat scientifique qui s'étend de Binet à Barras, des années 1880 au déclenchement de la Grande Guerre, pendant cette Belle Époque traversée par cette *libido sciendi libidinis* précisément sentie par Cros.

Mais la pathologisation de cette forme amoureuse déborde très vite le milieu médical. La presse quotidienne, à laquelle collaborent des célébrités telles que Guy de Maupassant ou Octave Mirbeau, élabore des comptes rendus des traités scientifiques, contribuant ainsi à en divulguer les théories et à alimenter des peurs suscitées par la prolifération supposée dans Paris de bandes de coupeurs de nattes et autres piqueurs de fesses. La science de l'amour se diffuse par conséquent largement en dehors des cercles spécialisés, alors même que les médecins souhaiteraient restreindre l'audience de leurs publications dont ils perçoivent le caractère obscène et potentiellement contagieux. Mais si le fétichisme excède le champ de la médecine, c'est surtout grâce à la littérature : « les auteurs littéraires ont, eux aussi, souvent dépeint le fétichisme[25] », reconnaît Krafft-Ebing, qui trouve en eux d'abondantes sources d'étude et de réflexion. En effet, décadents, symbolistes ou naturalistes mettent en scène une névrose collective et une attirance pour la sexualité morbide qu'ils interrogent dans son rapport à la norme. Le fétichisme est ainsi une donnée littéraire avant tout, ne serait-ce que parce qu'il s'érotise dès le XVIIIe siècle chez Rétif de la Bretonne, podophile reconnu et avoué dont on redécouvre l'œuvre au même moment.

Ce n'est donc pas en psychologie que le fétichisme amoureux naît, mais bien en littérature, qui alimente la médecine et apparaît comme un

25 Krafft-Ebing, Richard von, *Psychopathia sexualis, étude médico-légale à l'usage des médecins et des juristes. 16e et 17e éditions allemandes refondues par le Dr Albert Moll*, traduction française par René Lobstein, préface du Dr Pierre Janet, Paris, Payot, 1950, p. 314.

« extraordinaire résonateur et amplificateur, en même temps que vecteur, des diverses représentations, parfois conflictuelles car prises dans des idéologies et dans des enjeux qui s'opposent [...]. Elle participe à ces constructions idéologiques, elle les figure, elle les met en discours, éventuellement elle les critique : elle les incarne et les met à distance à la fois[26] ». Et c'est avec la littérature et contre elle que les médecins y réfléchissent. Car les textes savants sont truffés de références romanesques tantôt dénigrées, tantôt saluées comme des sources de la réflexion sur l'amour. La science, telle que Cros la caricature, croit en effet pénétrer dans un terrain qui, jusqu'alors, aurait seulement été exploré par les poètes : et comme elle associe l'amour au sexe et que le sexe est organique, elle pense dessaisir la littérature de l'autorité qu'elle avait en matière amoureuse. Mais des écrivains s'opposent à cette réduction normative : tandis que la littérature néo libertine intègre le savoir dans ses scénarios pornographiques, Jean Lorrain réécrit une observation médicale en en nuançant le diagnostic. Quant à Maupassant, Rachilde ou encore Rodenbach, ils anoblissent poétiquement le fétichisme des fleurs, des chevelures ou des tissus.

Avides lecteurs de traités savants, des plumes aux esthétiques diverses infléchissent donc le discours scientifique dans leurs narrations d'amours perverses : médecine et littérature ne cessent de dialoguer et de s'emprunter récits, concepts, questionnements et procédés d'écritures, sur un fond en constante tension de rivalité et de complémentarité. C'est pourquoi l'ensemble des discours sur le fétichisme amoureux, peu importe qu'ils relèvent de la science ou de la littérature, seront abordés, d'une part, selon une perspective « épistémocritique[27] », afin de mettre en lumière la permanence ou l'évolution de schèmes, de cas ou d'intrigues fétichistes. Mais d'autre part, les outils littéraires éclaireront les thématiques communes, en ratttachant les problématiques à des courants esthétiques et en mettant l'accent sur les modes d'énonciation, de narrations ainsi que sur les structures rhétoriques. À l'explication historique doit donc se nouer une herméneutique en vue de montrer non seulement l'importance

26 Dumasy-Queffélec, Lise, « Introduction générale », in Dumasy-Queffélec, Lise et Spengler, Hélène, *Médecine, sciences de la vie et littérature en France et en Europe de la Révolution à nos jours*, 3 vol., Genève, Droz, « Histoire des idées et critique littéraire », 2014, t. 1 : Herméneutique et clinique, p. 10-11.

27 Elle consiste « dans un texte, à se poser la question des usages que fait ce dernier de ce qui relève des savoirs, parfois des sciences, au sens le plus élaboré de ce mot » (Pierssens, Michel, éditorial d'*Épistémocritique. Littérature et savoirs* ; http://www.epistemocritique.org/).

épistémologique de la littérature sur le fétichisme (puisqu'elle nourrit la nosographie médicale, s'en inspire, s'y oppose), mais aussi sa force poétique.

Une telle perspective interdit d'aborder la science de l'amour fin-de-siècle en vue d'établir une vérité sur la relation érotique ou dans une optique rétrospectivement psychanalytique – telle que celle de Naomi Schor par exemple. La critique américaine envisage en effet la perversion à travers le prisme absolu de la théorie freudienne, qu'elle revisite dans une optique féministe. Les femmes étant interdites de fétichisme par Freud, Schor en conçoit une variante féminine à partir du cas de George Sand – bien qu'elle soutienne par ailleurs que le terme « fétichisme », trop connoté pour décrire ces questions sexuelles, devrait être remplacé[28]. Emily Apter prolonge ces réflexions en s'appuyant aussi sur une vision élargie de la psychanalyse aux *gender studies*. Elle juge de la pertinence des analyses que certains écrivains ont effectuées de l'amour à partir de la certitude que le fétichisme naît d'une pulsion scopique tronquée par un complexe de castration irrésolu : c'est pourquoi elle considère notamment que le psychiatre Gaëtan Gatian de Clérambault, emporté par ses préjugés sexistes, aurait été moins fin que Maupassant à propos du fétichisme dans l'amour[29]. Si l'on refuse ici cette approche essentialiste jugeant vraies ou fausses les descriptions littéraires de l'amour, c'est que l'on souhaiterait comprendre comment, à la Belle Époque, des pratiques érotiques où le désir se focalise sur une partie du corps ou sur

28 Dans un article sur Flaubert où elle associe l'ironie au fétichisme (la première opérant sur le discours romantique et le second sur le sexe féminin castré), Schor assure que les femmes doivent s'emparer de l'ironie, trop réservée aux hommes, et abandonner le fétichisme. Mais elle ne cesse de penser son féminisme dans le creux de ce qu'elle considère tout de même comme la « perversion par excellence », quoique réservée par la psychanalyse au sexe masculin – et ce au grand dam des féministes, qui se sentent dès lors exclues. George Sand, en mettant en scène cette perversion érotique, participerait dès lors d'une *bisextualité* entremêlant les genres de manière indécidable. Voir Schor, Naomi, "Fetishism and its ironies", *Bad objects. Essays on popular and unpopular*, Durham and London, Duke University Press, 1995, p. 101 et "Female Fetishism : The Case of George Sand", *Poetics Today*, vol. 6, n° 1/2, "The Female Body in Western Culture : Semiotic Perspectives" (1985), p. 301-310.

29 « Where Clérambault was hampered by psychoanalytical and sexist prejudices that weakened the value of his observations, Maupassant, never one to underestimate the capacity of either sex for "veritable debaucheries of imagination", proved to be the more reliable analyst » (Apter, Emily, *Feminizing the Fetish. Psychoanalysis and narrative obsession in Turn-of-the-Century France*, Ithaca and London, Cornell University Press, 1991, p. 107). « Alors que Clérambault a été gêné par des préjugés sexistes et psychanalytiques, qui ont fragilisé la valeur de ses observations, Maupassant n'a en revanche jamais sous-estimé la capacité de chaque sexe pour les "véritables débauches de l'imagination", et a ainsi prouvé être l'analyste le plus fiable ».

un objet ont été qualifiées de « fétichisme » – et ce indépendamment des présupposés freudiens postérieurs, dont le développement théorique excède notre période.

Ces pages veulent donc contribuer à l'étude des discours sur le fétichisme érotique en les resituant dans un contexte autant façonné qu'éclairé par eux. Mais faire l'histoire de la théorisation du fétichisme érotique, retracer les fiançailles entre un mot issu de l'anthropologie religieuse et une donnée de la vie amoureuse n'implique pas pour autant une approche constructiviste forcenée, selon laquelle les pratiques fétichistes n'auraient pas existé jusqu'à ce qu'elles aient été pensées par la science fin-de-siècle. Elles semblent au contraire une manifestation courante de la vie amoureuse, que les arts se sont toujours plu à illustrer ; et il est assurément impossible de recenser ici les foisonnantes représentations d'amours fétichistes qui vont de la chaussure de Cendrillon aux blasons de la Renaissance en passant par les innombrables reliques amoureuses du Moyen Age[30]. Il apparaît donc comme une évidence que le fétichisme amoureux jouit d'une épaisseur culturelle, puisqu'une pléthore d'œuvres d'époques diverses chante le culte de la relique et du détail amoureux. Dès lors, comme la médecine pathologise à la fin du XIXe siècle un fond commun qui est surtout littéraire, l'on cherchera à comprendre pourquoi, à un moment donné, le fait de conserver des objets en souvenir de l'autre ou de porter son attention érotique sur une partie particulière du corps a été considéré comme une manifestation morbide de la sexualité : pourquoi, ce qui avait toujours été admis, ne l'est désormais plus par la doxa médicale – et ce jusqu'à nos jours.

L'hétérogénéité du corpus autour du fétichisme amoureux exige dès lors une saisie à la fois chronologique et quelque peu tressée. L'exposition devra d'abord être diachronique pour rendre compte de l'évolution de la théorie médicale, de la constitution d'un nouveau concept nosographique à partir d'un nom importé d'une autre discipline. Dans un premier temps sera donc

30 Songeons à Lancelot retirant des cheveux d'un peigne trouvé au bord d'une fontaine : « Jamais yeux ne verront honorer un objet comme il se met à révérer les cheveux ; bien cent mille fois il les applique contre ses yeux, contre sa bouche, contre son front et son visage : leur contact le plonge dans l'extase » (Chrétien de Troyes, *Le Chevalier de la Charrette (Lancelot)*, éd. de A. Foulet et K. D. Uitti, Paris, Bordas, « Classiques Garnier », 1989, v. 1472-1478, p. 85). Sur le rapport partiel au corps à la Renaissance, voir Hillman, David, et Mazzio, Carla, *The Body in Parts : Fantasies of Corporeality in Early Modern Europe*, New York, Routledge, 1997.

abordée la coloration anthropologique du fétichisme et le contexte médical dans lequel le baptême de Binet est rendu possible en 1887 (« Des bétyles aux bottines »). La réflexion du psychologue mérite ensuite une lecture attentive, puisqu'elle pose les jalons du débat médical qui fait rage durant le tournant du siècle. En effet, Binet s'interroge en particulier sur le statut de l'objet fétiche : puisque tout désir est titillé par des détails, il faut alors comprendre s'ils sont aimés en eux-mêmes et pour eux-mêmes, ou s'ils sont pris en compte parce qu'ils renvoient à une personne déterminée. Quel lien unit donc le fétiche à l'être dont il est découpé ou dont il émane ? Est-il un symbole de l'être chéri absent, et donc une synecdoque (dans le cas d'une partie corporelle) ou une métonymie (s'il s'agit d'un objet)[31] ? Ce cas de figure, que Binet nomme « petit fétichisme », serait moins grave que celui où l'objet est aimé pour lui-même, se substituant entièrement au corps de l'autre – autrement dit le « grand fétichisme ». La question de la figuralité du fétiche entraîne donc des conséquences sur l'établissement, périlleux, de la norme et du pathologique. Si certains savants pensent que la différence est graduelle, d'autres conçoivent une rupture ontologique entre les pervers et tout un chacun : la société devrait dès lors d'autant plus se protéger des fétichistes que l'on croit qu'ils ne cessent d'augmenter (« La Science du fétichisme »). Alors que peu femmes en seraient atteintes, en revanche les écrivains prétendument fétichistes seraient nombreux, à en croire les pathographies qui sont consacrées à Rétif de la Bretonne, Maupassant ou encore Zola : tout se passe donc comme si le fétichisme apparaissait aux médecins comme une perversion éminemment *littéraire*, s'exprimant

31 Synecdoque et métonymie ont suscité maints débats dans l'histoire de la rhétorique, de du Marsais au Groupe µ. L'on parlera ici de synecdoque pour décrire un rapport d'inclusion tel que celui du tout pour la partie (comme dans le cas d'un amour dirigé envers une partie précise du corps), suivant la définition de Fontanier : la synecdoque désigne « un objet par le nom d'un autre objet avec lequel il forme un ensemble, un tout, ou physique ou métaphysique, l'existence ou l'idée de l'un se trouvant comprise dans l'existence ou dans l'idée de l'autre » (*Les Figures du discours*, introduction par Gérard Genette, Paris, Flammarion, « Champs classiques », 1977, p. 87). L'on préférera parler de métonymie lorsque le fétiche sera établi par une contigüité plus souple, comme dans le cas de fixation du désir sur des objets. Car la métonymie, toujours selon Fontanier, est un trope par correspondance consistant « dans la désignation d'un objet par le nom d'un autre objet qui fait comme lui un tout absolument à part, mais qui lui doit ou à qui il doit lui-même plus ou moins, ou pour son existence, ou pour sa manière d'être » (*ibid.*, p. 79). Tant la métonymie que la synecdoque entretiennent donc des rapports étroits avec les deux termes mis en relation par le trope. La métaphore est quant à elle envisagée comme la substitution d'un terme par un autre, « puisqu'elle affirme que A est B, même si ce n'est pas vrai à proprement parler » (MEYER, Michel, *Principia rhetorica : Une théorie générale de l'argumentation*, Fayard, « Ouvertures », 2008, p. 71).

volontiers dans des autobiographies que relaient abondamment les traités. La science de l'amour pathologise ainsi l'érotisme qui fait des tropes – et la littérature qui le raconte (« Écritures cliniques »).

Mais à cette pathologisation médicale répond l'érotisation du morbide. D'une part, des écrits néo-libertins, ou à vocation pseudo-vulgarisatrice, trouvent dans les textes savants une matière évocatrice. S'ils transforment la science du sexe en un art érotique, ils envisagent aussi l'amour fétichiste comme une aristocratie charnelle (« L'érotisation du savoir »). D'autre part, les littératures symboliste ou décadente considèrent le fétichisme comme une quête idéale, motivée par l'insatisfaction des amours charnels, par le deuil et l'absence : les objets sont alors les ultimes reliques d'un sujet égaré dans la finitude du monde (« Poétiques de l'écart »). Que le désir puisse se concentrer sur des choses est peut-être alors bien maladif ; mais il est inhérent à la condition humaine – à la nostalgie du passé. Associée à la noble mélancolie, la perversion devient poétique, ce qui précisément inquiète les médecins : car en embellissant les amours métonymiques, les écrivains contribueraient à les propager. À la poétisation de la perversion par la littérature répond donc la considération de cette poétisation même comme une maladie littéraire du XIXe siècle mourant, en quête de correspondances entre les choses, entre le sujet et le monde (« Symbolisme et fétichisme »).

Après avoir suivi chronologiquement les enjeux médicaux du fétichisme, cette enquête souhaiterait donc montrer la circulation de ce savoir, en mettant à nu les gestes de pathologisation de l'amour d'une part et de poétisation de la perversion d'autre part. Les échanges entre médecine et littérature s'embrassent ainsi en formant un chiasme pour que fleurisse le fétichisme amoureux à la Belle Époque – et ce par-delà les apories protocolaires soulevées par Charles Cros. Car des plumes plurielles ont plongé le scalpel dans le désir figuré, jouissant de leur parole ; et c'est justement l'histoire de cette quête, par une *libido* aussi savante que sensuelle, que ces pages voudraient raconter.

Cette recherche est le fruit d'une thèse de doctorat menée à l'Université de Genève sous la direction avisée du Professeur Juan Rigoli : je lui exprime toute ma gratitude pour sa confiance. Je remercie également le Fonds National Suisse de m'avoir octroyé une bourse de mobilité pour doctorant qui m'a permis de séjourner à la New York University auprès de Denis Hollier et à l'EHESS avec Jacqueline Carroy : merci à eux de leur bienveillant accueil.

PREMIÈRE PARTIE

PATHOLOGISATION DE L'ÉROTIQUE

DES BÉTYLES AUX BOTTINES

> Tout comme le type d'objets qu'il prétend étiqueter, le terme de fétichisme vient toujours d'ailleurs[1] !

Comment s'est cristallisé le fétichisme, en médecine, à la Belle Époque ? Quel a été le contexte d'émergence de cette nouvelle entrée nosographique, dont on se contente de rappeler trop brièvement qu'Alfred Binet en serait l'inventeur ? L'intérêt pour les déviances de la sexualité s'inscrit dans la clinique des perversions sexuelles qui hante le débat psychiatrique. En effet, suite à l'affaire du Sergent Bertrand qui secoue le milieu du XIXe siècle, la médecine s'intéresse aux écarts amoureux, parmi lesquels l'amour des objets et des parties corporelles attire d'emblée l'attention des spécialistes. Mais la psychiatrie s'est ouverte à l'anthropologie avec les théories postulant une dégénérescence chez les affaiblis héréditaires, dont on craint la contagion sociale. Ainsi en important le terme « fétichisme » issu de l'histoire des religions en psychologie amoureuse, Binet désigne un comportement érotique en le teintant d'enjeux sémiotiques, historiques et anthropologiques liés au culte des dieux fétiches théorisé au XVIIIe siècle par le président Charles de Brosses. Le psychologue a sans doute choisi le mot « fétichisme » parce qu'il circule déjà en médecine ; des savants inspirés par la philosophie d'Auguste Comte pensent en effet qu'en réaction au positivisme, la fin-de-siècle dote la matière d'une vie propre (comme certains récits de Maupassant le fantasment). Cette animisme s'incarne en particulier dans l'objet mercantile, érigé par Marx au rang de fétiche, et dont le rapport érotique potentiel n'a pas échappé à Zola dans *Au Bonheur*

1 Pontalis, J.-B., « Présentation » à *Objets du fétichisme*, Paris, Gallimard, « Nouvelle revue de psychanalyse », N° 2, 1970, p. 12.

des Dames. Si le fétichisme amoureux naît donc en 1887, il n'en demeure pas moins que cette « invention » a des racines médicales, anthropologiques, économiques et littéraires que ces premières pages souhaitent remettre à jour, afin de saisir comment le culte des bétyles – des cailloux fétiches – est devenu, à la Belle Époque, l'adoration des bottines.

DU VAMPIRE DE MONTPARNASSE À LA NOSOGRAPHIE PERVERSE

Partant du principe de Baillarger selon lequel les manifestations de la folie sont le résultat d'une activité involontaire due à un accident cérébral, Michel Foucault a montré qu'au milieu du XIXᵉ siècle se constitue un « couplage instinct-sexualité, désir-folie, plaisir-crime[2] », cristallisé par l'affaire du sergent Bertrand. Celle-ci marque en effet l'émergence, dans la psychiatrie française, de la maladie de « l'instinct génésique[3] », autrement dit de la pathologie sexuelle, puisqu'elle décèle « un aspect sexuel dans des phénomènes en apparence peu ou pas érotiques[4] ». Entre l'été 1848 et le printemps 1849, des cadavres de jeunes femmes sont exhumés et violés dans des cimetières parisiens. On cherche, longtemps en vain, à attraper celui que la presse surnomme « le Vampire de Montparnasse ». Finalement blessé lors d'une embuscade, le nécrophile se rend au Val-de-Grâce pour être soigné ; il finit par y avouer ses impulsions. Bertrand n'est alors condamné qu'à un an de prison, et ce non pas pour ses viols (le droit français ne légifère pas sur les délits pervers) mais pour violation de la propriété privée que constitue une tombe ; il se suicide peu après sa libération.

L'opinion publique est alors révulsée par le cannibalisme d'un officier, au demeurant charmant et apprécié par ses supérieurs. Le cas montre non seulement la nécessité de réglementer les criminelles impulsions,

---

2 Foucault, Michel, *Les Anormaux : cours au Collège de France, 1974-1975*, éd. établie sous la dir. de François Ewald et Alessandro Fontana, par Valerio Marchetti et Antonella Salomoni, Paris, Gallimard, le Seuil, 1999, p. 261.

3 *Ibid.*, p. 269. Sur ce cas célèbre, voir Lanteri-Laura, Georges, *Lecture des perversions*, p. 16-20 et la biographie de Dansel, Michel, *Le Sergent Bertrand. Portrait d'un nécrophile heureux*, Paris, Albin Michel, 1991.

4 Mazaleigue-Labaste, Julie, *Les Déséquilibres de l'amour*, p. 147.

mais aussi de réfléchir médicalement sur les déviances sexuelles pour que les malades ne soient pas, à l'instar du sergent, condamnés pénalement, mais dirigés vers des asiles[5]. S'ouvre alors un nouveau champ clinique : celui de la « perversion de l'instinct génésique ». Considérée pendant la première moitié du XIXe siècle comme un symptôme périphérique de la monomanie érotique, elle devient alors le centre de la psychopathologie car elle constitue une altération qualitative de l'instinct sexuel scindant l'acte fécondateur du plaisir sexuel. L'affaire Bertrand marque ainsi une « rupture épistémologique » en ouvrant le « champ d'une étude autonome des aberrations sexuelles. Elles vont, dès maintenant, déployer leurs espèces différenciées dans des classifications nouvelles, affranchies du modèle de la manie à la Pinel et Esquirol[6] ».

Très vite, le débat excède la nécrophilie et englobe d'autres manifestations du plaisir sexuel non reproducteur, qui devient « un objet psychiatrique et psychiatrisable » :

> Le décrochage de l'instinct sexuel, par rapport à la reproduction, est assuré par les mécanismes du plaisir, et c'est ce décrochage qui va permettre de constituer le champ unitaire des aberrations. Le plaisir non ordonné à la sexualité normale est le support de toute la série des conduites instinctives anormales, aberrantes, susceptibles de psychiatrisation. C'est ainsi que se dessinent – pour se substituer, en train de se substituer déjà, à la vieille théorie de l'aliénation qui était centrée sur la représentation, sur l'intérêt et sur l'erreur – une théorie de l'instinct et une théorie des aberrations, qui est liée à l'imagination et au plaisir[7].

Surgissent alors, dans les articles consacrés au sergent, de furtives évocations de la fixation amoureuse sur des objets ou des parties du corps. Brierre de Boismont raconte qu'un musicien, « ne pouvait se livrer au plaisir vénérien que dans les églises, et lorsqu'il avait devant lui une robe de velours. Pendant longtemps, les femmes dont il souillait ainsi les toilettes n'osèrent se plaindre ; mais, surpris un jour en flagrant délit,

5 Le docteur Lunier conçoit la nécrophilie comme une manifestation de ce qu'Esquirol nomme la « monomanie instinctive », caractérisée par l'irrésistibilité des actions – et donc l'irresponsabilité légale de l'agent (Lunier, Ludger, « Examen médico-légal d'un cas de monomanie instinctive », *AMP*, n° 1 (1849), p. 351-379).

6 Mazaleigue-Labaste, Julie, *Les Déséquilibres de l'amour*, p. 137. Sur l'évolution de la notion de « perversion sexuelle » au XIXe siècle à partir de l'affaire du Sergent Bertrand, voir en particulier p. 127-164.

7 Foucault, Michel, *Les Anormaux*, p. 271.

il fut condamné à six mois de prison. Un examen subséquent ne permit pas de mettre en doute sa folie érotique[8] ». Claude-François Michéa élabore pour sa part, sans cas cliniques, l'une des premières classifications des pathologies génésiaques :

> Les déviations maladives de l'appétit vénérien, et je ne veux parler ici que des principales, des plus antipathiques aux mœurs modernes, de celles dont le fait en soi et même la simple tendance conduisaient jadis au supplice et au bûcher, et qui, dans l'avenir, seront exclusivement la compétence des médecins, et pour lesquelles, dans l'opinion publique, une pitié profonde remplacera le mépris et la flétrissure ; les déviations maladives de l'appétit vénérien peuvent se classer en quatre genres qui sont par ordre de fréquence : 1° L'amour grec, ou d'individu pour son sexe ; 2° la bestialité ; 3° l'attrait pour un objet de nature insensible ; 4° l'attrait pour le cadavre humain.

La pseudo-taxinomie inclut un attrait pour les objets insensibles et en particulier les statues, prouvé par le cas antique de Clisophe qui « n'ayant pu se satisfaire à cause du froid et de la dureté du marbre, [...] sortit et revint avec un morceau de chair qu'il appliqua sur les parties génitales de la statue et parvint ainsi au but qu'il se proposait[9] ». Ces lignes, reprises par les spécialistes fin-de-siècle de la psychopathologie sexuelle[10], fondent une filiation qui conduit du Vampire de Montparnasse aux perversions de la Belle Époque.

S'ouvre donc autour de 1850 un nouveau champ clinique qui réfléchit aux altérations de l'instinct sexuel (ou de ce que Moreau de Tours fils conçoit comme un sixième sens – le génésique). Les pathologies sexuelles sont des formes sournoises de la folie, puisque « le sens génital est certainement celui qui se prête le mieux à des perversions compatibles avec un suffisant exercice de l'intelligence[11] ». S'apparentant aux oxymoriques

---

8 Brierre de Boismont, Alexandre, « Remarques médico-légales sur la perversion de l'instinct génésique », *Gazette médicale de Paris. Journal de médecine et des sciences accessoires*, série 3, n° 4 (1849), p. 562.

9 Michéa, Claude François, « Des déviations maladives de l'appétit vénérien », *L'Union médicale*, 3 (1849), Paris, Masson, p. 338-339.

10 Voir notamment Moreau de Tours, Paul, *Les Aberrations du sens génésique*, Paris, Ed. Asselin et Houzeau, 1887, p. 195 et Charcot, Jean-Martin et Valentin Magnan, « Inversion du sens génital et autres perversions sexuelles » (*Archives de neurologie, Revue des maladies nerveuses et mentales*, t. III, n° 7 (1882), p. 53-60, et « Inversion du sens génital et autres perversions sexuelles (suite) », *ibid.*, t. IV, n° 12 (1882), p. 296-322 ; rééd. *Inversion du sens génital et autres perversions sexuelles* [1882], présentation de Gérard Bonnet, Paris, Frénésie, « Insania », 1987, p. 20. Les citations proviennent de cette dernière réédition.

11 Moreau de Tours, Paul, *Les Aberrations du sens génésique*, p. 160.

folies lucides décrites par Ulysse Trélat[12], leur repérage sémiologique pose donc problème : « Si cette vésanie se reconnaît facilement au premier abord, il faut cependant avouer qu'il est des cas où il est difficile, nous dirons même impossible, d'établir un diagnostic précis. D'ordinaire tout l'ensemble, la démarche, l'aspect, un "je ne sais quoi" décèle le fou génésiaque[13]. » La psychiatrie doit donc isoler le détail incongru qui permettrait de repérer, puis d'écarter le dégénéré amoureux de la scène publique où il risque de propager ses impulsions.

Car l'affaire Bertrand précède de peu les théories de l'hérédité dégénérescente, dominant la psychiatrie de la deuxième moitié du XIXe siècle et associant le fou et le sauvage : car tous deux échapperaient à l'évolution progressive théorisée alors par Darwin. La psychiatrie s'ouvre ainsi vers l'anthropologie, puisqu'elle envisage non seulement le devenir individuel mais aussi le salut de l'espèce. Le fou se serait dégradé par rapport à l'idéal de l'humanité – et ce à l'instar du sauvage, noyé dans ses adorations primitives et ses instincts sexuels : « Le nègre obéit à ses sensations, et n'est occupé que de satisfaire sa faim ; on le voit s'abandonner sans réserve aux plaisirs sexuels, en revenant de ses voyages pendant lesquels tous ses instincts sauvages se sont exercés, et même au milieu des pratiques de sa religion enfantine[14]. » Cette théorie de la régression signe ainsi, pour reprendre Jean Borie, « l'acte de décès du bon sauvage » :

> On y démontre que sous l'effet de facteurs intoxicants (alcool, opium, etc.), ou de malnutrition (pellagre des paysans lombards), ou de maladies « climatiques » (paludisme), ou de la démoralisation entraînée par la promiscuité et la misère (prolétariats urbains de l'âge industriel), démoralisation qui multiplie les vices, les déviances sexuelles et dénature la famille, sous l'effet donc de l'un ou l'autre de ces facteurs – ou d'une combinaison de plusieurs d'entre eux – il se déclenche, dans les populations les plus démunies et par conséquent les plus exposées, un processus cyclique d'appauvrissement biologique dont l'aboutissement, après quelques générations, est le crétinisme le plus aggravé, l'impuissance, et la mort[15].

---

12 Trélat, Ulysse, *La Folie lucide, étudiée et considérée au point de vue de la famille et de la société*, Paris, Adrien Delahaye, 1861.

13 Moreau, Paul, *Les Aberrations du sens génésique*, p. 276.

14 Bouchereau, G. « Satyriasis », in *DESM*, sous la direction de A. Dechambre, série 3, tome 7, (1879), p. 67.

15 Borie, Jean, « Préface » à *La Curée* d'Émile Zola, éd. Henri Mitterand, Paris, Gallimard, « folio classique », 1981, p. 14. Sur les théories de la dégénérescence et le cadre institutionnel qui a vu leur développement, voir Coffin, Jean-Christophe, *La Transmission de la folie, 1850-1914*, Paris, L'Harmattan, 2003.

Provoquant l'impuissance, la dégénérescence causerait la décadence de la France, dont la défaite contre la Prusse serait imputable au manque de jeunes hommes vigoureux[16]. Alors que l'anthropologie établit encore des différences nettes entre les peuples civilisés et les *autres*, l'existence postulée de dégénérés au sein de l'Hexagone introduit une dangereuse sauvagerie au cœur même de la civilisation : car si la « dégénérescence est donc dans l'espèce l'apparition d'une "variété maladive" qui s'éteint d'elle-même une fois l'impuissance dernière établie, [...] avant d'en arriver au dernier stade, [elle] est capable de se reproduire, donc de s'étendre. On voit naître ici une nouvelle menace pour la civilisation, en même temps qu'une nouvelle image du sauvage, urbanisé, vicieux, débile, repoussant, avarié[17] ».

Ainsi, le sauvage « s'est rapproché au prix de sa déchéance[18] » : il devient un caractère pathologique et un péril social, représenté par une classe nuisible (celle des ouvriers alcooliques et des miséreux insalubres). Et cette barbarie peut revenir par la tare héréditaire : elle menace alors l'individu tant d'inadaptation morale que de déficiences anatomiques et cérébrales (malgré l'intelligence dont les dégénérés « supérieurs[19] » de Magnan seraient pourvus). Mais la dégradation du capital génétique se manifesterait particulièrement dans des déviances érotiques aussi bien psychologiques qu'anatomiques. Alexandre Cullerre, médecin-chef dans un asile en Vendée, assure que « des anomalies importantes et curieuses » des organes génitaux sont fréquentes et que « dans le cas où les organes de la génération sont normalement conformés extérieurement, il n'est pas rare de voir leurs fonctions perverties[20] ». Eugène Gley, physiologiste et endocrinologue, trouve que « les perversions de l'instinct sexuel sont extrêmement nombreuses et fréquentes. Et comme l'instinct sexuel constitue, au point de vue du mécanisme mental, une

16 Voir à ce propos Dowbiggin, Ian, *La Folie héréditaire : ou comment la psychiatrie française s'est constituée en un corps de savoir et de pouvoir dans la seconde moitié du XIX*e *siècle*, préf. de Georges Lanteri-Laura, trad. de l'américain par Guy Le Gaufey, notes établies par Xavier Leconte, Paris, E.P.E.L., 1993, ch. VII et Nye, Robert A., « The Medical Origins of Sexual Fetishism », in Apter, Emily S., et Pietz, William, Fetishism As Cultural Discourse.

17 Borie, Jean, « Préface » à *La Curée* d'Émile Zola, p. 15.

18 Borie, Jean, *Mythologies de l'hérédité au XIX*e *siècle*, p. 112.

19 Legrain, Paul Maurice, et Magnan, Valentin, *Les Dégénérés (état mental et syndrome épisodique)*, Paris, Rueff et éditeurs, 1895, p. 65.

20 Cullerre, Alexandre, *Les Frontières de la folie*, Paris, J.-B. Baillière et fils, 1888, p. 46-48.

faculté évidemment très simple, c'est un excellent point de départ que l'analyse de ces perversions pour l'étude psychologique des dégénérés[21] ».

Mais en dépit de l'importance que revêtent les monstruosités sexuelles dans l'identification de la dégénérescence, leur étude aurait été négligée :

> L'observation prouve, en effet, que les perversions génitales, sous diverses formes et à divers degrés, constituent un des côtés symptomatiques les plus curieux à étudier chez les aliénés héréditaires. Non seulement il existe souvent, chez ces malades, des altérations organiques des organes génitaux (cryptorchidie, monorchidie, hypospadias, épispadias, vices de conformations variés, etc.), mais on observe surtout des troubles nombreux des fonctions génitales, sur lesquels on n'a pas suffisamment appelé l'attention jusqu'à ce jour [...] Ce que nous voulons seulement faire remarquer aujourd'hui, c'est l'importance de ce chapitre oublié de la pathologie mentale, et de l'histoire des folies héréditaires en particulier[22].

Magnan joue sur le titre d'un ouvrage de Moreau de Tours, *Un chapitre oublié de la pathologie mentale*[23], qui décrit un « état mixte » comme participant et de la folie, et de la raison. De même, si les perversions sexuelles laissent le sujet maître de lui-même, elles auraient cependant une assise organique : épispadias et hypospadias (malformation de l'ouverture de l'urètre), phimosis (impossibilité de décalotter le prépuce) et « déviation » de la verge en érection en seraient les signes visibles. C'est pourquoi Émile Laurent, spécialiste de la question sexuelle, examine attentivement en 1892 l'appareil génital de prisonniers, afin de poser immédiatement le diagnostic de dégénérescence en cas de malformation – et de les déresponsabiliser.

La maladie sexuelle, dont on ne cesse de ressasser la gravité, exige alors une redistribution de l'échelle des maladies psychophysiques, comme l'explicite le fils de l'aliéniste Jean-Pierre Falret :

> La folie héréditaire ou raisonnante, au lieu d'être placée au sommet de l'échelle de l'aliénation mentale, comme le voulaient Pinel, Esquirol et leur école, dans le point le plus voisin de l'état de raison ou de la sanité d'esprit, doit au

21 Gley, Eugène, « Les Aberrations de l'instinct génésique d'après des travaux récents », *RP*, VII (janvier-juin 1884), p. 70. Binet cite d'ailleurs cet article (« Le Fétichisme dans l'amour », p. 161 et 163).

22 Falret, Jules, intervention dans Magnan, Valentin, « Des anomalies, des aberrations et des perversions sexuelles », *AMP*, n° 1 (1885), p. 472-473.

23 Moreau [de Tours], Jacques-Joseph, *Un chapitre oublié de la pathologie mentale*, Paris, Victor Masson, 1850.

> contraire être mise au bas de l'échelle, dans la classe des dégénérés les plus rapprochés de l'imbécillité et de l'idiotisme ; à cause des lacunes considérables que ces aliénés, du reste intelligents en général, présentent dans l'ordre des fonctions intellectuelles comme dans celui des fonctions physiques[24].

Jules Falret propose ainsi de rompre avec le continuisme de Pinel et d'Esquirol, pour qui la monomanie, entremêlant folie et raison, se situait en haut de l'échelle et l'idiotie en bas[25]. Quoiqu'intelligents, les dégénérés sexuels appartiennent au rebus de l'humanité – dont on peine toutefois à distinguer si elle est atteinte de *perversion* (déséquilibre congénital) ou de *perversité* (déficience morale) : des solutions de continuités sont ainsi instaurées entre les êtres[26].

Si l'étiologie des perversions est unique (car fixée par la dégénérescence), ses manifestations multiples requièrent toutefois une nosographie détaillée. Magnan ordonne ces « anomalies sexuelles [qui] sont si nombreuses, si variées qu'elles prêteraient à confusion, si l'on ne faisait ressortir leurs liens réciproques par une classification basée sur l'anatomie et la physiologie[27] ». D'autres nosographies, moins fondées sur la neuropsychiatrique, marient les catégories esquiroliennes de folies érotiques et

24 Magnan, Valentin « Des anomalies, des aberrations et des perversions sexuelles », p. 474.

25 Seulement deux ans auparavant, Benjamin Ball considère encore un amoureux des yeux fétichiste comme étant « un exemple classique d'érotomanie ; par ce mot (créé par Esquirol) on entend une affection mentale d'origine essentiellement cérébrale » dans laquelle le malade croit être l'objet d'une attention amoureuse de la part d'un être supérieur qui ne lui porte aucun intérêt (« De l'érotomanie ou folie érotique. Leçon professée à la Clinique des maladies mentales à l'Asile de Sainte-Anne », *L'Encéphale…*, 3e année, n° 1 (janvier 1883), p. 132-138). Binet reprend ce cas dans « Le Fétichisme dans l'amour », p. 147-149.

26 Julie Mazaleigue-Labaste a montré comment la psychopathologie de la sexualité s'est constituée au XIXe siècle à partir d'une distinction impossible entre perversion pathologique et perversité morale : car pour les différencier, les « *les psychiatres ont donc bien dû reconnaître l'existence d'une telle perversité morale comme bien distincte d'un trouble mental.* C'est donc à la condition apparemment paradoxale d'*intégrer* la catégorie éthique de la perversité à leur discours que les psychiatres ont pu maintenir la condition épistémologique nécessaire de leur exercice médico-légal, et garantir *l'indépendance de leur sphère de compétence* » sur les déséquilibres sexuels (*Les Déséquilibres de l'amour*, p. 14).

27 Magnan, Valentin, « Des anomalies, des aberrations et des perversions sexuelles », p. 4. Les frigides, les priapiques et les idiots seraient des spinaux souffrant d'un trouble de la moelle épinière ; les spinaux postérieurs se jetteraient dans l'acte instinctif brutal, tandis que les spinaux antérieurs verraient leur centre génito-spinal influencé par une idée psychique déviée et obsédante (tels les invertis, les personnes fascinées par des objets ou ceux souffrant de tocs) ; enfin, la catégorie des cérébraux antérieurs ou psychiques regrouperait des êtres chastes, souffrant d'érotomanie. Voir Mazaleigue-Labaste, Julie, *Les Déséquilibres de l'amour*, p. 227 *sq.*

la moderne perversion génitale. Benjamin Ball détermine notamment comme pathologiques trois manifestations amoureuses[28] : l'érotomanie (ou folie chaste) ; l'excitation sexuelle (comprenant les archaïques catégories de nymphomanie et satyriasis, ainsi que l'exhibitionnisme récemment décrit par Lasègue[29]) ; enfin, la perversion sexuelle – où se logent sanguinaires, nécrophiles, pédérastes, invertis et fétichistes, selon l'entrée que Binet proposera d'ajouter[30].

Mais l'étude médicale des perversions connaît son tournant majeur grâce à Jean-Martin Charcot et Valentin Magnan, respectivement neurologue à la Salpêtrière et psychiatre à Sainte-Anne, qui cristallisent dans leur article de 1882 le mot « perversion » à partir d'observations cliniques inlassablement retranscrites et commentées jusqu'à la Grande Guerre. L'« inversion du sens génital », illustrée par un seul et unique cas, se trouve par le titre à la fois liée et distinguée des « perversions sexuelles », constituées de quatre cas de fétichisme (passion des clous de bottines, des tabliers blancs, des bonnets de nuit et deux cas de frotteurs). Le duo théorise peu leurs observations – comme si leur simple exposition était une évidence. Malgré la prétendue « haute portée séméiologique » de leur article, les médecins ne disent pas quels signes permettent de reconnaître le pervers, si ce n'est une malformation génitale – souvent absente en outre[31]. Les transitions minimes renvoient seulement au diagnostic « saillant » de la dégénérescence, qui permet de déresponsabiliser pénalement les malades :

> Car une disposition native qui enchaîne la volonté, poussant l'individu à des actes qu'il est impuissant à réprimer, doit nécessairement entraîner l'irresponsabilité. Cette donnée est d'autant plus importante à vulgariser,

28 Ball, Benjamin, « La Folie érotique », *L'Encéphale…*, [mars et avril 1887], Paris, J. B. Baillière et fils, 1887, vol. VII, p. 190. L'article sera repris l'année suivante en volume : Ball, Benjamin, *La Folie érotique*, Paris, J. B. Baillière, 1888 puis 1893.

29 Lasègue, Charles, « Les Exhibitionnistes », *Études médicales du Professeur Charles Lasègue*, Tome I, Éd. Asselin et Cie, Paris, 1884, p. 691-700. L'article a été publié d'abord en mai 1877 dans l'*Union médicale.*

30 Binet, Alfred, « Le Fétichisme dans l'amour », p. 145.

31 Charcot, Jean-Martin, et Magnan, Valentin, *Inversion du sens génital et autres perversions sexuelles*, p. 38. L'auscultation anatomique échoue notamment avec le cas de l'inverti : « Au point de vue physique, cet homme, âgé de trente et un ans, est brun, grand, bien charpenté […]. Il se tient droit, la marche est ferme, même un peu raide et n'a rien de l'allure féminine ; il est d'ailleurs sexuellement bien conformé ; le pubis est fourni de poils, les testicules et la verge offrent une conformation régulière, sans la moindre anomalie ; il n'y a pas trace d'hypospadias » (*ibid.*, p. 8).

> que les magistrats, les médecins légistes qui ont eu à s'occuper d'attentats aux mœurs, et sous les yeux desquels ont passé des individus essentiellement vicieux, ont paru jusqu'ici peu disposés à attribuer à la maladie la part qui lui en revient. [...] L'étude de ces faits ne saurait donc être négligée, puisqu'en dehors de l'intérêt clinique il s'agit d'éclairer la justice et de défendre des irresponsables[32].

Alors que Tardieu affirme encore en 1873 que « [les actes de pédérastie] ne sauraient échapper ni à la responsabilité de la conscience, ni à la juste sévérité des lois, ni surtout au mépris des honnêtes gens[33] », désormais morale et justice doivent être subordonnées au critère médical, le seul à même de prévenir ces impulsions aux conséquences dites redoutables – puisqu'elles poussent l'aberré à voler des objets ou à maculer des tabliers blancs.

Face à ces cas extravagants surgit la nécessité de les désigner par des nouveaux mots. Dès la première version en 1886 du célèbre recueil *Psychopathia sexualis*, le psychiatre austro-hongrois Richard von Krafft-Ebing forge « sadisme » et « masochisme » à partir du marquis de Sade et de Sacher-Masoch[34], tandis que Charles Lasègue invente « exhibitionnisme » :

---

32 *Ibid.*, p. 22 et 15-16.

33 Tardieu, Auguste Ambroise, *Étude médico-légale sur les attentats aux mœurs*, Paris, 1873, p. 259; cité par Charcot, Jean-Martin, et Magnan, Valentin, *Inversion du sens génital et autres perversions sexuelles*, p. 16.

34 Krafft-Ebing, Richard von, *Psychopathia sexualis. Eine klinisch-forensische Studie*, Stuttgart, Verlag von Ferdinand Enke, 1886. La première traduction française date de 1895 (*Psychopathia sexualis. Avec recherches spéciales sur l'inversion sexuelle, traduit sur la huitième édition allemande par Émile Laurent et Sigismond Csapo*, Paris, Georges Carré, 1895. Si l'édition n'est pas précisée, c'est cette première traduction française que nous citons par la suite). La composition de l'œuvre de Krafft-Ebing est complexe, car marquée par de nombreuses rééditions revues et augmentées (voir Pognant, Patrick, *Psychopathia sexualis de Krafft-Ebing, 1886-1924. Une œuvre majeure dans l'histoire de la sexualité*, Paris, L'Harmattan, 2011). Mais le classement nosographique change peu au fil du temps. Krafft-Ebing distingue trois névroses : périphériques, spinales et cérébrales. Les premières attaquent la sensibilité des organes, tandis que les secondes concernent surtout les problèmes organiques (priapisme, paralysie, problèmes éjaculatoires, etc.). Ce sont les névroses cérébrales qui provoquent les pathologies sexuelles, elles-mêmes classées en quatre sous-catégories : paradoxie (désirs intempestifs chez l'enfant ou le vieillard); anesthésie (frigidité); hyperesthésie (exacerbation de l'instinct) et enfin paresthésie. Cette dernière entrée regroupe les différentes perversions sexuelles, séparées selon l'hétérosexualité ou l'homosexualité de l'objet. Le fétichisme n'apparaît pas dans les premières éditions, antérieures à Binet, mais il est intégré par la suite dans cette dernière catégorie.

> Notre langue médicale manque d'expressions pour désigner les états si nombreux qui servent d'intermédiaire entre la raison et la folie. Sous ce rapport, comme sous tant d'autres, la langue populaire est plus riche, et cependant, malgré la richesse de son vocabulaire, on est forcé de recourir à des néologismes[35].

À cette disette verbale se noue l'imprécision sémantique de certains termes alors courants. Alexandre Lacassagne, célèbre professeur à Lyon, regrette l'extension prise par « pédérastie » (renvoyant tantôt au goût des enfants, tantôt à l'inversion) : « La médecine légale a besoin d'un langage scientifique clair, net, compris et admis par tous, et, en l'espèce, il est d'autant plus indispensable d'être nettement fixé sur la valeur des termes employés que nos codes ne donnent pas de définition ». Il impute cette sémantique à une « pudeur mal placée », car « même ceux qui se croient le plus émancipés de toute idée religieuse, craignant d'être soupçonnés de pornographie ou d'inconvenance scientifique, se répandent avec la fougue d'un prédicateur en épithètes variées sur un *vice* qu'ils qualifient d'abomination, de monstruosité, d'infamie[36] ». Or, la fréquence des impulsions charnelles exige de salir la plume médicale :

> Il importe de les étudier au même titre que le jeu régulier ou les maladies des appareils digestif, respiratoire, circulatoire ; il est aussi nécessaire de connaître ses altérations quantitatives ou qualitatives que la dyspepsie, l'asthme, les palpitations. À quoi bon se répandre en divers *cris de la conscience indignée*, en exclamations de ce genre, rencontrées presque à chaque page dans les livres scientifiques ou autres[37].

Une nomination précise consacrerait comme scientifique l'étude des déviances sexuelles :

> Il faudrait créer un mot nouveau pour désigner les aberrations génésiques des individus, de ces nihilistes de la chair, qui cherchent la satisfaction de l'instinct d'une manière antiphysiologique dans la vue d'un objet inanimé, tels que : un tablier blanc, les clous de la semelle d'un soulier, un bonnet de nuit coiffant un homme ou la tête ridée d'une vieille femme, etc.[38]

---

35 Lasègue, Charles, « Les Exhibitionnistes », p. 691-700.

36 Lacassagne, Alexandre, « Pédérastie », in *DESM*, t. 22, série 2 (1886), p. 239-240.

37 Lacassagne, Alexandre, « préface » à Chevalier, Julien, *Une maladie de la personnalité : l'inversion sexuelle. Psycho-physiologie. Sociologie. Tératologie. Aliénation mentale. Psychologie morbide. Anthropologie. Médecine judiciaire*, Lyon, A. Storck ; Paris, G. Masson, 1893, p. XII.

38 Lacassagne, Alexandre, « Pédérastie », in *DESM*, p. 240.

Son élève Julien Chevalier proposera de nommer « azoophilie » « l'amour pour un objet quelconque inanimé, de nature insensible, une statue, par exemple[39] ». C'est toutefois le baptême d'Alfred Binet qui l'emportera.

DU CULTE DES FÉTICHES

Loin cependant d'être un néologisme, « fétichisme » provient de l'anthropologie religieuse : « [...] ce que M. Max Müller appelle dédaigneusement le "culte des brimborions", a joué dans le développement des religions un rôle capital[40]. » Binet se réfère certainement à une leçon du philologue allemand datant de 1879, puisqu'il y est question de « véritables brimborions » envers lesquels le fétichiste témoignerait un « respect superstitieux[41] ». Le psychologue rapporte d'ailleurs l'une des thèses fondamentales de cette leçon, lorsqu'il assure que même si « les religions n'ont pas commencé par le fétichisme, il est certain que toutes le côtoient, et quelques-unes y aboutissent[42] ». Müller conteste en effet l'hypothèse répandue selon laquelle le fétichisme serait la religion primitive de tous les peuples – théorie qui serait « même est devenue une sorte de fétiche scientifique qui, comme la plupart des fétiches, ne doit l'existence qu'à l'ignorance et à la superstition ». Il y aurait ainsi une *fétichisation* du fétichisme qui, à cause de « l'immense extension que l'on a donnée au sens du mot », serait devenu la clef explicative de multiples comportements humains : « Des ossements, des cendres, des cheveux d'un ami perdu, sont conservés comme reliques, déposées en

39 Chevalier, Julien, *De l'inversion de l'instinct sexuel*, thèse présentée à la faculté de médecine et de pharmacie de Lyon, Lyon, Imprimerie nouvelle, 1885, p. 11. Émile Laurent, en 1905, nomme lui aussi « azoophilie » l'amour porté à un objet inanimé, par contraste avec l'amour fétichique qui s'adresserait à une partie corporelle de la femme (*L'Amour morbide. Étude de psychologie pathologique*, Paris, Société d'éditions scientifiques, 1891, p. 154).

40 Binet, Alfred, « Le Fétichisme dans l'amour », p. 143.

41 Müller, Friedrich Max, « Le fétichisme est-il une forme primitive de la religion ? », *Origine et développement de la religion étudiés à la lumière des religions de l'Inde. Leçons faites à Westminster Abbey*, traduites de l'anglais par J. Darmesteter, Paris, C. Reinwald et Cie, 1879, p. 59.

42 Binet, Alfred, « Le Fétichisme dans l'amour », p. 143.

lieu sûr ou dans des places sacrées, et la douleur solitaire vient de temps en temps les contempler ou leur adresser la parole : on peut donner, on a donné à ce culte le nom de fétichisme[43]. »

Binet profite précisément de l'extension du mot pour l'étendre aux reliques érotiques :

> L'adoration de ces malades pour des objets inertes comme des bonnets de nuit ou des clous de bottines ressemble de tous points à l'adoration du sauvage ou du nègre pour des arêtes de poissons ou pour des cailloux brillants, sauf cette différence fondamentale que, dans le culte de nos malades, l'adoration religieuse est remplacée par un appétit sexuel[44].

La comparaison se tisse entre une pratique venue d'un ailleurs temporel et géographique (celui des « sauvages » non policés) et « nos malades » ; entre des pervers français amoureux de bottines et les Africains au culte sommaire pour des « cailloux brillants » – les bétyles[45]. L'analogie relie ainsi « notre » société française et une donnée exotique, une maladie de l'esprit perturbant la fonction sexuelle et un culte matériel des puissances invisibles.

Quoique Binet postule un écart considérable entre religion et « appétit sexuel », l'emploi commun d'un terme implique un écho entre les phénomènes. La « ressemblance » se déploie comme une comparaison, interdisant dès lors d'étudier le concept de « fétichisme », déjà vacillant et instable, selon une simple succession diachronique. L'anthropologie n'est pas un simple tremplin pour ériger une nouvelle entrée nosographique, puisque le terme acquiert une « valeur métaphorique, c'est-à-dire un résidu anthropologique impossible à éliminer[46] », pour reprendre Adler. Si l'impulsion sexuelle « remplace » l'élan mystique ; si le comparé morbide semble avaler le comparant religieux, celui-ci continue néanmoins

---

43 Müller, Friedrich Max, « Le Fétichisme est-il une forme primitive de la religion ? », p. 89-92.

44 Binet, Alfred, « Le Fétichisme dans l'amour », p. 143.

45 Ces cailloux sont considérés comme les fétiches les plus anciens et les plus répandus. Leur initiateur serait Uranos, selon l'historien mythique Sanchoniathon. Au XVIIe siècle, on pense qu'ils descendent de la pierre huilée que Jacob, suite à un songe, érige comme maison de Dieu : *Béthel* en hébreu (*Genèse*, 28). De Brosses établit que le « culte des Baetiles [...] est une espèce de fétichisme » dans la première occurrence de ce terme (*Histoire des navigations aux terres australes...*, 2 vol., Paris, Durand, 1756, t. 2, p. 377).

46 Adler, Alfred, « L'Ethnologue et les Fétiches », in *Objets du fétichisme*, Paris, Gallimard, « Nouvelle revue de psychanalyse », N° 2, 1970, p. 149.

d'imbiber la réflexion psychiatrique, ne serait-ce que dans les nombreuses métaphores associant le fétichisme pathologique à un « culte » porté à « mille reliques[47] ». Des teintes rappelleront donc sans cesse que le fétichisme est fatalement lié à une réflexion sur les origines de l'homme – sur la folie qui dort en lui.

Couramment utilisé au XIXe siècle, « fétichisme » et ses dérivés renvoient à des pratiques religieuses ancestrales et superstitieuses[48] et déjà à une donnée de la vie affective : outre « culte des fétiches », « le fétichisme religieux consiste dans l'adoration aveugle d'une personne, de ses défauts, de ses caprices, et aussi d'un système[49] » – acception qui « pourrait être, à la rigueur, la définition du fétichisme amoureux[50] » selon Binet. Quant à « fétiche[51] », il désigne dès le XVe siècle les objets sacrés des peuples d'Afrique occidentale (leurs *faux* dieux), dont le culte a été théorisé par le président Charles de Brosses en 1760. Terme réservé jusqu'alors aux adorations africaines, de Brosses « compte en faire également usage en parlant de toute autre nation quelconque, chez qui les objets du culte sont des animaux, ou des êtres inanimés que l'on divinise ».

Mais si ces croyances sont partagées par tous les sauvages du globe, elles ont sans doute été celles des Européens d'antan. Car tout peuple

---

47 Binet, Alfred, « Le Fétichisme dans l'amour », p. 263.

48 C'est pourquoi « fétichisme » est souvent associé à la chance, comme dans cette une nouvelle de Catulle Mendès intitulée « Le Fétiche » où les héros recherchent un porte-bonheur pour gagner au casino (*Tous les baisers I, (Le guignon, – l'ours blanc, le fétiche)*, Paris, chez tous les libraires, 1884). Alors que maints chevaux se nomment « fétiche » (en témoigne la gazette des hippodromes parisiens de la Belle Époque), Charles Clairville écrit en 1890 une opérette traitant de superstition, *Le Fétiche*. Paul Vigné d'Octon raconte pour sa part une histoire de fer à cheval dans *Au pays des fétiches*, tandis que Maurice Montegut compose un recueil de nouvelles intitulé *Le Fétiche* en 1898, souhaitant offrir « une preuve simplement, une preuve de plus à l'appui des fétichistes, des joueurs superstitieux qui croient aux influences » (Paris, F. Juven, 1898, p. 5).

49 Littré, Emile, *Dictionnaire de la langue française* [1873-1877], 4 vol., Paris, Hachette, t. 2 (1874), p. 1653. (La référence sera dorénavant abrégée *Littré*).

50 Binet, Alfred, « Le Fétichisme dans l'amour », p. 143.

51 Il surgit pour la première fois dans le *Dictionnaire de l'Académie française*, 4e édition [1762] : « Fétiche. s.f. Nom qu'on donne aux différens objets du culte superstitieux des Nègres. Dans la Nigritie, chaque Tribu, chaque lieu, chaque particulier se choisit une Divinité tutelaire, parmi les arbres, les pierres, les animaux, &c. Ces espèces d'idoles s'appellent des *Fétiches* ». La définition se conserve dans les rééditions suivantes, mais le substantif devient masculin dès l'édition de 1798. Ce n'est que le 8e *Dictionnaire de l'Académie* [1932-1935] qui intègre une occidentalisation du culte fétichiste : « Par extension, il signifie Objet auquel, même chez les peuples civilisés, certaines personnes attribuent une influence capable d'attirer la fortune ou de conjurer le mauvais sort ».

n'aurait été, à son commencement, qu'une horde de fétichistes adorant des objets matériels déifiés, puisque « partout où nous pouvons remonter aux premières traditions d'un peuple policé, elles nous le montrent sauvage ou barbare[52] ».

Le président rend ainsi équivalentes toutes les manifestations du non-civilisé, comme le remarque Jean Starobinski : « La mise sur pied de tout ce qui est susceptible d'être poli (et policé) n'est pas sans importance : barbares, sauvages, gens de province (*a fortiori :* paysans), jeunes gens (*a fortiori :* enfants) s'offrent comme autant de paradigmes substituables. En regard de la perfection du *poli*, le barbare est une sorte d'enfant, l'enfant est une sorte de barbare[53]. » Et de Brosses, en associant justement le « culte puéril » fétichiste à l'enfance, reprend la comparaison topique entre le passage de l'enfance à l'âge de raison et l'évolution de l'état de « barbarie » à celui des « nations civilisées[54] ». Mais l'enfant et le barbare sont intimement liés par leur rapport au langage. Le premier est en effet étymologiquement attaché à la parole : l'*infans* ne parle pas, incapable de *fari*. Le supin du verbe a donné *fatum*, oracle, prédiction, destin. Or *fatum* et *fari* seraient selon de Brosses les étymons de « fétiche », « terme forgé par nos commerçans du Sénégal sur le mot Portugais *Fetisso*, c'est-à-dire *chose fée, enchantée, divine*, ou rendant des oracles ; de la racine latine *Fatum, Fanum, Fari*[55] ».

Se noue donc pour le président un lien étroit avec la parole, refusée aux « fétichistes », qui sont des *in*-fans privés de langage – autrement dit des « barbares ». Est en effet considérée *barbare* « une langue qui n'a pas de rapport à la nostre, ou qui est rude, et choque nostre oreille[56] ». Le

52 [Brosses, président Charles de], *Du culte des dieux fétiches ou Parallèle de l'ancienne Religion de l'Égypte avec la religion actuelle de Nigritie*, [Genève], [s. n.], 1760, p. 10-11 et 195. Cette thèse a rendu l'ouvrage particulièrement sulfureux : c'est pourquoi il a été publié anonymement en 1760 à Genève, la censure s'étant accrue au milieu du XVIIIe siècle. La religion chrétienne n'échappe en effet que mal à cette universalisation du fétichisme. Même s'il parle de « race choisie » (*ibid.*, p. 183), de Brosses compare la foi révélée aux cultes sauvages : les habitants de Yucatan offrent de la « gomme copal, comme nous offrons l'encens » (*ibid.*, p. 47) ; l'enseigne du fétiche peut être portée en guise d'étendard, comme « nos bataillons » ont leur « propre drapeau » (*ibid.*, p. 269), alors que les lieux de culte fétichiste « servent d'église, quand les Prêtres Espagnols y sont » (*ibid.*, p. 46).

53 Starobinski, Jean, « Le mot civilisation », *Le Remède dans le mal. Critique et légitimation de l'artifice à l'âge des Lumières*, Paris, Gallimard, 1989, p. 29.

54 [Brosses, président Charles de], *Du culte des dieux fétiches*, p. 14-15 et 186.

55 *Ibid.*, p. 18.

56 « Barbare », in *Le Dictionnaire de l'Académie françoise*, [1694].

parler des sauvages n'est donc pas *poli* : l'adjectif dénote non seulement la perfection des mœurs civilisées (le manque d'aspérités), mais aussi son langage, puisque le verbe *polir* « se dit aussi fig. de ce qui regarde le stile, le discours[57] ». Par la proximité phonique entre *poli* et *policé*[58], un « peuple policé[59] » devient également un peuple qui domine le discours. Progresser, pour l'homme, c'est donc marcher dans un devenir symbolique incarné par le langage ; c'est aller du propre au figuré – du corporel au spirituel. C'est pourquoi le fétichiste brossien, cet enfant barbare noyé dans le littéral, se voit *fatalement* refuser la jouissance du *logos.*

Or l'étymologie du président est erronée. C'est Max Müller qui, en rattachant le mot *feitiço* au latin *factitius*, remonte au bon étymon :

> Pour ce qui est du mot *feitiço*, on sait qu'il répond au latin *factitius. Factitius*, du sens « fait à la main », passa au sens de « artificiel, magique, enchanté et qui enchante ». Une fausse clef s'appelle en portugais *chave feitiça*, et le mot *feitiço* devint le terme technique pour les amulettes et autre bimbeloterie religieuse[60].

Le sens premier de l'étymologie a donc subi une distorsion, comme le remarque Jean Baudrillard. Tandis que « fétichisme » renvoie à une force et à une propriété surnaturelle des choses, le mot désigne originellement une « fabrication », un artefact (*factitius*). La même racine aurait donné selon le critique tant *afeitar* en espagnol (embellir, farder ; raser) que *echar* (verbe dont procède *hechizo* – envoûtement ; artificiel) : « Partout apparaît l'aspect de "fainctise", de truquage, d'inscription artificielle, bref d'un travail culturel de signes à l'origine du statut de l'objet-fétiche, et donc quelque part aussi dans la fascination qu'il exerce[61]. » Le fétiche est donc primitivement une chose fabriquée investie d'un pouvoir : incarnant Dieu, il défie l'injonction de *l'Exode* interdisant de représenter Dieu sous forme de statue (34, 17). Le marchand de bibelots (de *feitiços*) était nommé *feitiçero* en portugais médiéval, terme qui signifiait aussi sorcier, serviteur du diable – et *feitiçaria* une pratique magique[62]. Très

57 « Polir », in *Le Dictionnaire de l'Académie françoise*, [1694].

58 *Cf.* Starobinski, Jean, « Le mot civilisation », p. 26.

59 [Brosses, président Charles de], *Du culte des dieux fétiches*, p. 194.

60 Müller, Friedrich Max, « Deuxième leçon. Le Fétichisme… », p. 57.

61 Baudrillard, Jean, *Pour une critique de l'économie politique du signe*, p. 99.

62 Voir Kohl, Karl-Heinz, *Die Macht der Dinge. Geschichte und Theorie sakraler Objekte*, München, C. H. Beck, 2003, p. 29 et Pietz, William, *Le Fétiche. Généalogie d'un problème*, ch. II.

répandue au Portugal, la croyance aux talismans y a même été interdite à la fin du XIVe ; c'est pourquoi peut-être, lorsqu'en cherchant la route des Indes, les marins portugais découvrent l'Afrique occidentale, ils croient y reconnaître des objets de culte analogues à leurs *feitiços*. C'est donc par une comparaison inverse à celle effectuée par Binet que le « fétiche » anthropologique se cristallise : né en Europe, il devient Africain avant de redevenir continental grâce à la comparaison du psychologue. Mais depuis toujours, le mot « fétichisme » semble avoir été connoté érotiquement, puisque Müller assure qu'il était originellement utilisé comme « terme de caresse » – *meu feitiçinho* signifiant « mon petit fétiche », mon chéri[63].

Binet s'attache surtout à la signification de *fetisso* comme « chose enchantée, chose fée, comme l'on disait en vieux français », qu'il puise chez Alfred Maury[64]. L'érudit soutient que le « naturalisme superstitieux » de l'homme sauvage (son « fétichisme incohérent ») peut varier « depuis la simple coquille ou la corne d'un animal jusqu'à l'objet le plus compliqué dans sa fabrication, depuis le plus sale chiffon jusqu'au morceau de maroquin préparé avec le plus grand soin[65] ». L'arbitraire du fétiche prouverait l'irrationalité naïve du fétichiste, qui croit en leur influence sur le cours du monde. Ainsi, en s'inspirant de Maury et en renonçant à l'étymon müllerien de « factitius » qu'il relègue en note de bas de page, Binet associe toujours le fétichisme au *feitizo*, à l'envoûtement sorcier présent dans la fausse étymologie du président. Le culte des fétiches demeure donc, dans l'amour binetien, fascinant comme un *charme* qui reconnaît le pouvoir *fatal* (quoique *factice*), des choses du monde.

Le mot *fétichisme* a donc vu son sens migrer jusqu'à Binet, et de Brosses serait d'ailleurs responsable, selon Müller, de cet égarement : en le faisant remonter à *fatum*, le président l'aurait rendu « moins sensible à l'impropriété qu'il y avait à appliquer le terme non seulement à des objets artificiels, mais à des arbres, à des montagnes, à des rivières et même à des animaux ». Or, « fétichisme » ne serait « proprement dit » selon le philologue que si le terme dénote « le respect superstitieux ressenti et

63 Müller, Friedrich Max, « Deuxième leçon. Le Fétichisme… », p. 58.

64 Binet, Alfred, « Le Fétichisme dans l'amour », p. 143.

65 Maury, Alfred, *La Magie et l'Astrologie dans l'Antiquité et au Moyen Age, ou Étude sur les superstitions païennes qui se sont perpétuées jusqu'à nos jours*, Paris, Didier et Cie, 1860, p. 7.

témoigné pour de véritables brimborions ». L'histoire aurait donc donné une « immense extension[66] » au mot *fétichisme*, se plaint Müller : car s'il peut qualifier toute adoration, alors la dévotion adressée aux saints et aux reliques équivaut à l'adoration des gris-gris sauvages. Le reproche n'est certes pas nouveau, puisque Schelling trouve aussi que le terme *fétichisme* « a pris, en somme, récemment une extension abusive. Ce sont les Portugais, à l'origine, qui l'ont emprunté à la langue des Sénégalais et introduit en Europe. En langue nègre, *fetisso* signifie une bille de bois magique. On ne devrait donc utiliser le terme de fétichisme que pour le culte relatif à des masses ou bien à des corps inorganiques[67] ». Le philosophe évacue l'origine européenne du mot, afin d'affirmer que le fétichisme ne peut correspondre qu'aux peuples écartés du devenir de la conscience et de l'histoire. Les penseurs allemands s'efforcent ainsi de restreindre l'extension sémantique de « fétichisme », qui associe désormais la religion chrétienne à un balbutiement indigne de la raison occidentale.

Car toute une tradition dont hérite déjà de Brosses considère les adorateurs de fétiches comme dénués de rationalité élaborée ; qu'ils soient temporellement éloignés tels les Égyptiens ou géographiquement à l'écart comme les Africains ou les Américains[68], ils stagneraient dans

66 Müller, Max Friedrich, « Deuxième leçon. Le Fétichisme... », p. 58-59 et 90.

67 Schelling, Friedrich-Wilhelm, *Philosophie de la mythologie* [1842], trad. par Alain Pernet, préf. de Marc Richir, postf. de François Chenet, Grenoble, J. Millon, « Krisis », 1994, p. 195. Hegel restreint aussi le culte fétichiste au continent noir, qui demeure selon lui exclu de l'histoire et enlisé dans un état de nature caractérisé par l'animalité et la tyrannie. Ce premier culte ne permettrait pas d'accéder à la religion qui « commence avec la conscience de l'existence de quelque chose qui soit supérieur à l'homme », car ce que les Africains « se représentent comme leur pouvoir n'est pas, ainsi, quelque chose d'objectif, de solide en soi-même, de différent d'eux. Le fétiche reste en leur pouvoir, et ils le répudient s'il n'agit pas selon leur volonté ». Le fétiche ne serait ainsi qu'une figuration de soi, excluant l'adorateur du devenir historique (Hegel, Georg, W. F., *La Raison dans l'histoire*, éd. Kostas Papaioannou, Paris, Bibliothèques 10-18, 2003, p. 256).

68 Godefroy Loyer, que cite le père Lafitau, est le premier à comparer ouvertement le culte des Africains à celui des Américains dans une note apportée précisément au mot « fétiche » : « La *Fetiche* est une espèce de Talisman, ou quelque chose qui répond au *Manitou* des Ameriquains. Ces Nègres Idolâtres de l'Afrique ont des usages bien semblables à ceux qu'on voit répandus dans l'Amérique, surtout dans les choses qui concernent la Religion » (*Relation du royaume d'Issyny...*, Paris, A. Seneuze et J.-R. Morel, 1714, p. 168-169 ; voir Lafitau, Joseph François, *Mœurs des sauvages ameriquains*, t. 1, p. 264, note b). Les frontières du fétiche, lié ici à la purgation féminine, explosent. Lafitau évoque aussi comment les « Nègres de Guinée » séparent les femmes des hommes pendant les menstruations : « Aussi leur fait-on manger la *Fétiche*, et jurer qu'aussitôt qu'elles en auront la moindre atteinte, elles le déclareront à leurs maris, et se retireront » (*Ibid.*, p. 263-265). Chez

un « état informe », « non encore formé par aucune idée réfléchie[69] ». Autrement dit, l'altérité se profile comme étant sans *figure* (*figura* renvoyait d'ailleurs d'abord à une *forme*[70]) ; c'est pourquoi de Brosses attribue aux populations sauvages un culte *non-figuré* (et dont la symbolique demeure insaisissable pour les propres pratiquants), issu d'une religion originelle « tout à fait défigurée par de grossières superstitions[71] ». Le terme « figure » joue donc un rôle majeur dans les écrits initiaux sur le fétichisme, car lié à l'évolution des croyances. Willem Bosman déclare au début du XVIIIe siècle n'avoir « pû encore découvrir ce que [les nègres] veulent représenter par leur Fétiches, et de quelle manière ils se figurent leurs Idoles, parce qu'ils ne le savent pas eux-mêmes[72] ». Le négrier attribue de la sorte une obscurité mentale aux sauvages qui, incapables de symbolisation, ne peuvent saisir ce que représente le fétiche – ce dont il est signe. Le terme figure se retrouve aussi sous une autre variante chez Labat, selon qui les fétiches « n'ont aucune forme ou figure déterminée ; c'est un os de poulet, une tête sèche d'un singe, une arrête de poisson, un caillou, un noyau de datte, une boulle de suif, dans laquelle on a lardé quelques plumes de perroquet, un bout de corne plein de diverses ordures, et mille autres choses semblables[73] ».

Degré premier de l'esprit religieux, le fétichisme, « culte simple et direct[74] » d'objets, se caractériserait donc par une mollesse formelle et une déficience figurative qui s'apparente chez de Brosses à un état de folie. En effet, l'homme primitif se réveillerait selon lui, à son premier matin, dans les langes d'un délire antérieur même à l'avènement de la raison. Il serait

---

Loyer, le fétiche est une parole perlocutoire : les femmes promettent de ne pas celer ces « infirmités » mensuelles qui les excluent d'ailleurs de la « conversation de tout le monde » (*Relation du royaume d'Issyny*…, p. 150). « Fétiche » est ainsi un mot puissant, proféré dans un contexte de séparation des sexes suite aux « ordinaires » déshonorantes. Notons qu'en psychanalyse, c'est au contraire le phallus absent qui ne cesse d'être la référence suprême. Comme le remarque William Pietz, il semble « évident qu'une dimension sexuelle a toujours été attachée au concept » : « les toutes premières références au fétiche montrent en effet qu'il touchait d'abord à la sorcellerie et servait au contrôle de la sexualité féminine » (*Le Fétiche. Généalogie d'un problème*, p. 10).

69 [Brosses, président Charles de], *Du culte des dieux fétiches*, p. 16 et 184.

70 Voir Auerbach, Erich, *Figura*, traduit et préfacé par M. A. Bernier, Paris, Belin, 1993.

71 [Brosses, président Charles de], *Du culte des dieux fétiches*…, p. 191.

72 Bosman, Guillaume, *Voyage en Guinée*…, Utrecht, A. Schouten, 1705 ; cité par Iacono dans *Le Fétichisme : histoire d'un concept*, p. 11.

73 Labat, Jean-Baptiste, *Voyage du Chevalier des Marchais en Guinée*…, 4 vol., Amsterdam, 1731, t. 1, p. 296.

74 [Brosses, président Charles de], *Du culte des dieux fétiches*, p. 183.

plongé dans la « folie », dans la « crainte et la mélancolie » : la « déraison » serait si « absurde », « si insensée », qu'elle ne laisserait « pas même prise au raisonnement[75] ». Il serait donc inutile de discuter avec le primitif (ou le sauvage), puisqu'il confondrait ce qui est perçu avec le pouvoir concédé à l'objet sensible. Le président pense ainsi l'état antérieur de la raison à l'aide d'un modèle signifiant sa chute, puisque ce premier stade religieux est celui d'un délire impossible, où la décadence de la raison précède sa propre formation.

Si le progrès civilisationnel incarne le dédoublement du représentant et du représenté, alors le culte primitif de l'*infiguré*, s'apparente à ce que Vossius nomme un « culte propre[76] », où l'adorateur est incapable de poser un signe pour autre chose : toute relation sémiologique entre l'objet et la divinité serait annihilée. Comme le résume Assoun, le fétichisme brossien serait « vénération et adoration de l'objet même, tandis que l'idole, si matérielle soit-elle, a fonction de re-présentation d'un être ou d'une idée » :

> Ce qui est à penser, à travers ce déroutant objet-signe qu'est le fétiche, c'est une confusion ou une coalescence du « représentant » et du « représenté ». Alors que la religion « civilisée » construit le rapport à un *Autre* en assumant sa dimension d'absence, le fétichisme s'adresse à un *objet* omniprésent[77].

Le fétiche résorbe la dichotomie entre le sensible et l'intelligible : l'invisible s'annule dans l'objet, le sacré se réifie, et l'absence du représenté s'oublie dans la présence continue du représentant qui anéantit le renvoi sémiologique[78]. L'adorateur nie donc « l'écart entre l'objet et ce dont il est le véhicule » et refuse le dédoublement inhérent à tout objet sémiotique, résume Jean Pouillon :

> La relation entre le pratiquant et ce qu'il craint, vénère ou utilise, [est] immédiate, sans intermédiaire : il n'y a rien derrière le fétiche et qui serait

---

75 *Ibid.*, p. 221-226.

76 Voir Vossius, Gerardus Joannes, *De theologia gentili et physiologia christiana* …, Lib. I, cap. V., Amsterdami, apud Ioh et Cornelium Blaeu, 1641, t. I, p. 30.

77 Assoun, Pierre-Laurent, *Le Fétichisme*, p. 20.

78 Le fétiche est ainsi une « pure présence matérielle » (« *rein materieller Präsenz* ») : « Lorsqu'on différencie une chose et sa signification, un symbole et son référent, une représentation et son représenté, alors le fétiche semble échapper cet entrelacs ordonné d'oppositions. Il ne représente rien d'autre que lui-même. Il est le signe et le signifié en un » (« *Wenn wir zwischen einem Ding und seiner Bedeutung, einem Symbol und seinem Referenten, einem Repräsentanten und dem von ihm Repräsentierten unterscheiden, dann scheint der Fetisch dieses wohlgeordnete Geflecht von gegenseitigen Beziehungen zu unterlaufen. Er repräsentiert nichts anderes als sich selbst. Er ist Zeichen und Bezeichnetes in einem* ». Kohl, Karl-Heinz, *Die Macht der Dinge*, p. 28. Notre traduction.).

> symbolisé par lui, la force qui l'habite le pénètre entièrement et ne peut en être distinguée. Le fétiche n'est donc pas la transformation d'une puissance spirituelle en chose, le déplacement d'une signification ; ce n'est pas non plus un substitut[79].

L'essence du fétichisme anthropologique réside donc dans cette confusion opérée entre le signe et son référent. Cependant, assurer que la fonction des fétiches n'est pas de *re*-présenter mais de *présenter* absolument la divinité, c'est avouer que la transparence originelle ancrait l'homme dans l'immédiateté du corps : les premiers fétiches, « des chiens, des chats, des lézards, des oignons » ou encore « des asperges[80] », prouvent par leur banalité accablante l'urgence que ressent l'être premier de se vouer à la matière inexplicable, de s'entourer d'objets dont la présence envoûtante amoindrirait sa douleur désarmante – l'insoutenable manque du monde[81]. Le devenir symbolique de l'homme le conduit alors à entériner la séparation des signes et de Dieu, à n'utiliser l'objet matériel que comme intermédiaire. Se civiliser, c'est donc perdre le proche contact avec la réalité sensible ; c'est transformer les choses en relais sémiologiques ; c'est signer le divorce d'avec la nature[82].

Müller va revaloriser cette primitive osmose sémiologique en considérant que le fétichisme ne serait pas tant une étape initiale de toute religion qu'une manifestation de l'aspiration universelle vers l'infini, un « développement parasite » nécessaire à ceux dont l'esprit

79 Pouillon, Jean, « Fétiches sans fétichisme », in *Objets du fétichisme*, p. 137-139.

80 (Brosses, président Charles de), *Du culte des dieux fétiches*, p. 227 et 235.

81 Pour William Pietz, en dépit de son hétérogénéité conceptuelle, le fétichisme peut se résumer par cette matérialité primordiale : « D'une façon générale, qu'elle soit marxiste (fétiche comme matière première), psychanalytique (fétiche sexuel [...]) ou moderne (fétiche comme objet d'art), toute approche contient cette idée essentielle que la matérialité de l'objet ne peut être transcendée » (*Le Fétiche...*, p. 13-14).

82 Le langage aurait suivi, selon le président, une évolution parallèle à celle du signe divin. L'homme, à l'origine, aurait imité les bruits de la nature par des gestes, des cris et des onomatopées. Le signe n'aurait donc pas été initialement arbitraire, mais le résultat d'une mimésis de la nature réalisée par les organes corporels. Le langage originel se caractériserait ainsi par une « présence du référent dans le signe » : le mot « *est* la chose désignée plutôt qu'il ne la désigne » (Todorov, Tzvetan, *Théories du symbole*, Paris, Seuil, « Points », 1977, p. 275). Le premier verbe s'apparente davantage à une parole évanouie, car les choses prennent la place des signes, réduisant le malheureux écart entre l'homme et le monde. Mais juste après le premier effort mimétique, de Brosses situe la métaphore comme étant l'expression la plus primordiale de l'homme face au désarroi du monde. Le règne du figuré s'ouvre alors – de même que le fétiche et l'image sacrée deviennent un intermédiaire, et ne sont plus intrinsèquement habités.

est borné. Le philologue envisage le fétiche comme un intermédiaire qui, en matérialisant Dieu, permettrait l'appréhension de la divinité. La marche de l'esprit vers le fétichisme, « parfaitement rationnelle dans sa déraison », devrait donc être « excusée » :

> Maintes fois, il aide à notre faiblesse, il nous rappelle nos devoirs, il conduit même nos pensées des objets matériels aux visions idéales, et il nous soulage quand il n'y a rien d'autre pour nous donner le repos. Plus d'un le trouve si inoffensif, qu'il a peine à concevoir la réprobation fougueuse dont l'ont poursuivi les maîtres les plus sages de l'humanité ; et il en est beaucoup parmi nous peut-être qui trouvent étrange que, voulant exprimer sous la forme la plus concise les devoirs les plus hauts et les plus essentiels de l'homme, le législateur ait donné la seconde place dans ses dix commandements à la condamnation de l'image : « Tu ne te feras point d'idole ni d'image d'aucune chose qui est dans le ciel en haut, ou sur la terre en bas, ou dans les eaux sous la terre ; tu ne te courberas point devant elles, tu ne les adoreras pas[83] ».

En contestant les dix Commandements, Müller assure la nécessité de l'image fétichiste pour accéder à la transcendance. Pourtant, le culte des objets a été à la fois déprécié et redouté par l'histoire des religions. Méprisé, car l'esprit semble ainsi accorder une prédilection à la matière et au corps au détriment du spirituel et du divin ; craint, parce que l'image peut se substituer à Dieu et enfreindre l'adoration orthodoxe. Or, le fétiche serait un soulagement dans la perception déconcertante de la limite du réel. Même s'il n'est plus le premier élan de l'homme ; même s'il est une forme dégradée de religion, le fétichisme représente pour le philologue un moment où l'esprit de l'homme, en quête de Dieu, lit la lettre du monde, expérimente sa chair, tout en pressentant qu'autre chose – qu'un sens figuré – s'y cache.

Figure centrale de cette science des mythes née au XIXe siècle[84], Max Müller défend donc le fétichisme tout en le considérant comme un culte

83 Müller, Friedrich Max, « Deuxième leçon. Le Fétichisme… », p. 114.

84 Michel Detienne a souligné comment la mythologie se construit au XIXe siècle comme une « science du scandaleux », comme un discours de la raison civilisée sur la déraison primitive, qui saute aux yeux suite à l'assassinat goethéen de l'allégorie – figure qui permettait de lire métaphoriquement les actes des dieux anciens (voir Labarthe, Patrick, *Baudelaire et la tradition de l'allégorie*, Genève, Droz, 1999). Désormais, ces récits exigent une *mytho-logie*, un métadiscours savant les structurant : « À l'aube du XIXe siècle, le Grec n'a plus droit à l'erreur ni aux sottises : né de la terre où surgit la conscience de soi, où se forme l'univers spirituel qui est encore le nôtre […], l'homme grec est porteur de la Raison. Dès lors que l'on se met à soupçonner que le garant de la rationalité nouvelle parle dans

premier de la matière, associé à une limitation spirituelle de laquelle l'homme ne guérit que lorsqu'il sépare le symbole de la divinité représentée. Le fétichiste est certes encore submergé dans la matière, noyé dans la chair : mais s'il est un sauvage d'un autre continent, il pourrait bien être aussi ce que nous avons été et ce que nous risquerions de redevenir. Car de même qu'aucune religion ne s'est « maintenue absolument pure de tout fétichisme », de même nous conserverions tous, selon Müller, des « fétiches » :

> Partout s'est accomplie la malédiction portée contre ceux qui changent l'invisible en visible, l'esprit en matière, l'infini en fini, le divin en humain. Nous pouvons nous croire à l'abri du fétichisme du pauvre nègre ; mais il en est bien peu parmi nous, s'il en est, qui n'aient, eux aussi, leurs fétiches, leurs idoles, dans leur église et dans leur cœur[85].

L'humanité, cherchant à dépasser la finitude objectale, serait prédisposée au fétichisme – à la fois élan vers le divin et incapacité de l'atteindre. Fétichistes de religion ou *de cœur*, nous serions donc tous tentés par la réduction de l'inaccessible dans le palpable.

RÉSURRECTION DU FÉTICHISME

Si l'histoire des religions remet en question la notion de fétichisme au XIXe siècle[86], certains aliénistes l'intègrent dans leurs théories, inspirées

---

sa mythologie un langage typique d'un "esprit frappé temporairement de démence", le scandale éclate » (Detienne, Marcel, *L'Invention de la mythologie*, Paris, Gallimard, « Tel », 1981, p. 28).

85 Müller, Friedrich Max, « Deuxième leçon. Le Fétichisme… », p. 110.

86 Au tournant des XIXe et XXe siècles, le fétichisme « *does not actually occupy a conspicuous place, nor does it always seem a particularly welcome topic even to authors, who might oblingly treat the matter as an unavoidable subject, sometimes criticizing it as a regrettably confused notion which ought to be reclassified under some other category, or which might be better controlled by means of more stringent definition. Suffice is to say that, by the turn of the century, fetishism was not much of a theory anymore, but evidently remained a problem nonetheless* » (Masuzawa, Tomoko, « Troubles with Materiality : The Ghost of Fetishism in the Nineteenth Century », *Comparative Studies in Society and History*, vol. 42, n° 2 [April 2000], p. 243). En 1907, Marcel Mauss voudrait enterrer le fétichisme anthropologique, qui a été selon lui un « immense malentendu entre deux civilisations, l'africaine et

par Auguste Comte[87]. Pour Eugène Sémérie, l'enfance serait un état fétichiste où tout apparaîtrait comme animé, et la folie représenterait un retour de l'esprit vers ce premier stade : la crise de délire dont Comte aurait été victime en 1826 le prouverait, puisqu'il a cru alors être redevenu animiste. Le fétichisme, « si naturel à notre espèce », habite donc l'homme, et ressurgit non seulement avec la folie, mais aussi en cas de « passion violente ». Caractérisé par une incapacité fictionnelle de l'imagination, « le fétichisme est cet état mental dans lequel la propriété d'abstraire et de créer des êtres fictifs est abolie ou n'existe pas encore. Ne sachant pas créer des dieux, farfadets ou être surnaturels quelconques, l'homme attribue directement aux corps les phénomènes dont ils sont le siège. Si la pierre tombe, ce n'est pas parce que le farfadet l'a voulu ; c'est parce qu'elle le veut elle-même ». Le langage de tels aliénés régresserait aussi : « La phrase est toute primitive, essentiellement fétichique, analogue à celle du langage des enfants. Le défaut d'abstraction paralyse la conjugaison. Il est tout aussi facile de déterminer l'état mental du pauvre malade que de connaître, d'après une langue, le degré de développement auquel est arrivée une civilisation quelconque[88] ». Guérir, ce serait alors remonter

---

l'européenne », provoqué par le préjugé européocentriste : « On sera étonné du rôle indu et fortuit qu'une notion du genre de fétiche a joué dans les travaux théoriques et descriptifs » (*Œuvres*, t. II, Paris, éd. de Minuit ; cité par Fedi, Laurent, *Fétichisme, Philosophie, Littérature*, Paris, L'Harmattan, 2002, p. 264). Le fétichisme est pourtant toujours abordé dans les études anthropologiques au XXe siècle (voir Adler, Alfred, « L'Ethnologue et les fétiches », in *Objets du fétichisme*, p. 149 *sq.*)

87 Auguste Comte soutient que le fétichisme est la première phase de l'état théologique, suivi par le polythéisme et le monothéisme. Succèdent ensuite l'état métaphysique, puis l'ère scientifique du XIXe siècle, dans laquelle l'homme se satisfait de l'étude des lois de l'univers sans se perdre dans des recherches étiologiques ou religieuses. Même si le fétichisme est « de toute nécessité, l'état le plus imparfait de la philosophie théologique », Comte cherche toutefois, à l'instar de Müller quelques années plus tard, à inspirer « une sorte de sympathie intellectuelle » en sa faveur (Comte, Auguste, *Physique sociale. Cours de philosophie positive*, leçon 52, présentation et notes par Jean-Paul Enthoven, Paris, Hermann, 1975, p. 268). Voir Canguilhem, Georges, *Études d'histoire et de philosophie des sciences*, 5e éd. augmentée, Paris, Librairie philosophique J. Vrin, « Problèmes et controverses », 1983.

88 Sémérie, Eugène, *Des symptômes intellectuels de la folie*, 2e édition, Paris, Ernest Leroux, 1875, p. 118-123. Anticipant sur de possibles reproches concernant « le caractère de la folie chez un nègre naturellement fétichiste », Sémérie répond qu'elle « doit consister en une diminution des notions positives concrètes qu'ils ont tous plus ou moins ; mais comme ils n'ont pas à leur disposition les divagations infinies du théologisme, le délire doit être très-rare chez eux, et guérir beaucoup plus facilement » (*Ibid.*, p. 138). L'auteur reprend ainsi la thèse de Brierre de Boismont selon laquelle la folie serait moins prononcée dans les contrées sauvages : « Les nations qui ont le plus de fous sont celles qui ont le plus

du fétichisme au positivisme, en passant par des phases polythéiste et théologique[89].

La liaison inaugurée par de Brosses entre fétichisme anthropologique et folie, entre animisme et régression de l'imagination, perdure donc jusqu'au début du XXe siècle. Le psychiatre italien Eugenio Tanzi assure que l'idée délirante est seulement endormie dans le cerveau du civilisé, tandis qu'elle règne dans la forêt vierge de l'esprit primitif[90]. L'esprit moderne, fragile, peut donc réveiller à tout instant cet « amour du merveilleux » qui somnole dans nos profondeurs :

> *Quando ci incoglie una malattia mentale, l'amore del meraviglioso si ridesta, si libera dal fondo oscuro della memoria organica, e raggiunge un'altra volta quel campo della coscienza, da dove nuovi acquisti e nuovi abiti mentali l'avevano scacciato, ma che gli fu un giorno così famigliare. Il processo, adunque, che mette in mostra un delirio, non è (adopro una metafora) una neoformazione intellettuale,*

haut rang dans la civilisation ». Selon ce dernier, un capitaine négrier aurait raconté à Esquirol « qu'il n'avait jamais d'aliénés parmi les nègres libres, mais qu'il avait plusieurs fois observé une folie sombre ou furieuse parmi les nègres esclaves qu'il avait à bord. Il ne serait donc pas hors de probabilité, que les guerres qu'ils se font entre eux, et la recherche de mokissos, espèces de fétiches, ne donnassent lieu à quelques aliénations mentales » (Brierre de Boismont, Alexandre, « De l'influence de la civilisation sur le développement de la folie », p. 290). S'il serait rare qu'un Africain développât une aliénation, le culte des fétiches entraînerait entraîner la folie, malgré le peu de raison pouvant se corrompre.

89 Le docteur Marie reprend les thèses de Sémérie en 1906 : « Le fétichisme coexiste dans l'âme complexe du civilisé et se manifeste à telle ou telle occasion, mettant à jour les strates sous-jacentes de sa mentalité initiale » (*Mysticisme et folie (étude de psychologie normale et pathologique comparées)*, avec préface d'Henri Thulié, Paris, V. Giard et E. Brière, 1906, p. 12). La folie serait donc bien une régression de l'individu à une autre phase phylogénétique : « Toute maladie cérébrale fait retomber aux mentalités sous-jacentes qui furent en leur temps les sommets les plus élevés atteints par l'intelligence humaine » (*ibid.*, p. 315).

90 « *Una causa perturbatrice può rompere questo equilibrio dell'ideazione, e ridare all'idea delirante – assopita in una vita latente – quel predominio, che aveva quando regnava solitaria nella vergine coscienza del primitivo. Abbiamo allora il delirio nel senso clinico della parola, il delirio, che si può quindi definire come la "ricomparsa, sotto forma cosciente e quasi spastica, di una superstizione subcosciente in un cervello sviluppato"* » (« Une cause perturbatrice peut rompre cet équilibre d'idéation, et redonner à l'idée delirante, assoupie dans une vie latente, cette prédominance qu'elle avait lorsqu'elle régnait solitaire dans la conscience vierge du primitif. Nous sommes alors face au délire au sens clinique du terme, délire qui peut se définir comme la "réapparition, sous forme consciente et presque épileptique, d'une superstitution subconsciente dans un cerveau développé" »). (Tanzi, Eugenio, « I neologismi degli alienati in rapporto col delirio cronico », seconda parte, *Rivista sperimentale di freniatria e di medicina legale in relazione con l'antropologia e le scienze giuridiche e sociali*, diretta dai professori Augusto Tamburini, Camillo Golgi, Arrigo Tamassia, Enrico Morselli, Reggio-Emilia, vol. XVI [1890] p. 33. Notre traduction).

ma una semplice dissociazione, che rende inoperose le nuove idee antagoniste. Analogamente, l'anomalia di sviluppo che chiamiamo degenerazione mentale non è che un'ipertrofia, pero cui quei modesti residui si rifanno giganti e prevalgono sulle funzioni correttrici[91].

La maladie mentale libérerait des « résidus modestes » gisant dans le « fond obscur de la mémoire organique », enfoui par de nouvelles habitudes culturelles. La dégénérescence ne serait alors qu'une hypertrophie mentale de ce caractère fictif propre aux premiers temps de l'humanité et dont notre corps a gardé les vestiges. Une correspondance s'établit donc entre l'évolution (ou l'involution) de l'individu et de l'espèce, assimilant l'homme primitif étonné par la vie des choses à l'aliéné moderne, dont le cerveau mutilé replonge dans la merveille.

Mais le temps fétichiste, où règnent l'imagination et les sensations corporelles, autorisait aussi certainement pour Julien Chevalier des débordements érotiques. L'instinct sexuel de l'homme primitif devait alors être particulièrement puissant, puisqu'il ne sentait « aucun frein à sa passion, ni en lui-même ni au dehors[92] ». Et même si l'intelligence a été activée avec la phase polythéiste ; même si l'Église a voulu proclamer « le triomphe de l'esprit sur la matière », le fétichisme ne serait cependant pas mort, et l'influence des religions n'aurait été que « factice » : l'humanité serait restée « purement fétichique, et, même chez les hommes les plus instruits et les plus émancipés, il ne serait pas difficile de démêler ce qu'il y a encore dans leurs actes de conforme à ces tendances prime sautières, spontanées, invincibles, de notre nature[93] ». L'évolution ne serait donc qu'un leurre puisque cette tendance infantile spontanée hanterait derechef chaque individu :

91 « Dans le cas d'une maladie mentale, l'amour du merveilleux se réveille, se libère du fond obscur de la mémoire organique et rejoint à nouveau le champ de la conscience où il a, jadis, été familier, mais d'où de nouvelles acquisititions et habitudes mentales l'avaient chassé. Le processus du délire n'est donc pas (j'adopte une métaphore) une néoformation intellectuelle, mais une simple dissociation, qui rend inopérante les nouvelles idées antagonistes. De manière parallèle, l'anomalie de développement que nous appelons dégénération mentale n'est qu'une hypertrophie, par laquelle ces modestes résidus redeviennent immenses et prévalents sur les fonctions correctrices » (*ibid.*, p. 356. Notre traduction).

92 Chevalier, Julien, *De l'inversion de l'instinct sexuel d'un point de vue médico-légal*, p. 23. Le médecin assimile même fétichisme primitif et perversions sexuelles, car « les passions contre nature, on le conçoit, durent être très générales alors » (*ibid.*, p. 23). Son maître Lacassagne assure aussi que « c'est dans les milieux fétichiques que [l'inversion] a pris un développement extraordinaire » (« Pédérastie », in *DESM*, p. 241).

93 Chevalier, Julien, De l'inversion de l'instinct sexuel d'un point de vue médico-légal, p. 24-25.

> Car, on ne peut nier, étant donné l'abaissement qui va grandissant d'année en année des croyances surnaturelles et qui a commencé, comme l'a très bien fait remarquer M. Lafitte, il y a un siècle, nous entrons en quelque sorte dans une ère nouvelle, nous assistons à une renaissance fétichique. Mais, qu'on se rassure, ce qui renaît est un fétichisme mitigé, civilisé, surprenant l'homme dans un état psychique bien différent de celui de l'homme primitif. Résurrection du fétichisme, tel est donc le caractère de l'époque contemporaine. Ainsi s'explique, en partie, cette explosion générale dont nous sommes actuellement témoins, de tous les instincts demandant impérieusement satisfaction, et en particulier l'instinct sexuel ; telle est une des raisons de l'excitation génitale excessive de notre époque[94].

Le fétichisme ressusciterait donc suite à la mort de la métaphysique : dépourvu d'au-delà, l'homme, quoique civilisé, retournerait son attention vers la matière. À la valorisation de l'esprit par les religions dogmatiques succèderait un retour vers la corporéité charnelle : « Délivré d'une compression séculaire, le naturel revient avec des exigences différentes, mais non moins impérieuses qu'autrefois. » Si toutes sortes de déviations génésiques sont écloses lors du premier moment fétichique, le retour à ce stade provoquerait leur recrudescence car « l'humanité, en fait d'instinct, n'invente rien, ne perfectionne rien ; du premier coup elle a donné à l'instinct sexuel toutes les sensations naturelles ou artificielles qu'elle pouvait lui donner[95] ». Au moment où les digues religieuses s'effondrent, le fétichisme menacerait donc la France de dévoiement érotique, assure Lacassagne dans sa la préface du volume de Chevalier publiée en 1893 :

> À une époque d'émancipation intellectuelle, sans règle ni sans frein, la sensibilité s'exagère, l'énervement suit, et les idées fétichistes, celles de « derrière la tête », prennent de plus en plus le dessus. D'où la fréquence des impulsions instinctives fortes, c'est-à-dire des plus animales, de celles qui tiennent le plus à la chair. Les moralistes ont bien montré ces effets de la faiblesse humaine, mais ils n'ont pas saisi le mécanisme de ces causes[96].

Mais ces « idées fétichistes » sont devenues, entre la thèse de 1885 et sa publication en 1893, une maladie érotique créée par Binet. L'idée selon laquelle le fétichisme « ressuscite » semble donc confirmée : les

94 *Ibid.*, p. 25-26.

95 *Ibid.*, p. 61 et 63.

96 Lacassagne, Alexandre, « Préface » à Chevalier, Julien, *Une maladie de la personnalité. De l'inversion sexuelle*, p. V-VI.

pervers s'accrochent à des objets ou à des parties corporelles, comme les primitifs s'attachaient aux asperges ou autres lézards.

Tandis la matière devient inerte grâce à l'avancée des sciences positivistes, les objets s'animeraient parce que l'esprit fin-de-siècle, en replongeant dans les limbes de l'humanité, serait plus imaginatif que rationnel – et le corps plus sensuel. La thèse de Chevalier, soutenue deux ans avant « Le Fétichisme dans l'amour », montre en définitive que des associations entre folie, dépravations génésiaques et fétichisme anthropologique circulaient déjà. Le choix de ce dernier mot par le psychologue coïncide donc avec la conviction contemporaine que ce qu'il y a de plus spontané et de plus primitif dans l'homme se réveille à la Belle Époque : emporté sensuellement par sa chair, l'imagination redonne vie à l'inertie des choses.

Cette folle animation du monde est précisément explorée dans l'œuvre de Maupassant, qui témoigne ainsi de l'inquiétude animiste de la France fin-de-siècle. L'écrivain pousse en effet dans ses derniers retranchements le pouvoir des objets dans *Qui sait ?*, où ces derniers s'animent fantastiquement et quittent la maison du narrateur. Loin donc de réduire le monde à ses lois physiques, la nouvelle témoigne d'une vie objectale d'autant plus préoccupante qu'elle s'accomplit au détriment du sujet, dont on peut soupçonner la folie. Depuis un asile où il s'est reclus, le narrateur raconte rétrospectivement son goût des choses matérielles :

> Il en résulte que je m'attache, que je m'étais attaché beaucoup aux objets inanimés qui prennent, pour moi, une importance d'êtres, et que ma maison est devenue, était devenue, un monde où je vivais d'une vie solitaire et active, au milieu de choses, de meubles, de bibelots familiers, sympathiques à mes yeux comme des visages. Je l'en avais emplie peu à peu, je l'en avais parée, et je me sentais dedans, content, satisfait, bien heureux comme entre les bras d'une femme aimable dont la caresse accoutumée est devenue un calme et doux besoin[97].

Dans un balancement qui empêche de décider si ce mode d'être est révolu, le narrateur est « content » d'être dans cette maison qui s'apparente à une femme : il est « satisfait », comme après l'étreinte amoureuse. Mais en revenant un soir chez lui après avoir écouté un opéra

97 Maupassant, Guy de, *Qui sait ?*, in *Contes et Nouvelles*, 2 vol., texte établi et annoté par Louis Forestier, Paris, Gallimard, « Bibliothèque de la Pléiade », 1974-1979, t. 1, p. 1226.

inspiré du *Nibelung*, il saisit un piétinement « non pas de chaussures, de souliers humains, mais de béquilles, de béquilles de bois qui vibraient comme des cymbales » :

> Oh ! quelle émotion ! Je me glissai dans un massif où je demeurai accroupi, contemplant toujours ce défilé de mes meubles, car ils s'en allaient tous, l'un derrière l'autre, vite ou lentement, selon leur taille et leur poids. Mon piano, mon grand piano à queue, passa avec un galop de cheval emporté et un murmure de musique dans le flanc, les moindres objets glissaient sur le sable comme des fourmis, les brosses, les cristaux, les coupes, où le clair de lune accrochait des phosphorescences de vers luisants. Les étoffes rampaient, s'étalaient en flaques à la façon des pieuvres de la mer. Je vis paraître mon bureau, un rare bibelot du dernier siècle, et qui contenait toutes les lettres que j'ai reçues, toute l'histoire de mon cœur, une vieille histoire dont j'ai tant souffert ![98]

Le héros se bat alors contre « cette force épouvantable », et saisit son secrétaire, nouvelle Brunehilde, « comme on saisit une femme qui fuit ». Mais vaincu et piétiné, il se retire pour « regarder disparaître les plus infimes objets, les plus petits, les plus modestes, les plus ignorés de moi, qui m'avaient appartenu[99] ». La vision *fétichiste* – animée – du monde s'apparente à celle des fous comtiens, dont l'imagination recouvre d'un voile merveilleux le monde positiviste désenchanté.

Le narrateur de *Qui sait ?* se retrouve ainsi dépossédé de ce qu'il était – car l'on est ce que l'on a dedans[100]. Mais il « enterre » en lui ce qu'il a vu – car on aurait enfermé « l'homme qui avait pu voir une pareille chose ». Un soir pourtant, son attention est attirée par la « vue d'une série de boutiques de brocanteurs », où s'entassent des objets religieux abandonnés :

> [...] des vierges, des saints, des ornements d'église, des chasubles, des chapes, même des vases sacrés et un vieux tabernacle en bois doré d'où Dieu avait déménagé. Oh ! les singulières cavernes en ces hautes maisons, en ces grandes maisons, pleines, des caves aux greniers, d'objets de toute nature, dont

98 *Ibid.*, p. 1229.

99 *Ibid.*, p. 1230.

100 Lorsqu'il débute sa narration, le je narrant privilégie l'emploi du verbe être : « Pourquoi suis-je ainsi ? » (*ibid.*, p. 1226). Au moment où des soupçons commencent à effleurer dans son être, le verbe avoir prend le dessus : « Qu'est-ce que j'ai donc ? [...] Je n'avais pas peur. [...] J'avais mon revolver [...]. À mesure que j'avançais, j'avais dans la peau des tressaillements [...]. J'avais dans les oreilles quelques ronflements » (*ibid.*, p. 1228).

> l'existence semblait finie, qui survivaient à leurs naturels possesseurs, à leur siècle, à leur temps, à leurs modes, pour être achetés, comme curiosités, par les nouvelles générations[101].

Si Dieu a en effet quitté les choses, celles-ci redeviennent néanmoins sacrées dans la mesure où elles survivent aux êtres. Désinvesti de pouvoir métaphysique, l'objet est animé par le désir du collectionneur, qui lui offre une vie autre – érotique cette fois. Et la « tendresse pour les bibelots » se réveille de nouveau chez le narrateur, qui reconnaît alors parmi les « curiosités » « ses plus belles armoires ». Il se rend compte que ses meubles sont là ; surgit enfin une sorte de vendeur, à l'ontologie floue, « aux poils inégaux, clairsemés et jaunâtres, et pas un cheveu sur la tête ! Pas un cheveu[102] ? ». Ni mort ni vivant, il disparaît peu après avec tous les meubles, qui retournent un soir quelconque s'installer chez le narrateur. Le commissaire de police considère la restitution très adroite : mais le « monstre à crâne de lune » demeure introuvable ; et, *qui sait* s'il ne rejoindra pas le narrateur dans l'asile :

> Mon Dieu ! Mon Dieu ! Je vais donc écrire enfin ce qui m'est arrivé ! Mais le pourrais-je ? l'oserai-je ? cela est si bizarre, si inexplicable, si incompréhensible, si fou ! [...]
>
> Je suis aujourd'hui dans une maison de santé ; mais j'y suis entré volontairement, par prudence, par peur ! Un seul être connaît mon histoire. Le médecin d'ici. Je vais l'écrire. Je ne sais trop pourquoi ? Pour m'en débarrasser, car je la sens en moi comme un intolérable cauchemar.
>
> La voici[103].

L'histoire demeure *en lui*, étouffant le *je* qui écrit à on ne sait qui – si ce n'est à Dieu, réduit à une formule incantatoire. L'écriture exorcise le cauchemar, soulage le poids intérieur ; mais c'est un geste audacieux, et le mot *cela*, de par son antécédent ambigu, laisse entendre que ce qui est « si bizarre, si incompréhensible, si fou », c'est peut-être bien le fait de se mettre à écrire, d'inscrire verbalement la *vision* – de donner à lire

---

101 *Ibid.*, p. 1231-1232.

102 *Ibid.*, p. 1234. Selon Christopher Lloyd, l'excès de poils serait perçu négativement par Maupassant : tandis que trop de barbe est assimilée à une animalité débordante, l'antiquaire de *Qui sait ?* est chauve – et incarne un maléfice (voir Lloyd, Christopher, « Maupassant Trichologue : histoires de poils », in Lloyd, Christopher et Lethbridge, Robert, (dir.), *Maupassant conteur romancier*, Durham, Durham Modern Languages Series, 1994).

103 *Ibid.*, p. 1236 et 1228.

cette vie des choses que la médecine comprend alors comme une folie fétichiste régressive.

L'anthropologie s'étonne donc que l'on puisse considérer comme doué de pouvoirs un « caillou » – un bétyle ; la médecine raconte que certains individus fantasment sur des vêtements, sur des clous de bottines animés par le désir ; et la littérature maupassantienne incarne fantastiquement la vie déroutante des brimborions – associée à une folie fétichiste que l'on croit en pleine recrudescence sous la IIIe République. Si les fous sont abandonnés à leur sensualité et à leur imagination aussi enfantine que primitive, le récit de Maupassant expérimente l'indécidabilité ontologique des objets et le doute clinique quant à cet animisme. *Qui sait* si l'asile est un lieu de sûreté ou une prison, si le narrateur est un fou ? Médecine et littérature réfléchissent ainsi, autour du fétichisme, à l'imagination merveilleuse de l'homme moderne, à la dégénérescence de ses sens – et au pouvoir fascinant qu'ont les objets à la Belle Époque.

LES BAZARS DE L'AMOUR

Le XIXe siècle a en effet connu l'essor de l'objet manufacturé. Le bibelot serait devenu le nouveau fétiche religieux pour le mondain Paul Ginisty : « Des cultes évanouis, un nouveau culte est né. [...] Culte étrangement moderne que celui-là, dont les autels sont les boudoirs où s'étale, dans un amusant pêle-mêle, un joli et chatoyant fouillis de très anciennes choses[104]. » En revanche, cette passion est pour Maupassant « une manie, une maladie incurable. Et il sévit, ce mal, sur toutes les classes de la société[105] ». Paul Bourget considère l'envahissement des salons français par des bagatelles comme la « manie raffinée d'une époque inquiète où les lassitudes de l'ennui et les maladies de la sensibilité nerveuse ont conduit l'homme à s'inventer des passions factices [...]. Aux devantures des grands magasins de nouveautés, qui forment le colossal résumé des

104 Ginisty, Paul, *Le Dieu Bibelot : les collections originales*, Paris, A. Dupret, 1888, p. 5-6.

105 Maupassant, Guy de, « Bibelots », in *Le Gaulois*, 22 mars 1883. En témoigne le monumental *Dictionnaire de l'art, de la curiosité et du bibelot* d'Ernest Bosc (Paris, Firmin-Didot, 1883). Sur ces questions, voir Pety, Dominique, *Poétique de la collection au XIXe siècle. Du document de l'historien au bibelot de l'esthète*, Paris, Presses Universitaires de Paris Ouest, 2010.

habitudes d'un peuple, puisqu'ils offrent une réponse anticipée à tous ses désirs, que rencontrez-vous ? Le bibelot encore[106] ». Les objets manufacturés occupent donc une place sociale jusqu'alors inouïe, exposés dans ces temples de la modernité que sont les grands magasins où frotteurs, fétichistes des tissus et autres coupeurs de nattes opèrent, encouragés par l'anonymat de la foule et l'offre pléthorique d'objets et de corps.

Walter Benjamin a notamment été attentif à ce devenir de l'objet[107]. D'une part, les intérieurs sont envahis de brimborions pour compenser « l'absence de traces qui caractérise la vie privée dans la grande ville » :

> [La bourgeoisie] semble avoir mis son point d'honneur à ne pas laisser se dissiper à tout jamais la trace, sinon de son séjour terrestre, du moins de ses accessoires et articles d'usage courant. Persévérante, elle prend l'empreinte d'une multitude d'objets ; elle invente des étuis et des fourreaux pour les pantoufles et les montres de gousset, les coquetiers et les thermomètres, les couverts et les parapluies. Elle a une prédilection pour les housses en peluche et en velours, qui gardent une marque de tout contact[108].

Ce processus, qui transforme l'appartement en une « enveloppe » de l'individu, souligne par ailleurs « la valeur réelle ou sentimentale des objets ainsi préservés ». Cette perte moderne de traçabilité se déporte également dans le domaine érotique, comme en témoignerait pour Benjamin le sonnet « À une passante » de *Fleurs du Mal*, déchiré entre les quatrains et les tercets par « Un éclair… puis la nuit[109] ! ». La femme ne laisserait pas de traces, et la sollicitation érotique deviendrait inséparable de la perte immédiate de l'objet amoureux : « Le ravissement du citadin n'est pas tant l'amour qui s'enflamme au premier regard que celui du dernier regard ». La brisure du poème exprimerait donc le fait « que l'amour porte les stigmates de la grande ville ». Benjamin compare dès lors le destin du poète dans la foule à celle de la marchandise, « assaillie par le flot tumultueux des clients » :

---

106 Bourget, Paul, *Essais de psychologie contemporaine*, t. 2, édition définitive, revue et augmentée d'appendices, Paris, Plon, 1920, p. 149.

107 Voir Benjamin, Walter, « Paris, capitale du XIXe siècle » [1935], in *Œuvres*, 3 vol., traduit de l'allemand par Maurice de Gandillac, Rainer Rochlitz et Pierre Rusch, Paris, Gallimard, « Folio », 2000, t. 3.

108 Benjamin, Walter, *Baudelaire*, éd. G. Agamben, B. Chitussi, C.-C. Härle et P. Charbonneau, Paris, la Fabrique, 2013, p. 741.

109 Baudelaire, Charles, « À une passante », in *Les Fleurs du Mal, Œuvres complètes*, 2 vol., éd. Claude Pichois, Paris, Gallimard, « Bibliothèque de la Pléiade », 1976, t. 1, p. 93.

> Si cette âme de la marchandise, dont à l'occasion Marx parle par plaisanterie, existait réellement, ce serait la plus sensible de celles qu'on puisse rencontrer au royaume des âmes. Car elle verrait nécessairement en chacun l'acheter dans la main et dans la maison duquel elle voudrait se blottir[110].

Le penseur allemand considère même que dans le poème en prose « Les Foules », celui qui jouit de la multitude n'est pas tant le poète que la marchandise, c'est-à-dire le « fétiche lui-même, avec lequel le tempérament sensible de Baudelaire entre en si puissante résonance que l'identification avec l'inorganique en est venue à constituer une des sources de son inspiration[111] ». Ce qui frappe Benjamin à travers l'esthétique de Baudelaire, c'est comment la marchandise a exercé un pouvoir sur la foule urbaine : « L'attroupement des clients qui constituent en réalité le marché faisant de la marchandise ce qu'elle est, accroît le charme de celle-ci pour l'acheteur moyen[112] ».

Inspiré par une lecture marxiste, Benjamin perçoit comment l'objet *prend vie* dans la société du XIXe siècle : de la possible prosopopée baudelairienne à la narration fantastique et asilaire de Maupassant, les *charmantes* choses dépossèdent le sujet, happé par leur abondance, par leur exposition – par leur « prostitution », pour reprendre Baudelaire. Le rapport à la marchandise est donc d'ordre érotique, et l'« orgie[113] » se produit particulièrement dans ces immenses alcôves que sont les grands magasins. C'est même sans doute là qu'est née la nécessité de penser médicalement le fétichisme amoureux, car il s'y est manifesté en particulier par des larcins et des attentats à la pudeur – délinquances qui attendaient encore une prise en charge psychiatrique.

En effet, la cleptomanie est alors un problème de société, une hantise du XIXe siècle, crue avec la fétichisation capitaliste relevée par Marx[114]. Théorisée en 1816 par le psychiatre genevois André Mathey, la « clopémanie » envisage le vol, alors considéré comme un crime, comme une propension instinctive : « La hantise qu'il suscite s'est

---

110 Benjamin, Walter, *Baudelaire*, p. 740 et 750.

111 *Ibid.* Benjamin cite notamment le deuxième poème *Spleen* (« Je suis un vieux boudoir plein de roses fanées », *Fleurs du Mal*, t. I, p. 73).

112 Benjamin, Walter, *Baudelaire*, p. 751.

113 « Cette sainte prostitution de l'âme qui se donne toute entière, poésie et charité, à l'imprévu qui se montre, à l'inconnu qui passe » (*Le Spleen de Paris XII*, *Œuvres complètes*, t. 1, p. 291).

114 Voir Marx, Karl, *Le Capital*, ch. I, IV, p. 99 *sq.*

déplacée des "grands chemins" à la ville, avec l'urbanisation. L'idée d'une maladie du larcin appuyée sur l'observation médico-légale répond ainsi à une peur sociale. Son étude se développera au cours des années 1830, et Marc définira en 1840 la "kleptomanie" en transformant le terme de Mathey [...]. Sa symptomatologie se caractérise par l'instantanéité du passage à l'acte et par l'intermittence et la périodicité des accès[115]. » Mais à la Belle Époque, cette obsession s'érotise suite à la « sexualisation de la perception clinique[116] » engendrée par l'affaire Bertrand. Et si quelques voleurs examinés par Magnan en 1886 sont en fait des fétichistes des chemises et des tabliers blancs, il semble néanmoins qu'*Au Bonheur des dames* de Zola ait joué un rôle majeur dans l'érotisation de la cleptomanie.

La fascination des grands magasins sur les femmes est en effet au cœur du onzième volume des *Rougon-Macquart* paru en 1884, qui débute avec la découverte des vitrines parisiennes par Denise :

> Et jamais elle n'avait vu cela, une admiration la clouait sur le trottoir. Au fond, une grande écharpe en dentelle de Bruges, d'un prix considérable, élargissait un voile d'autel, deux ailes déployées, d'une blancheur rousse ; des volants de point d'Alençon se trouvaient jetés en guirlande ; puis, c'était, à pleines mains, un ruissellement de toutes les dentelles, les malines, les valenciennes, les applications de Bruxelles, les points de Venise, comme une tombée de neige. À droite et à gauche, des pièces de drap dressaient des colonnes sombres, qui reculaient encore ce lointain tabernacle. Et les confections étaient là, dans cette chapelle élevée au culte des grâces de la femme[117].

La vitrine est une « chapelle », un « tabernacle », un « autel » où le « culte » s'adresse aux « grâces ». La religion est désormais dans les magasins, et le dieu n'est pas tant la femme que la « dentelle », qui en est à la fois la métonymie et la paronomase. L'écriture de Zola ne cesse

---

115 Mazaleigue-Labaste, Julie, *Les Déséquilibres de l'amour*, p. 107-108. Voir Marc, Charles Chrétien Henri, *De la folie : considérée dans ses rapports avec les questions médico-judiciaires*, 2 vol., Paris, J. B. Baillière, 1840, t. 2, p. 253) ; Matthey, André, *Nouvelles Recherches sur les maladies de l'esprit, précédées de Considérations sur les difficultés de l'art de guérir*, Paris, J. J. Paschoud, 1816. Les termes « clopémanie » et « kleptomanie » continuent à être utilisés sans distinction pendant tout le XIXe siècle.

116 Mazaleigue-Labaste, Julie, *Les Déséquilibres de l'amour*, p. 209.

117 Zola, Émile, *Au Bonheur des Dames*, in *Les Rougon-Macquart. Histoire naturelle et sociale d'une famille sous le Second Empire*, 5 vol., édition intégrale publiée sous la direction d'Armand Lanoux, études, notes et variantes par Henri Mitterand, Paris, Gallimard, « Bibliothèque de la Pléiade », 1960, t. 3, p. 392.

de faire résonner le pronom féminin [elle] (*ruissellement, Bruxelles, dentelles, chapelle, belles)*, ou du moins la labiale [l].

> La gorge ronde des mannequins gonflait l'étoffe, les hanches fortes exagéraient la finesse de la taille, la tête absente était remplacée par une grande étiquette, piquée avec une épingle dans le molleton rouge du col ; tandis que les glaces, aux deux côtés de la vitrine, par un jeu calculé, les reflétaient et les multipliaient sans fin, peuplaient la rue de ces belles femmes à vendre, et qui portaient des prix en gros chiffres, à la place des têtes[118].

Les mannequins agissent pour leur part comme une métaphore de la cliente qui se vend au *Bonheur* : décapités, leur tête est remplacée par l'obsédant prix, tandis que la générosité des hanches et des gorges érotisent ces « belles femmes » qui s'animent grâce aux effets optiques des miroirs latéraux. Denise est la seule vraiment figée dans le spectacle, *clouée* sur le trottoir, tandis que la marchandise se prostitue – comme Benjamin l'affirme.

Quelques pages plus loin, les vitrines s'animent derechef pour les « femmes arrêtées », pour cette « foule brutale de convoitise » :

> Et les étoffes vivaient, dans cette passion du trottoir : les dentelles avaient un frisson, retombaient et cachaient les profondeurs du magasin, d'un air troublant de mystère ; les pièces de drap elles-mêmes, épaisses et carrées, respiraient, soufflaient une haleine tentatrice ; tandis que les paletots se cambraient davantage sur les mannequins et prenaient une âme, et que le grand manteau de velours se gonflaient, souple et tiède, comme sur des épaules de chair, avec les battements de la gorge et les frémissements des reins[119].

Ce ne sont plus les mannequins qui prennent vie (eux dont la figure était encore humaine malgré tout), mais les tissus : c'est désormais le velours qui se « gonfle » et non plus « la gorge ». Les étoffes ont non seulement une « âme », mais aussi une chair qui les humanise d'autant plus que les clientes sont, au contraire, décrites comme de simples

118 *Ibid.*

119 *Ibid.*, p. 402. Thompson s'est intéressée au rôle des vêtements dans l'œuvre zolienne. Dans une optique psychanalytique, elle soutient que « *the fetishization of the female body through references to its accessories signales the impossibility of mimesis and marks the limits (and limitation) of what has traditionally been referred to as the* Naturalist *text* ». La proliferation de vêtements montrerait l'impossibilité, chez Zola, de décrire la nudité – et donc l'échec du naturalisme, condamné à demeurer voilé (*Naturalism redressed. Identity and clothing in the novels of Emile Zola*, Oxford, Legenda, 2004, p. 94).

objets broyés par le magasin : « Il y avait là le ronflement continu de la machine à l'œuvre, un enfournement de clientes, entassées devant les rayons, étourdies sous les marchandises, puis jetées à la caisse. » C'est en définitive ce « peuple de femmes » anonyme qui est « jeté » à la caisse, victime de marchandises dévorantes.

Et pour sentir « sur leurs genoux, la caresse d'un tissu miraculeux de finesse, où leurs mains coupables s'attardaient » ; pour rassasier leur « besoin sensuel[120] », beaucoup sont poussées au vol. Le patron du magasin, Octave Mouret, explique à son ami Vallagnosc les différents degrés existant de cleptomanie :

> D'abord, il citait les voleuses de profession, celles qui faisaient le moins de mal, car la police les connaissait presque toutes. Puis, venaient les voleuses par manie, une perversion du désir, une névrose nouvelle qu'un aliéniste avait classée, en y constatant le résultat aigu de la tentation exercée par les grands magasins. Enfin, il y avait les femmes enceintes, dont les vols se spécialisaient : ainsi, chez une d'elles, le commissaire de police avait découvert deux cent quarante-huit paires de gants roses, volées dans tous les comptoirs de Paris[121].

L'« aliéniste » mentionné par Zola est peut-être Charles Lasègue, pour qui les magasins de détails aiguisent les désirs criminels des femmes : « On suppose une propension instinctive au vol, irrésistible et inconsciente, à la façon de celle de la *gazza ladra*, une sorte d'appel analogue aux envies que les gens du monde attribuent volontiers aux femmes enceintes[122]. » Enclines à un entassement hyperbolique et absurde d'articles, les cleptomanes sont souvent issues de classes sociales favorisées, ce qui dénue l'acte criminel de motivation matérielle. Ainsi en est-il justement de la riche Mme de Boves, pincée dans *Au bonheur des dames* pour vol de dentelle :

---

120 *Ibid.*, p. 466-468.

121 *Ibid.*, p. 632.

122 Lasègue, Charles, « Vol à l'étalage », *L'Union médicale : journal des intérêts scientifiques et pratiques moraux et professionnels du corps médical*, Troisième série, n° 28 (1879), p. 991. Au début du XXe siècle, l'aliéniste Paul Dubuisson croit la femme souvent atteinte de « *magasinite* » : « menstruation, grossesse, allaitement, ménopause » les empêcheraient de « dominer leurs impulsions. S'il est un préjugé populaire qui mérite d'être pris en considération, c'est sans aucun doute celui-là. Comme la plupart des préjugés de cette sorte il est fondé sur des observations séculaires qui peuvent être mal interprétées, mais dont la réalité n'est pas discutable ». Toute femme peut donc être emportée par cette folie du vol si intimement liée à sa vie utérine (Dubuisson, Paul, *Les Voleuses des grands magasins*, Paris, A. Storck, 1902, p. 188-189 et 216-218).

> Depuis un an, Mme de Boves volait ainsi, ravagée d'un besoin furieux, irrésistible. Les crises empiraient, grandissaient, jusqu'à être une volupté nécessaire à son existence, emportant tous les raisonnements de prudence, se satisfaisant avec une jouissance d'autant plus âpre, qu'elle risquait, sous les yeux d'une foule, son nom, son orgueil, la haute situation de son mari. Maintenant que ce dernier lui laissait vider ses tiroirs, elle volait avec de l'argent plein sa poche, elle volait pour voler, comme on aime pour aimer, sous le coup de fouet du désir, dans le détraquement de la névrose que ses appétits de luxe inassouvis avaient développé en elle, autrefois, à travers l'énorme et brutale tentation des grands magasins[123].

Emportée par un « besoin » et des « crises » que provoque le « détraquement de la névrose », la pathologie de l'élégante se teinte d'érotisme : car si elle vole comme on « aime pour aimer », la « jouissance » de Mme de Boves devient « une volupté nécessaire » que le « désir » fouette de ses « appétits » : son assise est donc organique. L'impulsion jouissive est ainsi provoquée par des objets certes anodins (« un mouchoir, un éventail, une cravate »), mais dont la somme (et la valeur voluptueuse) est en revanche considérable (quatorze mille francs). Rendus « aplatis et chauds » par leur cachette érotique, ils se lestent d'un charme d'autant plus savoureux qu'il est interdit et soustrait tant à la foule qu'au mari.

Mais dans *Au Bonheur des Dames*, ce n'est pas seulement le vol pathologique qui est érotique. C'est, plus largement, toute l'activité marchande qui s'apparente à un acte de chair, à une copulation orchestrée par Mouret :

> [...] la clientèle, dépouillée, violée, s'en allait à moitié défaite, avec la volupté assouvie et la sourde honte d'un désir contenté au fond d'un hôtel louche. C'était lui qui les possédait de la sorte, qui les tenait à sa merci, par son entassement continu de marchandises, par sa baisse des prix et ses rendus, sa galanterie et sa réclame. [...] Sa création apportait une religion nouvelle, les églises que désertait peu à peu la foi chancelante étaient remplacées par son bazar, dans les âmes inoccupées désormais. La femme venait passer chez lui les heures vides, les heures frissonnantes et inquiètes qu'elle vivait jadis au fond des chapelles : dépense nécessaire de passion nerveuse, lutte renaissante d'un dieu contre le mari, culte sans cesse renouvelé du corps, avec l'au-delà divin de la beauté[124].

Zola décrit ainsi l'avènement d'une « nouvelle religion » où la femme adresse un « culte » à la marchandise fétiche dans sa « passion nerveuse ».

---

123 Zola, Émile, *Au Bonheur des Dames*, p. 793.
124 *Ibid.*, p. 797.

La pathologisation érotique du vol décrite par Zola se retrouve dans un *Joli Monde* de Gustave Macé, ancien chef du service de la Sûreté à Paris – texte où Binet puise de nombreuses informations. Se proposant d'édifier les pères de familles et les honnêtes gens, l'auteur observe la foule d'un grand magasin d'un point de vue surplombant, tel que celui adopté souvent par Octave Mouret. Le policier repère ainsi les individus interlopes qui œuvrent dans les grands bazars, s'insurgeant contre ces lieux modernes de la « *pègre* » et de « l'immoralité. On ne saura jamais toutes les larmes qu'il a fait verser, tous les suicides dramatiques qu'il a causés » – ni tous les porte-monnaie qu'il a vidés. Macé réitère que les monomaniaques du vol seraient extrêmement nombreux, surtout dans les classes aisées de la société, et que les magasins constituent une séduction permanente par leur pléthorique exposition de marchandises :

> Les magasins de nouveautés sont le paradis rêvé des femmes ; ces étalages provocants, aux attractions irrésistibles, sont bien créés pour répondre à leurs goût de parure, à leurs invincibles instincts de luxe ; mais encore ne faudrait-il pas augmenter cela par un perfectionnement dans l'art du vol, aujourd'hui accepté comme une maladie, et prenant un caractère effrayant pour la sécurité générale[125].

Macé semble agacé par l'« usage parmi les avocats, de plaider la folie pour tous les crimes et délits ». Les aliénistes prennent ainsi comme « excuse » déresponsabilisante du vol la cleptomanie, « ce nouveau produit des grands bazars ». Pourtant, le policier identifie comme anormaux certains comportements masculins. Si les dames sont emportées par le désir de posséder les objets exposés, les quelques messieurs qui vagabondent dans les magasins sont grisés, à leur tour, par l'abondance des demoiselles dans la cohue :

> Les hommes y sont en faible minorité.
>
> Suivons celui-ci, à la tenue négligée avec sa cravate à pois blancs. Il est seul… Que vient-il chercher à cette exposition, où tout respire la femme ? […] Il s'y plonge… il est heureux dans ce mouvement onduleux, produit par cette réunion considérable de femmes d'où se dégagent des émanations, des odeurs qui excitent les sens. C'est un affolé, un aberré passionnel, se grisant des parfums naturels et artificiels des femmes. Il se fait volontairement porter par la foule qui le presse, l'enserre et le fait avancer de trois pas, pour reculer

125 Macé, Gustave, *La Police parisienne. Un Joli Monde*, Paris, G. Charpentier et Cie, 1887, p. 253, 254 et 259.

> de cinq. Il vit et respire dans cet élément féminin, avec autant d'aisance que le poisson dans l'eau[126].

Mais ce flâneur jouissant de cette foule aquatique est un « affolé », même si l'on apprend ensuite qu'il est un peintre de portraits talentueux en quête d'un teint féminin idéal. S'il est impossible pour Macé que tout « homme, se trouvant par hasard en contact avec une jeune et jolie femme, [n'ait] pas senti un désir de la mordre… celui si naturel de la posséder ? », chez certains en revanche les « digues » du cerveau ont explosé puisqu'ils se livrent à « des manœuvres répugnantes sur le beau sexe ». Les vicieux succomberaient au désir de posséder celles qui sont devenues telles les marchandises qu'elles convoitent :

> Ces hommes sont aussi nombreux que les pickpockets, dont ils possèdent les manières. Les agents brisés au métier s'y trompent assez souvent et reconnaissent, après quelques minutes de surveillance, qu'ils ont perdu leur temps à suivre un homme vicieux. Ils s'y trompent d'autant plus, que ces tristes individus, vulgairement appelés par eux « cochons », prennent pour rendez-vous les mêmes endroits que les voleurs « à la tire[127] ».

Et comme les perversions de ces « cochons » ne sont pas faciles à éclaircir et que « les médecins tournent la difficulté, en exposant les faits dans un langage scientifique qui n'est pas à la portée de tous », Macé propose sa propre catégorisation.

Les actes les moins graves seraient commis par les « peloteurs », qui « tâtent et examinent leur marchandise, pour ne pas être volés au décapitonnage ». À un degré plus avancé se trouveraient les frotteurs, qui chiffonnent et souillent les robes, tandis que les collectionneurs de mouchoirs jouissent de ce menu objet : « Ceux-là, au moins, ont un but marqué, un but fort peu avouable… difficile à raconter… […] Quand un de ces individus vient de prendre un mouchoir, il le passe sur ses lèvres avec un mouvement de passion, il en aspire le parfum et se retire en titubant comme un homme ivre[128]. » S'ajoute encore une « catégorie curieuse d'individus » :

> En effet, ces aberrés passionnels vont d'une cohue à l'autre, hésitent et tournent longuement avant de s'arrêter ; puis, leur choix fait, on les voit

126 *Ibid.*, p. 261-263.
127 *Ibid.*, p. 264.
128 *Ibid.*, p. 265 et 269.

> s'élancer, sur la femme visée, et lui embrasser follement les cheveux qui frisent sur la nuque… Puis, ils s'esquivent comme par enchantement, en faisant claquer leur langue d'une façon sonore, se léchant les lèvres pour savourer le parfum que les petites frisettes à la couleur préférée viennent d'y laisser.

Ces pervers sont généralement âgés d'une quarantaine d'années, rapides, issus d'« une classe élevée au point de vue du bien-être et de la culture intellectuelle » :

> Ils portent des vêtements sombres, râpés par un long usage, sont coiffés d'un chapeau à haute forme dont les soies sont roussâtres, rebroussées et apportent une réserve jusque dans la passion, ce sont les moins exigeants de leur catégorie, ils représentent les idéalistes du vice.

Ces intellectuels s'opposent aux « destructeurs » qui coupent, « à l'aide de ciseaux, les robes, les manteaux des femmes » : « Les morceaux qu'ils enlèvent sont précieusement entassés dans des tiroirs. Sur l'étiquette indicatrice, on lit la date, le nom du magasin, le signalement de la femme, la satisfaction du… charme éprouvé ». Mais les coupeurs de cheveux s'en prennent au corps même des victimes :

> Dans cette catégorie sentimentale de moissonneurs de souvenirs, j'ai interrogé un individu qui s'approchait des jeunes filles de dix à douze ans, dont les cheveux tombaient en nappe ou en natte sur leurs épaules. Muni de ciseaux, il mutilait les soyeuses chevelures en les raccourcissant de moitié.
>
> Ses réponses ont été celles-ci : « C'est une passion… Pour moi, l'enfant n'existe pas, ce sont ses beaux et fins cheveux qui m'attirent. Je pourrais souvent les prendre tout de suite… je préfère suivre la fillette et gagner du temps… c'est ma satisfaction… mon plaisir… Enfin, je me décide, je coupe l'extrémité des mèches frisées… je suis heureux. »
>
> En m'expliquant cela, il avait les yeux hagards et regardait avec méfiance, à droite, à gauche, comme s'il avait peur d'une surprise[129].

Les coupeurs de nattes, appelés à jouer un rôle primordial dans le fétichisme amoureux, surgissent ainsi chez Macé, menaçant déjà la foule parisienne de leurs passions sécatoires[130]. C'est donc dans un texte policier mondain, réécrivant en quelque sorte *Au Bonheur des Dames*, que certaines aberrations fétichistes émergent : coupeurs de nattes et

129 *Ibid.*, p. 267-268.

130 Voir I. 2. « L'*Épidémie* fétichiste ».

de tissus, voleurs de mouchoirs et frotteurs, déjà évoqués toutefois par Charcot et Magnan, corrompent les bazars, ces lieux modernes où la perversion du XIXe siècle fleurit.

CRISTALLISATION DU FÉTICHISME FIN-DE-SIÈCLE

Privilégiant l'accessoire, le factice et le menu ornement aux dépens de la nudité corporelle, le fétichisme érotique apparaît donc comme étroitement lié, par son attachement aux objets matériels, à l'essor de la société capitaliste et des intérieurs bourgeois. Ceci entraîne par ailleurs deux bouleversements qui ont probablement influencé la cristallisation du fétichisme à la Belle Époque : un comportement érotique nouveau – le flirt – et une révolution vestimentaire. Fabienne Casta-Rosaz a en effet remarqué comment les jeunes filles de la haute société déploient de nouvelles audaces séductrices, rendant caduque l'innocence des « oies blanches » du premier XIXe, dont la pudeur était sans cesse effarouchée. Désormais, les frôlements entre jeunes gens sont de mise, allant parfois jusqu'à des « attouchements, caresses, baisers. Ce n'est plus le règne de l'ambigüité, mais celui de la demi-mesure ». Si ce jeu s'arrête aux portes de la sexualité, il « érotise d'abord les extrémités du corps : les mains, les pieds, le visage, la nuque. Il peut s'enhardir très progressivement. Mais même dans ses variantes les plus osées, s'il se rapproche peu à peu du centre, il ne l'atteint jamais[131] ». Cette érotique non centrée est par ailleurs toujours dérobée, cachée socialement, s'écartant de toute ritualisation et surtout de la procréation, associée au mariage et à la famille. C'est donc un raffinement des sens autotélique, célébrant le plaisir pour lui-même, multipliant les partenaires et court-circuitant les devoirs sociaux. Le flirt met donc en avant une sensualité opposée à la sexualité bourgeoise conjugale, et apparaît dès lors comme une perversion dangereuse, condamnée « dans les brochures, les journaux, les ouvrages médicaux, et aussi la flopée d'ouvrages littéraires consacrés au flirt qui

131 Casta-Rosaz, Fabienne, « Un contre-modèle de la sexualité conjugale : le flirt », Diaz, José-Luis (dir.), *Le Magasin du XIXe siècle. Sexorama*, n° 4, Paris, Champvallon, 2014, p. 47-49.

paraissent dans ces années-là[132] ». Il semble ainsi qu'au moment où le fétichisme va se pathologiser en médecine, le jeu amoureux implique une érotique déjouant, elle aussi, la génitalité normative.

L'on a peu remarqué par ailleurs que l'émergence du fétichisme amoureux coïncide avec un changement radical de la mode féminine, enclenché au milieu du XIXe siècle et retracé par l'observateur de la mode Grand-Carteret dans les années 1900 déjà[133]. Niant que le fétichisme soit une maladie en soi, il évoque la nécessité de l'étudier « à travers les âges » afin de montrer « *les préférences nettement définies de certaines époques pour telles ou telles parties du corps féminin*[134] ». Grand-Carteret, qui a donc clairement l'intuition que l'érotisme a évolué, se demande si le fétichisme ne serait pas devenu pathologique à la fin du XIXe siècle parce que les codes vestimentaires – et *a fortiori* moraux – se sont modifiés. Dans *Le Décolleté et le Retroussé*, l'historien estime que le regard masculin cherche toujours à voir ce qui se dérobe à lui, ce qui est « en bas[135] ! » : « Ce qui reste toujours le grand mystérieux ; l'au-delà de la jupe et des multiples draperies ; l'Inconnu ; l'Invisible[136]. » Et ce dévoilement a été entravé suite à une « révolution de la mode » féminine qui a bouleversé le dévoilement du sexe : l'apparition du pantalon.

Jusqu'au XIXe siècle en effet, les femmes ne portent pas de sous-vêtements sous leurs jupes[137]. Adopté sous Napoléon III, le pantalon, « désigne en réalité une culotte de dessous, généralement fendue, c'est-à-dire ouverte » ; il se raccourcit au courant du siècle, se ferme et devient une simple culotte au XXe siècle. Tandis que les danses de la Belle Époque laissent entrevoir les membres féminins, les jupes alors en vogue dénudent facilement les jambes, ce qui « est le cauchemar des

132 *Ibid.*, p. 52.

133 Les théories médicales sur le fétichisme ne lui sont d'ailleurs pas inconnues, puisqu'il préface en 1913 *Le Fétichisme. Restif de La Bretonne fut-il fétichiste ?* de Louis Barras, qui s'inspire pour sa part largement d'une édition élaborée en 1905 par le même Grand-Carteret de *Monsieur Nicolas*, autobiographie fleuve du libertin. Grand-Carteret et Barras s'opposent tous deux au diagnostic de fétichisme accolé à Rétif de la Bretonne.

134 Grand-Carteret, John, « préface » à Barras, Louis, *Le Fétichisme. Restif de la Bretonne fut-il fétichiste ?*, Paris, Maloine, 1913, p. VIII.

135 Grand-Carteret, John, *La Femme en culotte : 1899*, préf. de Jean-Louis Vissière, Paris, Côté-femmes, 1993, p. 117.

136 Grand-Carteret, John, *Le Décolleté et le Retroussé*, introduction.

137 Chenoune, Farid, *Les Dessous de la féminité. Un siècle de lingerie*, Paris, Éditions Assouline, 1998, p. 18.

femmes ordinaires… Le vent, de même que les accidents, les chutes, et de nombreuses activités et postures, sportives ou non, outragent la pudeur[138] ». Comme le retroussement est de plus en plus exigé par l'agitation de la modernité et de moins en moins toléré moralement, le port du pantalon blanc et des *dessous* s'impose, agrémentés souvent d'une pléthore de dentelles :

> Or, avec le second Empire, avec la Crinoline, [le pantalon] devient *l'indispensable*, si bien que ce qui autrefois se relevait et se montrait si facilement, si naturellement, dès maintenant, va devenir plus fermé, plus caché.
>
> Finis, désormais, les Nus rayonnants et sans malice du premier Empire et de la Restauration : finis les visions engageantes, les aperçus de cuisses avec lesquels l'imagerie de 1830 raccrochait les passants.
>
> Et alors va commencer – il faut savoir se contenter de ce que l'on a – le règne du mollet amené par le retroussage des jupes courtes sur la cage de fer, sur la crinoline.
>
> Le relevage complet ne s'obtiendra plus que par les côtés, dans ces positions particulières nettement définies : *montées, entrée en omnibus, en voiture, en wagon*, et avec, comme vue du dessous, cette chose peu gracieuse, hideuse même : la femme *empantalonnée*, la femme mise en sac dans le pantalon droit de l'époque. Regard oblique vers les bastilles de la toilette[139] !

Le retroussement s'est donc compliqué, et il n'est désormais obtenu que de manière « oblique », dans des positions dont la dénomination métaphorique renvoie aux transports en commun modernes, pour lesquels la structure rigide et lourde des jupes est devenue obsolète. Mais même retroussée, la femme reste habillée. Comme il n'y a que du tissu, alors le sexe devient étoffe : c'est pourquoi le désir des hommes se serait fixé si souvent, et si exclusivement, sur les *dessous*.

L'historien excuse ainsi le désarroi de ses contemporains, dont le regard curieux butte contre les blancs obstacles déposés sur le chemin vers le sexe inconnu – sur cette dentelle. C'est sans doute à cause de ces pantalons masculinisant les dames que le paradigme de la relation amoureuse et l'accès au sexe change à la Belle Époque. Les dessous prennent donc le dessus, pour ainsi dire, dans la perception du corps féminin : et ils sont « promus objets de publications commerciales, de descriptions littéraires, d'études érudites ou frivoles, de commentaires nosographiques ». Cette « mutation fondamentale » provoque un

138 Bard, Christine, *Une histoire politique du pantalon*, Paris, Éd. du Seuil, 2010, p. 18.
139 Grand-Carteret, John, *Le Décolleté et le Retroussé*, 7e fascicule.

« véritable choc », constituant par ailleurs une « étape importante de l'émancipation féminine[140] » :

> Les excentricités de la danse, tout comme le vélocipède, auront beau se prêter au relevage des jupes, longtemps le genou restera comme une barrière infranchissable et désormais l'imagerie galante devra recourir à d'autres moyens. À la Nature, au Nu succédera le règne des fanfreluches, des dessous élégants et affriolants. Ce sera le Nu paré, habillé : le Nu suggestif, le Nu excitant, pimenté, mis en valeur par la bataille des couleurs et des étoffes, des dentelles et des rubans, le Nu moderne, le Nu fin de siècle[141].

C'est pourquoi le désir se concentre alors, de manière métonymique, sur ce qui recouvre l'inconnu. Le Nu fin-de-siècle est désormais celui de l'habit, de l'accessoire, de l'étoffe ; celui d'une lecture figurée du corps aux tropes multiples. C'est, dès lors, le règne du fétichisme érotique.

C'est au même moment que l'hygiéniste Paolo Mantegazza assure que l'amour est une « idolâtrie » qui « accepte toute croyance, tout culte ; depuis le fétichisme du sauvage jusqu'au Dieu invisible tout-puissant du chrétien ». De même que le fétichiste transcende la finitude des choses, de même l'amant conjure l'absence de l'aimée grâce à des traces ténues :

> L'amour consacre tout ce qui a été touché par l'objet aimé, tout ce qui a pu réfléchir la chère image. Tout devient alors objet de culte, tout se transforme en un miroir magique dans lequel nous contemplons notre dieu. Qui ne se souvient de l'adoration d'une fleur qu'*elle* avait cueillie, pour un bouquet qu'*elle* avait respiré, et de toutes les folles reliques de l'amour ?
>
> Dans le reliquaire de l'amour, il y a place pour les choses les plus gracieuses comme pour les plus grotesques, les plus jolies comme les plus affreuses. J'avais un ami qui pleurait de joie et d'attendrissement durant des heures en contemplant et en baisant un fil de soie qu'*elle* avait tenu dans ses mains et qui était pour lui son unique relique d'amour. Un autre garda de longues années sur son bureau le crâne de celle qu'il avait aimée, dont il faisait sa plus chère société. Il y en a qui ont dormi pendant des mois et des années avec un livre, une robe, un châle. Qui peut dire toutes les

140 Chenoune, Farid, *Les Dessous de la féminité. Un siècle de lingerie*, p. 26 et 207.

141 Grand-Carteret, John, *Le Décolleté et le Retroussé*, introduction. Armand Silvestre, collaborateur du *Gil Blas* et ami de Maupassant, se lance en 1901 dans une série érotico-historique retraçant l'histoire de différents vêtements de la femme, comme s'il fallait les inscrire dans un devenir jouissif (*Les Dessous de la femme à travers les âges*, Paris, E. Bernard, 1902 ; *Le Demi-nu*, imagé par L. Le Riverend, Paris, A. Méricant, 1901 ; *La Chemise à travers les âges. Album inédit*, dessins de L. Le Riverend, Paris, Didier et Méricant, 1901).

> sublimes puérilités, toutes les ardentes tendresses, toutes les extravagances de l'idolâtrie amoureuse[142] ?

L'« extravagante idolâtrie » qui transforme l'« objet aimé » en une « folle relique » est universelle, partagée par un « nous » : « Qui ne se souvient de l'adoration d'une fleur ? » *Tous* se rappellent que « tout » se consacre. Le « reliquaire de l'amour » regorge donc d'objets disparates, tantôt *jolis et gracieux*, tantôt *grotesques et affreux* : l'amante devient à la fois une synecdoque macabre et un *memento mori*, quand elle n'est pas un substitut nocturne via « un livre, une robe, un châle ». L'objet, rapporté à un individu en particulier, représente ainsi un souvenir dont la banale matérialité pourrait sembler puérile, mais qui s'efforce pourtant de contrer l'oubli et l'absence.

L'analogie entre l'amour et le fétichisme n'échappe pas à Binet, qui lit l'hygiéniste italien. Mais tandis que Mantegazza assimile avec sympathie l'idolâtre à l'amoureux, le psychologue s'empare médicalement du phénomène : les idolâtres deviennent suspects. Avec l'éclosion du « Fétichisme dans l'amour » en 1887, les frisons embrassés et les bottines résonnantes ne doivent être l'objet ni d'une philosophie mondaine à la Mantegazza minimisant leur portée ; ni de policiers tel Macé stigmatisant leur saveur comme criminelle ; ni de l'aliénisme de Charcot et Magnan collant l'étiquette dégénérescence sur des comportements si répandus : la perversion de l'amour doit désormais entrer en psychologie.

D'abord publié de juillet à décembre 1887 dans la *Revue philosophique de France et de l'étranger* au lectorat varié, le « Fétichisme dans l'amour » est repris en 1888 dans la *Psychologie expérimentale*, dont l'éditeur Doin est médical[143]. Appelé à devenir le maître de la psychologie expérimentale en France, Binet ne s'intéressera plus par la suite aux pathologies de la vie érotique, quoiqu'il s'engage en 1887 à développer certains points : « Si je réunis un jour ces études en volume, je ferai connaître tous les documents que j'ai recueillis ; pour le moment, je me borne à l'essentiel » ; « Un tel sujet mériterait un livre entier ; nous ne pouvons lui consacrer

142 Mantegazza, Paolo, *Physiologie de l'amour*, traduit sur la quatrième édition italienne, Paris, F. Fetscherin et Chuit, 1886, 139-140.

143 Binet, Alfred, *Études de psychologie expérimentale. Le fétichisme dans l'amour. – La vie psychique des micro-organismes. – L'intensité des images mentales. – Le problème hypnotique.* – Notes sur l'écriture hystérique, Paris, O. Doin, 1888.

dans notre étude que quelques lignes[144] ». L'édition de 1888 supprime ces promesses, de même que plusieurs paragraphes à coloration spéculative ou littéraire de la dernière partie de l'article, comme si dans un ouvrage qui se veut à la pointe de la psychologie expérimentale, les références trop explicites à la littérature devaient être écartées[145].

L'article de 1887 demeure ainsi un étrange hapax dans la carrière savante de Binet. Fils de médecin, fréquentant le service de Charcot, il n'a en revanche jamais fini ses études de médecine – ce qui lui vaut un refus au Collège de France en 1902, qui lui préfère Pierre Janet. À l'époque du « Fétichisme dans l'amour », il n'est encore qu'un curieux amateur de psychologie, et ne revendique d'ailleurs pas une posture d'aliéniste[146]. S'il complète la nosographie « purement symptomatique » de Benjamin Ball (situant les fétichistes dans la catégorie de la perversion sexuelle[147]), il s'inscrit toutefois à rebrousse-poil des théories psychiatriques ancrant exclusivement la perversion dans le corps : car il souhaite fonder une science de l'amour physiologique – et psychologique.

Les « faits » qu'il étudie relèvent pourtant du lieu commun :

> Chacun sait que lorsqu'on est passionnément épris d'une personne, on trouve des grâces dans tout ce qu'elle dit, et aussi dans tout ce qu'elle ne dit pas, on adore sa voix, ses yeux, son nez, son odeur, ses sourires, ses gestes, ses opinions, ses goûts, ses robes et ses chapeaux. C'est là une vérité qui est devenue depuis longtemps un lieu commun. On connaît les vers de Lucrèce et Molière sur la faiblesse du cœur qui porte à aimer jusqu'aux défauts de la personne qu'on aime. Ce n'est pas une faiblesse, c'est une loi mentale. Stendhal, par le mot bizarre de *cristallisation*, auquel on a proposé le terme plus heureux de *divinisation*, a voulu désigner un fait analogue[148].

144 Binet, Alfred, « Le Fétichisme dans l'amour », p. 149 et 269.

145 Les développements sur la dynamogénie (*ibid.*, p. 259-260), sur Schopenhauer (p. 261), sur la germination d'images intérieures (p. 268), sur l'activation de l'image mentale déficiente par l'écriture (p. 269-270) et sur le lieu commun qu'est la divinisation de l'être aimé chez Lucrèce, Molière et Stendhal (p. 272-273) sont retirés, tandis que le développement sur Darwin et la concurrence sexuelle passe en note de bas de page.

146 « Pour l'aliéniste, le fait capital, c'est la relation du symptôme morbide à l'entité morbide. L'étude de cette relation a conduit, comme on sait, Morel, M. Falret et surtout M. Magnan à considérer la plupart des symptômes que nous allons étudier comme des épisodes de la folie héréditaire des dégénérés. Pour le psychologue, le fait important est ailleurs ; il se trouve dans l'étude directe du symptôme, dans l'analyse de sa formation et de son mécanisme, dans la lumière que ces cas morbides font sur la psychologie de l'amour » (*ibid.*, p. 146).

147 *Ibid.*, p. 145-146.

148 *Ibid.*, p. 273.

Binet a donc conscience d'activer un savoir partagé. Des expressions comme « chacun sait » ou « on connaît » pullulent, à l'instar de sentences générales qui, si l'on daignait les rassembler, pourraient donner lieu à un art d'aimer : « Rien n'est plus agréable que de s'occuper de ce qu'on aime » ; « on ne connaît bien ses sentiments que du jour où une cause fortuite empêche de les satisfaire » ; « on est plus satisfait d'un repas très modeste mais réel, que d'un grand festin en imagination » ; « nul n'est indifférent à ce que la personne qu'il aime soit bien habillée et bien parée. » Le psychologue insiste ainsi sur le fait que nous savons tous quelque chose en matière de fétichisme, puisque « chacun a eu en amour ses goûts particuliers ; c'est même un sujet habituel de conversation[149] ». Dès lors, Binet doit prouver en quoi il se distingue des écrivains – en quoi il en saurait plus que nous tous. C'est pourquoi il reformule la terminologie stendhalienne : la « cristallisation », « mot bizarre », devrait être remplacée par « le terme plus heureux de divinisation », tandis que la « faiblesse de cœur » sera désormais considérée comme une « loi mentale ». Si Binet cherche ainsi à en finir avec l'aspect métaphorique des dénominations (tout en se les appropriant), il n'en demeure pas moins que le procédé dont il s'occupe a déjà été analysé dans *De l'amour* par Stendhal.

Publié en 1822, la généricité de ce texte, longtemps interprété comme un écrit intime, est hybride : anecdotes aux narrateurs variables, nouvelles intercalées ou encore chapitres dédiés à l'influence du climat sur les amours se succèdent. Pourtant, Stendhal le considère comme un « livre d'idéologie », loin d'être « amusant comme un roman » :

> Si l'idéologie est une description détaillée des idées et de toutes les parties qui peuvent les composer, le présent livre est une description détaillée et minutieuse de tous les sentiments qui composent la passion nommée *l'amour*. Ensuite je tire quelques conséquences de cette description ; par exemple, la manière de guérir l'amour[150].

Cette passion que Stendhal veut soigner serait une « maladie[151] », puisque le patient ne verrait plus l'objet aimé tel qu'il est réellement, mais en exagérerait les perfections. Être amoureux, ce serait donc déformer le

149 *Ibid.*, p. 272, 268, 269, 161 et 146.

150 Stendhal, *De l'amour* [1822], éd. de V. del Litto, Paris, Gallimard, « Folio classique », 1980, p. 35.

151 *Ibid.*, p. 156.

paraître sans arriver à percevoir la juste essence de l'être aimé. Pour cerner ce phénomène, Stendhal élabore une « nomenclature » de « tous les amours qu'on peut voir ici-bas » et qui pourtant suivent « les mêmes lois » :

> Laissez travailler la tête d'un amant pendant vingt-quatre heures, et voici ce que vous trouverez.
>
> Aux mines de sel de Salzbourg, on jette, dans les profondeurs abandonnées de la mine, un rameau d'arbre effeuillé par l'hiver ; deux ou trois mois après on le retire couvert de cristallisations brillantes : les plus petites branches, celles qui ne sont pas plus grosses que la patte d'une mésange, sont garnies d'une infinité de diamants, mobiles et éblouissants ; on ne peut plus reconnaître le rameau primitif.
>
> Ce que j'appelle cristallisation, c'est l'opération de l'esprit qui tire de tout ce qui se présente la découverte que l'objet aimé a de nouvelles perfections. [...]
>
> Ce phénomène, que je me permets d'appeler la *cristallisation*, vient de la nature qui nous commande d'avoir du plaisir et qui nous envoie du sang au cerveau, du sentiment que les plaisirs augmentent avec les perfections de l'objet aimé, et de l'idée : elle est à moi[152].

Stendhal envisage cette « opération de l'esprit » amoureux comme un « phénomène » consistant en un afflux « du sang au cerveau ». L'amour se réduirait donc à une réaction chimique, entravant le fonctionnement de l'organe cérébral – nouveau siège de la passion. Quoique ce désordre « physique » doive encore attendre un siècle pour être saisi (« en 1922, la physiologie nous donnera la description de la partie physique de ce phénomène[153] »), seule la « cristallisation » résume la passion pour l'instant :

> Sans ce mot qui, suivant moi, exprime le principal phénomène de cette folie nommée amour, *folie* cependant qui procure à l'homme les plus grands plaisirs qu'il soit donné aux êtres de son espèce de goûter sur la terre, sans l'emploi de ce mot qu'il fallait sans cesse remplacer par une périphrase fort longue, la description que je donne de ce qui se passe dans la tête et dans le cœur de l'homme amoureux devenait obscur, lourde, ennuyeuse, même pour moi qui suis l'auteur : qu'aurait-ce été pour le lecteur[154] ?

Les méandres de la phrase nuancent le propos : hormis le cerveau, le cœur (siège traditionnel de l'amour) redevient ici l'organe de la folie

152 *Ibid.*, p. 29-31.

153 *Ibid.*, p. 51. Soit au moment où, ironiquement, la psychanalyse pénètre timidement en France. Voir Carroy, Jacqueline, Ohayon, Annick, et Plas, Régine, *Histoire de la psychologie en France*, p. 168 *sq.*

154 Stendhal, *De l'amour*, p. 35.

passionnelle, qui constitue malgré tout l'un des « plus grands plaisirs qu'il soit donné aux êtres de goûter sur terre ». Le discours pathologisant s'éloigne – et l'homme jouit de son mal.

En dépit de son hybridité générique, l'essai stendhalien marque les spécialistes de l'amour à la Belle Époque[155]. La science de l'amour reconnaît donc en Stendhal un maître : c'est d'ailleurs à lui que se réfère Hippolyte Taine dans une lettre qu'il adresse à Binet à propos du « Fétichisme dans l'amour » :

> Si vous suivez votre filon, vous pénétrerez dans une mine large et profonde ; vous trouverez probablement que l'objet principal à déterminer, c'est l'état subjectif (physiologique et psychique), de la personne qui devient amoureuse au moment juste où elle le devient ; il y a eu là un engorgement, une accumulation préalable de petites impressions, sollicitations et tendances ; la comparaison de Stendhal est très juste ; il se fait une cristallisation plus ou moins rapide, laquelle est déterminée par l'état, la nature, et le degré de saturation du liquide. À mon sens une monographie complète et approfondie de l'Amour serait très précieuse ; il faudrait, non seulement étudier ses perversions, comme votre fétichisme et l'amour grec ou lesbien, mais aussi et surtout l'amour proprement dit, notamment dans les pays où il existe, en Italie, en Espagne, en Angleterre, en Allemagne, en Suède ; nous n'en avons presque point d'exemple en France. Par malheur, une monographie de ce genre ne pourrait guère être faite sans détail scabreux, et je n'ose y inviter personne[156].

L'amour serait ainsi une nouvelle « mine » salzbourgeoise que le scalpel doit encore explorer : car l'article de Binet demeure pour Taine l'antichambre d'un ample travail international. Quoique « Le Fétichisme dans l'amour » se propose de révéler le « secret des amours étranges[157] »,

155 Le neuropsychiatre Benjamin Ball évoque comment un érotomane « reçut aussitôt ce que Stendhal appelle le *coup de foudre* », tandis qu'un autre « rencontre son idéal et dès lors la cristallisation s'accomplit » (*La Folie érotique*, p. 27 et 34). Pour Johanny Roux, la cristallisation constitue également une étape de la formation du sentiment amoureux (*Psychologie de l'instinct sexuel*, p. 22-23. Voir *Pour une histoire du fétichisme*). Émile Laurent rapporte qu'une « cristallisation semblable se produit chez le dégénéré amoureux. Il se fait chez lui une opération qui tire de tout ce qui se présente la découverte que l'objet aimé a de nouvelles perfections. C'est ce que Stendhal appelle la cristallisation en amour, et les poètes ont eu souvent recours à ce procédé » (*L'Amour morbide*, p. 79).

156 Lettre d'Hippolyte Taine à Alfred Binet, 6 septembre 1887, citée dans *Correspondance d'Alfred Binet*, 3 vol., sous la dir. d'Alexandre Klein, Nancy, Presses universitaires de Nancy, 2008-2011, t. 2, p. 48-49.

157 Binet, Alfred, « Le Fétichisme dans l'amour », p. 145.

l'engorgement liquide du sujet en proie à Vénus resterait pourtant, selon Taine, encore et toujours à décrire.

Avant donc que le « fétichisme » ne désigne un amour adressé à des objets ou à des parties du corps que la mode commence à voiler, le terme renvoie depuis le XVIIIe siècle au premier culte de l'humanité, animant les choses. L'anthropologie, du président de Brosses à Auguste Comte, associe ce culte à l'enfance, à l'immédiateté des corps et des sens, à une perception non évoluée du monde. Être fétichiste, c'est donc maintenir un rapport aux choses à la fois enfantin et merveilleux, littéral et sauvage : c'est ne pas avoir scindé le représentant du représenté, c'est ne pas comprendre qu'une chose peut être symbole d'autre chose. Et cette déficience sémiotique se retrouverait dans l'aliénation : puisque le fou et le primitif sont submergés par leur sens, incapables de mettre à distance leurs désirs, alors les perversions érotiques fleuriraient. Convaincus que le positivisme du XIXe siècle a tué la métaphysique (et donc le dédoublement du signe), des médecins tels que Chevalier crient dès lors à la résurrection du fétichisme, au retour de la vie matérielle.

Par ailleurs, Charcot et Magnan taxent dans les années 1880 de « perversions » des goûts sexuels étranges voire ridicules, dirigés envers des objets banals comme des tabliers, des clous de bottines, des bonnets de nuit. Au même moment, Zola raconte dans *Au Bonheur des Dames* comment les objets emportent les sens des femmes dans les grands magasins, tandis que Gustave Macé, dans une compilation mondaine des souvenirs d'un ancien policier, réécrit les emportements sensuels du roman zolien tout en élaborant des nosographies de « cochons » arrêtés dans les bazars modernes. Mais les pervers apparaissent aussi comme des « moissonneurs de souvenirs », comme des collectionneurs de cheveux ou de mouchoirs : leurs actions ne sont pas sans teintes poétiques. L'hygiéniste de l'amour Mantegazza compare ainsi ouvertement le fétichisme au culte amoureux établissant des « reliquaires ». Le philosophe italien, à la suite de Max Müller, érotise donc le culte fétichiste, et ouvre ainsi la voie à la psychologisation de Binet, qui hérite à la fois d'une conception du fétichisme comme atavisme régressif – symptôme de la dégénérescence –, comportement pervers éclos dans les grands magasins et collection propre à toute religion de l'amour. Et il n'en pas anodin que cette théorisation psychologique intervienne alors que la mode occidentale connaît un des chamboulements majeurs de son histoire : l'intromission d'un tissu recouvrant le sexe féminin, désormais toujours caché sous la jupe. C'est peut-être ce qui explique l'importance si fondamentale du tissu et des dessous dans les descriptions du fétichisme, à tel point que ce qui est métonymie du désir devient aussi métaphore de l'entreprise médicale chez Binet : évoquant des pages des *Confessions* de Rousseau, le psychologue assure que malgré leur « franchise », « les *dessous* de la passion restent presque toujours ignorés ». Par ailleurs, tel fétichiste est attiré par « ce qu'on appelle dans la langue galante les "dessous" d'une femme[158] ». Une même quête guide donc la pensée du savant, investiguant les secrets de l'amour grâce à une autobiographie littéraire, que le fétichiste, passionné par ces tissus que les exigences du tennis et des trams ont érigés sur la route de son regard furtif. C'est donc à ce carrefour multiple que la science du fétichisme amoureux se constitue à la Belle Époque.

158 Binet, Alfred, « Le Fétichisme dans l'amour », p. 256 et 161.

LA SCIENCE DU FÉTICHISME (1887-1913)

> Chaque siècle, chaque pays voit éclore des folies déterminées [...] qui portent ainsi le cachet de l'époque[1].

Le fétichisme amoureux se construit théoriquement d'Alfred Binet à Louis Barras, posant d'emblée les jalons d'une réflexion sur le statut du fétiche héritée de l'anthropologie. Quel est donc le rapport entretenu entre l'objet et l'amante absente ? Si Dieu *est* le bétyle, alors l'amante *est-elle* aussi la bottine, ou se contente-t-elle d'y renvoyer ? N'est-il pas possible de penser en des termes rhétoriques le plaisir fétichiste ? Par ailleurs, Binet s'intéresse aux « romans imaginaires » – aux fantasmes – qui semblent prendre le dessus sur la jouissance purement sexuelle. Mais comme « nous connaissons tous cette supériorité de l'imagination sur la réalité[2] », il est impératif de déterminer clairement à partir de quand le fétichisme devient pathologique. Sur ce point épineux, la posture de Binet est complexe, puisqu'il envisage le fétichisme comme une donnée physiologique de la vie amoureuse, tout en en concevant un pan morbide. Comment considérer dès lors comme maladif un sentiment extrêmement partagé et des pratiques fétichistes dont la pléthorique figuration artistique prouve leur abondance ? Les médecins, à la suite de Binet, doivent donc déterminer à partir de quand un amoureux collectionneur sombre dans le fétichisme morbide. Deux hypothèses s'opposent : d'une part, une optique continuiste et graduelle ; d'autre part, une approche neuropsychiatrique,

1 Brierre de Boismont, Alexandre, « De l'influence de la civilisation sur le développement de la folie », p. 294.

2 Binet, Alfred, « Le Fétichisme dans l'amour », p. 150.

envisageant la perversion comme une génétique morbide inguérissable. Le concept de fétichisme amoureux, labile, peine donc à se stabiliser, comme en témoigne sa féminisation impossible par Clérambault, qui observe des fétichistes femmes et refuse nommer de la sorte leur « passion érotique des étoffes ». Mais pour penser le fétichisme, il faut évidemment observer des cas. Les médecins assurent sans cesse que la fin du XIXe siècle connaît une épidémie de pervers ; cependant, ne serait-ce pas davantage les textes consacrés au fétichisme qui augmenteraient ? C'est ainsi la portée clinique et la réflexion théorique menée par les écrits médicaux sur le fétichisme qu'il s'agit désormais d'explorer.

LA VOLUPTÉ TROPIQUE

Parler de fétichisme, c'est selon Binet évoquer « notre tendance » à vouloir « palper » les signes :

> La grande querelle des images, qui a été agitée dès les premiers siècles de l'ère chrétienne, qui a passé à l'état aigu à l'époque de la réforme religieuse, et qui a produit non seulement des discussions et des écrits, mais des guerres et des massacres, prouve assez la généralité et la force de notre tendance à confondre la divinité avec le signe matériel et palpable qui la représente. Le fétichisme ne tient pas une moindre place dans l'amour : les faits réunis dans cette étude vont le montrer[3].

L'article de Binet pose ainsi les fondations d'une réflexion sur ce que représente (ou ce qu'*est*) le fétiche érotique. Car cette forme amoureuse est conçue comme une lecture figurée du corps de l'autre ; « la partie se substitue au tout, l'accessoire devient le principal » – s'apparentant dès lors à une réduction synecdochique[4]. Binet situe ainsi, au cœur

3 *Ibid.*, p. 143.

4 Binet, Alfred, « Le Fétichisme dans l'amour », p. 274. Ce qui n'a d'ailleurs pas échappé à l'aliéniste Charles Féré : « Dans la figure de rhétorique appelée synecdoque, on nomme une partie pour désigner le tout ; une voile pour un navire. Il existe une forme d'amour morbide dans laquelle l'émotivité est mise en feu par une partie du corps ou du vêtement, par une qualité morale ou intellectuelle, par un acte et arrête le nom d'amour synecdochique. Cet amour, provoqué par une particularité unique, est rarement satisfait par cette seule particularité » (*Pathologie des émotions*, Paris, Félix Alcan, 1892, p. 435).

de la déviation érotique, un procédé propre à la formation de tous les tropes selon la logique de Port-Royal : celui de la mise au premier plan mental d'idées secondaires. Car un mot peut soit signifier une idée dite principale, soit seulement « exciter » des idées accessoires, demeurant sinon excentrées dans l'esprit :

> Signifier dans un son prononcé ou écrit, n'est autre chose qu'exciter une idée liée à ce son dans notre esprit en frappant nos oreilles ou nos yeux. Or, il arrive souvent qu'un mot, outre l'idée principale qu'on regarde comme la signification propre de ce mot, excite plusieurs autres idées qu'on peut appeler accessoires, auxquelles on ne prend pas garde, quoique l'esprit en reçoive l'impression[5].

C'est au cœur de ces idées accessoires que se logent non seulement les synonymes ou les connotations d'un terme, mais aussi les figures de rhétorique – devenant pour le rhéteur du Marsais même plus séduisantes que l'idée première :

> Le nom propre de l'idée accessoire est souvent plus présent à l'imagination que le nom de l'idée principale, et souvent aussi, ces idées accessoires, désignant les objets avec plus de circonstance que ne feroient les noms propres de ces objets, les peignent ou avec plus d'énergie, ou avec plus d'agrément. De là le signe pour la chose signifiée, la cause pour l'éfet, la partie pour le tout, l'antécédent pour le conséquent [...]. Comme l'une de ces idées ne sauroit être réveillée sans exciter l'autre, il arrive que l'expression figurée est aussi facilement entendue que si l'on se servoit du mot propre ; elle est même ordinairement plus vive et plus agréable quand elle est employée à propos, parce qu'elle réveille plus d'une image[6].

Eugenio Tanzi évoque aussi le caractère synecdochique du fétichisme : « *Col nome di feticisti Binet designa felicemente quegli individui che nelle loro infatuazioni amorose, in luogo d'inspirarsi ad un criterio estetico d'insieme o ad un grossolano eclettismo, non riconoscono altra attrattiva che quella d'una impressione analitica e stereotipata, ma sempre d'ordine estetico. Il loro ideale erotico è spostato non già sul proprio sesso, come negli invertiti, ma dal tutto ad una singolare parte, che è sempre la stessa : è dunque un processo mentale di* sineddoche ». Tanzi va même jusqu'à affirmer que la synecdoque au cœur du fétichisme est en fait le mode de fonctionnement de l'esprit humain : « *Il pensiero è sempre eminentemente simbolico e invece di rimestare le cose percepite com'esse sono, cioè integralmente (e lo potrebbe con lieve sforzo), preferisce per brevità d'assumerne un simbolo, un elemento staccato, un connotato qualunque che basta a chiamarle e a coordinarle* » (*Trattato delle malattie mentali, con 139 figure nel testo*, Milano, Societá editrice libraria, 1905, p. 637).

5 Arnaud, Antoine et Nicole, Pierre, *La Logique ou l'art de penser* [1662], introd. de Louis Marin, Paris, Flammarion, 1970, p. 130.

6 Du Marsais, César Chesneau, *Les Tropes de Dumarsais... ; par M. Fontanier*, Paris, Belin-le-Prieur, 1818, p. 31.

Grâce à cette insubordination de l'idée accessoire à la principale, les figures rendent le discours autrement plus vif que s'il se contentait de signifier. Même si les tropes naissent par « nécessité » à cause d'une disette verbale originelle, Fontanier pense que nous utilisons toujours des figures pour « le plaisir, l'agrément qu'une sorte d'instinct, d'abord, nous y a fait pressentir, et puis l'expérience trouver ». Les idées accessoires excitées par les tropes évincent ensuite l'idée principale autour desquelles elles orbitent pourtant :

> L'idée que [l'objet fait naître] n'est jamais isolée, indépendante de toute autre idée, mais, au contraire, elle traîne presque toujours à sa suite d'autres idées plus ou moins secondaires, ou, si l'on veut, *accessoires*. Or, il n'est pas rare que ces idées *accessoires* frappent bien plus fortement l'imagination et lui soient plus présentes que l'idée *principale* ; ou comme par elles-mêmes plus riantes, plus agréables ; ou comme plus familières à notre esprit, et plus relatives à nos goûts, à nos habitudes ; ou enfin comme réveillant en nous des souvenirs plus vifs, plus profonds, ou plus intéressans. Qu'arrive-t-il donc alors, souvent ? Que nous nous arrêtons à quelqu'une de ces idées accessoires et que, dans l'expression de la pensée, nous en substituons le signe au signe ordinaire et commun de l'idée principale, qui pour n'être ainsi présentée que d'une manière indirecte, ne l'est pourtant pas toujours avec moins de bonheur[7].

Les tropes incarneraient donc une substitution heureuse de signes. Plus appropriée à nos goûts, l'idée secondaire toucherait en nous quelque chose que notre vécu a enfoui : elle *réveillerait des souvenirs*. Tout se passe comme si, en nous renvoyant à notre passé, l'accessoire agréable provoquait un charme langagier et intellectuel.

Ce plaisir de la figure se traduit, selon une comparaison topique depuis Cicéron et Quintilien, dans l'association de la fleur rhétorique à un bel habit ornant le signifié. D'abord nécessaires, les tropes seraient devenus des objets de plaisir, « de même à peu près que les vêtements ont été employés dans le commencement pour couvrir le corps et le défendre contre le froid, et ensuite ont servi à l'embélir et à l'orner[8] ». Employer la juste figure revient donc pour le discours à revêtir son plus bel habit, à exprimer l'intime vibrant à travers le voile dérobant le sens au premier abord. L'habit prend le dessus sur la nudité recouverte ; le

7 Fontanier, Pierre, *Les Figures du discours*, p. 160.
8 Du Marsais, César Chesneau, *Les Tropes*, p. 36.

figuré devient autrement plus intéressant que le propre ; l'accessoire, en un mot, se substitue au principal pour un plaisir chatouillant l'esprit.

Le fétichisme binetien semble donc littéraliser une métaphore classique de l'histoire de la rhétorique. Car de même que la figure voile le discours et en renchérit la beauté en réveillant des idées secondaires, de même la perversion privilégie l'accessoire, c'est-à-dire ce qui détourne du coït. Le fétichisme se structure ainsi comme un trope érotique contournant la lettre du corps – sa sexuelle nudité. De plus, tandis que le langage figuré embellirait le discours, l'amour fétichiste serait lui aussi une « *recherche de la beauté* ». « Purement cérébral, incapable de recevoir directement une satisfaction matérielle », le pervers s'acharnerait dans une quête esthétique associant sa passion à un art amoureux, où la lettre de la chair s'évanouit devant le trope érotique[9].

Binet s'appuie sur l'ethnographie pour prouver que le canon de la beauté recherchée varie, mais que « la tendance à exagérer la particularité naturelle du corps » valorisée par chaque culture est universelle. Or cette hypertrophie artificielle serait propre au fétichisme amoureux, puisque le désir concentré sur une partie chercherait à en augmenter la taille, illusion que facilite notamment le maquillage, dont le but est « d'agrandir l'organe et de faire ressortir la blancheur de la cornée. On ne peut pas s'empêcher de songer au fétichisme lorsqu'on voit sur les monuments égyptiens ces yeux de femme que le khôl entoure d'une large bande noire[10] ». Cette importance attribuée au maquillage rappelle l'« Éloge » qu'en fait Baudelaire :

> Je suis ainsi conduit à regarder la parure comme un des signes de la noblesse primitive de l'âme humaine. Les races que notre civilisation, confuse et

9 Binet, Alfred, « Le Fétichisme dans l'amour », p. 260. Cette esthétisation de l'amour entre en résonance avec la conviction, alors répandue, du soubassement sexuel des œuvres d'art – comme en témoigne ces lignes de Rémy de Gourmont : « La beauté est si bien sexuelle que les seules œuvres d'art incontestées sont celles qui montrent tout bonnement le corps humain dans sa nudité ». Pour prouver que l'« unique devoir des créatures vivantes est la conservation de l'espèce » et que toutes les sensations que nous pouvons éprouver, les esthétiques incluses, nous poussent vers cette tâche, Gourmont propose de lire, « si l'on veut dans les traités spéciaux de Ball, de Binet et dans les ouvrages de vulgarisation, des exemples de transformation en acte sexuel d'une sensation quelconque » (Gourmont, Rémy de, *Le Chemin de velours : nouvelles dissociations d'idées*, in *La Culture des idées*, préf. de Charles Dantzig, Paris, R. Laffont, « Bouquins », 2008, p. 172-173 et 176). Sur cette théorie, voir Ellenberger, Henri F., *Histoire de la découverte de l'inconscient*, trad. de l'anglais par J. Feisthauer, présentation par Elisabeth Roudinesco, Paris, Fayard, 1994, p. 332.

10 Binet, Alfred, « Le Fétichisme dans l'amour », p. 265-266.

> pervertie, traite volontiers de sauvages, avec un orgueil et une fatuité tout à fait risibles, comprennent, aussi bien que l'enfant, la haute spiritualité de la toilette. Le sauvage et le baby témoignent, par leur aspiration naïve vers le brillant, vers les plumages bariolés, les étoffes chatoyantes, vers la majesté superlative des formes artificielles, de leur dégoût pour le réel, et prouvent ainsi, à leur insu, l'immatérialité de leur âme[11].

Le sauvage et l'enfant, au plus près de la nature, comprendraient l'importance du bariolage pour racheter l'humanité entachée par le péché originel. Puisque l'art et la culture transcendent la nature, la femme a l'injonction de se maquiller afin de voiler les défauts de l'épiderme : « Elle accomplit une espèce de devoir en s'appliquant à paraître magique et surnaturelle ; il faut qu'elle étonne, qu'elle charme ; idole, elle doit se dorer pour être adorée. Elle doit donc emprunter à tous les arts les moyens de s'élever au-dessus de la nature pour mieux subjuguer les cœurs et frapper les esprits[12]. » Mais tandis que chez Baudelaire le maquillage participe d'une « haute spiritualité » prouvant « l'immatérialité » de l'« âme », pour Binet, ce « talisman par lequel une femme peut charmer[13] » excite un désir détournant l'attention de la génitalité.

Le fétichisme dans l'amour est donc pensé comme s'il était une figure de rhétorique déplaçant l'attention érotique du principal à l'accessoire, cherchant de plus à hypertrophier la partie (non sexuelle) du corps élue. Pour ce faire, on emploie des artifices (au cœur même du mot *fétichisme*) pour augmenter l'excitation et la valeur esthétique du fétiche – puisque l'amour recherche le beau. Mais le premier trope fétichiste (le transfert érotique de la zone génitale à une partie corporelle) peut être renchéri par un deuxième transport, lorsque l'ornementation de la partie fétiche devient le centre de la concupiscence : le rapport synecdochique se transformerait alors par déplacement métonymique, puisque le désir se déporterait vers l'objet dont la fonction première était de rehausser le corps. Le cas du fétichiste de la main bijoux, rapporté par Binet, montre précisément l'avènement d'une « seconde perversion sexuelle » – le goût des bijoux :

---

11 Baudelaire, Charles, « Éloge du maquillage », *Le Peintre de la vie moderne*, in *Œuvres Complètes*, 2 vol., texte établi, présenté et annoté par Claude Pichois, Paris, Gallimard, « Bibliothèque de la Pléiade », t. II, p. 716.

12 *Ibid.*, p. 716-717.

13 Binet, Alfred, « Le Fétichisme dans l'amour », p. 265.

> Seulement chez M. R... ce second fétichisme n'est encore qu'en germe. Le bijou, se trouvant souvent rapproché de l'objet de son culte, a bénéficié d'une association de contigüité. Une liaison s'est formée dans l'esprit de M. R... entre la main féminine et les pierreries étincelant autour des doigts, le cercle d'or entourant le poignet ; le sentiment sexuel, en se développant, a suivi cette association d'idées comme un canal a servi à son écoulement ; et c'est ainsi que les bijoux – principalement les bagues – sont devenues peu à peu une cause distincte et indépendante de plaisir[14].

L'étreinte entre le bijou et le corps a provoqué un « écoulement » entre synecdoque et métonymie, menant vers un culte de l'objet ornemental et accessoire – et non plus du corps, même fragmenté.

Le glissement est capital, car il délimiterait deux types de fétichismes. D'une part, le fétiche peut être adoré parce qu'il est émanation du partenaire. Il est alors symbole, représentation, souvenir de l'être désiré dont il a « valeur d'emprunt » :

> Le point de départ de ces aberrations est dans ces charmantes folies auxquelles donne lieu l'idolâtrie amoureuse, dans la tendresse avec laquelle l'amant conserve les cheveux, les rubans, mille reliques de la personne aimée. Quand il couvre de baisers ces choses inertes, il ne les sépare pas dans son esprit du souvenir de la femme. Cette image reste soudée à la vue de ces objets[15].

Dans ce premier cas (correspondant aux sublimités amoureuses de Mantegazza), c'est parce que tel objet appartient à la personne aimée qu'on lui dirige un culte. En tant qu'émanation de l'autre, cette « idolâtrie » transforme l'être désiré en dieu – « charmantes folies » qui relèvent tout de même de « l'aberration ». Il y a déplacement du culte, mais non point détachement de l'être aimé. Le fétiche est alors un renvoi vers l'autre dont il n'est qu'un indice – qu'une « relique ». Et au sein de ce fétichisme sémiotique se lovent la synecdoque, lorsque le désir se focalise sur une partie du corps, ou la métonymie. Mais de même que la figure divine est adorée en soi par les sauvages, de même le fétiche amoureux peut être aimé « en lui-même et pour lui-même » :

> On voit la chose inerte acquérir une sorte d'indépendance ; elle est aimée non plus pour la personne dont elle évoque l'image, mais pour elle-même. On

14 *Ibid.*, p. 150-151.
15 *Ibid.*, p. 161 et 263.

> sait que beaucoup de très jeunes gens s'éprennent de passion pour une femme sculptée ou peinte. De jeunes prêtres éprouvent une vague tendresse pour la statuette de la Vierge qui reçoit leurs prières. Tous ces faits sont connus et décrits dans plusieurs romans[16].

Pygmalions modernes animant l'inerte, ces fétichistes annihilent le renvoi à l'autre. L'objet ne s'inscrit plus dans un rapport figuré au corps, et le fonctionnement n'est alors même plus synecdochique – terme signifiant « compréhension[17] ». Le tout n'est plus compris dans l'objet de culte que le pervers a tendance à « détacher complètement, à isoler de tout ce qui l'entoure[18] ». Être malade, c'est ne plus être capable de saisir la figuralité d'un objet érotique pourtant cristallisé par déplacement métonymique ou synecdochique : c'est nier, définitivement, le trope érotique.

Pour cerner la qualité du fétichisme il faut donc savoir dans quelle mesure le fétiche renvoie à un individu aimé ou non. Mais la concentration du désir sur un élément accessoire n'est pas réductrice, même dans les cas graves de négation sémiotique. En effet, *tout* se concentre dans la partie : « Alors ce détail cutané deviendra le fait important, celui dans lequel tout se résume, le centre d'attraction de tous les désirs sexuels ». Grâce à cette « abstraction », l'adoration d'une partie ouvre sur un nouveau *tout* : l'amant de l'œil déclare que « toute la femme se concentrait

16 *Ibid.*, p. 264 et 161.

17 On désigne en effet par synecdoque « un objet par le nom d'un autre objet avec lequel il forme un ensemble, un tout, ou physique ou métaphysique, l'existence ou l'idée de l'un se trouvant comprise dans l'existence ou dans l'idée de l'autre » (Fontanier, Pierre, *Les Figures du discours*, p. 87). Giorgio Agamben, dans une optique psychanalytique, remarque l'analogie qui lie la synecdoque au processus fétichiste : « C'est un processus mental de type fétichiste qu'implique, il est curieux de le constater, l'un des tropes les plus communs du langage poétique : la synecdoque (tout comme sa proche parente, la métonymie). De même que ces figures substituent la partie au tout (ou un objet à un autre qui lui est contigu), de même le fétichisme substitue une partie du corps (ou un objet connexe) au partenaire sexuel dans son intégrité. Il ne s'agit pas seulement d'une analogie superficielle, comme le prouve le fait que la substitution métonymique ne se réduit pas au pur et simple remplacement d'un terme par un autre : au contraire, le terme remplacé se trouve à la fois nié et évoqué par son substitut, selon un mécanisme dont l'ambiguïté rappelle fort la *Verleugnung* freudienne, et c'est précisément cette sorte de "référence négative" qui produit le potentiel poétique particulier dont le mot se trouve investi » (*Stanze. Parole et Fantasme dans la culture occidentale*, traduit de l'italien par Yves Hersant, Paris, Christian Bourgois, « Énonciations », 1981, p. 66-67).

18 Binet, Alfred, « Le Fétichisme dans l'amour », p. 263.

dans l'œil, et qu'il n'aimait que cet organe. Ainsi pour ce malade, qui occupe un rang élevé dans l'échelle des perversions sexuelles, l'œil est tout, il efface tout le reste de la personne physique et morale[19] ». À cet isolement abstrait de la partie correspondrait l'indifférence envers le propriétaire de la partie aimée :

> Le malade ne s'attache pas uniquement à une personne en particulier ; son amour n'est pas individualiste. Ainsi, l'amant du costume italien n'est pas épris spécialement de tel costume individuellement déterminé, porté par telle personne ; ce qu'il aime, ce n'est point un objet en particulier, c'est un *genre*[20].

Cette généralisation vers le genre entraîne l'établissement de collections fétichistes : « On a trouvé chez [l'amoureux des tabliers blancs] des piles de tabliers blancs volés » ; chez le passionné de mouchoirs, 300 articles ont été découverts. Cet acharnement pléthorique confirmerait le caractère morbide : « Supposons maintenant que l'amant, qui conserve avec un soin pieux une mèche de cheveux blonds, acquière un goût spécial pour les cheveux blonds en général et se mette à les collectionner[21] ». La découverte d'objets lors de perquisition s'avère fondamentale, car elle permet de s'assurer du caractère pathologique des actes. Alors se noue aux tropes métonymiques le péché de la collection ; l'adoration naïve des souvenirs bascule dans l'accumulation de bagatelles ; et d'amoureux l'on devient pervers. Synecdoque, métonymie, accumulation et hyperbole : le fétichisme est un amour où se bousculent une multitude de figures. Et parce qu'il se détourne du sexe principal ; parce qu'il alimente son désir non pas de la lettre charnelle, mais de tropes, il n'est pas peut-être pas tant une pratique sexuelle qu'un fantasme.

---

19 *Ibid.*, p. 262. Krafft-Ebing perçoit le fétichiste non pas tant comme un « *monstrum per excessum* » que « *per defectum* » : « Ce n'est pas la chose qui agit sur lui comme charme qui est anormale, c'est plutôt le fait que les autres parties n'ont plus de charme pour lui ; c'est, en un mot, la restriction du domaine de son intérêt sexuel, qui constitue ici l'anomalie » (*Psychopathia sexualis*, p. 200).

20 *Ibid.*, p. 264.

21 *Ibid.*, p. 263-264.

ROMANS IMAGINAIRES

Dans la psychologie de Binet, la théorie des idées accessoires entraîne une mutation au sein de la cartographie idéique du fétichiste. Ainsi, la volupté douloureuse est suscitée non pas par « les *idées* accessoires qu'[elle] réveille [mais] par les *sentiments* dérivés qui se sont joints » : à la rhétorique de Port-Royal se noue ici la loi psychologique de l'association des idées, que Binet évoque grâce à Condillac[22]. Mais la conception arborescente de l'esprit implique non seulement que les idées s'activent en relation les unes avec les autres, mais que toute affection surgit en fonction du passé : « Je crois avoir lu quelque part que Descartes conserva toujours du goût pour les yeux louches, parce que la première personne qu'il avait aimée avait ce défaut[23] ». Pour Binet, le fétichisme amoureux serait en effet provoqué par la liaison fatale de deux facteurs (l'excitation génésiaque et un brimborion), accouplés par hasard dans l'esprit du pervers : alors, l'accessoire advient au premier plan non seulement de la vie de l'esprit, mais aussi de l'intimité érotique, marquée dès lors de son sceau – et le « destin est fixé[24] ».

22 *Ibid.*, p. 259. Dans des articles légèrement postérieurs au « Fétichisme dans l'amour », Binet assure qu'il existe deux régions cérébrales, l'une centrale et l'autre périphérique, où les images perdent de leur netteté : « 1. Toute image qui se produit seule occupe le point de fixation, dans le champ de la vision mentale ; 2. Quand le point de fixation est occupé par une première image, la seconde image qui se présente est localisée dans les parties latérales et n'apparaît que dans la vision mentale indirecte ; 3. Lorsque la première image disparaît, l'image latérale tend à se substituer à la première, et vient occuper à son tour le point de fixation » (« Recherches sur les altérations de la conscience chez les hystériques », *RP*, 27 (février 1889), p. 366). C'est l'attention qui modifierait la position des images, une secondaire pouvant se substituer à une principale. L'analogie avec le processus fétichiste est donc évidente, puisqu'un élément censé être capital est remplacé par un accessoire – par une image secondaire.

23 *Ibid.*, p. 146. Voir Condillac, Etienne Bonnot, *L'art de penser…*, Paris, Ch. Houel, an VI (1798), t. 6, ch. v, p. 51. Descartes témoigne en effet de sa passion dans une lettre à Chanut du 6 juin 1647 et conclut de la sorte : « Ainsi, lorsque nous sommes portés à aimer quelqu'un, sans que nous en sachions la cause, nous pouvons croire que cela vient de ce qu'il y a quelque chose en lui de semblable à ce qui a été dans un autre objet que nous avons aimé auparavant, encore que nous ne sachions pas ce que c'est » (*Œuvres et lettres*, textes présentés par André Bridoux, Paris, Gallimard, « Bibliothèque de la Pléiade », 1952, p. 1277).

24 Binet, Alfred, « Le Fétichisme dans l'amour », p. 148.

Puisque le fétichisme se fixe visuellement, le fantasme s'apparente à un cliché, à une image-thème décidée pendant l'enfance[25], dans laquelle le pervers se complairait par la suite, allant jusqu'à renoncer à la jouissance physique. En effet, comme la volupté imaginaire constituerait un « plaisir supérieur », les pervers savoureraient une excitation autrement plus « agréable », quoique « hors nature » car refusant la décharge coïtale :

> La contemplation ou la palpation de la chose aimée, que ce soit un œil de femme, ou une oreille, ou un objet inerte, est accompagnée d'une excitation génitale intense, si intense et surtout si agréable que chez beaucoup de sujets elle paraît dépasser le plaisir normal qui accompagne le coït. Cet amour hors nature a une tendance à produire la continence ; disons mieux, il produit une impuissance de cause psychique.

L'incontinence mentale débouche sur la « continence » physique. L'excitation perverse ne trouve donc pas tant sa volupté dans l'orgasme qu'en elle-même :

> Pendant la continence, ce n'est pas seulement le besoin sexuel organique qui augmente d'intensité ; les idées érotiques également, qui dépendent de l'imagination, deviennent plus intenses. La continence ne provoque pas seulement – qu'on nous passe cette expression – le cri de l'organe affamé ; elle exalte encore l'imagination érotique[26].

La perversion retient donc le liquide séminal, qui monte au cerveau échauffé et provoque « une puissante germination d'images ». Ainsi fonctionne ce que Binet nomme la « *rumination érotique des continents* » : les fétichistes accomplissent « leur besoin génital en construisant dans leur tête des romans d'amour[27] ».

D'image fixe, le fantasme entre alors dans une dynamique par sa mise en narration, à l'instar du cas célèbre de l'amant des clous de

25 Il est d'ailleurs frappant que la théorisation du fétichisme coïncide avec la banalisation de la photographie érotique : voir Mazaleigue-Labaste, Julie, *Les Déséquilibres de l'amour*, p. 249 *sq.*

26 Binet, Alfred, « Le Fétichisme dans l'amour », p. 266. La comparaison de l'instinct sexuel à la faim est propre à la théorie de l'instinct au XIXe siècle, car « *instinct* et *appétit* nomment une tendance et un besoin naturel finalisé vers ce qui est bon pour l'individu et l'espèce (ils sont pour cette raison synonymes et substituables dans les discours médicaux ». Ce n'est qu'avec Freud que cette analogie sera dépassée (*cf.* Mazaleigue-Labaste, Julie, *Les Déséquilibres de l'amour*, p. 117).

27 *Ibid.*, p. 268.

bottines. Arrêté pour outrage à la pudeur alors qu'il se masturbe devant la vitrine d'un cordonnier, le docteur Blanche réussit à obtenir un non-lieu – vraisemblablement l'un des premiers pour perversion sexuelle ; il communique ensuite l'observation à Charcot et Magnan, puis Binet la reprend. Elle narre l'amour que porte un employé administratif aux clous dont sont alors parsemées les semelles de bottines afin de ne pas glisser. Pourvu d'une « intelligence extrêmement précoce », l'amateur lutte inlassablement contre son impulsion, qui le pousse à regarder les chaussures féminines et à s'en emparer pour se raconter des « histoires fantastiques » qui lui reviennent constamment à l'esprit :

> Il voyait sa mère conduire [une jeune fille] chez le cordonnier, il l'entendait commander de garnir de clous les souliers de sa fille, il voyait le cordonnier poser les clous et remettre les souliers à la jeune fille ; puis, il cherchait à se rendre compte des sensations que celle-ci éprouvait en marchant avec ses souliers à clous ; enfin, il infligeait à la jeune fille les tortures les plus cruelles, il lui clouait les fers sous les pieds, comme l'on fait aux chevaux, ou bien il lui coupait les pieds, et en même temps, il se masturbait ; mais ce n'était pas seulement pour se procurer la jouissance matérielle qu'on y trouve ; c'était plutôt pour servir d'accompagnement à l'histoire fantastique qui charmait son imagination[28].

À cet élaboré fantasme figé dans l'imparfait se joint certes la masturbation, mais seulement de manière accessoire. La jouissance semble bien plus narrative que sexuelle ; le fantasme surgit « malgré lui, phrase par phrase » :

> Et en même temps arrivait une érection, qui aboutissait bientôt à une éjaculation, sans qu'il portât la main à la verge pour y aider, car, au contraire, il aurait voulu que l'éjaculation n'eût pas lieu, parce qu'elle l'empêchait de continuer et de finir son histoire, et qu'il préférait de beaucoup le plaisir qu'il ressentait de l'histoire, à celui que l'éjaculation lui procurait. [...] en même temps qu'il se racontait une histoire il pressait sur sa verge à travers son pantalon, et il éjaculait, si l'histoire durait assez longtemps pour que le but de la masturbation fût atteint ; mais si son histoire était finie avant que l'éjaculation ait lieu, il s'en tenait là, et cessait de se masturber ; le lendemain et les jours suivants, il recommençait, en ayant soin de s'arrêter dès qu'il sentait que l'écoulement du sperme allait arriver. D'un autre côté, quand il était avec les jeunes filles, il cherchait à voir les clous de leurs souliers.

Le patient a donc deux modes d'excitations : l'histoire fantastique d'une part, plus voluptueuse que l'orgasme génital qui l'interrompt

28 Charcot, Jean-Martin, et Magnan, Valentin, *Inversion du sens génital...*, p. 23-24.

comme un contretemps ; la vue et la pression des clous de souliers d'autre part, qui provoquent l'immédiate jouissance (« il lui suffisait de poser l'extrémité de sa verge sur les clous, pour que, sans aucune pression de la main, l'éjaculation eût lieu aussitôt »). Il semble toutefois qu'avec le temps la masturbation s'arroge une place de plus en plus importante dans le mécanisme érotique :

> C'est surtout quand il est plongé dans un travail absorbant, la tête dans les mains, méditant profondément sur une affaire : tout à coup, ses *idées* se présentent à son imagination ; il tâche de les chasser ; elles le harcellent comme des furies ; alors, il sent comme un voile s'étendre sur son intelligence et y faire la nuit ; ses yeux s'appesantissent, il se raconte à demi-voix une de ces histoires fantastiques, et en même temps, il se livre à la masturbation, soit directement avec la main, soit en serrant sa verge entre ses cuisses, ou en la renversant sur sa chaise, et en la comprimant de tout le poids de son corps.

Tel un nouvel Oreste se livrant, « avec fureur, à ses pratiques de masturbation[29] », l'amoureux des clous de bottines laisse résonner en lui des récits érotiques impérieux. Alors que cette observation ne laisse pas de place à la voix du malade, il semble néanmoins que perce ici une sorte de style indirect libre, dont la syntaxe accumulative monte en crescendo jusqu'à la nuit narrative, où se comprime le sexe pourtant caressé.

Binet tient néanmoins à nuancer le plaisir visiblement superlatif de ces narrations intérieures : car « le plus beau roman d'amour inventé par un continent [n'a] pas la puissance du moindre acte matériel ». Comme l'acte physique leur est interdit (ou qu'ils se le refusent), les « ruminants, qui comprennent très bien cette infériorité de l'imagination, recherchent avec une sagacité remarquable les moyens de faire rendre à l'image mentale tout ce qu'elle peut donner de jouissance[30] ». Outre l'onanisme, la représentation tant auditive que visuelle du fétiche incendie l'imagination perverse dans l'observation de Charcot et Magnan :

> M. X… se procure encore ses spasmes en se faisant mettre à ses propres chaussures des clous qu'il garde pendant quelques heures, et qu'il enlève ensuite pour les poser sur des morceaux de carton qu'il découpe, en leur donnant la forme de la semelle d'une bottine de femme, et surtout d'une femme qu'il a remarquée ; il lui est arrivé aussi d'acheter des souliers de femmes, d'y faire mettre des clous devant lui, et de les emporter ; puis, quand il était seul, il

29 *Ibid.*, p. 24-27.

30 Binet, Alfred, « Le Fétichisme dans l'amour », p. 269.

> touchait ces clous, il écoutait le bruit qu'ils faisaient, en les posant par terre; enfin, il les approchait de l'extrémité de sa verge, ce qui déterminait presque toujours une éjaculation[31].

À l'audition de l'écho se noue le besoin de voir la trace des clous sur des représentations cartonnées de chaussures – comme si l'objet seul devenait insatisfaisant et qu'il en fallait aussi l'indice visuel.

Mais la représentation du fétiche passe surtout par le lexique, qui réveille le polypier d'images excitantes lorsque le trope, au cœur même de la fixation fétichiste, est transposé verbalement :

> Il cherche à voir les clous de bottine de femme; il examine avec soin leur trace dans la neige ou sur la terre humide; il écoute le bruit qu'ils font sur le pavé de la rue; il trouve un plaisir ardent à répéter des mots qui sont destinés à aviver l'image de ces objets; ainsi, il se complaît dans l'expression : «*ferrer* une femme». Comme il arrive presque toujours, ce malade s'adonne à la masturbation qui joue ici le rôle de caisse de résonnance[32].

Au mouvement métonymique (provoquant l'adoration des bottes au lieu du corps féminin) se conjugue l'expression érogène. « Ferrer », selon le Littré, renvoie d'abord à la pose du fer aux pieds des chevaux; le verbe est utilisé familièrement pour signifier le fait de se laisser faire ou convaincre, et pour faire mordre un poisson à l'hameçon. *Ferrer* peut donc être d'une part pris au sens littéral, et *femme* remplace alors chaussure : l'on a dans ce cas le tout pour la partie, ce qui participe d'une synecdoque. Mais *ferrer* peut d'autre part avoir une dimension métaphorique, et *femme* est alors littéral : elle serait alors facile à diriger – à chevaucher, à hameçonner. Au croisement du littéral et du figuré,

---

31 Charcot, Jean-Martin, et Magnan, Valentin, *Inversion du sens génital...*, p. 25.

32 Binet, Alfred, « Le Fétichisme dans l'amour », p. 163. L'observation originelle de Charcot et Magnan précise les choses. Le fétichiste subit une excitation moins intense si « M. X..., causant avec un cordonnier, celui-ci lui parle, d'une manière générale, des clous que l'on met aux chaussures de femmes; elle est plus forte s'il est question de femmes qu'il connaît, ou, si au lieu de dire : *mettre des clous à des bottines de femmes*, le cordonnier dit : *ferrer des bottines de femmes*, et mieux encore *ferrer des femmes;* l'intensité augmente aussi graduellement si M. X..., après avoir vu les chaussures dans la boutique du cordonnier, les voit aux pieds d'une femme, s'il y a beaucoup de clous, et si les clous sont gros, s'ils sont posés à des souliers, plutôt qu'à des bottines, et si la femme qui les porte est jeune, jolie, élégante. L'impression est telle, qu'il est sur le point de s'évanouir, ou bien il est pris d'un rire nerveux et incoërcible, qui dure plusieurs minutes » (*Inversion du sens génital et autres perversions sexuelles*, p. 27). L'excitation sexuelle augmente donc au fur et à mesure que la métaphoricité s'amplifie. Plus l'expression est figurée, plus le fétichiste est titillé.

de la métaphore et de la synecdoque, surgit donc le plaisir ; et l'œuvre de chair se caractérise pour ce pervers en un devenir chaussure de la femme – du moins verbalement.

Les clous sont recherchés peu importe celle qui les porte ; ce sont leurs *traces*, leurs *bruits*, leurs mises en *mots* qui aiguisent le désir. Dans l'orgasme provoqué par la synecdoque ; dans le plaisir que procure la figure l'on retrouve la jouissance, décrite par la rhétorique classique, que causent l'idée accessoire et le sens figuré – plaisir concrétisé dans ce cas physiquement. Le transfert rhétorique s'appuie sur le déplacement qu'opère l'appétit du tout corporel vers la partie. Il vient redoubler la lecture synecdochique ou métonymique – comme si l'amour ne fonctionnait que sur le mode figuré, comme si à l'origine de la passion gisait un dire poétique qui *résonne* dans la caresse solitaire et qu'alimente une narration intérieure.

Cette jouissance verbale n'a pas échappé à Eugenio Tanzi, lecteur attentif de Binet, qui se demande pourquoi le psychologue n'a pas créé une catégorie de fétichistes excités par les mots. Catégorisant les néologismes des aliénés, le médecin italien remarque que les amants fabriquent des mots « *più lubrici che amorosi* », en vue d'augmenter leur excitation lors des ébats intimes :

> *In uno scritto di Alfredo Binet, che stimo il più chiaro, il più profondo, il più originale fra quanti ne furono pubblicati intorno alla psicologia sessuale, si trovano interessantissime indagini sull'associazione che unisce il sentimento erotico con particolari rappresentazioni, che gli stanno attaccate senza possibilità di separazione. Tra le molte osservazioni è strano che al Binet sia sfuggita l'influenza erogena che in alcuni individui esercitano le parole o meglio date parole, o più precisamente ancora certe parole personali, prive di senso per tutti i non iniziati, ma eminentemente afrodisiache pel neologista*[33].

Certaines paroles seraient d'autant plus aphrodisiaques selon Tanzi qu'elles seraient prononcées pour elles-mêmes, ne renvoyant qu'à la situation d'énonciation où les amants fusionnent. Elles seraient ainsi telles des

33 « Dans un texte d'Alfred Binet, que j'estime être le plus clair, le plus profond, le plus original de tous ceux qui ont été publiés sur la psychologie sexuelle, on trouve des enquêtes très intéressantes sur l'association unissant un sentiment érotique avec des représentations particulières, liés sans possibilité de séparation. Parmi ses multiples observations, il est étonnant que Binet n'ait pas perçu l'influence érogène qu'exercent chez certains individus la parole, ou des paroles précises, voire même certaines paroles personnelles, privées de sens pour tous les non initiés, mais énimemment aphrodisiaques pour le néologiste » (Tanzi, Eugenio, « I neologismi degli alienati in rapporto col delirio cronico », p. 353. Notre traduction).

fétiches intransitifs, réduites à n'être que des signifiants purs. Et si Binet n'a en effet pas théorisé ouvertement l'influence voluptueuse des mots, la parole recèle toutefois pour lui un potentiel érotique évident, puisqu'il assure que l'on peut obtenir une « dynamogénie mentale » par « l'habitude d'écrire, c'est-à-dire d'objectiver sa pensée sur un morceau de papier » :

> L'image mentale est alors plus intense ; elle fait l'effet de quelque chose d'extérieur à celui qui l'a enfantée. De plus, il ne faut pas oublier que le langage parlé, et surtout le langage écrit, est un merveilleux instrument d'analyse de la pensée ; le sujet, par cela seul qu'il cherche à écrire son rêve, est obligé de l'analyser ; une image faible et vague ne lui suffit plus ; il faut que tout se précise sous la plume, et prenne un contour[34].

Alors que la perversion dégénérescente voue le fétichiste à la stérilité, celui-ci *enfante* tout de même dans l'écriture. À la fois retour sur soi et analyse de l'image mentale, la plume renforce l'imagination dépérissante (faute d'accouplement) et fournit un contour aux nuages fantasmatiques du ruminant. Cette « manière écrivassière » serait particulièrement incarnée par Rousseau, paradigme de cette stimulation imaginaire et de l'écriture autobiographique. *Les Confessions* seraient en effet « d'admirables pages de psychologie » :

> Jamais un sujet n'a décrit une maladie psychique avec plus de finesse et de pénétration. Pour ma part, je tiens cette auto-observation pour capitale ; elle me paraît absolument sincère, car on n'invente pas ces choses-là, quand on n'en a pas la clef ; d'ailleurs, l'analyse y reconnaît un grand nombre de détails qui sont caractéristiques du fétichisme amoureux, et que nous retrouverons tout à l'heure chez d'autres malades. Le grand mérite de cette observation est d'être complète ; rien n'est laissé dans l'ombre ; tout est clair, tout se tient, tout est logique[35].

L'écrivain proposerait un *tout* cohérent : si le désir est partiel, en revanche sa narration relève d'une totalité discursive où chaque détail prend sens – où, comme dans la perversion, c'est l'accessoire qui signifie. Le fétichisme, perversion figurée, cherche ainsi toujours à s'incarner dans une représentation imagée ou textuelle qui ravive la force du fantasme, constitué lui aussi par des images mentales et des romans intérieurs, dont l'écriture permettrait de faire perdurer l'excitation dans son incandescence.

34 Binet, Alfred, « Le Fétichisme dans l'amour », p. 270.

35 *Ibid.*, p. 258 et 255.

DU PATHOLOGIQUE AU NORMAL

> Plus on observe de cas et plus l'on se sent porté à croire que l'atypisme serait la règle[36].

Tout désir amoureux ne s'alimente-t-il pas de romans imaginaires ? En quoi le fétichisme serait-il une manifestation perverse de la vie érotique ? « Le Fétichisme dans l'amour » de Binet réfléchit ainsi non seulement à ce que représente le fétiche, à son fonctionnement imaginaire, mais il s'efforce aussi de délimiter cette catégorie amoureuse aux formes multiples pour l'intégrer dans la classe des perversions sexuelles de la nosographie. Le psychologue isole plusieurs types de fétichisme : la nécrophilie, perversion originelle de l'affaire Bertrand, relève de l'amour plastique, adressé à une fraction du corps (cheveux, main, yeux) – ou à l'une de ses qualités (l'inertie) dans le cas de la nécrophilie. Mais alors que les profanations du sergent avaient suscité l'indignation, les nécrophiles binetiens chercheraient à défendre le corps « contre la décomposition » en lui communiquant un « semblant de vie » :

> En somme, il n'y a qu'une seule chose qui meure d'une mort irréparable : c'est la pensée, l'intelligence, c'est l'âme ; quant au corps, bien qu'il soit formé d'une matière organique extrêmement instable, on peut suspendre ou du moins masquer sa décomposition au moyen d'un système perfectionné d'embaumement qui est connu depuis la plus haute antiquité[37].

Le fétichisme redonne vie à la matière morte – s'inscrivant dans cette *vie des choses* qui fascine la fin du XIXe siècle. Si la perversion peut aussi

36 Clérambault, Gaëtan Gatian de, « Un cas d'érotomanie pure. Dépit érotomaniaque après possession » [1921], in *Œuvre psychiatrique. Réuni et publié sous les auspices du Comité des Élèves et des Amis de Clérambault par Jean Frétet*, 2 vol., préf. Paul Guiraud, Paris, P.U.F., 1942 ; rééd. Paris, Frénésie, « Collection Insania. Les Introuvables de la psychiatrie », 1987, p. 399.

37 Binet, Alfred, « Le Fétichisme dans l'amour », p. 153-154. Cette vision de la nécrophilie comme lutte contre la mort est très maupassantienne, et présente dans *La Chevelure*. Voir II. 5, « La Chevelure enchâssée ».

se concentrer sur la voix ou sur l'odeur[38], elle s'adresse surtout à des objets matériels. L'amant des costumes italiens, dont Binet a « reçu les confidences[39] », précède l'évocation des voleurs de mouchoirs (trouvés chez Macé) et les cas décrits par Charcot et Magnan. Et comme la même structure déterminerait tant l'inversion que le fétichisme, Binet conclut qu'« il n'y a pas plus de raison d'attacher une grande importance au fait même de l'inversion qu'à l'objet quelconque d'une autre perversion sexuelle[40] ». Le psychologue confond ainsi ce que le duo psychiatre distinguait encore : désormais, l'homosexualité n'est qu'un fétichisme fixé sur le même sexe – et donc détourné de la génitalité féminine.

Les multiples écarts érotiques se trouvent ainsi subsumés chez Binet sous une seule entrée nosographique, puisque le fétichisme peut même porter sur une qualité psychique – variante que Rousseau, amant des femmes dominatrices, illustrerait particulièrement bien[41]. Mais cette extension du fétichisme remet en question son essence même : qu'est-ce alors qu'être fétichiste, si l'on peut adorer tant des cheveux et des chaussures qu'une qualité psychique ? Exhaustive, la nomenclature binetienne considère finalement toute passion comme perverse : car « le fétichisme de l'amour se présente sous bien des formes ; mais toutes ces formes se ressemblent ; en connaître une, c'est les connaître toutes ; ce sont comme les variations infinies sur un thème unique[42] ». Alors que Binet se propose de compléter la nosographie de Ball et de commenter le traité de Charcot et Magnan, son effort se noie dans une généralisation du fétichisme dont les différentes manifestations ne sont que les fleurs d'un même jardin. La déviance n'est ainsi pas tant une

---

38 Ce dernier cas est évoqué grâce à deux romans de 1875 dont les fétichistes sont des femmes. Tandis que dans *Les Baigneuses de Trouville* de Belot l'amoureuse est rejetée pour sa laideur, dans *La Maison du vent* de Dumas fils, la fétichiste trompe son mari avec un ténor. L'époux la reconquiert grâce à son organe vocal, qui finit par l'envoûter (Belot, Adolphe, *Les Baigneuses de Trouville, suite des Mystères mondains*, Paris, E. Dentu, 1878 ; Dumas (fils), Alexandre, *Thérèse ; La maison du vent ; Histoires vraies ; Offland ; Les trois chants du bossu ; La fin de l'air ; Angélique ; Une exécution capitale*, Paris, Michel Lévy, 1875).

39 Binet, Alfred, « Le Fétichisme dans l'amour », p. 161.

40 *Ibid.*, p. 166.

41 Cette nomenclature de Binet perdure jusqu'à la dernière édition de *Psychopathia sexualis*, où le fétichisme peut être dirigé vers une partie du corps, un objet spécifique, ou une qualité psychique. Krafft-Ebing rajoute cependant deux catégories : une qualité corporelle (comme être borgne ou boiter) et une action (par exemple uriner). Voir Krafft-Ebing, Richard von *Psychopathia sexualis* [1950], p. 315.

42 Binet, Alfred, « Le Fétichisme dans l'amour », p. 146.

« forme » d'amour que l'amour lui-même, puisque « ces faits existent en germe dans la vie normale ; pour les y trouver, il suffit de les chercher ». L'idée du « germe », déjà présente chez Charcot et Magnan, naturalise la perversion, et permet d'affirmer que « tout le monde est plus ou moins fétichiste en amour[43] ». Reste donc à savoir à partir de quand l'on devient fétichiste.

Le psychologue adopte une double posture face à l'épineuse question du normal et du pathologique. D'une part, il établit comme axiome la source héréditaire des perversions : celle-ci « reste, comme on l'a appelée, la cause des causes, c'est elle qui prépare le terrain où la maladie de l'amour doit germer et grandir ». Mais d'autre part, la perversion se formerait suite à un accident « tout à fait insignifiant qui est parvenu à se graver en traits profonds et indélébiles dans la mémoire de ces malades ». À la prédisposition génétique se joint donc la conjonction fortuite mais traumatique, un jour quelconque de l'existence des dégénérés, d'une excitation sexuelle et d'un objet qui demeureront dès lors associés dans la libido. À la fois accident et essence, le fétichisme « ne se distingue de l'état normal que par des nuances insensibles[44] », et il ne deviendrait morbide que suite à une focalisation excessive sur un élément accessoire.

Comme « il y a une dose constante de fétichisme dans l'amour le plus régulier », Binet assure que sa théorie va offrir « la clef du problème » amoureux et résoudre des « faits qui ont l'allure d'un conte d'Hoffmann[45] ». Saisir la pathologie amoureuse permettrait donc d'en comprendre le fonctionnement physiologique. Entre le normal et le pathologique se nichent « *grands* », « *moyens* » et « *petits* » fétichistes, puisqu'« il n'y a point de fétichiste dont on ne retrouve la forme atténuée dans la vie régulière[46] ». Si la thèse continuiste relativise la gravité du fétichisme, elle invite néanmoins à scruter les individus normaux pour déceler en eux des conduites potentiellement perverses. Mais Binet

---

43 *Ibid.*, p. 144. Voir aussi p. 272.

44 *Ibid.*, p. 144-146.

45 *Ibid.*, p. 167, 259 et 154.

46 *Ibid.*, p. 267 et 272. Apter remarque l'extension impliquée par la thèse continuiste : « *By characterizing fetishism as an extreme genre of normal love Binet opened the way for all the tropes of amorous discourse to be seen as themselves fetishistic. Divinization, synecdoche, abstraction, depersonnalization, and psychic fixation emerge as the preeminent defining features of fetishism, despite their appearance in normal love as well. With degree the only significant differentiating factor, the risk of "perversion" loomed perilously near* » (Apter, Emily, *Feminizing the Fetish*, p. 24).

voudrait établir le « type vulgaire et banal » d'une passion où il n'y aurait pas « d'hypertrophie d'un élément qui entraîne l'atrophie de tous les autres » – comme celle du *Bourgeois gentilhomme* :

> Molière peignant un bourgeois amoureux d'une marquise lui fait imaginer cette phrase inoubliable, destinée à la dame de ses pensées : « Belle marquise, vos beaux yeux me font mourir d'amour ». [...] il peut aimer ses yeux, mais il aime tout le reste de sa personne, ses belles manières, et son titre de marquise[47].

Ce qui distinguerait cependant Monsieur Jourdain d'un fétichiste des yeux, « c'est tout simplement le degré d'amour » : même le type normal – n'existant d'ailleurs qu'en littérature – est en réalité un *petit fétichisme.*

Il n'est ainsi pas certain que, comme l'affirme Julie Mazaleigue-Labaste, Binet réussisse à éviter « l'écueil relativiste » et à conserver « le concept d'une perversion intrinsèquement morbide bien distincte de la normalité[48] ». Car il semble difficile d'établir le mécanisme de l'amour dit normal dans la mesure où celui-ci, en s'échappant sans cesse dans un fétichisme minimal, ne peut se définir que par la négative : il « n'est que l'exagération d'un goût normal », puisqu'« il n'y a là qu'une question de degré[49] ». Santé et pathologie semblent donc communiquer dans un continuisme qui complique la détermination du *degré* de maladie : l'« empreinte pathologique » apparaitrait sans doute lorsque « l'érection arrive par la seule contemplation de l'objet. Une excitation génitale aussi intense dépasse un peu le taux normal ; mais ce n'est là, nous le verrons, qu'une différence de degré[50] ». La sensation *intense* n'excèderait qu'*un peu* le seuil standard : l'échelle graduelle vacille sans cesse et peine à délimiter l'*exagération.* Dès lors, l'hyperbole au cœur de la pathologie échappe inlassablement.

Ne voir dans la maladie qu'une identité avec la santé aux variations quantitatives près est intenable – Georges Canguilhem l'a démontré. L'équation se connote implicitement d'une condamnation éthique : « On remarquera le vague des notions d'*excès* et de *défaut*, leur caractère qualitatif et normatif implicite, à peine dissimulé sous leur prétention

47 Binet, Alfred, « Le Fétichisme dans l'amour », p. 263.
48 Mazaleigue-Labaste, Julie, *Les Déséquilibres de de l'amour*, p. 207.
49 Binet, Alfred, « Le Fétichisme dans l'amour », p. 156-157.
50 *Ibid.*, p. 149-150.

métrique. C'est par rapport à une mesure jugée valable et souhaitable – et donc par rapport à une norme – qu'il y a excès ou défaut[51] ». Si la quête savante d'un amour dit *normal*, axé sur le coït[52], peut catégoriser moralement certains comportements, il n'en demeure pas moins que la norme ne peut être établie que dans le creux du morbide. « C'est le *pathos* qui conditionne le *logos* parce qu'il l'appelle. C'est l'anormal qui suscite l'intérêt théorique pour le normal. Des normes ne sont reconnues pour telles que dans des infractions. Des fonctions ne sont révélées que par leurs ratés. La vie ne s'élève à la conscience et à la science d'elle-même que par l'inadaptation, l'échec et la douleur[53] » : c'est pourquoi l'anormal est « existentiellement premier[54] ». Ainsi Binet, quoique psychologue, décrit bien plus la pathologie érotique que le mécanisme physiologique de l'amour – comme si toute passion n'était, finalement, que morbide.

Le fétichisme consisterait alors en « l'importance sexuelle exagérée que l'on attache à un détail secondaire et insignifiant. Cette importance varie d'ailleurs avec les cas, et peut servir à marquer le degré de la perversion ». L'*importance* de l'insignifiant oscille, alors même qu'elle est censée déterminer où commence la maladie. Si l'hyperbole morbide fluctue, la passion saine en revanche ne peut être appréhendée que par comparaison, et surtout dans le creux de la notion de fétichisme :

> L'amour normal nous apparaît donc comme le résultat d'un fétichisme compliqué ; on pourrait dire, – nous nous servons de cette comparaison dans le but unique de préciser notre pensée, – on pourrait dire que dans l'amour normal le fétichisme est polythéiste : il résulte, non pas d'une excitation unique, mais d'une myriade d'excitations : c'est une symphonie. Où commence la pathologie ? C'est au moment où l'amour d'un détail quelconque devient prépondérant, au point d'effacer tous les autres.
>
> L'amour normal est harmonieux ; l'amant aime au même degré tous les éléments de la femme qu'il aime, toutes les parties de son corps et toutes les manifestations de son esprit. Dans la perversion sexuelle, nous ne voyons apparaître en somme aucun élément nouveau ; seulement l'harmonie est rompue ; l'amour, au lieu d'être excité par l'ensemble de la personne, n'est plus excité que par une fraction. Au polythéisme répond le monothéisme[55].

51 Canguilhem, Georges, *Le Normal et le Pathologique*, Paris, P.U.F., « Quadrige », 1996, p. 25.

52 Voir Corbin, Alain, *L'Harmonie des plaisirs*, p. 534 *sq.* et Mazaleigue-Labaste, Julie, *Les Déséquilibres de l'amour*, p. 161-162.

53 Canguilhem, Georges, *Le Normal et le Pathologique*, p. 139.

54 *Ibid.*, p. 180.

55 Binet, Alfred, « Le Fétichisme dans l'amour », p. 262 et 274.

Tout relève du fétichisme dans l'amour : l'état normal est un « fétichisme compliqué », où l'ensemble du corps est adoré (c'est pourquoi il est polythéiste, plusieurs dieux se bousculant dans le cœur de l'amant). En assurant que le pervers est monothéiste, Binet met en place une religion de l'amour fétichiste, achevant de brouiller les distinctions que la morale exige et que la médecine s'efforce d'établir : le fétichisme se christianise, participant d'une divinisation de l'être aimé, alors que l'amour normal (et matrimonial) devient païen. Cette comparaison referme ainsi le texte sur l'association inaugurale entre sauvage et amant. Et en reconnaissant dans le fétichisme l'essence de tout instinct érotique, Binet l'universalise – à l'instar de de Brosses qui ne restreignait plus ce culte à l'Afrique noire et de Müller qui le considère comme un relais matériel anthropologique.

Cette généralisation du fétichisme se traduit dans la manière dont Binet présente ses cas. En effet, le lecteur assiste à un défilé de pervers, introduits par des verbes de visualisation qui rappellent des séances d'étude dans un amphithéâtre d'anatomie : « Nous venons de voir défiler devant nos yeux l'amant de l'œil, l'amant de la main, l'amant du cheveu » ; « nous voyons l'amant s'attaquer à une fraction du corps de sa bien-aimée » ; « Après *l'amant de l'œil*, voici *l'amant de la main*[56] ». Alors que le psychologue caractérise le fétichisme comme un mouvement à la fois d'abstraction (l'être aimé est réduit par synecdoque à une seule fraction) et de généralisation (le malade recherche l'organe indépendamment de la singularité de son propriétaire), les déterminants définis universalisent les cas – effet renforcé par l'usage de l'italique. Se créent ainsi des hypostases *d'amants* sous lesquelles pourraient ensuite se subsumer des malades observés empiriquement – et chaque lecteur.

Binet se présente d'ailleurs comme un peintre élaborant des « esquisses de plusieurs espèces de fétichismes », nous invitant à regarder ses hypotyposes :

> Il sera donc intéressant pour chacun de nous de s'interroger, de se disséquer et d'examiner ce qu'il éprouve, pour comparer ses sentiments et ses goûts aux sentiments et aux goûts des grands fétichistes dont nous allons brosser le portrait. Aussi notre étude est-elle probablement plus intéressante par ce qu'elle suggère que par ce qu'elle dit[57].

56 *Ibid.*, p. 155, 153 et 149.

57 *Ibid.*, p. 159 et 145. Binet a d'ailleurs un parent artiste – dont il semble avoir transposé discursivement le talent : « À une certaine époque, [l'amant du costume italien] était

Les tableaux proposés sont comme des miroirs « nous » renvoyant l'image de notre for intérieur. Binet invite donc le lecteur à procéder à un *examen* médical approfondi, à une *dissection* introspective. Avec « Le Fétichisme dans l'amour » de 1887, l'anatomie, désormais, est une dissection de l'âme. Et celui qui s'analyse risque de se découvrir pervers – vu que tout amour contient des relents fétichistes. Le lecteur retrouvera fatalement, dans les reflets proposés par les figures perverses, l'image trouble de sa propre manière d'aimer.

La conception continuiste de Binet sera défendue par des successeurs tels qu'Émile Laurent et Gaston Danville. Le premier, médecin et interne à l'Infirmerie spéciale[58], propose d'étudier en 1891 « non point une aberration génésique, mais simplement l'exagération, l'hypertrophie d'un sentiment ou mieux d'une passion naturelle ». Tout lecteur peut être amené à se retrouver dans les « portraits » que Laurent, lui aussi, esquisse d'un « mal dangereux » :

> Si l'un de vous se reconnaît dans les portraits que je vais tracer, s'il est tombé et s'est relevé, qu'il se console et se réjouisse en pensant qu'il est guéri d'un mal dangereux. Quant à celui qui n'a point péché, qu'il ne se rie pas de cet avertissement, qu'il ne se vante pas avec un orgueil téméraire. Les plus forts succombent et leur chute n'en est que plus retentissante[59].

Laurent dépeint les dangers de ce besoin périlleux qu'est le « rapprochement des deux sexes dans un baiser des muqueuses génitales » en s'appuyant surtout sur la littérature, car « il n'est pas un poème, pas un drame, pas un roman, pas une nouvelle, où l'amour n'ait sa place ». Des écrits antiques à Musset, Laurent convoque « quelques exemples célèbres, désirant simplement analyser quelques caractères d'amoureux dégénérés empruntés aux romanciers pour montrer combien

allé se loger dans le voisinage de la rue de Jussieu, où les modèles italiens de Paris ont établi leur quartier général. Il m'enviait souvent de pouvoir voir de près les Italiennes qui posaient comme modèles chez un peintre de ma famille » (*ibid.*, p. 162). Peut-être s'agit-il de la propre mère de Binet, Moïna, qui a notamment peint un portrait du psychiatre Charles Féré.

58 Ce lieu est intimement lié à la psychiatrie de la fin du XIXe siècle : y sont emmenés les individus arrêtés par la police et soupçonnés de troubles psychiques. Charles Lasègue, Benjamin Ball, Paul Garnier puis Gatian de Clérambault y ont successivement exercé en tant que médecins-chefs. Sur l'histoire de cette structure médico-légale, voir Chaperon, Sylvie, *Les Origines de la sexologie (1850-1900)*, p. 70 *sq.* et Mazaleigue-Labaste, Julie, *Les Déséquilibres de l'amour*, p. 189-191.

59 Laurent, Émile, *L'Amour morbide*, p. VIII et X.

ces personnages imaginaires sont vrais et diffèrent peu de ceux de [ses] observations[60] ». La littérature, source d'observations aussi fiable que la clinique, démontrerait ainsi qu'« à Paris comme à Rome, il y a toujours et il y aura toujours des fous en amour[61] ».

Le romancier Gaston Danville (pseudonyme d'Armand Abraham Blocq) publie des essais psychologiques défendant une vision continuiste dans *La Revue philosophique de la France et de l'Étranger* et chez Félix Alcan – articles remarqués par les experts[62]. Pourtant, dans « L'amour est-il un état pathologique ? », il ne convoque pas de « vrais » cas :

> Si, à cet égard, nous ne citons pas d'observations personnelles, c'est que, d'une part, le champ d'investigations sur ce sujet est forcément restreint, et que, d'autre part, le nombre des *amoureux vrais* demeurant fort limité, nous ne pouvions espérer réunir un nombre suffisant d'observations ; aussi avons-nous pensé que les personnages, empruntés à des écrivains dont la conscience littéraire, aussi bien que l'esprit de recherches personnelles et de notation exacte, est hors de contestation, constituent des types, sinon absolument réels, du moins tirés de toute pièce de la réalité, et qu'à ce titre nous étions autorisés à les citer comme exemples[63].

Tandis que *Notre Cœur* de Maupassant ou *La Muse du département* de Balzac illustreraient le caractère oscillatoire des obsessions amoureuses, *Adolphe* de Constant montrerait leur intensité : « On peut donc dire qu'entre les signes de l'*obsession*, tels que nous les décrivent les psychiâtres, et les caractères de l'*amour*, d'après les récits des littérateurs, il existe une indéniable analogie. » Pas de concurrence donc entre sources littéraires et psychiatriques, mais une complémentarité bienvenue pour pallier la déficience de cas[64].

60 *Ibid.*, p. 5 et 247-248. Si *Phèdre* de Racine incarne l'amour incestueux, Ovide, Catulle, Tibulle et Properce montrent que sous l'« amour maladif perce la névrose qui les tourmentait » (*ibid.*, p. 250). Le Chevalier des Grieux, dont le « fameux coup de foudre qui fait subitement d'un sage un fou », est longuement cité, tandis que Musset incarne « cet amour maladif “d'une génération ardente, pâle, nerveuse” » (*ibid.*, p. 257). Parmi les contemporains, Daudet dans *Sapho* ou Jean Richepin dans *La Glu* thématiseraient des cas d'amours morbides différant peu des sortilèges antiques.

61 *Ibid.*, p. 263.

62 Il est lu notamment par Théodule Ribot (*La Psychologie des sentiments*, Paris, Félix Alcan, 1896, p. 252) et par Roux (*Psychologie de l'instinct sexuel*, p. 62). Danville a principalement publié des romans de piètre qualité malgré des titres aussi suggestifs que *Les Infinis de la chair* [1892], *Vers la mort* [1897], *Le Parfum de la volupté* [1905] ou encore *L'Amour magicien* [1902].

63 Danville, Gaston, « L'amour est-il un état pathologique ? », *RP*, 35 (1893), p. 269.

64 *Ibid.*, p. 270. Pour répondre à la question éponyme, Danville évoque dans un premier temps les œuvres de Shakespeare, Musset ou Massenet (tout comme celles de Krafft-Ebing et de

Danville lui-même explore plusieurs types d'écritures pour réfléchir à l'amour. S'il se veut médicalement technique dans *La Psychologie de l'amour*[65], il poursuit son exploration dans les *Infinis de la chair*[66], qui fouille l'âme d'un poète symboliste, Hugues, insensible en amour suite à un atavisme dégénérant et régressif (illustré d'ailleurs par sa poésie symboliste archaïsante). Le dernier chapitre expose un débat sur la passion. Un certain Tardy (dont le nom rappelle celui du psychologue Gabriel Tarde) qualifie l'amour de névrose, puisque son fonctionnement psychologique est obsessionnel. Clardoff, porte-parole de Danville, soutient en revanche que seul l'homme peut aimer suite à un processus de différenciation évolutive : chaque individu se forge un type idéal de partenaire qui, s'il est rencontré, provoque le coup de foudre. Seuls les névrosés n'arriveraient pas à mener à bien ce processus d'identification.

Tardy prend comme exemple les cas de fétichisme amoureux pour montrer que l'amour est toujours morbide :

> – Que faites-vous, dans ce cas, des fétichistes de l'amour, des amoureux qui ne le sont que dans certains cas, bien déterminés, souvent bizarres, si la femme porte un tablier blanc, un bonnet de nuit… des amants de la bouche seule, des seins, des cheveux, de la douleur ? ne sont-ce donc pas des névrosés ? et ceux-là ont par excellence une image préformée.
>
> – Précisément, névrosés et pas amoureux.
>
> – Cependant, entre leur fétichisme et l'amour normal, il n'y a guère qu'une différence de degré et non pas de nature. Ils ont pour culte exclusif une seule

---

Ball), qui prouveraient que « l'amour-passion, manifestation de l'automatisme psychologique analogue à une folie, […] ne saurait donc être considéré que comme un *état pathologique* » (*ibid.*, p. 275. Ribot ne retient que cette première thèse, et inscrit Danville parmi ces « quelques auteurs » qui placent, « sans restriction », l'amour « dans la pathologie ». Voir *La Psychologie des sentiments*, p. 252). Mais dans un deuxième temps, Danville s'appuie sur Darwin et assure que « loin de constituer un état de dégénération ou de régression, [l'amour] se présenterait chez l'homme comme une différenciation dernière, et même un véritable produit de perfection, puisqu'il ne se manifeste pas chez tous » (*ibid.*, p. 280). Enfin, la conclusion tente d'unir dialectiquement folie érotique et perfectionnement évolutif.

65 La passion est alors « une entité émotive spécifique, consistant dans une variation, plus ou moins permanente, de l'état affectif et mental d'un sujet, à l'occasion de la réalisation – par la mise en œuvre fortuite d'un processus mental spécialisé – d'une systématisation exclusive et consciente de son instinct sexuel, sur un individu de l'autre sexe » (*La Psychologie de l'amour*, Paris, Félix Alcan, 1894, p. 62-63).

66 De telles approches mixtes sont alors courantes (Binet est également dramaturge notamment) ; elles démontrent « la complexité de la psychologie française fin de siècle » et tout « l'imaginaire dont se nourrit [la] volonté de savoir ». Voir Carroy, Jacqueline, Ohayon, Annick et Plas, Régine, *Histoire de la psychologie en France*, p. 58.

> partie de la personne, au lieu que l'amant vrai adresse son adoration à la personne entière. Il n'y a pas d'autre distinction entre cette étrange manie et l'amour, dont elle est une variété incomplète : les fétichistes offrent les mêmes caractères que les amoureux réels. [...]
>
> – Concluons alors, si vous le voulez, fit Clardoff, que l'Amour est, comme le génie, sur la frontière du dérangement de l'esprit. Il se trouve si près de la limite qui sépare le territoire normal de l'anormal, qu'il passe souvent de l'un à l'autre, ce qui nous rend difficile de préciser sa nationalité propre, et que souvent les deux terrains lui offrent également un sol tour à tour propre ou défavorable, suivant les individus. On naît amoureux, on ne le devient pas toujours.
>
> – Hélas ! dit tristement Hugues[67].

L'objection du fétichisme semble admise par le porte-parole de Danville, qui conclut non pas tant à un continuisme qu'à un flirt permanent entre le normal et l'anormal. De l'article psychologique au traité en passant par le roman, l'écrivain psychologue voudrait donc innocenter la passion des accusations maladives qui lui sont adressées – sans jamais y réussir vraiment.

THÉRAPEUTIQUE DE L'INGUÉRISSABLE

Les approches psychologisantes de Binet, Laurent et Danville s'appuient donc autant sur des sources littéraires que sur des observations cliniques, défendant une différence graduelle entre pathologie et normalité qui contamine tout amour de relents pervers. En parallèle, un axe aliéniste cherche au contraire à instaurer des différences ontologiques entre pervers et sains, tout en se distanciant des sources littéraires qui participeraient, selon eux, de la confusion continuiste. Charles Féré, médecin chef de Bicêtre, assure dans sa massive *Pathologie des émotions* s'être « servi à peu près exclusivement des faits tirés des ouvrages médicaux ; je crois que cette précaution est indispensable ; il me semble que ce serait à tort qu'on se laisserait aller à accepter, comme des documents scientifiques, les faits rapportés par les auteurs littéraires[68] ». De même, Paul Garnier, médecin en chef de l'Infirmerie spéciale de la Préfecture de Police, minimise les

67 *Ibid.*, p. 202-204.

68 Féré, Charles, *Pathologie des émotions*, p. VIII.

expériences romanesques de l'amour morbide : car si « la littérature s'est essayée, dans des œuvres d'une valeur bien inégale, d'ailleurs, à la description des rapports pouvant exister entre la volupté et la cruauté, la première ne recevant toute sa satisfaction qu'à condition que la seconde entre en jeu[69] », c'est en revanche l'écrit médical qui montrerait vraiment la violence sanglante des aberrations.

C'est pourquoi Garnier ne convoque que des cas observés dans le purgatoire de l'Infirmerie. Si les premières observations d'amour partiel apparaissent dès sa *Folie à Paris* en 1890, le clinicien ne pose toutefois pas encore le diagnostic de fétichisme, ni même dans un article de 1893 portant sur un fétichisme des tissus[70]. Il ignore donc le baptême de Binet jusqu'en 1895, où « fétichisme » surgit cette fois dans l'intitulé même de l'article, recueilli l'année suivante en volume[71]. Le médecin prend alors position dans le débat autour de l'étymologie du mot « fétichisme » :

> Je ne m'attarderai pas à la controverse terminologique et étymologique dont a été l'objet l'expression : *fétichisme*, introduite récemment dans le langage médical ; elle n'est certainement pas à l'abri de toute critique. Dans son acception courante, elle sous-entend un culte plutôt religieux qu'amoureux dans son principe, une superstition puérile, et surtout une naïve et grossière idolâtrie qui a ses croyants parmi les peuplades primitives.
>
> Le terme dérive-t-il du portugais, *fetisso* (charme), ou de *factitius* (factice, insignifiant), comme le voudrait Müller ?
>
> J'avoue ma préférence pour la première hypothèse, le charme prestigieux et symbolique étant le fondement même du phénomène psychologique.
>
> Quoi qu'il en soit, le terme a été assez généralement accepté et on s'entend à ce sujet, ce qui est le point essentiel[72].

Choisissant, à l'instar de Binet, la (fausse) étymologie de « charme », Garnier valide en 1896 l'utilisation de « fétichisme », terme d'ailleurs

69 Garnier, Paul, « Le Sadi-fétichisme », *AHPML*, série 3, n° 43 (1900), p. 98.

70 Garnier, Paul, « Un cas de perversion du sens génésique. Obsession appétitive et amoureuse du toucher de la soie avec phénomènes d'orgasme génital à ce contact. Observations médico-légale », *AHPML*, série 3, n° 29 (1893), p. 457-465. Le terme « fétichisme » est en revanche employé par Émile Laurent en 1891 dans *L'Amour morbide* et par Albert Moll, dès la première édition allemande des *Perversions de l'instinct génital* de 1891 (*Die Conträre Sexualempfindung)*, où le terme « Fetischismus » apparaît déjà.

71 Garnier, Paul, *Les Fétichistes, pervertis et invertis sexuels. Observations médico-légales*, Paris, J.-B. Baillière et fils, 1896. Le traité ne contient, par rapport à l'article de 1895, que quelques nuances en note et des cas provenant de Krafft-Ebing dont il semble avoir lu entre temps la traduction par Laurent.

72 *Ibid.*, p. 15-16.

« généralement accepté ». Il reprend l'idée que la fixation fétichiste dérive d'un événement traumatisant :

> Un fait insignifiant en lui-même, mais qui se hausse à l'importance d'un fait capital *par un rapport d'idées*, accapare toute l'attention du dégénéré émotif, fait date dans ses souvenirs d'ordre génital, va s'imposer à toute sa vie sexuelle, réduisant à néant, ou à peu près, toutes les impressions sensuelles qui n'en dérivent pas[73].

Le devenir « capital » d'un « fait insignifiant » dessine une mise en abîme entre le fonctionnement du fétichisme et son étiologie : remonter à l'origine de l'amour, c'est trouver le traumatisme minime qui a fixé la perversion. Ainsi, l'amour du détail s'explique lui-même par un détail existentiel.

Toutefois, Garnier retravaille quelque peu la définition binetienne du fétichisme :

> Syndrome de la dégénérescence mentale, le fétichisme peut être défini : L'anomalie de l'instinct sexuel conférant, tantôt à un objet de la toilette féminine ou des vêtements masculins, tantôt à un costume déterminé, tantôt, enfin, à une partie du corps de l'un et de l'autre sexe, le pouvoir exclusif d'éveiller les sensations amoureuses et de produire l'orgasme voluptueux.
>
> L'objet du culte fétichiste, corporel ou autre, devient ainsi l'élément, à la fois nécessaire et suffisant, de l'excitation sensuelle et son influence annihile à son profit le *consensus* d'impressions qui, à l'ordinaire, forment le *substratum* des sollicitations sexuelles. C'est moins un *amour partiel* qu'un *amour à côté*, qu'on me passe l'expression[74].

Le fétichisme établirait donc une dictature sensorielle et ne serait pas tant une synecdoque qu'une disharmonie – qu'une fausse note plaquée *à côté*. Entravant l'attention, la perversion désaccorde le clavier sensuel au profit d'une seule excitation sexuelle. Le sujet sombre alors dans la folie d'amour, qui relève d'un « *tic moral*, expression que semblent justifier ses caractères d'incoercibilité et d'automatisme[75] ». La maladie érotique provient ainsi de ce soubassement primitif du système neurologique

73 *Ibid.*, p. 20-21.

74 *Ibid.*, p. 17-18.

75 Garnier, Paul, « Des perversions sexuelles obsédantes et impulsives… », p. 605. Sur l'importance de l'axe involontaire-volontaire dans la psychiatrie de la seconde moitié du XIXe siècle, voir Foucault, Michel, *Les Anormaux : cours au Collège de France, 1974-1975*, « Cours du 12 février 1975 », p. 145 *sq.*

qu'est l'automatisme mental : c'est du plus profond de l'être que le dysfonctionnement s'établit.

Être fétichiste est donc devenu grave. Garnier s'efforce en effet de réfuter le « petit fétichisme » de Binet. Entre les amateurs d'un amour « noble[76] » et les pervers, il y aurait un saut qualitatif. Le psychiatre renoue ainsi avec la perspective dégénérescente et discontinuiste héritée de Charcot et Magnan :

> On a pu définir le fétichisme amoureux : *le culte des brimborions* (Max Müller). Mais, il est à peine besoin de dire que le fétichisme morbide que nous étudions ici nous place assez loin de ces naïves adorations pour des *riens* (fleurs du corsage, gants, mouchoir, rubans, etc., etc.), où se complaisent les amants gagnés à ces « sublimes bêtises de l'amour » dont parle Mantegazza.
>
> Avec le fétichisme morbide, nous quittons ces « sublimités » pour nous mettre en contact avec les tristes réalités, avec les misères physiques, intellectuelles et morales résultant des aberrations de la sensibilité génésique, si fréquentes chez les dégénérés héréditaires.
>
> Le perverti sexuel fétichiste se dépense génitalement et, par une sorte d'*ectopie amoureuse*, dans un culte bizarre, illogique, absurde, où l'on peut reconnaître comme un *onanisme psychique*, si l'on peut ainsi dire, onanisme psychique qui ne fait que doubler et entretenir l'onanisme réel ou matériel auquel tous ces déviés s'adonnent avec passion.
>
> Timide dans les choses de l'amour normal, le fétichiste, bien loin d'être un excité sexuel au point de vue des plaisirs vénériens, est bien plutôt un insuffisant que rien n'attire vers l'union des sexes, le plus souvent. Génitalement, il pèche bien plus par défaut que par excès[77].

Garnier se plaît à former des expressions métaphoriques alliant une donnée psychique et un fait physique, telles qu'« ectopie amoureuse », « onanisme psychique » ou « tic moral », ce qui donne aux phénomènes psychiques un déterminisme corporel. D'ailleurs, l'onanisme apparaît ici à la fois de manière littérale et figurée, corporelle et psychologique, ce qui renvoie au travail de l'obsession aberrante. S'esquisse ainsi un lien privilégié entre onanisme et fétichisme, tous deux niant l'autre dans sa globalité[78].

---

76 Garnier, Paul, « Le Sadi-fétichisme », p. 97.

77 Garnier, Paul, « Pervertis et invertis sexuels. Les fétichistes. Observations médico-légales », p. 351.

78 Pour Louis Barras, la pratique de l'onanisme sera l'une des conditions du diagnostic fétichiste : « Il y a une *triade symptomatique* qui caractérise cette perversion : c'est l'*éjaculation* par le fétiche, à sa vue, à son contact, à son souvenir ; l'*indifférence* à l'égard de la femme ;

Le discontinuisme de Garnier est partagé par d'autres savants du tournant du siècle. Gabriel Tarde assure « qu'entre le normal et le morbide en amour, il y a une différence non pas de degré mais de nature ». Mais il serait rare d'être en bonne santé :

> L'amour vraiment normal, par suite très rare, je dois l'avouer, du moins à l'état de *normalité* parfaite, est celui où non seulement les fins vitales de la génération et de la pureté des races, mais les fins sociales de la grandeur patriotique, de la conservation familiale, de la pureté des mœurs, sont poursuivies ensemble.

Cette « *normalité* » aux conséquences politiques et éthiques ne saurait être atteinte que lorsque l'amour s'adresse à l'ensemble de la personne. Pourtant, « dans le cas le plus normal, il arrive souvent que l'amour s'attache de préférence à tel ou tel côté de la personne chérie[79] » propre au fétichisme. Même dans une perspective discontinuiste, il semble impossible de penser tout amour normal – si tant est qu'il existe – sans un relent de fétichisme. Moll admet justement que l'érotisme physiologique puisse inclure l'usage d'objets :

> Il ne faudrait pas considérer comme morbide l'habitude d'embrasser les objets appartenant à la personne aimée, sous peine d'attribuer à presque tous les hommes une perversion sexuelle passagère ou chronique.
>
> Ce qui distingue les cas normaux des cas morbides, c'est que dans les premiers il existe un amour pour une *personne*, et que si l'on embrasse les objets de la femme aimée, c'est justement parce qu'ils appartiennent à l'être aimé. Par contre, dans le fétichisme pathologique, c'est l'amour pour un objet qui prime tout ; les qualités physiques et morales de la personne en question peuvent être plus ou moins appréciées par ces malades, mais toujours elles sont reléguées au second plan. Le fétichisme de la bottine, décrit par Zola dans *Thérèse Raquin*, où l'homme embrasse à plusieurs reprises la bottine élégante de la femme aimée, est un exemple de fétichisme normal, puisque l'homme cherche en même temps avec passion à avoir des rapports sexuels avec la femme aimée[80].

---

les habitudes d'*onanisme.* À notre avis, c'est le caractère médico-légal, délictueux, qui est le critérium des perversions du sens génital » (Barras, Louis, *Le Fétichisme. Restif de la Bretonne fut-il fétichiste ?*, p. 71). Krafft-Ebing assure aussi qu'« avec ou sans délit, la masturbation est pratiquée en se servant de l'objet ou en contemplant, en palpant, en embrassant le fétiche » (*Psychopathia sexualis* [1950], p. 315).

79 Tarde, Gabriel, « L'Amour morbide », *AA*, t. 5 (1890), p. 588-589, 592.

80 Moll, Albert, *Les Perversions de l'instinct génital. Étude sur l'inversion sexuelle basée sur des documents officiels*, avec une préface du Dr R. V. Krafft-Ebing, traduit de l'allemand par le Dr Pactet et le Dr Romme, 4e édition, Paris, Georges Carré, 1893, p. 155-156.

Le cas de Laurent dans *Thérèse Raquin* incarnerait un « fétichisme de la bottine » dit « normal ». Si les objets interviennent dans une relation amoureuse où le coït est pratiqué, alors le fétichisme ne serait pas pathologique. Moll élargit ainsi la *normalité* : si la perversion est partagée par le partenaire, alors le critère morbide s'estompe[81].

Face à cette dilution de la normalité, Louis Barras en vient à condamner l'utilisation même du mot fétichisme, devenu peu clair :

> Les sciences ne gagnent rien à ces échanges de mots.
>
> Il est, d'autre part, dangereux, pour la clarté et l'élégance des discours, d'accoler aux substantifs qui synthétisent les définitions scientifiques, des épithètes qui ont la prétention de modifier et qui ne font que dénaturer.
>
> Et voyez, à propos du fétichisme, où cela mène. C'est Binet qui, le premier, a employé ce terme, pour désigner des habitudes vieilles comme l'amour, c'est-à-dire vieilles comme le monde. Il faut admettre que c'est là le *vrai* fétichisme.
>
> En pathologie, on a appliqué ce mot à un ensemble de faits très particuliers, et les pathologistes appellent *faux* le fétichisme de Binet.

La psychologisation de Binet désignait par le mot « fétichisme » un phénomène vieux « comme le monde » ; mais ensuite, « le mot fétichisme n'aurait pas dû passer du langage psychologique dans le pathologique[82] ». Les scrupules de Barras sont donc fondés sur la conviction qu'une importation terminologique trouble l'établissement d'une frontière entre le normal et la pathologique, même s'il reconnaît que certaines « transplantations, judicieusement appliquées », « donnent plus de force à la pensée ; [elles] font image d'une manière excellente. Mais il faut que l'auteur et les lecteurs sachent la signification exacte des mots employés : c'est à cette condition seule que l'effet voulu est obtenu ». Comme exemple d'importation réussie, Barras évoque *Monsieur de Phocas*, où Lorrain file des métaphores médicales pour exprimer le poids de la rancœur[83]. Le médecin estime ainsi que les emprunts médicaux, lorsqu'ils sont utilisés dans un contexte littéraire, enrichissent la pensée ; mais en médecine,

81 C'est d'ailleurs une conception retenue de nos jours par la psychiatrie pour déterminer s'il y a pathologie ou non. Si le fétichiste vit sa passion et n'en souffre pas, alors la médecine n'aurait pas à intervenir. Voir « Reliques du fétichisme ».

82 Barras, Louis, *Le Fétichisme. Restif de la Bretonne fut-il fétichiste ?*, p. 66.

83 *Ibid.*, p. 2 : « Qui me fera donc crever cet abcès de rancœurs et de tendresses avortées, ce ganglion gonflé de passions étouffées et de douleurs mortes ? Quel forceps, quelle éclampsie atroce et salutaire me délivrera de cet abominable et pesant fœtus d'âme ? ».

l'usage métaphorique du mot fétichisme n'aurait provoqué que de la peine, achevant de confondre une manifestation morbide avec une donnée courante de la vie amoureuse. Pourtant, « on ne peut concevoir qu'il y ait un rapport entre le lettré délicat qui, charmé par le souvenir de Joséphine, écrit qu'elle avait "les pieds jolis, gras et fondants" et le dégénéré qui érecte, puis éjacule, à la vue ou au contact d'un pied, fût-il bot ». Dès lors, l'utilisation psychiatrique du mot « fétichisme » est « triste », entachant le charme d'une mystérieuse Joséphine : « Il y a des mots qui jouent de malheur, et leur vie, à être considérée, donne la même tristesse que celle de certains hommes[84] ».

Le discontinuisme défendu par Barras, Tarde, Garnier ou encore Féré éloigne le fétichiste de tout un chacun. Mais si le pervers s'enfonce dans la maladie, il déclenche en contrepartie une empathie chez les médecins qui soulignent, dans la continuité de Charcot et Magnan, l'irresponsabilité de ses actes et la vivacité de ses chagrins. Garnier disculpe ainsi le sadi-fétichiste qui « *souffre de sa passion, plus qu'il n'en jouit*, et, à coup sûr, il ne fait pas étalage de sa misère morale. Il la voile ou s'y efforce[85] ». L'intérêt que la médecine porte à l'instinct sexuel doit donc innocenter les sadiques, malgré leur violence :

> L'étude scientifique qui met à nu ces malformations morales a devant elle une tâche assez noble pour faire oublier, ou du moins reléguer au second plan, ce qu'il y a de pénible dans le tableau qu'elle trace. [...] Cette tâche est de différencier les manifestations honteuses du vice, des singulières perversions sexuelles que certaines maladies tiennent sous leur étroite dépendance.
>
> Déjà une assez vive lumière se projette sur des actes qualifiés de monstrueux, il y a quelques années encore, et désignés à toutes les rigueurs de nos lois, actes qui sont faits pour susciter moins l'indignation que la pitié[86].

Mais cette empathie n'entraîne pas pour autant de thérapeutique, de toute façon inutile : le fétichisme, congénital, provient de la dégénérescence, par définition incurable. Si un soin est toutefois envisagé, il rejoint généralement celui des autres perversions sexuelles[87]. La plupart des articles médicaux portant sur le fétichisme sont le résultat de

84 *Ibid.*, p. 65-66.

85 Garnier, Paul, « Le Sadi-fétichisme », p. 99-100.

86 Garnier, Paul, « Pervertis et invertis sexuels. Les fétichistes. Observations médico-légales », p. 349-350.

87 Voir sur ce point le chapitre « Thérapeutiques et prophylaxie » dans Chaperon, Sylvie, *Les Origines de la sexualité (1850-1900)*, p. 147-163.

rapports médicaux-légaux, qui se contentent de poser le diagnostic et d'écarter le malade des prisons au profit des maisons de santé. On ne « soigne » donc pas tant la dégradation héréditaire qu'on n'en protège la communauté par la réclusion :

> Est-il besoin d'ajouter que les dangereux sadi-fétichistes étudiés au cours de ce travail doivent être enfermés et étroitement surveillés dans un établissement spécial. Les périls qu'ils font courir à la société sont trop graves pour que celle-ci n'ait pas le droit et le devoir de se garantir contre leurs attentats.
>
> Leur guérison, bien souvent d'une solidité quelque peu douteuse, devra être l'objet d'un contrôle minutieux, avant que la sortie puisse être autorisée[88].

Charles Féré assure même qu'il ne faudrait pas chercher à guérir les troubles génésiques des dégénérés en les invitant à pratiquer un coït qui pourrait les reproduire : « Le rétablissement des rapports normaux peut paraître, au premier abord, le but à atteindre mais le danger ne réside pas dans l'anomalie des rapports sexuels : il est dans l'avenir de l'espèce qui est menacé par leur descendance[89] ». Comme il est peu souhaitable que le dégénéré « guérisse », les mesures pouvant être prises sont prophylactiques et non curatives.

Quoique les pervers soient « constitutionnellement déséquilibrés » ; en dépit du « pessimisme thérapeutique de principe induit par les références neurologiques et biologiques », l'on trouve parfois dans les traités une intervention médiale couronnée de succès, « du moins pour ceux dont le trouble n'éclaboussait pas la sphère sociale (en particulier les invertis)[90] ». Ainsi, Charcot et Magnan laissent entendre que les idées « antinaturelles » pourraient être infléchies, que la dégénérescence pourrait être en quelque sorte atténuée. En effet, ils ont conseillé à leur patient homosexuel de « substituer dans ses souvenirs, la femme à l'image obsédante de l'homme nu » :

> C'est sans effort qu'il a pu avoir, à plusieurs reprises, des relations avec une femme, éprouvant d'ailleurs les sensations voluptueuses habituelles. L'effet moral a été excellent : il a eu du repos quelques jours, mais obligé de quitter Paris et réduit à lutter par la raison seule contre ses obsessions, il sent, dit-il, parfois ses idées devenir anti-naturelles.

---

88 Garnier, Paul, « Le Sadi-fétichisme », p. 247.

89 Féré, Charles, *L'Instinct sexuel, évolution et dissolution*, Paris, F. Alcan, 1899, p. 52.

90 Mazaleigue-Labaste, Julie, *Les Déséquilibres de l'amour*, p. 250.

> En dehors de l'hygiène physique et morale à laquelle le malade a été soumis, nous avons eu recours aux pratiques hydrothérapiques, affusions froides et douches, et au bromure de potassium qui a diminué l'intensité et la durée des crises, mais non la fréquence.

Tandis que les rapports sexuels ont un effet *moral* sur le malade, les éternelles douches semblent peu efficaces dans la durée. Après avoir rappelé que le malade est un dégénéré (et donc *a fortiori* irrémédiablement condamné), les auteurs ajoutent cependant :

> Une amélioration non moins remarquable a été obtenue pour les symptômes intellectuels. Après de nombreux efforts, M. X... est parvenu, non seulement à substituer, par moments, l'image de la femme à celle de l'homme, mais ses nuits ont été traversées par des rêves voluptueux, ayant la femme pour objet, et, à plusieurs reprises, il a pu tenter avec succès des approches sexuelles. L'obsession, elle-même, est devenue plus rare, et M. X... en est arrivé aujourd'hui à former des projets de mariage. Le traitement hydrothérapique a été continué et, à la médication polybromurée, nous avons depuis six mois ajouté le lactate de zinc[91].

Il semble donc que si l'on substitue l'image mentale perverse à la féminine et que l'on pratique des rapports hétérosexuels, une amélioration est possible – voire même une guérison. Charcot et Magnan réussiraient ainsi l'exploit inouï de guérir un dégénéré atteint congénitalement : de soigner l'homosexualité et de marier ces êtres désormais zingués. Cette psychologie du fantasme met ainsi en scène une lutte tout à fait moderne « *entre* images érotiques ». C'est pourquoi le fétichiste des bonnets de nuit, observé par Charcot et Magnan, se sent coupable de ses fantasmes fétichistes, puisqu'il évoque l'image du bonnet de nuit pour pouvoir accomplir ses devoirs conjugaux. Le rôle de la médecine consiste alors à « "rendre normal" le désir, *i.e.* conforme à cette norme sociale qu'est l'hétérosexualité génitale et aux attentes qui lui correspondent (puissance sexuelle, mariage, famille)[92] ».

William Alexander Hammond, éminent neurologue américain dont certains ouvrages sont traduits en français dans les années 1890, propose quant à lui un subterfuge psychologique à un fétichiste des bottines, impuissant face à sa jeune épouse :

---

91 Charcot, Jean-Martin et Magnan, Valentin, *Inversion du sens génital et autres perversions sexuelles*, p. 14-15.

92 Mazaleigue-Labaste, Julie, *Les Déséquilibres de l'amour*, p. 250.

> Je lui suggérai l'idée de suspendre une des bottines de sa femme au chevet du lit, et de la regarder tandis qu'il essayait de consommer l'acte sexuel, et de continuer à ce faire jusqu'à ce qu'il se fût habitué à cet acte. Je lui conseillai aussi de penser à sa femme et de chercher à se la figurer transformée en bottine féminine. Je prescrivis en même temps le bromure de sodium à la dose d'un gramme trois fois par jour. Je lui donnai ceci surtout pour combattre l'état épileptique, bien que je n'ignorasse point son action assoupissante sur les organes sexuels et aussi le cerveau. L'engageant à continuer ce traitement pendant dix jours, je lui conseillai de revenir au bout de ce temps pour m'informer des résultats[93].

La bottine accrochée au chevet du lit, nouveau crucifix de l'amour, facilite le devenir chaussure de l'épouse. Le médecin, contrairement à la substitution de fantasmes que préconisent Charcot et Magnan à l'inverti, encourage ici la réalisation du désir fétichiste. Et les résultats ne se font pas attendre :

> À la fin de cette période, il revint, et je vis aussitôt à son visage qu'il avait remporté quelques succès. Tout d'abord, il n'avait point eu d'attaque épileptique, et en second lieu – c'était pour lui la chose importante, – il avait deux fois réussi à consommer l'acte conjugal. Il était allé un peu plus loin que je ne lui avais conseillé, et avait confié à sa femme l'influence stimulante des bottines de femmes sur l'excitation sexuelle et l'érection. J'ai peine à croire qu'il lui ait tout dit, mais il en a dit assez pour éveiller sa sympathie et l'amener à collaborer avec lui, et le résultat fut tel que je l'ai dit. À partir de ce moment les difficultés furent rares, bien que parfois il y eut des échecs[94].

Hammond perçoit ainsi l'importance de l'imagination dans la vie sexuelle – cet « excitant plus puissant des désirs sexuels que ne l'est le stimulus physiologique fourni par la nature[95] ».

93 Hammond, William Alexander, *L'Impuissance sexuelle chez l'homme et la femme* [1887], Paris, Lecrosnier et Babé, 1890, p. 39. Publié originalement à Détroit en 1887 sous le titre *Sexual Impotence in the Male and Female*, le premier chapitre témoigne de lectures françaises sur la question sexuelle (de Legrand du Saulle ainsi que de Charcot et Magnan notamment). Il comporte plusieurs cas de fétichisme des chaussures, cités par des auteurs français comme Thoinot (*Attentats aux mœurs. Leçons professées à la Faculté de médecine, recueillies par le Dr E. Dupré, revues et publiées par l'auteur*, Paris, Octave Doin, 1898, p. 408).

94 *Ibid.*, p. 40.

95 *Ibid.*, p. 15. Krafft-Ebing et Moll soutiendront dans la dernière édition de *Psychopathia sexualis* que « le fétichiste pathologique est tout à fait en état d'avoir des rapports sexuels normaux, en s'aidant par exemple de représentations de l'imagination. Un fétichiste de la chevelure se représente les cheveux ; le fétichiste du linge prend en main la pièce de lingerie élue par lui, ou l'étale devant lui, pour la voir pendant la cohabitation » (Krafft-Ebing, Richard von, *Psychopathia sexualis* [1950], p. 313).

Et pour promouvoir une « *culture de la volonté* contre les impulsions et les désirs anormaux », les médecins soutiennent qu'outre la thérapie de l'autocontrainte, l'hypnose pourrait également fonctionner comme « orthopédie mentale[96] ». Ladame, médecin genevois, assure avoir guéri un fétichiste des habits gris par la suggestion, quoique le traitement ne soit que « symptomatique » et qu'il ne « modifie en aucune façon, cela va sans dire, la nature de la maladie, le moule cérébral pathologique originel du malade, le fond psychique dégénératif sur lequel se développent les obsessions et les impulsions[97] ». Mais pour Garnier l'hypnose fonctionnerait mal, puisqu'elle s'accommode selon lui avec les goûts fortement enracinés du patient[98]. Il vaut mieux s'adresser à la désharmonie des facultés morales et affectives grâce à une médication tonique à base de sels de phosphore et de préparations ferrugineuses ou arsenicales. D'autres moyens propres à faciliter la reconstitution des éléments nerveux, tels que l'hydrothérapie ou les exercices musculaires, seraient les bienvenus – pour autant que l'intervention soit précoce précoce. Mais avant la Première Guerre, Barras répète encore que la guérison du fétichiste est un défi : et les douches demeurent éternellement le seul moyen pour refroidir les élans amoureux envers des brimborions[99].

L'ÉPIDÉMIE FÉTICHISTE

Le fétichisme a donc d'emblée suscité un intense débat médical bipolarisé entre une perspective continuiste (qui pense l'amour partiel comme une donnée de la vie amoureuse abondamment décrite par la littérature) et une optique neuropsychiatrique, fondée sur l'observation clinique et séparant essentiellement le pervers des amoureux dits normaux. C'est précisément selon ces deux axes que le fétichisme se répand en dehors des cercles spécialisés suite à l'article de Binet. S'adressant

96 Mazaleigue-Labaste, Julie, *Les Déséquilibres de l'amour*, p. 251-253.

97 Ladame, *Inversion sexuelle chez un dégénéré traitée avantageusement par la suggestion hypnotique*, extrait des comptes rendus du congrès de médecine mentale tenu à Paris du 8 au 10 août 1889, Melun, Imprimerie administrative, p. 10.

98 Garnier, Paul, *Les Fétichistes, pervertis et invertis sexuels*, 1896.

99 Barras, Louis, *Le Fétichisme. Restif de la Bretonne fut-il fétichiste ?*, p. 75.

d'ailleurs davantage à l'honnête lecteur de la *Revue philosophique* qu'aux aliénistes, le psychologue rend son étude « probablement plus intéressante par ce qu'elle suggère que par ce qu'elle dit[100] » et appelle dès lors une lecture mondaine : car si tout le monde est plus ou moins fétichiste en amour, alors sa théorie concerne tout lecteur. D'ailleurs, connu pour son ton grivois et ses plumes littéraires (Maupassant, Catulle Mendès ou Armand Sylvestre y collaborent), le *Gil Blas* en publie un compte-rendu signé « Brimborion », pseudonyme habituel (et en l'occurrence ironique) de Pauline Savary[101]. Celle-ci dit avoir été excitée par un titre enfin « alléchant » dans cette « publication sérieuse, grave, profonde » qu'est *La Revue philosophique* – et cependant « l'une des moins feuilletées de la table des Périodiques » : « Ah mes amis, quel article ! quelle philosophie ! quel fétichisme ! » :

> Quand les hommages dus à la divinité même s'adressent à une partie seulement de sa personne, ou à un de ses vêtements, c'est du fétichisme. Le culte rendu aux reliques dans notre religion n'est pas autre chose que du fétichisme. Vous avez saisi ? Eh bien ! en amour l'humanité est convaincue de fétichisme. Le penchant que nous éprouvons pour les objets qui ont appartenu à une personne aimée, c'est du fétichisme. Le goût que nous avons pour une partie quelconque de la même personne, c'est du fétichisme. C'est une perversion déplorable, c'est un cas maladif ; la science appelle cela un genre de perversion sexuelle !

La reine des brimborions reproche alors à Binet de conclure hâtivement « à la perversion sexuelle chez toutes les personnes que la toilette influence dans leurs relations ». La chimie des affinités électives deviendrait ainsi monstrueuse : « Quelques hommes aiment les femmes grasses, d'autres préfèrent les maigres. Il y en a qui ont du goût pour les blondes et il y en a que les brunes séduisent. Perversion que tout cela ! Goûts dépravés et maladifs » ! Et de même que le psychologue enjoint le lecteur à s'analyser, de même Brimborion demande à l'abonné du *Gil Blas* s'il a bien observé ce qu'il ressent, lui aussi, à la vue des Italiennes qui séduisent l'amant des costumes : « Vous croyiez peut-être que c'est la femme qui vous attirait ? Pas du tout, c'est le costume. Vous étiez amoureux du costume italien tout comme ce pauvre magistrat qui s'en va trouver le docteur Binet, pour le consulter sur son étrange

100 Binet, Alfred, « Le Fétichisme dans l'amour », p. 145.

101 Féministe et romancière, elle est notamment candidate malheureuse à l'Académie française en 1893.

maladie ». Et Brimborion de se moquer de la conclusion du psychologue, qui remarque que « le costume seul posé sur un mannequin ne produit aucun effet » chez ce fétichiste : « Je te crois, gros malin » ! Binet, « docteur ès-sciences amoureuses », communique donc des « lumières » dont Brimborion lui sait ironiquement « un gré infini », car elles expliqueraient des situations amoureuses aussi transcendantes que celles à l'œuvre dans un vaudeville au titre éloquent de *La Boîte à Bibi :*

> Brasseur, ouvrier serrurier amoureux d'une blonde hétaïre, disait à chaque instant, avec cette voix suave que vous lui connaissez : – Les bas blancs, moi, ça m'inspire !
>
> Je comprends aujourd'hui cette influence des bas blancs. C'était du fétichisme amoureux.
>
> Ô clarté souveraine de la science, sois bénie !
>
> La suite au prochain numéro… de la *Revue philosophique.*

En voulant théoriser le culte des brimborions, le psychologue n'aurait réussi qu'à pathologiser l'amour, alors que c'est « bien bon tout de même[102] ». Contre Binet, dont elle ignore le continuisme entre un grand et un petit fétichisme, Pauline Savary soutient l'innocence de ces comportements. Intitulé « Bagatelles », l'article du *Gil Blas* veut montrer que la médicalisation de l'amour est une vétille théorique – et loufoque.

Alors que Brimborion refuse le continuisme, une plume anonyme du *Petit Parisien* ne perçoit qu'un saut entre le grand et le petit fétichisme en 1893 :

> Les fétichistes collectionnent certains objets, ils en deviennent réellement amoureux, et tous leurs sentiments affectifs se trouvent détournés vers des objets souvent bien singuliers. Ils appartiennent à la classe générale des dégénérés ; ce ne sont pas des aliénés complets, de ceux qu'on est obligé d'enfermer : ce sont simplement des originaux qui cachent soigneusement leurs idées folles, qui vivent de la vie de tous et qu'on ignorerait toujours si quelque catastrophe ne venait révéler leur manie maladive. […] On peut citer encore les collectionneurs de boutons. Les bouts de ruban, les fragments de dentelle, les mouchoirs aussi sont des « fétiches » communs. Bien entendu, en ce qui concerne ces derniers objets, je n'entends pas dire que quiconque aime à les posséder soit un maniaque ; combien de chers souvenirs s'attachent

102 Brimborion, « Bagatelles. Le Fétichisme dans l'amour », *Gil Blas*, 3 septembre 1887, p. 2-3.

> parfois à ces rubans, à ces dentelles, à ces mouchoirs ! mais il est question ici d'un « fétichisme » qui n'a rien de symbolique, car aux yeux des collectionneurs dont je parle ces objets ne rappellent pas un être aimé ; non, ils ont été trouvés de part et d'autre, ils sont aimés pour eux-mêmes, et non pour le souvenir qui s'y attache[103].

Contrairement à Brimborion, l'auteur distingue ici entre un fétichisme pervers et la conservation d'objets symboliques pratiquée par tout amoureux – sans toutefois rappeler la continuité postulée entre perversion et conservation symbolique.

Le fétichisme se répand donc hors du champ médical à travers deux optiques qui nient, chacune à leur façon, le continuisme binetien : la première soutient que tout fétichisme est pathologie (alors qu'il pourrait être normal), tandis que la deuxième distingue entièrement entre fétichisme morbide et physiologique (tandis qu'il existerait une gradation entre les deux). La théorie de 1887 est ainsi aussi mal reformulée dans les quotidiens parisiens qui la divulguent que très rapidement connue, puisqu'on l'utilise même comme prétexte judiciaire : un cas rapporté dans le *Gil Blas* en 1895 mentionne comment une mère, « très honorablement connue dans la haute société parisienne », cherche à déshériter son fils, chez qui l'on a trouvé une robe et un bonnet de femme et qui avouerait être « fétichiste » :

> Depuis que ces aberrations sont mieux connues, les exemples sont devenus plus communs, les observations plus concluantes. Admirateurs de bottines de femmes, voleurs de mouchoirs, de tabliers, coupeurs de nattes, ce sont tous des fétichistes que la femme elle-même n'attire pas et que seules certaines pratiques, avec des raffinements de mise en scène inouïs, satisfont pleinement[104].

La théorie de Binet se vulgarise donc dans la presse, comme si la culture fin-de-siècle accueillait tout particulièrement les questionnements médicaux sur la sexualité morbide.

Même si en réalité le nombre d'articles relatifs à des faits divers fétichistes, publiés entre 1890 et la Première Guerre mondiale, est assez faible (une vingtaine tout au plus, concentrés surtout dans la dernière décennie du XIXe siècle), les auteurs thématisent pourtant le

103 « Les Manies criminelles », *Le Petit Parisien*, 22 mars 1893, p. 1.
104 *Gil Blas*, 7 août 1895, p. 3.

pullulement des pervers, et ce à travers l'étrange figure du coupeur de nattes que Macé évoquait déjà dans *Un joli monde*[105]. Garnier décrit ainsi leur *modus operandi* :

> Armés de forts ciseaux, ces individus opèrent au milieu d'une foule compacte et mutilent ces longues tresses que les fillettes portent pendantes sur leurs épaules. Arrêtés *flagrante delicto*, ils sont trouvés nantis de nattes déjà coupées ; la perquisition ordinairement pratiquée à leur domicile fait découvrir toute une collection de tresses ainsi récoltées, tresses dont la vue, le palper, l'odeur les excitent extraordinairement… Ils les sortent aux heures de solitude, les placent près d'eux dans leur lit et, comme nous le disait l'un d'eux, *cela est plus excitant que la présence d'une jeune et jolie femme*[106].

Même s'ils s'attaquent seuls aux cheveux et qu'ils les *utilisent* pendant leurs « heures de solitudes », les coupeurs de nattes sont presque toujours désignés par un pluriel. Quoique Garnier ne recueille ici les confidences que de « l'un d'eux », l'on parle toujours *des* coupeurs, comme s'ils agissaient par des bandes aussi dangereuses que diffuses. Ce pluriel quasi permanent s'explique par le fait que cette forme fétichiste est conçue sous le mode de résurgences de crises. Toujours révolus et disparaissant épisodiquement, les coupeurs sont sans cesse de retour. Tout se passe donc comme si la société était parfois victime de poussées de perversion, saisissant un nombre d'individus aussi conséquent que toujours mystérieux. Ainsi, un certain Furet enjoint ces demoiselles à faire « attention à [leurs] cheveux. Les coupeurs de nattes recommencent leurs exploits » : il leur faut donc « surveiller leur chevelure, surtout dans les foules, où les ciseaux opèrent plus facilement[107] ». Tandis qu'« au mois de novembre 1890, des villes entières des États-Unis d'Amérique ont été, au dire des journaux américains, inquiétées par un coupeur de nattes[108] », en 1893 « le "coupeur de nattes" vient de faire sa réapparition. Cette fois, c'est à Londres qu'on signale ce curieux maniaque[109] ».

Cette catégorie de fétichistes *réapparaît* donc, et il est probable que ce sentiment de « déjà vu » soit lié au traumatisme des piqueurs de fesses, qui ont constitué autour des années 1820 une sorte d'épidémie

---

105 Voir I. 1, « Les Bazars de l'amour ».

106 Garnier, Paul, « Des perversions sexuelles obsédantes et impulsives, au point de vue médico-légal », *AA*, t. 15 (1900), p. 616.

107 Will-Furet, « Les coupeurs de nattes », in *Le Gaulois*, 2 octobre 1890, p. 3.

108 Krafft-Ebing, Richard von, *Psychopathia sexualis*, p. 219.

109 « Les manies criminelles », in *Le Petit Parisien*, 22 mars 1893, p. 1.

suscitant une véritable peur urbaine à tonalités sadiennes[110]. Piqueurs et coupeurs alimentent ainsi l'imaginaire populaire parce qu'ils sont presque les seuls fétichistes à exercer leur passion sur la voie publique au détriment de l'intégrité corporelle d'autrui – découpe qui littéralise la synecdoque du désir. En 1893, un journaliste énumère la liste d'« ignobles facéties » qui se succèdent sur les boulevards : « Nous avons eu jadis la bande des piqueurs, des maniaques qui piquaient les femmes avec une longue aiguille. Puis il y a eu les coupeurs de robes, puis encore ceux qui les tachaient d'encre, d'huile, ceux qui les brûlaient à l'acide[111] ». En 1895, « on n'a pas oublié les voleurs de nattes », comparés dans ce fait divers aux voleurs de sacs à mains[112]. Krafft-Ebing rappelle en effet que « dans certains cas, l'âpreté au gain matériel est le mobile ; la natte est une marchandise et non pas un fétiche[113] ».

Si les coupeurs de nattes peuvent aujourd'hui sembler peu inquiétants, il n'en est pas de même au tournant du siècle. Gilles Deleuze remarque avec ironie l'importance que leur réserve la dernière version de la *Psychopathia sexualis* de Krafft-Ebing revue par Moll. Alors que « les attentats et les crimes, les bestialités, les éventrements, les nécrophilies y sont relatés mais toujours avec le sang-froid scientifique nécessaire, sans aucune passion ni jugement de valeur », les coupeurs de nattes provoquent une indignation hyperbolique chez le médecin : à l'observation 396, les « nerfs du psychiatre ont craqué ; ce doit être une leçon pour

110 Sur ce phénomène, voir Fureix, Emmanuel, « Histoire d'une peur urbaine : des "piqueurs" de femmes sous la Restauration », *Revue d'histoire moderne et contemporaine*, 2013/2, n° 60-3, p. 31-54.

111 *Le Figaro*, 17 avril 1909, p. 3.

112 *Le Gaulois*, 22 novembre 1895, p. 3.

113 Krafft-Ebing, Richard von, *Psychopathia sexualis*, p. 218. Les cheveux découpés étaient des marchandises prisées au XIXe siècle. On se les procurait grâce aux prostituées condamnées à mort et aux nonnes prenant le voile. Les Bretonnes et les Normandes vendaient régulièrement leurs cheveux et les chutes de peigne. Georges Rodenbach raconte dans une nouvelle comment une pauvre femme à la chevelure rousse étonnante pénètre chez un coiffeur pour lui vendre ses cheveux ; mais ce dernier refuse, car ils sont trop originaux et difficiles à placer de manière postiche (« L'Idéal », in *Le Rouet des brumes*, Paris, Ernest Flammarion, 1901). Certes, avec la fin révolutionnaire du port de la perruque, la demande en faux cheveux faiblit au XIXe siècle. Elle ne disparaît pourtant pas, puisque les coiffures élaborées alors (même les plus simples comme celle à la Titus de la génération romantique) nécessitent encore des rajouts de cheveux. Ce n'est qu'en 1880, avec l'ondulation inventée par Marcel Grateau valorisant le potentiel naturel des chevelures, que la demande en faux cheveux va vraiment diminuer. Sur ces questions capillaires, voir Rifelj, Carol, *Coiffures. Hair in 19th Century French Literature and Culture*, Newark, University of Delaware Press, 2010.

tout le monde[114] ». Il y est question d'un coupeur de nattes allemand envoyé en Argentine « parce que, paraît-il, les jeunes filles y sont toutes brunes et qu'il n'avait de penchant que pour les nattes blondes. Il revient à Berlin, et on vient de trouver chez lui des centaines de nattes ». Le commentaire déclare ensuite :

> Ces gens sont tellement dangereux qu'il faudrait absolument les interner d'une façon durable dans un asile, jusqu'à leur guérison éventuelle. Ils ne méritent point du tout une pitié illimitée, telle qu'on la leur témoigne souvent. Ils se sont presque toujours soustraits à un traitement médical, et quand je pense à l'immense douleur causée à une famille où une jeune fille est ainsi privée de ses beaux cheveux, il m'est absolument impossible de comprendre que l'on ne conserve pas indéfiniment de tels gens dans un asile, au lieu d'exposer toujours à nouveau des jeunes filles aux méfaits de ces dangereux fétichistes. Espérons que la nouvelle loi pénale apportera une amélioration à ce sujet[115].

Les aliénistes sont d'autant plus inquiets qu'ils croient les fétichistes en augmentation constante. Mais la question se pose de savoir si leur nombre croît en effet, car comme la médecine possède après « Le Fétichisme dans l'amour » un nom pour les désigner, leur identification a peut-être été simplement facilitée[116]. Cependant, en 1895, Garnier juge les cas de perversion courants :

> Si j'en juge par ma pratique médico-légale, les outrages publics à la pudeur relevant de perversions et inversions génitales sont loin d'être rares, et je n'ai, bien entendu, nullement en vue, ici, les cas d'*exhibitionnisme*, d'une rencontre si fréquente. La remarque que j'ai pu faire, c'est que le *fétichisme* joue un rôle important dans les circonstances qui entraînent l'arrestation des pervertis et invertis sexuels[117].

---

114 Deleuze, Gilles, *Présentation de Sacher-Masoch. Le froid et le cruel*, Paris, Éditions de Minuit, 2007, p. 30.

115 Krafft-Ebing, Richard von, *Psychopathia sexualis*, [1950], p. 831. Voir une indignation semblable p. 330-331.

116 « Qu'un sentiment s'inscrive dans un nom (et que ce nom ait pris en son temps un caractère de nouveauté), cela ne va pas sans entraîner des conséquences dignes d'attention. D'une part, le passage à la verbalisation (à la conscience linguistique de soi) est l'amorce d'une réflexion et parfois d'une critique. D'autre part, sitôt le nom d'un sentiment mis en lumière – comme sait le faire la mode –, le mot par son efficacité propre contribue à fixer, à propager, à généraliser l'expérience affective dont il est l'indice » (Starobinski, Jean, « La Leçon de la nostalgie », in *L'Encre de la mélancolie*, postface par Fernando Vidal, Paris, Éditions du Seuil, 2012, p. 257).

117 Garnier, Paul, « Pervertis et invertis sexuels. Les fétichistes. Observations médico-légales », p. 350.

S'ils sont « loin d'être rares », les cas de fétichisme ne semblent pas pour autant fréquents. Mais Garnier contrebalance sa litote en assurant que la perversion est une cause « importante » d'arrestation. Il quitte ainsi la question de la quantité pour discuter de la qualité du fétichisme, dont il veut dégager l'essence dangereuse. En 1900, il réitère que la perversion est d'une « très réelle importance en médecine légale » : « Cette importance, déjà grande quand le syndrome existe seul, devient considérable lorsque celui-ci s'associe à l'impulsion sadique, de manière que les deux phénomènes se pénètrent, se combinent étroitement[118]. » Garnier martèle ainsi l'urgence du travail médico-légal comme s'il fallait, au début du nouveau siècle, en réassurer la nécessité.

Les traités dédiés au fétichisme sont en effet plus rares dès 1900, de même que les faits divers dans la presse – comme si la perversion s'essoufflait. Certes, Émile Armand est encore arrêté en 1909 à la station de l'Étoile avec « quinze nattes ainsi enlevées à des jeunes filles ou à des enfants[119] » ; et Clérambault écrit en 1908 et 1910 ses articles majeurs sur la passion des étoffes. Mais les dernières thèses médicales sur l'amour partiel publiées par Laurent en 1905 et par Charpentier, Langlois et Barras en 1912 et 1913 résument la théorie sans en discuter les caractéristiques définies par Charcot et Magnan, Binet et Garnier dans la dernière décennie du XIXe siècle. Le fétichisme disparaît des publications médicales françaises avec la Première Guerre, au moment où la dégénérescence agonise, où Freud s'en empare dans sa théorie psychanalytique, et où la mode des cheveux courts avorte toute velléité des potentiels coupeurs de nattes, qui *re*disparaissent ainsi du paysage urbain.

Tout se passe donc comme si Garnier sentait que le fétichisme amoureux se meurt en médecine. D'où son insistance sur sa magnitude morbide et sa combinaison, pour la première fois de son histoire, avec le sadisme, transformant de ce fait l'iconolâtre en un iconoclaste mutilant « voluptueusement l'objet même de son culte[120] ». Le désir tranchant le

118 Garnier, Paul, « Le Sadi-fétichisme », p. 245.

119 *Le Figaro*, 14 juillet 1909, p. 4. Le même cas est évoqué dans *La Croix*, le 26 septembre 1909.

120 Garnier, Paul, « Le Sadi-fétichisme », p. 97-121. Binet assurait que le masochisme était une forme de fétichisme, mais il n'évoquait pas le pan sadique. Par la suite, Krafft-Ebing distingue le sadisme et le masochisme, perversions congénitales, du fétichisme, acquis suite à un accident – même si le sujet présente une hyperesthésie innée (*Psychopathia sexualis*, p. 202 *sq.*).

corps se matérialise dès lors : ce n'est plus le fétiche, mais la lésion qui serait recherchée – l'acte anatomiste. Le fétichisme du coup se radicalise et devient vraiment dangereux, puisqu'à côté des piqueurs de fesses l'on trouve désormais, Jack l'éventreur, *the Brainer, le casseur de têtes* observé par Piper, un coupeur d'oreilles, *« le mangeur de chair humaine »*, ou encore Vacher, le *Tueur de bergers* effroyable opérant dans l'Ain[121]. Garnier considère donc comme sadi-fétichiste presque tout assassinat en série, bien que les cas n'impliquent pas forcément un morcellement érotique du corps de l'autre. En combinant sadisme et fétichisme, le psychiatre insiste d'une part sur la dangerosité de la perversion, qui exige dès lors l'intervention systématique de l'autorité médicale. Et d'autre part, il n'envisage pas le fétichisme, contrairement à Binet ou à Ball, comme une classe nosographique, mais comme un « syndrome[122] ». L'amour partiel peut ainsi se nouer à d'autres manifestations morbides : les fétichistes pourraient alors devenir plus « fréquents », bien qu'ils ne soient en réalité que peu nombreux à être observés cliniquement.

Mais il n'est pas sûr, en effet, qu'il y ait vraiment une épidémie fétichiste à la fin du XIXe siècle. Alors que Moll assure posséder « encore fort peu de matériaux relatifs au fétichisme dans l'amour[123] », Charles Féré réfléchit sur l'accueil qui a été fait aux déviances :

---

121 Maire *(sic)* François, dont on trouve une première trace dans un fait divers du *Figaro* du 10 janvier 1896, enfonce des punaises dans les oreilles d'un adolescent avant de couper les lobes (Garnier, Paul, « Le Sadi-fétichisme », p. 215 ; voir aussi « Des perversions sexuelles obsédantes et impulsives… », p. 622-625). Quant à Eugène L…, obsédé par « l'*irrésistible envie de manger un morceau de la peau blanche et fine* d'une jeune fille », il soulage son désir en se découpant des lambeaux de peau où elle ressemble le plus à celle d'une jeune fille – son abdomen, ses avant-bras… (« Des perversions sexuelles obsédantes et impulsives, au point de vue médico-légal », p. 625-626 ; « Le Sadi-fétichisme », p. 220-226). Malgré son exécution, le cas de Vacher soulève encore des controverses au tournant du siècle sur sa responsabilité mentale (« Le Sadi-fétichisme », p. 226-234). Sur cette célèbre affaire qui a commotionné la psychiatrie et son autorité médico-légale à la fin du XIXe siècle, voir Renneville, Marc, « L'affaire Joseph Vacher : la fin d'un "brevet d'impunité" pour les criminels ? », *Droit et culture. Revue internationale et interdisciplinaire. Expertise psychiatrique et sexualité (1850-1930)*, n° 60 (2010), p. 129-142 et Chaperon, Sylvie, *Les Origines de la sexualité (1850-1900)*, p. 79.

122 Garnier, Paul, « Le Sadi-fétichisme », p. 245.

123 Moll, Albert, *Les Perversions de l'instinct génital*, avec une préface du Dr R. V. Krafft-Ebing, traduit de l'allemand par le Dr Pactet et le Dr Romme, 4e édition, Paris, Georges Carré, 1893, p. 165. Sylvie Chaperon se montre dubitative quant à la quantité d'observations que les médecins disent avoir recueillis à propos des perversions sexuelles, soutenant que « la tentation d'inventer ou d'embellir quelques observations est sans doute bien forte parmi les praticiens » (Chaperon, Sylvie, *Les Origines de la sexologie (1850-1900)*, p. 187).

> Les perversions sexuelles ont beaucoup préoccupé les médecins et les moralistes dans ces dernières années. Si, comme la plupart des névropathies et des psychopathies, elles paraissent plus fréquentes qu'autrefois, c'est peut-être qu'on les a étudiées avec plus de soin. Leur multiplication pourrait s'expliquer par la sympathie au moins relative avec laquelle on les accueille[124].

Parce que les maladies génésiaques sont dans l'air du temps, le nombre de pervers a pu sembler s'accroître : mais Féré soutient que cette prolifération n'est en fait qu'une « sympathie au moins relative » dont la médecine fait preuve envers eux. Afin de démêler s'il y a eu épidémie fétichiste ou multiplication apparente des cas, un relevé des fétichistes circulant dans les traités écrits entre 1887 et 1914 s'impose.

L'on recense deux coupeurs d'étoffes[125], l'amant des costumes de nourrices recherchées dans les squares parisiens et celui des costumes de mariées, qui hante la porte des restaurants parisiens célébrant des repas de noces[126]. La passion fétichiste peut aussi se concentrer sur les mouchoirs, ce « petit morceau de linge » qui serait selon Garnier « parmi les cas les plus fréquents de *fétichisme des objets* » : « Ces faits sont si communs qu'ils sont aujourd'hui classés et en quelque sorte catalogués dans les fiches des agents de l'autorité devant qui comparaissent

---

124 Féré, Charles, « Contribution à l'étude de la descendance des invertis » in *Publications du progrès médical*, Évreux, C. Hérissey, 1898, p. 1.

125 Pierre X s'acharne en 1896 dans les grands magasins de Paris sur les robes féminines, surtout lorsqu'elles sont bleues et portées avec un tablier blanc qu'il macule alors de vitriol ou d'encre (Garnier, Paul, « Le Sadi-fétichisme », p. 237 *sq.* ; « Des perversions sexuelles obsédantes et impulsives... », p. 630-632. Laurent reprend le cas dans *Fétichistes et érotomanes*, p. 82-83, et Thoinot dans *Attentats aux mœurs et perversion du sens génital*, p. 434-436). V... est arrêté dans la salle des dépêches du *Figaro* « où, armé de ciseaux et se dissimulant de son mieux, il découpait, dans les manteaux des dames près desquelles il se faufilait, des carrés de drap, de velours, de fourrure, suivant la nature du vêtement. Il fut trouvé nanti d'un grand nombre de ces "découpures" et la perquisition opérée chez lui en fit découvrir d'autres. Interrogé d'abord par Vallon qui soupçonne un cas de fétichisme, le boulanger ne confesse sa passion qu'à l'Infirmerie spéciale à Garnier » (Vallon, Charles, « Fétichiste honteux. Rapport médico-légal », *AHPML*, série 3, n° 34 (1895), p. 554. Voir aussi Garnier, Paul, « Pervertis et invertis sexuels. Les fétichistes. Observations médico-légales », p. 357 ; « Le sadi-fétichisme », p. 243-244 et « Des perversions sexuelles obsédantes et impulsives... », p. 615. Thoinot reprend le cas dans *Attentats aux mœurs et perversion du sens génital*, p. 105).

126 Garnier, Paul, « Des perversions sexuelles obsédantes et impulsives... », p. 615 ; « Pervertis et invertis sexuels. Les Fétichistes. Observations médico-légales », p. 360. Voir aussi Laurent, Émile, *Fétichistes et érotomanes*, p. 78 et Thoinot, Léon-Henri, *Attentats aux mœurs et perversion du sens génital*, p. 417.

les voleurs à la tire[127]. » Les plus nombreux, « pour ainsi dire *innombrables*[128] », seraient toutefois les passionnés des souliers, dont on ne cesse de rapporter l'histoire de l'amant des clous de bottines identifié par Charcot et Magnan.

Parmi les coupeurs de nattes, seuls deux cas sont recensés à Paris : Alfred P., arrêté une première fois en 1889[129] et Eugène Morel. Surpris une première fois au Jardin des Tuileries alors qu'il se presse contre les cheveux d'une fillette au Théâtre des Guignols, ce dernier est relâché, devient garçon dans un magasin de mercerie avant que son obsession ne le reprenne. Voulant couper des nattes, il organise une expédition à la mi-carême, mais il est repris sur le fait, en plein Boulevard des Italiens. Innocenté à l'Infirmerie spéciale, Eugène est interné à Sainte-Anne : « Aujourd'hui il peut regarder sans émotion, les nattes des femmes ; mais, néanmoins, dès qu'il quittera l'asile, il va, dit-il, retourner dans son pays où les femmes tiennent les cheveux relevés[130] ». Garnier évoque d'abord ce cas dans *La Folie à Paris* de 1890, puis dans son article postérieur de cinq ans, *Pervertis et invertis sexuels. Les Fétichistes* ; il est également narré par Berbez, Krafft-Ebing, Magnan, Thoinot et Laurent[131]. Ce seul cas de coupeur de nattes circule donc pendant une

127 Garnier, Paul, « Pervertis et invertis sexuels. Les Fétichistes. Observations médico-légales », p. 355. Les principales observations de fétichisme du mouchoir sont dues à Krafft-Ebing, Moll et Thoinot. Ce dernier cite un cas inédit de Magnan (*Attentats aux mœurs et perversion du sens génital*, p. 428-432), repris par Laurent dans *Fétichistes et érotomanes*, p. 83-85.

128 Thoinot, Léon-Henri, *Attentats aux mœurs et perversion du sens génital*, p. 414. Krafft-Ebing contribue énormément à la collection des fétichistes de souliers, qu'il étudie en relation avec le masochisme, car selon lui « il est fort probable [...] que la plupart des cas de fétichisme des chaussures, peut-être tous, ont pour base un instinct d'humiliation masochiste plus ou moins conscient » (*Psychopathia sexualis*, p. 161).

129 Voir II. 6, « Le coupeur baudelairien ».

130 Magnan, Valentin, *« "Des Exhibitionnistes" »*, *AA*, t. 5, n° 28 (1890), p. 469-471 ; repris dans *Recherches sur les centres nerveux. Pathologie et physiologie pathologique*, 2 vol., Paris, G. Masson, 1893, t. 2, p. 216.

131 Garnier, Paul, « Pervertis et invertis sexuels. Les Fétichistes. Observations médico-légales », *AHPML*, série 3, n° 33 (1895), p. 362. Ce long article est publié l'année suivante en volume, avec quelques ajouts : *Les Fétichistes, pervertis et invertis sexuels. Observations médico-légales*, Paris, J.-B. Baillière et fils, 1896. Voir aussi Berbez, Henry, « Obsession avec conscience. Aberration du sens génital », *Gazette hebdomadaire de médecine et de chirurgie. – Le Mercredi médical*, série 2, t. 27b (1890), p. 226-228 ; Krafft-Ebing, Richard von, *Psychopathia sexualis*, obs. 79, p. 216 ; Magnan, Valentin, *« "Des Exhibitionnistes" »*, p. 216-217 ; Thoinot, Léon-Henri, *Attentats aux mœurs et perversion du sens génital*, p. 437 ; Laurent, Émile, *L'Amour morbide*, p. 162 et *Fétichistes et Érotomanes*, Paris, Vigot frères, « Les Perversions sexuelles. Physiologie-pathologie-thérapeutique », 1905, p. 25.

quinzaine d'années non seulement dans de multiples textes médicaux, mais aussi dans la presse qui s'en fait l'écho[132].

Beaucoup d'histoires donc, mais un seul coupeur de nattes, naturellement récidiviste – le fétichisme étant une pulsion irrésistible contre laquelle le pervers ne cesse de lutter. En témoigne le cas du fétichiste des tabliers blancs narré par Charcot et Magnan, dont la structure est analogue à celle des coupeurs de nattes :

> À quinze ans, il aperçoit flottant au soleil, un tablier qui séchait, éblouissant de blancheur, il approche, s'en empare, serre les cordons autour de sa taille et s'éloigne pour aller se masturber au contact du tablier derrière une haie.
>
> Depuis ce jour, les tabliers l'attirent, il ne peut s'empêcher de les prendre, s'en sert pour pratiquer l'onanisme, puis le replace dans le lieu où il l'a pris, ou bien le jette ou le laisse chez lui dans un coin[133].

Condamné à plusieurs reprises, notamment pour le vol d'une pile de fétiches chez un boulanger, il « veut fuir les tabliers et s'engage sur un transatlantique ». De retour, en proie à de nouvelles obsessions, il rentre au couvent ; puis, fatigué de se frapper le corps avec des orties, il en sort et repris par son mal, il « couchait même quelquefois avec un tablier blanc ». Il est arrêté de nouveau alors qu'il escalade un mur à Bercy ; une perquisition effectuée à son domicile amène à « la découverte d'une collection de tabliers blancs maculés de sperme » ; un non-lieu judiciaire permet son entrée à Saint-Anne. Libéré un an plus tard, « après une période de dépression avec idées mélancoliques il est ramené à l'asile. Il raconte qu'il n'a plus dérobé de tabliers, mais qu'ayant eu des relations avec une femme, il avait eu recours au souvenir du tablier blanc et qu'il l'avait évoqué aussi en se livrant à l'onanisme ». Charcot et Magnan soulignent pourtant les « moyens héroïques » mis en place par ce dégénéré pour lutter contre ce qui le pousse à « la conquête d'un tablier blanc[134] ».

Les pervers suivent donc toujours le même schéma, qui facilite leurs circulations dans les textes médicaux et l'effet de réapparition : arrêtés en

132 Le même personnage, quoique nommé « Leclerc », est sans doute le protagoniste d'un fait divers de 1890 : à la hauteur du passage Jouffroy, un fétichiste « a été trouvé porteur de cinq tresses de cheveux, qu'il a avoué avoir coupées à la mi-carême » (*Le Gaulois*, 15 mars 1890). Il faudrait sinon supposer que la période de carême réveille particulièrement les coupeurs de nattes, qui plus est sur les artères haussmanniennes…

133 Charcot, Jean-Martin, et Magnan, Valentin, *Inversion du sens génital…*, p. 33.

134 *Ibid.*, p. 34-35.

flagrant délit sur la voie publique, l'étrangeté de leur crime les conduit à l'Infirmerie spéciale, où le médecin-chef (Garnier pour les années 1890, Clérambault au début du XXe) et ses internes les examinent. Là, on constate le caractère pathologique des agissements de ces fétichistes qui sont alors envoyés généralement à Sainte-Anne, où d'autres aliénistes les examinent (parmi lesquels Magnan, responsable des admissions)[135]. Les pervers sont relâchés ; puis ils sombrent derechef dans leur folie impulsive qui les pousse à l'acte criminel – et le cycle recommence. Il y a ainsi une forte circulation des fétichistes entre les mains des spécialistes grâce à leurs arrestations répétées et aux différents services par lesquels le système médico-légal les fait transiter. Et comme chaque expert rédige un rapport voire des publications scientifiques, la quantité d'articles ainsi obtenue donne l'illusion que le fétichisme est largement répandu.

Un tel relevé des amateurs de brimborions n'est certes pas exhaustif – mais presque. Peu d'autres cas circulent en effet dans les revues et traités français entre 1887 et 1913. Et le dépouillement des archives effectué par Julie Mazaleigue-Labaste confirme que « le pervers sexuel est un individu rare dans la foule psychiatrique parisienne », car l'on ne recense que 64 cas de « perversion sexuelle » sur une période de trente-cinq ans[136]. Mais les aliénistes regroupent sous des dénominations générales leurs maigres observations : le *mangeur de chair humaine*, le *coupeur d'oreilles* ou l'*amant des clous de bottines* constituent autant de types fétichistes que de promesses de récits loufoques et inquiétants, d'une étrangeté fascinante. Le lien entre la quantité de fétichistes et leur exemplarité est donc tendu : l'écrit médical n'apporte que peu d'observations cliniques nouvelles, collectionnant et amplifiant les rares cas observés. Et les articles postérieurs à Binet ressassent inlassablement les mêmes histoires de fétichistes, qui circulent alors de textes en textes. Garnier reprend sans cesse ses propres observations de 1890 à 1900, observations citées ensuite par Thoinot et Féré dans leurs traités de 1898. Et les cas de Charcot et Magnan sont sans cesse racontés, alors qu'apparaissent au tournant du siècle certaines observations de Krafft-Ebing – le seul peut-être à élargir véritablement le vivier des fétichistes au fil des éditions de sa *Psychopathia sexualis* tout en récapitulant les observations de ses confrères.

---

135 Sur ce circuit, voir Mazaleigue-Labaste, Julie, *Les Déséquilibres de l'amour*, p. 190-193.
136 *Ibid.*, p. 203.

« J'emprunte à M. Laurent qui l'a emprunté lui-même aux docteur Charcot et Magnan, l'exemple de ce détraqué qui, depuis son enfance, est obsédé de temps en temps par la passion érotique des *clous de souliers* de femme[137] », avoue Tarde. Les fétichistes sont ainsi, et surtout, des êtres de papier, des figures intertextuelles que les médecins reproduisent d'articles en articles. Le lecteur des textes portant sur le fétichisme rencontre donc toujours les mêmes histoires auxquelles s'ajoutent les observations germaniques de Krafft-Ebing et les rares cas américains du neurologue William Hammond. Les noms complets des pervers peuvent d'ailleurs être obtenus par recoupement, puisque les médecins citent souvent des initiales, se contentant tantôt du nom de famille, tantôt du prénom – procédé qui donne à croire que les cas narrés ne sont pas forcément les mêmes d'un article à l'autre. Peu de fétichistes donc, mais une circulation massive, tant dans les services aliénistes que dans les textes. S'il y a épidémie, elle est donc surtout d'ordre scripturaire.

LA FÉMINISATION IMPOSSIBLE

Si les médecins ne cessent de réécrire les mêmes observations, l'amour des étoffes va pourtant susciter une réflexion dense sur le statut de l'objet dans le fétichisme. Garnier est le premier à observer une passion érotique des tissus en la personne de V... Victor, arrêté en 1883 alors qu'il tripote de riches robes de dames : « *Très épris de la soie*, éprouvant à son contact sans cesse désiré, l'orgasme sexuel, il demeurait indifférent aux charmes de la femme, quand la soie ne figurait pas dans ses ajustements. Le *froufrou* de cette étoffe provoquait chez lui une excitation très grande. Selon son expression, *la femme sans un vêtement de soie ne lui a jamais rien dit.* » La soie *parle* ou non à Victor, qui rédige une confession que Garnier ne cesse de citer en italique et en style indirect libre :

> Il lui est arrivé de se choisir une maîtresse d'un moment, mais uniquement parce qu'il avait été séduit par le *froufrou fascinateur de la soie.* Se glisser dans

137 Tarde, Gabriel, « L'amour morbide », p. 591.

> la foule, frôler les dames revêtues d'une soie forte, épaisse, qui *froufroute*, selon son expression, est pour V… le suprême bonheur. Presser ce tissu entre ses doigts, passer le dos de la main sur l'étoffe, sont autant d'actes qui lui procurent de suprêmes jouissances, lui arrachent de petits cris de joie folle, le plongent dans l'ivresse voluptueuse, provoquent l'érection et l'éjaculation[138].

La jouissance passe autant par le toucher que par le bruit de la soie froissée, dont le cri fou résonne grâce aux allitérations ; et la suite de paraphrases déploie justement cette joie textile, comme si le discours prolongeait le plaisir. Garnier s'interroge par la suite sur la fonction du tissu, « imprégné de sexualité et que, pour le fétichiste, l'objet de son adoration n'acquiert sa valeur que parce qu'il en associe l'idée, ou l'image, à celle de la femme ». Mais le psychiatre envisage que le fétiche ne soit pas sexué, mais recherché par des sensibilités « qui trouveront une jouissance particulière, dont l'acuité est parfois telle qu'elle va presque jusqu'à la douleur, à palper une étoffe soyeuse, à frôler de la main le velours, un duvet délicat, surtout une fourrure, à rebrousser ou à lisser les fins poils de la robe d'un félin, etc. Elles pourront rechercher ces sensations sans être pour cela des fétichistes, c'est-à-dire, sans être obligées d'y avoir recours pour éveiller leur sensualité[139] ».

Se cristallise ainsi la question de la *sexualisation* de l'étoffe. Langlois assure aussi que le fétichisme des tissus ne peut être saisi qu'en référence à un sexe ou à un individu[140], tandis que Barras soutient que « c'est surtout dans l'amour des étoffes qu'on ne trouve pas cette notion de sexualisation ». Il reprend ainsi la thèse de Krafft-Ebing, pour qui le

---

138 Garnier, Paul, « Un cas de perversion du sens génésique. Obsession appétitive et amoureuse du toucher de la soie avec phénomènes d'orgasme génital à ce contact. Observations médico-légale », *AHPML*, série 3, n° 29 (1893), p. 458-461.

139 Garnier, Paul, *Les Fétichistes, pervertis et invertis sexuels*, p. 52-53. Le psychiatre remarque que cette « inoffensive obsession » est l'exact « inverse d'autres obsédés tourmentés par la *crainte du toucher*, limitée à tels ou tels objets » (« *Un cas de perversion du sens génésique…* », p. 464-465). Le fétichisme est en effet l'envers symétrique de cette crainte explorée en 1875 par Legrand du Saulle. Des élégants sont agacés par des « choses insignifiantes », de « véritables bagatelles » telles qu'aiguilles, chiffres symboliques ou certaines lettres (*La Folie du doute [avec délire du toucher]*, Paris, Adrien Delahaye, 1875, p. 12). Clérambault remarque aussi que l'expression « délire du toucher » aurait pu s'appliquer à la passion irrésistible des étoffes : pour combler cette « lacune du vocabulaire usuel », il proposera le terme « aptophilie ». Quoique phobiques et érotiques soient des fous lucides conscients de leurs impulsions, à la répulsion des premiers répond le besoin sensuel des seconds (« Passion érotique des étoffes chez la femme » [1908], in *Œuvre Psychiatrique*, p. 700-701).

140 Langlois, Alexandre, *Une observation de fétichisme des étoffes chez la femme*, thèse de médecine, présentée le 5 juin 1912, Montpellier, imprimerie coopérative ouvrière, 1912.

« Stoff-Fetichismus » est indépendant d'une personne, centré uniquement sur le tissu. Mais le psychiatre remarque que « le corps à demi revêtu produit souvent plus de charme que le corps tout nu. Cela tient aux effets de contraste et à la passion de l'attente qui sont des phénomènes généraux et n'ont rien de pathologique[141] ». Cet érotisme des vêtements s'oppose à une norme médicale valorisant la nudité, transmise notamment par les enseignements de Thoinot :

> Le but de *l'amour normal*, c'est le *rapprochement* avec les êtres du sexe opposé. C'est donc, pour *l'homme*, la possession sexuelle de la femme. *L'excitant* génésique en amour normal c'est, pour l'homme, la *femme* d'une façon générale, et tout spécialement la vue ou la représentation de la *femme nue*, ou des *organes génitaux féminins*[142].

Même si la déclaration de Thoinot demeure l'horizon médical de la sexualité, la passion érotique des étoffes oblige les savants à s'interroger sur le plaisir de dérober le corps au regard de l'autre pour mieux l'incendier. Mais il leur faut aussi penser, pour la première fois, à un possible fétichisme féminin.

La médecine résiste cependant fortement à aborder cette féminisation, car « la sexualité, au sens moderne du mot, comme activité érotique, est l'apanage des hommes » ; étudier la perversion implique « de reconnaître un sujet sexuel, ayant de puissants besoins, une imagination créative, des désirs fixés, une identité structurée, une réflexivité sur soi et ses pratiques, autant d'attributs que les médecins ne sont pas prêts à reconnaître chez les femmes[143] ». Thoinot assure que « l'amour fétichiste *n'est pas*

---

141 Krafft-Ebing, Richard von, *Psychopathia sexualis*, p. 220. Le psychiatre s'appuie notamment sur la correspondance de Goethe qui, lors d'un rendez-vous organisé à Genève avec une inconnue, raconte avoir particulièrement savouré le moment du déshabillement (*Goethe en Suisse et dans les Alpes : voyages de 1775, 1779 et 1797*, « Première partie », éd. par Christine Chiadò Rana, Genève, Georg, 2003).

142 Thoinot, Léon-Henri, *Attentats aux mœurs et perversion du sens génital*, p. 400.

143 Chaperon, Sylvie, *Les Origines de la sexologie (1850-1900)*, p. 193. Sur le rapport de l'aliénisme fin-de-siècle aux déviances féminines : voir Mattlock, Jann, « Masquerading Woman, Pathologized Men », in Apter, Emily S. et Pietz, William, *Fetishism As Cultural Discourse*, p. 31-61 et Chaperon, Sylvie, *La Médecine du sexe et les femmes. Anthologie des perversions féminines au XIXe siècle*, Paris, La Musardine, « L'attrape-corps », 2008. Tandis que Sarah Kofman a cherché à neutraliser le genre du fétichisme, la critique féministe du XXe siècle (Naomi Schor et Elisabeth Grosz entre autres) a voulu légitimer théoriquement un fétichisme féminin tout en maintenant acrobatiquement un cadre freudien et lacanien à son approche (le fétichisme étant une perversion masculine liée au complexe d'Œdipe) : « Women have a right to be perverse ! » (Apter, Emily, *Feminizing the Fetish*, p. 123)

connu chez la femme, du moins jusqu'à présent[144] », et la grande majorité de pervers sexuels dont on possède les certificats d'admission sont en effet des hommes (15 certificats de femmes pour 63 d'hommes[145]). Même dans la dernière édition de la *Psychopathia sexualis*, le fétichisme féminin est envisagé sur une page à peine, en relation avec l'attirance pour des hommes exotiques et la fascination de l'uniforme germanique[146]. Cette impossibilité médicale n'a d'ailleurs pas échappé au journaliste de *Gil Blas* Lacour, qui propose un compte-rendu critique des *Fétichistes* de Garnier le 14 juillet 1895 dans ce quotidien :

> J'avais sur ma table, outre un fort tas de romans, le récent petit volume du docteur Paul Garnier, médecin en chef de l'infirmerie du Dépôt, les *Fétichistes ;* j'avais une brochure de Madame Hudry-Menos, la *Question du sexe dans l'éducation*, et il me sembla que je trouverais à réfléchir en lisant l'un après l'autre, immédiatement, ces deux courts ouvrages.

Le livre de Garnier côtoie des romans et la conférence d'une féministe réclamant que les jeunes filles soient initiées, comme les hommes, à la connaissance des phénomènes de la génération. Lacour apprécie cette « thèse de salut, mais qui épouvante les conservateurs » parmi lesquels se trouverait l'« observateur officiel » de l'Infirmerie spéciale :

> Mais je demanderai à M. Garnier pourquoi tous ses « cas » sont masculins. La femme serait-elle donc à l'abri du Fétichisme ? On le croirait. Et mon Féminisme (peut-être une maladie, lui aussi, noble et généreuse), mon Féminisme est joyeusement ému de cette apparence, au moins, d'orthodoxie du sexe en la matière dont s'occupe ici le très informé tératologiste. Oui, à peine j'eus fermé le petit volume, cette question surgit en moi : « Pourquoi pas de femmes dans cet enfer à part de l'érotique folie ? Serait-ce vraiment qu'aucune femme n'y tombe[147] ? »

---

144 Thoinot, Léon-Henri, *Attentats aux mœurs et perversion du sens génital*, p. 402. Charcot et Magnan évoquent pourtant deux cas germaniques de perversions sexuelles féminines, davantage associés certes à la nymphomanie. Mais ils reconnaissent que « les observations relatives à la femme sont rares peut-être à cause de la facilité plus grande avec laquelle celles-ci parviennent à cacher ce trouble instinctif » (*Inversion du sens génital…* p. 18).

145 Mazaleigue-Labaste, Julie, *Les Déséquilibres de l'amour*, p. 203.

146 Krafft-Ebing/Moll renoncent à convoquer « d'autres cas et certains, dans lesquels le fétichisme de la femme se concentre effectivement, comme chez l'homme, sur un objet tout à fait déterminé ou sur une certaine partie du corps. Mais il ne paraît pas nécessaire d'y insister davantage » (*Psychopathia sexualis* [1950], p. 387).

147 Lacour, Leopold, « Du Féminisme, encore ! », *Gil Blas*, (17 juillet 1895), p. 1.

Pour saisir pourquoi fétichisme et féminité s'excluent, Lacour postule que les femmes seraient les « victimes » de « l'orgueil physique du mâle, de son narcissisme plus ou moins conscient, plus ou moins fervent, dans sa conviction sourde ou déclarée de jouer à l'acte de procréation le grand rôle, le rôle royal ». Être fétichiste serait donc un privilège réservé à ceux qui mènent le coït – et qui choisiraient, par un dernier acte de puissance, de le mépriser. Garnier exclurait donc la femme de son enfer érotique par machisme médical ; dès lors, son traité apparaît comme « un petit livre » bien ridicule face au « fort tas de romans » proposant, qui sait, peut-être d'autres visions de l'amour.

Le seul médecin à affronter véritablement le problème du fétichisme féminin est Gaëtan Gatian de Clérambault, qui dédie deux mémoires, en 1908 et 1910, à la passion érotique des étoffes chez la femme. Il est ainsi le premier (et presque le seul de la première moitié du XXe siècle) à narrer quatre cas de ce qu'il considère être des hystériques, ressentant une « attraction morbide, principalement sexuelle, pour certaines étoffes, la soie surtout ». Cette attraction se conjugue à des impulsions kleptomaniaques qui trahissent ces femmes dans les grands magasins. L'aliéniste découvre au cours des interrogatoires menés ensuite à l'Infirmerie spéciale que les coupons volés sont utilisés à des fins sexuelles avant d'être rejetés. Quoiqu'il n'y ait pas d'établissement de collection, rien ne semble apparemment distinguer ces pratiques érotiques des fétichistes :

> Nous apprîmes qu'elle volait par une sorte d'impulsion au cours d'une tentation trop forte, que la soie la charmait particulièrement, que tantôt elle utilisait des coupons volés, tantôt les jetait, tantôt les donnait, qu'elle était sexuellement frigide, avait eu d'ailleurs un amant, ou des amants et se masturbait ; qu'après le vol elle maniait la soie avec plaisir et il nous sembla bien comprendre qu'en la maniant elle la souillait, évidemment en l'appliquant contre ses parties génitales[148].

L'accumulation de relatives laisse surgir la confession confuse de cette femme qui, quoique frigide, se masturbe avec son fétiche et nie de ce fait la nécessité sexuelle d'un partenaire masculin :

> Au point de vue de la sexualité, il appert de ses réponses faites à regret, mais sans fausse pudeur, que la jouissance sexuelle est chez elle surtout clitoridienne,

148 Clérambault, Gaëtan Gatian de, « Passion érotique des étoffes chez la femme » [1908], p. 683-684.

très peu vaginale, que la masturbation digitale et le cunnilingus lui plaisent mieux que les plaisirs sexuels normaux[149].

Clérambault lie ainsi la passion érotique des étoffes à l'excitation clitoridienne : possédant « en elle-même un caractère plus particulièrement tactile », celle-ci serait logiquement réveillée par « des excitations cutanées tactiles » que la femme rechercherait parce qu'elle serait en proie à « l'indifférence, au moins relative, à la pénétration pénienne ». La clitoridienne ne connaîtrait donc pas la volupté intense de l'excitation vaginale qui « possède un caractère aigu et s'accompagne d'une appétition impérieuse (bien que moins pénible, semble-t-il, que le désir similaire chez l'homme)[150] ». La passion érotique des étoffes met donc au premier plan la déroutante jouissance du clitoris, condamnée à être moindre pour Clérambault – et ce peut-être parce qu'elle rend l'homme superflu. Ainsi, de même que le fétichisme est pour Binet le devenir principal d'un accessoire, de même la passion érotique des étoffes attribue au clitoris, organe pensée comme secondaire par rapport à la concavité vaginale, le premier rôle dans la jouissance. Mais ce renversement transforme la volupté de ces femmes en un plaisir asexuel, puisqu'il serait pour Clérambault « le plus neutre possible[151] ». La négation du partenaire dans le plaisir féminin a beau être analogue à celle des fétichistes masculins : parce que clitoridienne, cette volupté sortirait de la sexualité. Il ne s'agit dès lors plus tant de savoir si l'étoffe est sexuée ou non (comme chez Garnier ou Krafft-Ebing), mais de déterminer si le plaisir clitoridien des femmes, suscité grâce à des caresses textiles, est encore sexualité.

Les fétichistes recherchent dans le tissu le fascinant *cri* de la soie, dont une malade élabore une taxinomie :

La soie me donne un spasme étonnant et voluptueux. La soie, je ne peux pas la déchirer, cela fait trop… oh ! (mimique d'un frisson).

Le taffetas encore moins, c'est la soie la plus fine ; la couleur m'est indifférente. Le velours est aussi très doux à toucher. La marceline ? c'est mi-coton ; dans la florence il n'y a pas de coton. J'aime tout ce qui est doux. Les grosses soies qui froufroutent, je les aime encore. Mais les porter sur moi, je ne pourrais pas, cela m'énerve trop. Coucher avec de la soie, j'aimerais bien, mais je n'y

149 *Ibid.*, p. 687.

150 *Ibid.*, p. 704.

151 Clérambault, Gaëtan Gatian de, « Passion érotique des étoffes chez la femme (suite) » [1910], in *Œuvre Psychiatrique*, p. 719.

> tiens pas, ce n'est pas mon genre, c'est pour les femmes qui se font voir au lit. Je ne dormirais pas, cela me brûlerait ; un petit morceau déjà m'énerve, il faut que je me lève, et je me rafraîchis par des lotions d'eau, pour avoir la paix. Le calicot, la vieille toile, la cretonne, ça ne crie pas, un petit cri de rien, j'en déchirerai 600 mètres si vous voulez. La toile neuve ne se déchire pas, avec un seul mètre déjà vous verriez vos doigts écorchés. Au moment de voler un peu de soie, j'éprouve une angoisse, je me défends, j'éprouve ensuite une jouissance. Voilà. C'est toujours la même chose[152].

Le désir s'adresse à tout ce qui est « doux », à tout ce qui « froufroute » dans une assonance qui répond au « toucher » criard, à la fois agaçant et excitant. La soie occupe le sommet de la nomenclature, puisque même fragmentée dans un « morceau », elle devient ce avec quoi l'on ne pourrait « coucher » sans qu'une « crise » aux allures hystériques n'éclate :

> La soie m'attire, celle des rubans, des jupes, des corsages. Lorsque je sens le froissement de la soie, cela commence par me piquer sous les ongles, et alors, il est inutile de résister, il faut que je prenne. Lorsque je résiste à cette poussée (*sic*), je pleure, je suis énervée, je sors du magasin et j'y reviens ; et si je ne peux pas prendre l'étoffe, j'ai une crise.
>
> Je ressens un gonflement de la gorge, et de l'estomac, puis je perds connaissance. Mais quand je peux prendre l'étoffe, je la froisse, cela me produit un serrement d'estomac particulier, ensuite, j'éprouve une espèce de jouissance qui m'arrête complètement la respiration ; je suis comme ivre, je ne peux plus me tenir, je tremble, non pas de peur, si vous voulez, mais plutôt d'agitation, je ne sais pas. Je ne pense pas à la mauvaise action que je viens de faire. Dès que je tiens la pièce dérobée, je vais m'asseoir à l'écart pour la toucher et la manier, c'est là qu'on me voit. La jouissance passée, je suis très abattue, parfois la respiration se précipite, tous mes membres sont courbaturés[153].

La passion des étoffes est donc une impulsion physique poussant à *prendre* l'étoffe. Si les symptômes sont évoqués par comparaison ou approximation (« comme ivre », « serrement d'estomac particulier », « je ne sais pas »), ils ancrent dans le corps le désir irrésistible de toucher la soie, de l'entendre, d'en apercevoir les chatoiements.

Car cet amour étoffé conjugue une « hyperesthésie tactile élective » avec une « synesthésie » consistant en « la répercussion génitale d'impressions cutanées en somme banales[154] » provenant du toucher,

---

152 Clérambault, Gaëtan Gatian de, « Passion érotique des étoffes chez la femme » [1908], p. 696.
153 *Ibid.*, p. 694.
154 *Ibid.*, p. 697 et 701.

de l'ouïe ou de la vue. Mais tant l'hyperesthésie que la synesthésie se trouvent « normalement » chez des êtres raffinés, à un degré moindre :

> L'hyperesthésie tactile élective n'est ici un fait pathologique que par son intensité, car elle se rencontre normalement à un faible degré, chez presque tous les individus affinés, on peut même dire qu'elle fait partie du sens artiste. De même la synesthésie génitale morbide n'est ici que l'exagération d'un fait susceptible de se produire chez un sujet sain, mais la morbidité résulte de ce que l'impression agréable, au lieu de n'être qu'un adjuvant parmi bien d'autres, d'une excitation déjà née, provoque cette excitation à lui seul. L'intensité de l'excitation ainsi obtenue, et la recherche systématique de ce procédé, sont deux autres traits pathologiques[155].

Les hystériques du tissu témoigneraient donc d'un « sens artiste » surdéveloppé, offrant la possibilité d'une excitation à l'intensité étonnante. Clérambault renoue ainsi avec une pensée continuiste qui esthétise la volupté tactile, tout en s'efforçant de distinguer la passion féminine des étoffes du fétichisme masculin car « tous les traits sont moins arrêtés » chez les femmes. Selon l'aliéniste, on ne saurait parler de *fétichisme* féminin parce que l'étoffe ne saurait être pour elles un « substitut du corps masculin » : « Dans la certitude d'une adaptation réciproque de l'épiderme à l'étoffe douce il y a tout autre chose que la schématique association par contigüité, jadis invoquée comme explication suffisante du fétichisme[156] ». Comme le déplacement rhétorique du désir demeurerait inconnu, Clérambault constate que l'élaboration du fétiche ne suivrait pas le même processus tropique chez les deux sexes :

> La perversion du fétichiste qui voit ou qui rêve son fétiche, ou s'en caresse, reste un hommage au sexe adverse ; le frottement même de ce fétiche contre l'organe mâle représente moins une masturbation qu'un coït, il met en jeu tous les facteurs physiques et moraux de l'amour mâle au lieu que le frottement du clitoris par la soie, dans notre cas, est loin de mettre en jeu tous les éléments de la sensibilité féminine[157].

Alors que les médecins associent fétichisme et onanisme, pour Clérambault la perversion serait en vérité un coït déguisé, mobilisant tout le corps masculin : l'homme a beau jouir grâce à un fétiche, c'est

---

155 *Ibid.*, p. 697-698.
156 *Ibid.*, p. 701.
157 *Ibid.*, p. 698.

toute sa virilité qui serait activée dans cet orgasme. Afin de refuser le fétichisme aux femmes, l'aliéniste contredit donc toute la pensée médicale pour qui l'acte pervers ne saurait être un coït : désormais le fétiche, substitut vaginal, permet une pénétration figurée – le fétichisme devenant de ce fait métaphore.

Or la « fétichiste » serait réduite à un frottement superficiel ne convoquant pas toute sa « sensibilité féminine » :

> L'étoffe, en effet, semble agir par ses qualités intrinsèques (consistance, éclat, odeur, bruit), dont la plupart même sont secondaires auprès des qualités tactiles. Ces qualités tactiles sont certainement variées, subtiles, compliquées, innombrables pour un épiderme raffiné ; elles se doublent certainement de qualités esthétiques d'un ordre plus large ; leur ensemble, néanmoins, apparaît bien minime, bien schématique, à côté du complexus d'évocations sensorielles, esthétiques, morales, dont le fétiche est proprement l'occasion pour l'homme[158].

Bien que la femme expérimente un raffinement de sensations « subtiles » et « esthétiques », son expérience serait « bien minime » en regard de la complexité voluptueuse des hommes dont on tait ici les particularités variées. D'ailleurs, elle ne saurait être fétichiste, puisqu'elle souffre d'une « absence d'appoint imaginatif » – la perversion exigeant une faculté imaginative visiblement réservée au sexe masculin. Par conséquent, les femmes « se masturbent avec la soie, sans plus de rêverie qu'un gourmet solitaire savourant un vin délicat ; en l'absence de tout morceau de soie, elles ne rêvent pas de soieries somptueuses ». Mais l'aliéniste, toujours tiraillé, avoue aussi que « la masturbation par l'étoffe s'est parfois accompagnée de rêves de genres divers » et que « nos malades présentent une propension toute spéciale aux rêveries les plus fantaisistes[159] ». La démonstration de Clérambault oscille donc entre la reconnaissance des symptômes communs et le mépris du plaisir féminin.

Pour que le fétichisme demeure un privilège masculin, le spécialiste compare la jouissance des femmes à un « dilettantisme de contact », entraînant des conséquences neurologiquement aussi primitives que « le phénomène du rire provoqué par le chatouillement ». Elles jouiraient donc du tissu à « un niveau peu élevé de l'axe nerveux », emportées par des « automatismes » : la volupté est dès lors aussi basique qu'un

158 *Ibid.*, 699.
159 *Ibid.*, p. 699 et 705.

gratouillement, tandis que « la perversion fétichiste masculine » se trahirait quant à elle par « son caractère élevé ». Les deux passions ne seraient pas taillées dans la même étoffe – elles n'auraient pas la même *texture* :

> Il existe, on le voit, de très grandes différences entre la texture du fétichisme et celle de la perversion de nos malades. Appliquer à celle-ci le terme de fétichisme serait lui attribuer implicitement des caractères cliniques qu'elle ne possède pas, telles que la puissance exclusive, certaines complications mentales, certaine conduite envers l'objet ; ce serait supposer que cette perversion a pris naissance exactement par le même mécanisme que le fétichisme vrai, alors qu'une analyse serrée montrerait que les deux pathogénèses ne se superposent pas[160].

Clérambault semble d'autant moins convaincu qu'il insiste sur les « très grandes différences », alors même qu'elles se « superposent » et ne se distinguent que par « certaines » qualités. Il refuse pourtant de qualifier les amours féminines de « pseudo-fétichisme », de « petit fétichisme » ou de « fétichisme asexualisé », car la terminologie impliquerait une « analogie trop complète ». C'est pourquoi, afin de différencier clairement le fétichisme masculin de cette variante féminine, l'aliéniste propose le néologisme « hyphéphilie » pour désigner « la recherche spéciale d'un contact doué d'une vertu aphrodisiaque » dans une étoffe[161].

La « simple hyperesthésie tactile (dilettantisme) » féminine se distingue donc du fétichisme des hommes, « toujours conditionné par la féminité de l'étoffe[162] ». L'homme perçoit le textile comme une métaphore féminine, tandis que la femme n'en saisirait pas la potentialité figurée. Pourtant, l'aliéniste analyse différemment le sexe de l'étoffe dans le quatrième cas féminin qu'il rapporte en 1910. Cette malade recherche en effet « la raideur de la soie » : « Ici la soie ne doit pas seulement frôler, avec délicatesse, l'épiderme ; il faut encore qu'elle ait du corps[163] » – condition certes « inattendue » :

> Si l'homme fétichiste recherchait dans les matières vestimentaires la mollesse surtout, ce que lui permet notamment le velours, la peluche et les fourrures, par contre nos exemples de fétichistes femmes, ont toujours recherché presque exclusivement la soie ; elles disaient toutes aimer le cri et le cassant de l'étoffe

160 *Ibid.*, p. 700 et 703.
161 *Ibid.*, p. 712.
162 *Ibid.*, p. 713 et 711.
163 Clérambault, Gaëtan Gatian de, « Passion érotique des étoffes chez la femme (suite) » [1910], p. 719.

> de soie ; dans ce cri et ce cassant, peut-être, voyaient-elles non pas seulement un nervosisme délicat, mais un des signes de la raideur, élément par nous jusqu'ici mal isolé ? Ainsi, tandis que l'homme demande à l'étoffe, dans la mollesse, un ensemble de caractère tout féminin, la femme demanderait, outre la douceur superficielle, une sorte d'énergie interne rappelant le muscle ou toute autre tension, comme on voudra.

Le cri s'entend là où l'on « voit » la raideur virile de l'étoffe, dans une synesthésie qui cette fois se sexualise. Clérambault infléchit donc son propos deux ans plus tard et qualifie cet amour de « fétichisme[164] », puisque la femme retrouve une vigueur musculaire dans le textile. Celui-ci devient ainsi un partenaire sexuel éveillant le plaisir de tous les sens : le cri que l'ouïe savoure et la brisure dont jouit le toucher sont *vues* et *dites* par les femmes comme autant des signes virils. Dès lors, le fétiche redevient un lien figuré vers le sexe opposé – un coït métaphorique proposé même aux dames.

Malgré les méandres de sa pensée, Clérambault n'arrive finalement pas à se dégager du diagnostic de fétichisme :

> De tels cas sont ordinairement considérés comme du fétichisme véritable, ou comme une sorte de fétichisme, ou encore, comme une variété peu importante de l'impulsion kleptomaniaque. Les auteurs classiques disent unanimement que « le fétichisme n'a pas encore été constaté chez la femme » ; cette assertion serait inexacte, s'il fallait rattacher nos cas au fétichisme ; et si on ne les y rattache pas, leur place n'est plus marquée nulle part.
>
> Pour nous, ils ne sont pas du fétichisme vrai, mais ils méritent d'être placés à côté du fétichisme vrai et dans son ombre ; ils constituent, dans quelque mesure, son succédané féminin. Ils sont certes moins pittoresques, moins paradoxaux, moins complexes. Mais peut-être offrent-ils aussi une certaine importance numérique ; en tout cas, leur association à la kleptomanie leur assure un intérêt médico-légal[165].

Parce qu'il se noue à la kleptomanie, le fétichisme féminin doit donc être exploré médicalement malgré le mépris théorique qui l'entache. Si les articles de 1908 et 1910 témoignent d'une misogynie bien connue

---

164 *Ibid.*, p. 717-720.

165 Clérambault, Gaëtan Gatian de, « Passion érotique des étoffes chez la femme » [1908], p. 715. L'on retrouve cette tension chez Barras, qui affirme d'une part que « la passion érotique des étoffes ou héphéphilie ὑφη, étoffe, est bien du fétichisme » et que d'autre part « il y a, dans la littérature médicale, des exemples de femmes qui s'onanisent avec des étoffes. Cela n'est pas du fétichisme » (*Le Fétichisme*, p. 54-55).

chez Clérambault[166], c'est néanmoins une première plongée à travers le plaisir féminin et la déroutante jouissance du clitoris.

Le fétichisme apparaît donc, dans sa théorisation médicale à la Belle Époque, non seulement comme la perversion par excellence, réservée aux hommes et sous laquelle toutes les autres morbidités sexuelles se subsumeraient, mais aussi comme la sexualité la plus détachée du génital : car en investissant d'une puissance érogène un détail, en réveillant la volupté clitoridienne, le désir fétichiste renverse l'ordre des priorités. Le plaisir se réalise grâce à un rapport qui est de l'ordre de la synecdoque (si la partie prévaut au lieu du tout) ou de la métonymie (lorsqu'un objet devient le partenaire des ébats), interrogeant les liens entre le normal et pathologique. Et la médecine ne cessera de lutter contre la continuisme binetien : quantifiant la morbidité par des accumulations hyperboliques de fétiches dans les alcôves, elle bute contre la délimitation du moment où l'amoureux plonge dans le morbide. Mais d'autre part, elle conçoit les rapports entre l'âme et le corps en termes analogiques, comme en témoignent par exemple les expressions de Garnier de « tic moral » ou d'« ectopie amoureuse[167] ». Dans la conclusion du « Fétichisme dans l'amour », Binet part d'une comparaison où l'amour normal *apparaît comme* le résultat d'un fétichisme compliqué pour filer ensuite de multiples métaphores anthropologiques, musicales et théâtrales, censées figurer le fétichisme :

> L'amour normal nous apparaît donc comme le résultat d'un fétichisme compliqué ; on pourrait dire, – nous nous servons de cette comparaison dans le but unique de préciser notre pensée, – on pourrait dire que dans l'amour normal le fétichisme est polythéiste : il résulte, non pas d'une excitation unique, mais d'une myriade d'excitations : c'est une symphonie. Où commence la pathologie ? C'est au moment où l'amour d'un détail quelconque devient prépondérant, au point d'effacer tous les autres.
>
> L'amour normal est harmonieux ; l'amant aime au même degré tous les éléments de la femme qu'il aime, toutes les parties de son corps, toutes les manifestations de son esprit. Dans la perversion sexuelle, nous ne voyons apparaître en somme aucun élément nouveau ; seulement l'harmonie est rompue ; l'amour, au lieu d'être excité que par l'ensemble de la personne, n'est

166 Voir sur ce point Rubens, Alain, *Le Maître des insensés. Gaëtan Gatian de Clérambault (1872-1934)*, Le Plessis-Robinson, Institut Synthélabo, « Les Empêcheurs de penser en rond », 1998, p. 266 *sq*.

167 Voir I. 2, « Thérapeutiques de l'inguérissable ».

> plus excité que par une fraction. Ici, la partie se substitue au tout, l'accessoire devient le principal. Au polythéisme répond le monothéisme. L'amour du perverti est une pièce de théâtre où un simple figurant s'avance vers la rampe et prend la place du premier rôle[168].

Comme si les métaphores étaient dissonantes, Binet les justifie dans le but de « préciser [sa] pensée » alors qu'il s'apprête à énumérer une série de définitions et d'équivalences. En effet, la structure sujet / verbe être / prédicat dicte la plupart des sentences, sauf quelques-unes où l'amour *devient, répond, résulte, se substitue.* Ainsi, pour dire que la perversion est une synecdoque où le rapport avec le tout s'est perdu et dont le renvoi sémiotique a disparu, le savant utilise la métaphore. Et cet usage prouve non seulement une conception analogique de l'amour – l'impossibilité de le penser autrement qu'en référence à un autre art ou à l'anthropologie –, mais aussi que le fétichisme *est* métaphore, substitution jouissive de l'autre – comme le prétend Clérambault et comme en témoignent les excitations verbales et les représentations artistiques des fétiches.

Alors que la conception médicale de l'« adoration de choses qui sont impropres à satisfaire directement les fins de la reproduction[169] » demeure déterminée par la normativité du coït, la perversion est pensée comme le remplacement du corps de l'autre par un objet voluptueux. Ainsi, le fétichiste jouit avec une chaussure comme l'individu normal avec une femme – substitution précisément stigmatisée par la médecine, mais qui est en soi un processus analogique. Paolo Tortonese a peut-être alors bien raison de remarquer qu'au XIXe siècle la métaphore « se confond avec la métonymie, et semble désigner elle aussi des rapports réels. Tout converge dans un détournement généralisé du sens, dans un triomphe du trope[170] ». Le fétichisme apparaît ainsi comme la prévalence du figuré sur le littéral, de l'imaginaire sur le charnel : il est ainsi la perversion la plus liée au « romanesque ». D'une part, parce que les pervers jouissent superlativement grâce à des excitations imaginaires, des « ruminations », qui passent souvent par la composition de « romans intérieurs ». D'autre part, le fétichisme, lecture synecdochique ou métonymique, est particulièrement aiguillonné par la mise en récit, par l'écriture des désirs

---

168 Binet, Alfred, « Le Fétichisme dans l'amour », p. 274.

169 *Ibid.*, p. 261.

170 Tortonese, Paolo, « Le Siècle de la continuité », in Cabanès, Jean-Louis (dir.), *Paradigmes de l'âme : littérature et aliénisme au* XIXe *siècle*, Paris, Presses Sorbonne Nouvelle, 2012, p. 290.

pervers. Ainsi Rousseau « s'est laissé aller à conter le plus longuement possible, afin de prolonger son plaisir ». La perversion gît donc surtout dans son dire : et Binet, en donnant longuement la parole à l'écrivain, revit ce plaisir narratif « presque *in extenso*[171] ». Le texte médical se mue alors en une confession à la première personne via la littérature. Tandis que Charcot et Magnan placent au cœur de leur discours celui qui ose confier ses désirs interdits, Binet élargit la brèche et laisse s'immiscer, dans le texte scientifique, un discours intime avec lequel il risque de se confondre – Jacqueline Carroy l'a remarqué :

> Si l'on prend en compte cette place centrale assignée à Rousseau, le texte scientifique à la troisième personne est un appel à une première personne autobiographique impossible à tenir publiquement autrement que par citation anonyme ou littéraire. La référence aux *Confessions* suggère que l'écriture et la lecture scientifiques sont troublées par ce dont elles parlent et qu'elles s'apparentent à des « ruminations érotiques » pour reprendre le vocabulaire de Binet[172].

La richesse énonciative des textes médicaux confond finalement la voix du savant avec celle de Rousseau et des autres pervers. C'est leurs propres traités qui risquent de s'apparenter à l'un de ces « romans imaginaires », issus d'une « manière écrivassière » dont peuvent finalement être saisis tous les hommes de plume. Comment s'y prennent donc les textes médicaux pour dire le plaisir, pour narrer les excitations fétichistes ? Quelle posture adoptent-ils face aux écrivains qu'ils taxent de fétichisme mais dont ils relaient volontiers les pages ? C'est ainsi une plongée dans la narration savante de la perversion que propose le chapitre à venir.

---

171 Binet, Alfred, « Le Fétichisme dans l'amour », p. 255.

172 Carroy, Jacqueline, « "Je ne veux pas faire rire" : la sexualité de et selon Zola », in Sacquin, Michèle (dir.), *Zola et les historiens*, Sacquin M. (dir.), Paris, Bibliothèque nationale de France, 2004, p. 113.

ÉCRITURES CLINIQUES

De médico, poeta y loco,
Todos tenemos un poco[1].

En s'intéressant à l'amour, les savants ouvrent la porte à l'écriture (et à la lecture) de *romans* érotiques qui répondent à ceux que les pervers (ou tout un chacun) se racontent en leur for intérieur. Les médecins ne cessent d'encourager leurs patients à se narrer, à écrire le secret de leurs désirs : « La tâche du psychiatre se fait alors révélation du sexuel caché[2] ». Ces confidences sont ensuite savamment retravaillées et diffusées dans les traités médicaux remplis, dès lors, de détails sexuels, de manœuvres érotiques, d'épanchements intimes. Mais les savants ne se contentent pas seulement de confessions, émanant souvent des praticiens eux-mêmes : ils s'intéressent de près aux textes littéraires qui ont « bien souvent chanté[3] » le fétichisme, parmi lesquels les naturalistes et les décadents ont une place de choix. Pour se poser en tant qu'experts, les spécialistes doivent donc se situer par rapport à littérature et « disséquer » des romans qui sont autant des sources d'observation que des concurrences scientifiques.

Parce que les fétichistes souffriraient, comme l'a montré Binet, de « manière écrivassière », alors nombre de médecins soutiennent que les hommes de lettres seraient particulièrement exposés au fétichisme eux-mêmes. D'où les multiples pathographies de plumes célèbres, soupçonnées de perversion – sexuelle et littéraire : Zola, Maupassant et surtout Rétif de la Bretonne sont passés par le scalpel des spécialistes du fétichisme. En effet le tournant du siècle connaît une « restifomanie » ; et le « Rousseau

1 Laurent, Émile, *L'Amour morbide*, p. 277.
2 Mazaleigue-Labaste, Julie, *Les Déséquilibres de l'amour*, p. 209.
3 Binet, Alfred, « Le Fétichisme dans l'amour », p. 270.

du ruisseau » apparaît comme un amateur reconnu de chaussures et de pieds. C'est pourquoi les savants le citent abondamment, oscillant entre une admiration pour son écriture charmeuse et une condamnation de ses pratiques, qu'ils diagnostiquent avec peine comme maladives. En s'intéressant à Rétif, la science de l'amour contribue certainement à sa reconnaissance, tout nouant étroitement fétichisme et littérature, perversion et écriture. On retracera comment les savants, en tentant de préserver la spécificité de leur approche du fétichisme, tantôt dénigrent des écrivains en les taxant de pervers, tantôt s'intéressent de près à des plumes comme Rétif de la Bretonne pour déterminer s'il était malade ou non ; comment, ce faisant, ils contribuent à répandre ses conseils aphrodisiaques et ses textes fétichistes dans des discours médicaux dont la teneur devient érotiquement explosive.

NARRATIONS DES CONFIDENCES

Dans une époque où, assure Näcke, « l'on s'occupe tant des aberrations sexuelles, même dans les couches laïques[4] », les récits médicaux narrent des détails croustillants découverts grâce à des confessions intimes. Charcot et Magnan découvrent la « floraison » perverse lors de « fouilles[5] » effectuées dans l'archéologie de l'individu, auquel ils cèdent la parole à la première personne – dispositif narratif jusqu'alors inconnu dans les textes français sur la perversion sexuelle[6]. Tandis que le texte est rédigé à quatre mains, noyant les voix aliénistes, le récit du malade clame sa lutte intérieure. Bien qu'ils encadrent par leur commentaire la confession intime, les savants appellent à écouter ces êtres en souffrance dont on s'est trop moqué – car leur maladie « grotesque » provoque le

4 Näcke, P., « Un cas de fétichisme de souliers. Avec remarques sur les perversions du sens génital », *Bulletin de la société de médecine mentale de Belgique*, nº 72 (mars 1894), p. 318.

5 Charcot, Jean-Martin, et Magnan, Valentin, *Inversion du sens génital et autres perversions sexuelles*, p. 38.

6 Ce sont les Allemands, avec les recherches de Caspers, Ulrichs et Westphal sur l'inversion sexuelle, qui s'intéressent d'abord à la forme autobiographique narrant l'homosexualité. Voir Lejeune, Philippe, « Autobiographie et homosexualité », *Romantisme. Revue du dix-neuvième siècle*, nº 56 (1987), p. 79-94.

rire. Un des pervers, « devant le tribunal, [...] raconte ses obsessions, ses impulsions, mais on rit, il n'est pas écouté et se voit condamner à huit jours de prison[7] ». La place que Charcot et Magnan donnent à la parole des obsédés contraste avec l'absence de considération que les pouvoirs publics témoignent à leur égard. La médecine accueille ainsi, de manière inédite, la narration des impulsions trop longuement tues.

Le récit autobiographique inscrit le désir dans une dynamique de vie, en en racontant l'origine : il met en mouvement l'image obsessionnelle, le fantasme fétichiste conçu comme définitivement fixé par l'enfance. Alors que Charles Lasègue notamment se contente quelques années auparavant d'énumérer les actes commis par les exhibitionnistes, Charcot et Magnan plongent dans le drame individuel, mis en scène comme un combat intérieur :

> Qui peut se douter d'une situation aussi profondément triste, en dehors du malade et du médecin, à qui il fait ses confidences ? [...] À un examen superficiel, cet homme ressemble à tous les autres, il vit de la vie commune, tandis qu'au contraire, tout est chez lui lutte, artifice et contrainte ; chaque minute voit naître un motif nouveau d'angoisse et de perplexité[8].

Le praticien serait le seul à connaître la tristesse de ces vies envahies par la jouissance perverse, le seul à percer le malaise d'êtres qui, en dépit de leurs fantasmes, fonctionnent le plus souvent socialement. Et c'est justement cette discordance qui inquiète les savants : « L'on serait certainement mal venu de dire à ses auditeurs que le professeur distingué dont ils admirent chaque jour l'éloquence, la logique, le jugement, n'est autre qu'un malade dont le cerveau est torturé par les idées les plus étranges ; qui d'un instant à l'autre, malgré lui, malgré tous ses efforts, peut être poussé à la plus honteuse promiscuité[9] ». La tâche de la médecine serait donc de dévoiler cette honteuse intimité dégénérescente pouvant être celée.

Les confidences peuvent être réveillées plus ou moins facilement. Alexandre Langlois raconte comment un médecin de famille, appelé auprès d'une femme souffrant d'inflammations continues du clitoris (attribuées par le mari à ses prouesses érotiques), « provoqua sans peine

7 Charcot, Jean-Martin, et Magnan, Valentin, *Inversion du sens génital et autres perversions sexuelles*, p. 13 et 33.

8 *Ibid.*, p. 32.

9 *Ibid.*, p. 17.

les confidences de la malade. Il fut mis sur la voie de l'onanisme par la réitération, sans raison apparente, des inflammations vulvaires moins graves que cette fois et qu'il avait été appelé à soigner. La malade semblait avoir plaisir à parler de ses manœuvres onanistiques à son médecin ». Et cette volupté narrative transpire dans la thèse de Langlois, qui retranscrit dans le détail les manipulations et les préférences de la masturbatrice : « "Le Velours du Nord, le velours le plus jouissant" ne saurait être comparé à la soie qui accroche trop et ne serait pas assez douce ; si la fourrure de loutre pourrait servir, elle ne convient pas pour se frotter car ses poils trop longs se collent les uns aux autres[10] ».

Mais l'extirpation d'aveux est souvent bien laborieuse. Vallon remarque que, « parmi les fétichistes, les uns avouent sans difficulté la perversion sexuelle dont ils sont atteints, mais il en est d'autres, au contraire qui, honteux de leurs appétits bizarres, les cachent soigneusement et ne se décident que difficilement à les confesser, quand ils se sont laissés aller à commettre un acte qui en fait soupçonner l'existence[11] ». L'aveu est dès lors d'autant plus nécessaire que la perversion se niche dans une intimité qui voudrait se cacher à la science – et qui parfois, aussi, se dérobe aux patients eux-mêmes[12]. Les médecins, qui thématisent cette difficulté, aiment à raconter la découverte du pot aux roses, comme en témoigne le cas du terrible Philippe X, le piqueur de fesses, analysé par Garnier :

---

10 Langlois, Alexandre, *Une observation de fétichisme des étoffes chez la femme*, p. 29 et 32.

11 Vallon, Charles, « Fétichiste honteux. Rapport médico-légal », *AHPML*, série 3, n° 34 (1895), p. 548. Si l'on croit Michel Foucault, « l'aveu de la chair » n'a cessé de croître depuis que la Contre-Réforme a accordé, au sein de la confession, une place prépondérante à la mise en discours non seulement de l'acte charnel lui-même, mais aussi du trouble du désir. Exigé par la médecine au XVIIIe puis par la psychiatrie au XIXe siècle, l'aveu constitue un « rituel de discours où le sujet qui parle coïncide avec le sujet de l'énoncé ; c'est aussi un rituel qui se déploie dans un rapport de pouvoir, car on n'avoue pas sans la présence au moins virtuelle d'un partenaire qui n'est pas simplement un interlocuteur, mais l'instance qui requiert l'aveu, l'impose, l'apprécie et intervient pour juger, punir, pardonner, consoler, réconcilier ; un rituel où la vérité s'authentifie de l'obstacle et des résistances qu'elle a eu à lever pour se formuler » (Foucault, Michel, *Histoire de la sexualité. La Volonté de savoir*, p. 82-83). La *scientia sexualis* caractérisant notre civilisation occidentale serait ainsi passée à une « littérature ordonnée à la tâche infinie de faire lever du fond de soi-même, entre les mots, une vérité que la forme même de l'aveu fait miroiter comme l'inaccessible » (*ibid.*, p. 80). Sur la question de l'aveu dans la psychiatrie des perversions, voir aussi Chaperon, Sylvie, *Les Origines de la sexologie (1850-1900)*, p. 196-200.

12 Julie Mazaleigue-Labaste insiste sur le fait que l'aveu ne peut pas être une « grille de lecture systématique de l'examen clinique », car les mobiles des actes demeurent parfois opaques aux pervers eux-mêmes (*Les Déséquilibres de l'amour*, p. 210).

> Un jour, il consentit, après bien des réticences, à nous déclarer « *qu'il avait obéi à une idée qui le suivait depuis longtemps* ». Pour cette fois, il s'en tint là... Un autre jour, nous pûmes lui arracher cet autre aveu : *chaque fois qu'il avait piqué une jeune fille, il avait taché son linge.* Et pourtant, il nous adressait, le surlendemain, une lettre où il s'exprimait en ces termes : « Ainsi que vous m'en avez témoigné le désir, je vous écris pour vous donner les quelques renseignements que j'ai dans ma mémoire...[13] ».

Garnier, insatisfait toutefois par cette première missive, soupçonne le fétichiste de craindre des représailles policières et de refuser la narration de détails intéressants :

> Il fallut lui promettre qu'à une prochaine visite son manuscrit nous serait directement remis. Rassuré enfin, il fit cette déclaration : « Dans ces conditions, je vous dirai tout ».
>
> Nous ne pensons pas que l'inculpé nous ait absolument *tout dit ;* cependant, la lettre ci-dessous reproduite contenait l'aveu véritablement essentiel en l'espèce.

Si le rêve d'une confession *totale* demeure irréalisable, l'aveu écrit, retransmis d'abord à la première puis à la troisième dans l'article de Garnier, donne néanmoins à entendre l'émotion des piqûres fessières :

> Dès ce moment, les fesses des femmes sont, comme il le dit, *sa passion, sa manie...* Il en rêve. Dans ses songes, il aperçoit des femmes accroupies, les fesses largement en saillie. Il lui semble qu'il va les toucher... et son bonheur est si grand qu'il se réveille... Bientôt, à cette idée s'en adjoint une autre : celle de *pincer*, puis de *piquer* les fesses des jeunes filles que le hasard lui fait rencontrer. Là encore, le rêve se met au service des désirs difficilement contenus à l'état de veille. Ce rêve est, dès lors, celui-ci : X... poursuit une jeune fille, les yeux ayant pour point de mire la région fessière. Il finit par l'atteindre... il frappe les fesses avec une lame aiguë... Aussitôt l'orgasme vénérien se produit et le réveil a lieu sous la secousse d'une pollution.
>
> Un jour vint où, de l'*action rêvée* X... devait passer à l'*action vécue*[14].

Narrée au passé simple, la vie du fétichiste serait hantée par un fantasme qui, « un jour », s'extériorise dans une action violente, décrite avec maints détails voluptueux. Garnier organise le passage fatal entre les italiques de « l'*action rêvée* » et de « l'*action vécue* » – probablement des expressions du patient. Mais on ignore si le spécialiste est le seul

13 Garnier, Paul, « Le Sadi-fétichisme », p. 114.

14 *Ibid.*, p. 114-115.

à saisir la logique implacable du « devait passer », ou si le récit du patient l'articule déjà. Cette confusion est renforcée par l'usage de l'italique sans guillemets, qui donne à entendre la voix du malade dans un style indirect libre. S'entremêlent ainsi la voix du médecin et celle du patient « en un contrepoint équilibré de science et de folie » propre aux récits des aliénés du XIXe siècle, véritables discours mixtes participant d'une « double énonciation[15] ». Les traités médicaux sur le fétichisme continuent par conséquent dans la voie narrative inaugurée par Charcot et Magnan, puisque la parole est donnée aux pervers : mais l'interrogatoire est aussi « réagencement et réinterprétation active par le médecin des éléments livrés » – une « *herméneutique sexuelle*[16] » parfois savamment orchestrée.

C'est le cas chez Clérambault, connu en effet pour ses interrogatoires qu'il se plaît à retranscrire de manière dramatique, sous forme de dialogues et accompagnés de didascalies. Devenant une sorte de metteur en scène, il laisse les « monologues si expressifs, si convaincants » des malades se déployer dans leur « spontanéité », car « la rapidité, l'imprévu, l'ingéniosité des réponses ainsi provoquées sont des renseignements de haute valeur ; ce sont parfois de vrais cris du cœur que l'on obtient[17] ». C'est pourquoi le médecin doit taire ses nombreuses questions, qui pourraient suggérer des idées aux patientes :

> Cliniquement, l'interrogatoire de telles malades n'est jamais entièrement fini. L'obligation d'attendre l'émission spontanée de certaines données a pour effet de le prolonger, sans que l'on formule certaines questions auxquelles on n'a cessé de penser. Ainsi, dans le cas de la malade V. B..., nous aurions aimé savoir nettement si la soie froissée, usagée, est pour elle dépourvue de charme, si un homme revêtu de riche soie lui plairait plus que la soie seule, si la fillette rêvée par elle s'habillait de soie ou par la douceur de sa peau rappelait la soie, si des bêtes parues dans ses songes la fourrure lui était agréable, si elle ajoute parfois à la soie neuve une idée abstraite de virginité, etc.[18]

La longue série d'hypothèses tues s'apparente à une liste de fantasmes que le médecin ne peut professer que dans l'écrit, où paronomases et

15 Rigoli, Juan, Lire le délire. *Aliénisme, rhétorique et littérature en France au XIXe siècle*, préf. Jean Starobinski, Paris, Fayard, 2001, p. 383.

16 Mazaleigue-Labaste, Julie, *Les Déséquilibres de l'amour*, p. 210.

17 Clérambault, Gaëtan Gatian de, « Passion érotique des étoffes chez la femme » [1908], p. 708.

18 *Ibid.*, p. 715.

inversions syntaxiques donnent à entendre poétiquement la chair du tissu, hantant on ne sait plus trop qui.

Les spécialistes ne s'alimentent pas seulement d'« observations » cliniques recueillies et classées ; ils s'emparent tout particulièrement de « confessions » racontées et rédigées par le patient. Alors que le nécrophile Bertrand avait déjà répondu par une lettre au diagnostic de Michéa, la pratique se banalise dans la seconde moitié du XIXe siècle, comme si l'écrit offrait une distance facilitant la confession[19]. Si celle-ci peut avoir des conséquences légales et déresponsabiliser pénalement le malade, il n'en demeure pas moins que les pervers s'épanchent dans des autobiographies dont la taille parfois volumineuse et le travail narratif excèdent le simple aveu médical[20]. Souvent sollicitée par le spécialiste même, la confession devient sexuelle, recherche introspective, encouragée par l'extension que connaît l'interrogatoire clinique sous l'impulsion des théories de l'hérédité. Mais par ailleurs, comme le remarque Julie Mazaleigue-Labaste, « parler de soi, de toute manière, est devenu un *topos* » :

> Depuis la fin du XVIIIe siècle, les peintures du moi intime se sont approfondies, au point d'englober les névroses de l'individu et de sa famille dans les littératures naturaliste et décadentiste. De Rousseau à Zola et Huysmans, la littérature de la subjectivité infuse ainsi la psychiatrie et le discours des patients qui dépassent parfois les attentes médicales en livrant de véritables petits romans de leur vie et de leurs fantasmes[21].

C'est le cas de Louis X, l'amant des bottes vernies, qui rédige un mémoire dont un passage truculent sur une masturbation anale effectuée avec une bille est retranscrit par Garnier, dans un luxe de détails. Ce dernier alterne les passages cités avec les discours rapportés, qui semblent résumer les propos du patient tout en le citant. La confession perverse, incapable de se déployer totalement, est parasitée par la voix du médecin. Mais le texte savant laisse à la première personne la

19 Voir Chaperon, Sylvie, *Les Origines de la sexologie (1850-1900)*, p. 200-201.

20 Le mangeur de chair humaine et V. Victor, l'amoureux de la soie, écrivent des lettres à Garnier (« Fétichistes et invertis sexuels », p. 367 ; « Un cas de perversion du sens génésique... », p. 462) ; François Maire, le coupeur d'oreilles, rédige son « auto-biographie », à laquelle il a « apporté un certain soin » et qu'il a intitulée « *Discours sur le sommaire précis de ma vie* ». Garnier cite quelques extraits de ce qui est devenu un « volumineux manuscrit » où il refuse le diagnostic de sadi-fétichisme (« Le Sadi-fétichisme », p. 216).

21 Mazaleigue-Labaste, Julie, *Les Déséquilibres de l'amour*, p. 211.

responsabilité narrative des moments les plus hardis ; et les mises en garde conventionnelles qui les accompagnent ne réussissent qu'à titiller le lecteur en lui promettant de la salacité :

> De ses *relations avec ses bottes vernies*, X… trace le tableau suivant, dont l'obscénité, si révoltante qu'elle puisse être en elle-même, ne saurait faire oublier pourtant qu'on se trouve ici en présence des manifestations d'une obsession pathologique : « Je mets mon caleçon rose et mes bottes. Je monte sur deux chaises, les jambes écartées, et j'entr'ouvre légèrement la porte de mon armoire à glace pour m'y voir par derrière, grâce à la réflexion de la glace de la cheminée. Tout en me masturbant, je tiens mes regards obstinément attachés sur mes fesses, sur mes cuisses et surtout sur mes bottes. À ce moment, je voudrais pouvoir m'aimer moi-même, me livrer à des attouchements sur mon corps, dont je vois l'image dans la glace. La vue de mes bottes en est arrivée à me surexciter assez pour que je puisse me dispenser, le plus souvent, de l'introduction de la bille dans l'anus. Mon but est de projeter le jet de sperme dans l'ouverture de l'une des deux bottes, et quand j'y parviens, c'est le paroxysme de la jouissance. D'autres fois, sur le point d'éjaculer, je me frotte les fesses, les cuisses et l'anus avec une de mes bottes, tandis que je contemple avec obstination, sur l'autre botte, la lumière qui s'y réfléchit ; mais, presque toujours, je les place chacune sur une chaise, près de la fenêtre, inclinées de telle manière qu'elles brillent le plus possible et, placé à une certaine distance, je cherche, comme je le disais, à les atteindre avec le jet de sperme. Cette opération, dans la jouissance excessive qu'elle me procure, me donne une sensation de triomphe, de victoire, quand la liqueur séminale vient frapper mes bottes.
>
> En juin dernier, X… crut enfin toucher à la réalisation tant désirée de la pédérastie passive. Il rencontra au Bois de Vincennes un jeune bicycliste qui lui plut[22]…

Le pervers détermine son acte onaniste de manière physique et optique (en étudiant les reflets lumineux et en jouant sur la mécanicité du mouvement corporel) ; il le décrit d'une manière *réfléchie*, aboutissant au paroxysme de l'orgasme dont on a suivi les moindres étapes scientifiquement. Le texte continue ensuite à la troisième personne, mais il manque les guillemets fermant la citation. Erreur typographique ? Peut-être. Il n'empêche qu'à la description savante de *l'opération* succède, en fondu enchaîné, le récit du médecin dont la parole peine à se soustraire à celle du malade.

Dans un article consacré aux autobiographies médicales d'homosexuels, Philippe Lejeune a remarqué cette absence de démarcation entre les voix du malade et du savant :

22 Garnier, Paul, « Fétichistes et invertis sexuels », p. 402-403.

> Les médecins sont peu scrupuleux dans leur manière de rapporter les discours recueillis. Dans les récits de cas médicaux, on a souvent du mal à discerner si on est devant un récit oral, noté, reconstitué, ou devant un récit écrit, exactement cité. Ces « notes autobiographiques », qu'ils ont eux-mêmes commandées, les médecins français se sentent libres de les résumer, de n'en citer que quelques passages, de les couper de leurs appréciations, sans leur donner la chance de se déployer dans leur propre logique, au cas où elles en auraient une [...]. Elles sont déjà à moitié digérées, broyées dans le texte du rapport médical[23].

Toutefois, dans les textes dédiés au fétichisme, il n'y a pas de manque de scrupule dans le choix des extraits transcrits à la première personne, puisqu'ils constituent souvent des passages particulièrement crus – comme si seul un discours autobiographique pouvait attester de l'invraisemblable mécanique fétichiste. Si la manœuvre semble ainsi tenue à distance par le médecin, il n'en demeure pas moins que le texte savant fournit ce faisant de précises instructions pour une pratique de l'audace érotique.

Legrain aurait eu, comme Garnier, « l'occasion de soigner et le loisir de moraliser » l'amateur des chaussures vernies, alias B. cette fois, dont il se propose également de raconter le « roman » fétichiste en lui « [laissant] souvent la parole[24] ». L'aliéniste narre d'abord « l'épopée » du malade dans les mêmes termes que Garnier :

> Nous l'avons vu pédéraste, et exclusivement pédéraste passif, dissociant très bien lui-même cet acte purement matériel de ce qu'il cultivait avec ardeur sous le nom d'amour unisexuel. Nous l'avons vu rechercher des jouissances spéciales par l'introduction de corps étrangers dans l'anus, ou encore subir la fascination des bottines vernies, dont la vue était suffisante pour provoquer toute une série de jouissances génitales. Dans un raffinement de luxure, nous l'avons vu encore combiner ces diverses excitations pour accroître la somme de ses plaisirs. Enfin, nous l'avons vu pornographe, coutumier des inscriptions sales en des lieux fort peu poétiques où il trouvait néanmoins la source de nouvelles voluptés[25].

23 Lejeune, Philippe, « Autobiographie et homosexualité », p. 85.

24 Legrain, Paul Maurice, *Des Anomalies de l'instinct sexuel*, p. 24 et 10. Le spécialiste communique d'ailleurs en annexe un historique de l'amour inverti que le malade a rédigé pendant son internement à l'asile, « sans le secours d'aucun livre ; on y jugera l'étendue de son érudition en matière d'amour antiphysique. Cet historique peut intéresser en outre les savants que cette grave question préoccupe à bon droit » (p. 58). Le texte du malade devient ainsi un document utilisable non seulement comme témoignage, mais aussi comme base de données pour les spécialistes.

25 *Ibid.*, p. 19-20.

À cette énumération marquée par l'anaphore « nous l'avons vu » succède un récit qui voudrait unifier la multiplicité apparente des perversions sous une forme homogène. L'anamnèse est alors reparcourue, mais en focalisation interne, narrant au présent les désirs intimes du pervers :

> Chemin faisant, au moment où il aborde l'idée possible de relations charnelles, l'artiste a continué et perfectionné son œuvre. Non seulement il poursuit la recherche d'un être auquel il pourra associer sa vie, mais il a trouvé une formule à cet être, il a conçu son idéal, il lui a donné une forme dans son désir et l'obsession même de cette forme rêvée qu'il ne pourra rencontrer va lui causer désormais les plus grandes déceptions. [...] C'est le rêve poétique du collégien que les rudesses et les vérités de l'existence n'ont pas atteint encore, mais qui nous montre, tout imprégné d'idéal, et c'est là que j'en veux toujours revenir, cet être anormal, contre nature, capable d'inspirer la plus violente aversion à tout esprit non prévenu.

La poéticité du fantasme qu'élabore cet « artiste », parachevant une « œuvre idéale », devrait achopper contre « la plus violente aversion ».

Le récit médical devient alors un discours indirect libre truffé de parenthèses reformulant scientifiquement le fantasme :

> Et toujours, il reste psychique avant toute autre chose ; toujours il cultive *l'amour unisexuel comme un art.* Si, hanté par des désirs de pédérastie (forme pervertie qu'a prise son instinct), il cesse de planer pour tomber dans le terre à terre, ce n'est jamais qu'épisodiquement ; il satisfait une curiosité (c'est un instinct sexuel qu'il vaudrait mieux dire), qui le laisse déçu, dépité, plein de dégoût [...]. C'est un amour romanesque que le sien. Il attendra pour le réaliser[26] !

Les voix médicale et fétichiste ne cessent ainsi de s'embrasser : et le texte devient finalement polyphonique, *réalisant* le roman de l'amour par sa technique narrative :

> Il revient alors aux pratiques solitaires. Il va s'efforcer de réaliser le rêve de son imagination. Il s'onanise en pensant qu'il est « vivement désiré ». Il évite les pollutions, afin de prolonger la jouissance intellectuelle. Il reste donc toujours, et quand même, un psychique, plus hanté par l'attrait de la possession idéale que par les pamoisons génésiques.
>
> Cependant le moral ne résiste pas aux assauts réitérés qu'il essuie, il tombe dans un abattement inexprimable. Il cherche un dérivatif à ses souffrances et met son imagination à la torture. Son système nerveux est dans un état d'éréthisme qui réclame une satisfaction. Il est affamé de sensations[27].

---

26 *Ibid.*, p. 23-24.
27 *Ibid.*, p. 25-26.

La pauvreté syntaxique et sa répétitivité marquent le caractère obsessionnel de la passion à l'issue fatale :

> Littéralement asservi par l'obsédant besoin de ressentir quelque chose, il perd fatalement le pouvoir de diriger ses actions extérieures et de les harmoniser avec les exigences du milieu social. Aussi quand, au Bois de Vincennes, à la vue d'un éphèbe, il ressent le « coup de foudre », toute retenue cesse ; tel meurt-de-faim qui brise la devanture d'un boulanger ; il devient ouvertement provocateur, exhibitionniste. Ainsi finit ce drame moral comme finissent en général les aventures des vrais invertis, qui n'ont, comme on peut le voir, rien à voir avec les vulgaires pédérastes[28].

Loin d'être « vulgaire », le « drame » s'achève par l'arrestation de l'inverti : mais il n'y a dès lors plus de récit, comme si la prise en charge médicale achevait le combat intérieur, faisait taire les fantasmes. Et ce sera justement à propos de cet amant des chaussures vernies que Louis Barras soutiendra que l'observation « pourrait, développée et embellie, devenir le thème d'un roman, qui aurait la prétention d'étonner. Nous y relevons cette image : "Je constate, une fois rentré, que malgré les précautions que j'ai prises pour marcher, une de mes bottes a, en travers du pied, une légère craquelure… *Cela m'attriste comme la vue d'une première ride sur le visage d'un être aimé*[29]" ». L'aliéniste justifie un travail narratif médical par la figuralité des propos tenus par des malades qui font ainsi écho au trope même de leur vie érotique.

Il y a donc une potentialité romanesque des observations médicales exploitée par les savants. Garnier retravaille la narration de ses cas d'un traité à l'autre, notamment l'histoire d'Eugène, le glouton de peau satinée, dramatisée entre la version de 1895 et celle de 1900 : plusieurs verbes originellement conjugués au passé composé deviennent du passé simple, tandis que des passages racontés indirectement sont désormais retranscrits au style direct – animant d'autant plus la narration des fantasmes[30]. Émile Laurent rédige pour sa part des dialogues entre les malades et leur entourage afin de romancer ses observations, qu'il distribue sur plusieurs chapitres leur donnant l'apparence de courtes nouvelles[31].

28 *Ibid.*, p. 27.

29 Barras, Louis, *Le Fétichisme. Restif de la Bretonne fut-il fétichiste ?*, p. 19.

30 Voir Garnier, Paul, « Fétichistes et invertis sexuels », p. 365-366 et « Le Sadi-fétichisme », p. 222.

31 Le cas d'Anna la débile est emblématique : *cf.* Laurent, Émile, *L'Amour morbide*, p. 99 *sq.*

Et les autobiographies insérées sont telles « des fenêtres qui s'ouvrent dans le texte » invitant à l'immersion fictionnelle, alors que les détails voluptueux s'étirent d'autant plus que les commentaires analytiques se font rares. Après avoir rappelé la théorie du fétichisme, les médecins se contentent de « quelques mots situant le cas, quelques précautions oratoires, une paraphrase dégageant les points essentiels, et ils laissent la parole à l'autobiographe[32] ». Le fétichiste parasite ainsi le discours médical, que ce soit à la première personne ou par ces lettres cursives qui font pencher le scalpel du côté du plaisir – et ce d'autant plus que beaucoup de pervers sont des médecins eux-mêmes.

Chez Charcot et Magnan déjà, le frotteur de fesses est un confrère à tendance pédophile. Puisque ce patient est médecin, les auteurs s'empressent de « noter que l'enfant à l'état de nudité le laisse indifférent et qu'à l'amphithéâtre et dans les salles de dissection, il n'avait aucune idée bizarre ». Ce pervers, venu « au mois d'octobre 1881, demander conseil à l'un de nous pour les phénomènes étranges qu'il éprouve[33] », n'entame ainsi pas l'honneur de la corporation. De même, Albert Moll a aussi eu plusieurs collègues atteints du mal fétichiste :

> Un autre encore, médecin celui-ci, m'a dit qu'il s'enflamme à la vue de bottines vernies ; ce qui l'excite encore, c'est une taille bien serrée et un manteau bien ample au niveau des hanches.
>
> Un médecin, qui n'a jamais présenté la moindre perversion sexuelle, m'a dit qu'il était particulièrement excité par le bras de la femme ; mais en même temps le désir final est le coït *per vaginam.* Toutefois pendant le coït il serre vigoureusement et couvre de baisers le bras de la femme[34].

La fréquence des observations concernant des médecins pourrait bien provenir de discussions faites entre collègues ou de confessions masculines chuchotées dans les fumoirs, qui viennent ainsi engrosser la collection au demeurant lacunaire de cas. Mais cette prédominance de médecins fétichistes provoque une correspondance contagieuse entre docteurs et malades, qui menace de faire naufrager la science de l'amour dans l'aporie protocolaire que Charles Cros repérait dans sa nouvelle. Comment accomplir en effet la tâche observatrice et prophylactique incombant à la médecine si les savants sont amoureux, voire pervers ?

---

32 Lejeune, Philippe, « Autobiographie et homosexualité », p. 85-86.

33 Charcot, Jean-Martin, et Magnan, Valentin, *Inversion du sens génital…*, p. 21-22.

34 Moll, Albert, *Les Perversions de l'instinct génital…*, p. 161-164.

Comme s'ils en étaient conscients, les spécialistes s'efforcent d'éliminer toute trace de dégénérescence en eux. Chevalier confesse, au début de sa thèse portant sur les déviances génésiques, ce tiraillement inhérent à la posture médicale :

> Ce n'est pas sans peine, je l'avoue, que je suis parvenu à me faire une mentalité capable de mener à bonne fin l'entreprise commencée. Dès les premiers pas, je reculai effrayé : c'est que, malgré mes efforts pour m'affranchir d'une hérédité psychique séculaire, il en restait encore quelque chose en moi[35].

Et pour Laurent il n'est pas impossible que le lecteur de *L'Amour morbide* confonde médecins et aliénés :

> Le mal d'amour ! La folie amoureuse ! Encore un aliéniste qui voit des fous partout ! – Ne plaisantez pas. Il y en a tant, hélas ! Nous en coudoyons tous les jours dans la rue. Qui de nous d'ailleurs n'a pas son petit grain, comme on dit vulgairement, ses manies plus ou moins ridicules ? Je vous entends encore : Mais vous, le psychiâtre psychologue, qui voyez des fous partout, ne seriez-vous pas halluciné vous-même ?
>
> – Qui sait ? Peut-être… quelquefois. Mais cela ne m'empêcherait pas de voir la folie des autres. Les aliénés, s'ils ne sentent pas l'inanité de leur délire, se moquent des conceptions ni plus absurdes ni plus folles de ceux qu'on met à côté d'eux.

En dépit de son continuisme, Laurent croit en une médecine dont l'observateur serait apte à discerner les pervers – et ce malgré son propre *grain*.

Que le texte médical puisse être l'aveu d'une passion personnelle a largement été remarqué à propos de Clérambault. Gérard Macé, dans un chapitre qu'il lui dédie dans *Vies antérieures*, cite une lettre que lui aurait adressée une patiente, parce qu'« un homme sensible aux plaisirs délicats donnés par les étoffes peut seul être l'auditeur de telles confessions[36]… ». Les innombrables clichés que Clérambault a pris de personnages voilés lors de ses voyages au Maroc dès la Première Guerre mondiale témoignent, outre d'un intérêt historique pour le drapé, d'une fascination hyperbolique pour ses plis variables que ses enseignements des

35 Chevalier, Julien, *De l'inversion de l'instinct sexuel d'un point de vue médico-légal*, p. 19-20.

36 Macé, Gérard, *Vies antérieures*, Paris, Gallimard, « Le Chemin », 1991, p. 97. Voir la biographie de Rubens, Alain, *Le Maître des insensés. Gaëtan Gatian de Clérambault (1872-1934)* et Moron, Pierre, *Clérambault, maître de Lacan*, Le Plessis-Robinson, Synthélabo, « Les Empêcheurs de penser en rond », 1993.

années 1920 aux Beaux-Arts confirment[37]. Dès son suicide, l'accusation de fétichisme a plané sur l'aliéniste, puisqu'il s'est tiré une balle dans ses yeux atteints de cataracte face à son reflet dans un miroir, entouré du regard absent des mannequins habillés qu'il utilisait comme support pour ses cours de techniques du drapé[38]. Bien qu'il ne s'agisse pas ici de déterminer si Clérambault était fétichiste ou non, il n'en demeure pas moins qu'un lien se tisse entre son intérêt pour l'érotisme des étoffes et ses clichés dont l'abondance et la mise en série fascinent depuis lors. La photographie clérambaldienne met en scène le tissu dans sa pure présence, évinçant le sujet dont il ne demeure, à la limite, qu'un regard : il est rupture de la ligne, chute voluptueuse de la courbe, d'autant mieux mise en valeur lorsque le tissu est ligné.

Mais l'*image* textile n'est pas seulement photographique : elle est aussi figurée, textuelle. En effet, Clérambault décrit l'effet voluptueux de la soie avec un plaisir poétique, élaborant un catalogue de fourrures déclenchant une *visualisation* des fétiches excitants :

> Nous aimons à promener la main sur la fourrure ; nous voudrions que la soie glissât d'elle-même le long du dos de notre main. La fourrure appelle une caresse active sur son modelé : la soie caresse avec suavité uniforme un épiderme qui se sent surtout devenir passif ; puis elle révèle pour ainsi dire un nervosisme dans ses brisures et ses cris. Peut-être ainsi se prêterait-il mieux à la volupté féminine. Ces remarques ne nous paraissent pas négligeables [...][39].

La première personne du pluriel unit lecteur, fétichiste et spécialiste dans une volupté partagée de sentir la caresse de la fourrure, tandis que la soie glisse « d'elle-même », comme animée d'amour – telle une femme qui, quoique caressante, se *briserait* voluptueusement dans des *cris*. Le

37 Voir Tisseron, Serge, *Gaëtan Gatian de Clérambault, psychiatre et photographe*, Paris, Laboratoires Delagrange, « Les Empêcheurs de penser en rond », 1990. Conscient que la vie moderne allait anéantir ces drapés devenus incompatibles avec les voyages en voiture ou en tramway, Clérambault aurait tenu à immortaliser ces coutumes agonisantes. Voir Doy, Gen, *Drapery. Classicism and Barbarism in visual Culture*, London / New York, I. B. Tauris, 2002, ch. 3 et Castoldi, Alberto, *Clérambault, stoffe et manichini*, Bergamo, Moretti e Vitali, 1994.

38 La presse se déchaîne contre Clérambault après sa mort, qu'on attribue à une contagion de la folie qu'il a si souvent observée. La corporation médicale va prendre sa défense, et soutenir que sa passion des étoffes relevait d'une étude raffinée qui n'avait rien à voir avec la perversion sexuelle, considérée comme infamante. Voir Rubens, Alain, *Le Maître des insensés. Gaëtan Gatian de Clérambault (1872-1934)*, p. 283 *sq.*

39 Clérambault, Gaëtan Gatian de, « Passion érotique des étoffes chez la femme » [1908], p. 712-713.

texte dit ainsi les variations voluptueuses de l'étoffe à travers un style traversé de désir. Car les allitérations pullulent, comme si le frottement de consonnes appelait le « registre *tactile* de l'oreille[40] ». Les textes sur les étoffes abondent en *s, f et t* que véhiculent les termes de *soie, étoffe, fétiche, héphéphilie, toucher, tactile, contact.* Il y a donc chez Clérambault un véritable « plaisir du mot », dont Binet avait l'intuition et que Tanzi isolait : car tel fétichiste, remarque Clérambault, aime entendre le « mot gant[41] ». Le dernier aliéniste français poursuit ainsi la figuration de l'objet érotique, tant par la représentation photographique que par l'écriture imagée. Les étoffes annihilent l'être qu'elles dérobent en l'enrobant, prennent la parole dans des écrits où elles se dressent tantôt raides, tantôt molles, mais susurrant toujours leurs froufrous enchanteurs. Clérambault « a étudié leur courbe et leur sens, il les a fait parler[42] », pour que leur plis mouvants prennent vie, troublant les récits médicaux de fétichisme amoureux.

En fait, il semble que le geste fétichiste ne soit pas sans rapport analogique avec la pratique médicale. L'on trouve en effet dans les textes de Garnier une terminologie assimilant le fétichiste à un médecin. Si le piqueur de fesses semait la terreur dans les quartiers « où il *opérait*[43] », le coupeur d'oreilles se targue de connaissances médicales, qu'il dispense parfois dans des conférences publiques : « Maire, qui se paraît volontiers d'un titre à l'effet d'attester ses connaissances médicales, aurait-il été entraîné à pratiquer l'ablation des lobules sur le jeune B… par une excessive confiance en son prétendu savoir et en son habileté de main » ? Le « *dilettantisme chirurgical* » pourrait être une hypothèse étiologique au fétichisme ; mais Garnier pense que le pervers est excité par les *lobules des oreilles* sur lesquelles il accomplit la « mutilation[44] », l'« opération[45] ». Si le savant évacue le caractère scientifique du geste pervers en l'attribuant à une cause génésique, il n'en demeure pas moins que le geste fétichiste demeure bel et bien chirurgical.

40 Maurel, Henri, « Le texte de Clérambault : une langue, une graphie, un style », in *Clérambault, maître de Lacan*, Le Plessis-Robinson, Syntélabo, « Les Empêcheurs de penser en rond », 1993, p. 96.

41 Clérambault, Gaëtan Gatian de, « Passion érotique des étoffes chez la femme » [1908], p. 711. Voir I. 2, « La volupté tropique ».

42 Kessel, Joseph, « Un soir, rive gauche », *Le Figaro*, 4 décembre 1934 ; cité par Rubens, Alain, *Le Maître des insensés. Gaëtan Gatian de Clérambault (1872-1934)*, p. 288.

43 Garnier, Paul, « Des perversions sexuelles obsédantes et impulsives… », p. 621.

44 Garnier, Paul, « Le Sadi-fétichisme », p. 219.

45 Garnier, Paul, « Des perversions sexuelles obsédantes et impulsives… », p. 623.

DISSECTIONS FÉTICHISTES

Mais c'est déjà chez Binet que l'autorité scientifique vacille, puisque deux pervers témoignent d'une pratique médicale : l'amant de l'odeur et celui de la main. Le premier est un carabin qui, « occupé à lire un ouvrage de pathologie[46] » sur un banc public, remarque comment l'odeur d'une femme rousse, assise derrière lui, l'aiguillonne – car il serait un « olfactif », attachant beaucoup d'importance au parfum. Cette faculté est par ailleurs très utile, car « s'il est médecin, il pourra reconnaître ou soupçonner une maladie, par exemple la fièvre typhoïde, à l'odeur dégagée par les malades, [et] apportera les mêmes préoccupations olfactives dans ses relations amoureuses ». Les aptitudes scientifiques, sollicitées dans la vie sexuelle du spécialiste, sont mises au service de sa sensibilité érotique pour analyser la cause de son excitation, entremêlant ainsi pratique professionnelle et érotisme – comme chez l'*amant de la main.*

Ce dernier cas, l'un des seuls observés personnellement par Binet, est soi-disant un camarade d'études médicales qui possède des antécédents héréditaires et un « tempérament sensuel » :

> Il adore les femmes ; mais dans la femme, ce qu'il préfère à tout le reste, même à l'expression de la physionomie, c'est la main ; la vue d'une jolie main détermine chez lui une curiosité dont la nature sexuelle n'est pas douteuse, car en se prolongeant elle provoque l'érection. Toute main, indistinctement, n'est pas capable de produire chez lui une réaction sexuelle.

Alors que la pathologie se caractériserait par un isolement de la partie par rapport au tout, la description zigzague ici entre l'individuel et le général. La propriétaire de la main semble toujours prise en compte : c'est pourquoi il est difficile de délimiter en quoi ce cas « sort de la psychologie normale », quoique ce « malade intelligent » mette au service de sa préférence érotique son habileté chirurgicale :

> Le goût qu'il éprouve pour cette extrémité du membre supérieur l'a déterminé à en faire une étude anatomique approfondie. La dissection des muscles, des vaisseaux et des nerfs de la main n'a nullement fait évanouir le charme de l'objet aimé. Mais ce qui l'intéresse le plus, c'est la forme

46 Binet, Alfred, « Le Fétichisme dans l'amour », p. 157.

> extérieure. Il lui suffit d'avoir vu une main pendant une minute pour ne jamais l'oublier[47].

La dissection, *a priori* répulsive, aurait dû diminuer la charge érotique de l'organe. Mais loin de désactiver l'attirance de l'objet, elle apparaît comme inutile. « La forme extérieure » titille le fétichiste, qui valorise la « beauté de l'organe ». Le *dévoilement* de la profondeur corporelle n'apporte rien à l'érotisme – mais ne le réduit pas non plus. Alors que le fétichiste applique ses compétences techniques à sa passion, il semble que perversion et médecine soient étanches : le charme de l'organe reste inaltérable après la dissection, et le geste anatomique ne laisse apercevoir qu'une vaine profondeur, incapable de satisfaire ou d'annihiler la soif d'aimer – et de savoir.

Le fétichiste veut « étudier » le membre adoré : puisque la méthode scientifique ne convient pas, il se tourne vers la chiromancie. La compétence médicale est ainsi balayée au profit d'une pseudoscience : non pas que son confrère y croit, dit Binet, « mais il y trouve un prétexte commode pour voir des mains de femmes et les étudier dans leurs plus petits détails ». L'exploration formelle de l'organe rencontre son obstacle majeur dans le gant : « Quand [le fétichiste] s'adresse à une femme gantée, c'est comme s'il faisait la cour à une femme voilée. » Entre la stérile dissection du voile cutané et l'écran du gant, le désir s'alimente grâce à l'« examen minutieux » de la main : mais celui-ci « ne lui est pas aussi agréable qu'on pourrait le croire ; elle lui cause toujours quelque déception, car la réalité reste toujours inférieure à l'image qu'il s'en était faite ».

Toutefois, l'amant est envahi par une « seconde perversion sexuelle, qui s'est greffée sur la première » : celle des bijoux relatifs à la main. M. R… apparaît alors tantôt comme un malade sur lequel des *greffes* ont lieu, tantôt comme un médecin procédant à des dissections et à des auto-analyses :

> Après sa confession, M. R… plaida avec beaucoup de chaleur cette thèse que le phénomène dont il s'agit n'a rien de pathologique. Jamais la contemplation d'une main en plâtre ou en bronze, ou d'une peinture ou d'une photographie de mains ne lui a donné, dit-il, une érection. En somme, comme il le remarque très justement, c'est la femme qu'il aime et la femme seule. Son goût particulier ne met absolument aucun obstacle aux rapports normaux. Je dois même

47 *Ibid.*, p. 149 et 150.

> ajouter, après lui, ce détail extrêmement curieux qu'après des rapports très répétés et poussés jusqu'à l'épuisement, il passe des journées entières pendant lesquelles son goût favori lui paraît être complètement évanoui. Ce fait peut être ajouté à ceux qui montrent que la répétition des rapports normaux est, dans quelques cas, le meilleur remède aux idées érotiques. Il se passe ici une sorte de décharge ; l'idée érotique s'épuise dans la dépense du mouvement. Mais, quelque temps après, au bout de plusieurs semaines de continence, l'attrait sexuel se reforme, et il est d'autant plus prononcé que la continence a duré plus longtemps[48].

Binet semble appuyer le malade, qui esquisse « justement » des remarques. D'une part, ses prouesses sexuellement *normales* (car capable *curieusement* de rapports très « répétés », « poussés jusqu'à l'épuisement ») indiqueraient qu'il s'agit seulement d'un « goût » et non pas d'une perversion. *Incontinent*, M. R... est capable de *décharger* ses idées érotiques dans le mouvement du coït – et donc d'épuiser son désir fétichiste, du moins pour quelque temps. D'autre part, il assure n'avoir jamais été excité par la représentation d'une main – qu'elle soit peinte, sculptée ou photographiée. Il semble ainsi que le fait d'être aiguillonné par une image du fétiche constitue un échelon supplémentaire dans la maladie – alors même que l'objet érotique ne serait plus une figure du partenaire. Rester de marbre face à une photographie ; pouvoir faire l'amour jusqu'à l'épuisement de tout désir permet au troublant compagnon d'études de Binet, malgré sa « confession », de soutenir la « thèse » qu'il n'est pas malade – surtout depuis qu'il « a contracté l'habitude des rapports sexuels réguliers ».

Mais Binet semble se contredire par la suite. Car avant cette saine habitude, des idées érotiques surgissaient dans l'esprit du fétichiste, « pendant qu'il était à sa table de travail, l'esprit occupé par une étude abstraite » :

> Aujourd'hui, les choses ont changé. L'image n'apparaît plus spontanément, automatiquement, sans cause psychique qui la provoque ; nous entendons par *cause psychique* une association d'idées par ressemblance ou contigüité. Pour que le sujet s'occupe de l'objet pour lequel il a un attrait si prononcé, il faut qu'il y soit sollicité directement par un mot, par une gravure ou par la vue d'une femme.

Que l'idée érotique ne soit réveillée plus que par un « mot » ou une « gravure » devient le gage que la guérison est en cours grâce aux relations

48 *Ibid.*, p. 150-152.

sexuelles énergiques – alors même que l'insensibilité aux représentations était quelques lignes plus haut gage de santé. N'étant plus dérangé dans son étude, M. R… serait redevenu, grâce à sa vigueur, un médecin dont le goût ne s'éveille plus que sollicité par une cause exogène. Si ce dernier souffre d'une « perversion sexuelle », Binet travaille aussi, malgré ses *confidences* et ses *aveux*, à innocenter son confrère :

> Chez M. R…, cette individualisation d'une fraction de la femme n'est pas complète comme chez le malade de M. Ball ; pour lui, la main ne résume pas la femme entière ; il reste sensible à la beauté du visage, à la grâce de la taille et des attitudes. Rien ne lui est pénible comme le contraste d'une femme très laide qui a de très jolies mains[49].

Cette oscillation entre une pathologisation de M. R… et un amenuisement de son cas pourrait résider dans le fait que l'amant de la main représente, en tant que médecin et chiromancien, un double de Binet : car les traits physiques du pervers correspondent à ceux du psychologue lui-même, qui s'intéressera aussi à la chiromancie[50] et qui pratique, lui aussi, des *dissections*.

En créant la notion de fétichisme, Binet est le premier à devoir se situer par rapport à d'autres écrits sur l'amour partiel, alors qu'il est lui-même amateur de littérature[51]. Mais s'il admire les analyses de Rousseau, il se montre néanmoins plus critique envers des plumes contemporaines, qu'il taxe en sous-main de perversion. En effet, comme les fétichistes se plaisent à l'écriture, Binet semble conclure que certains ouvrages littéraires seraient issus de cette tendance écrivassière perverse, l'un des « signes précis » du fétichisme et le « critérium » avec lequel on « pourra facilement en constater la présence, car il est très abondant, répandu partout[52] ». *La Bouche de Mme X* d'Adolphe Belot constitue à cet égard « un bien curieux exemple », où le psychologue assure y reconnaître

49 *Ibid.*, p. 151-153.

50 Binet, Alfred, « Essai de chiromancie expérimentale », *Année psychologique*, vol. 14 (1907), p. 390-404. Elisabeth Chapuis assure que « Le Fétichisme dans l'amour » témoigne « d'une connaissance intime de l'amour reposant sur une introspection dont Binet se réclamera toujours » (« L'entourage féminin d'Alfred Binet », p. 152).

51 Binet est même l'auteur de pièces de théâtre, en collaboration avec André de Lorde. Sur cet intérêt pour le théâtre, voir Garcin-Marrou, Flore, « André de Lorde et Alfred Binet : », *Recherches & éducations* [En ligne], 5 octobre 2011, mis en ligne le 15 janvier 2012 ; consulté le 13.09. 2015 sur http://rechercheseducations.revues.org/836.

52 *Ibid.*, p. 265 et 270.

même un style fétichiste, « car tous [les pervers] s'expriment de la même façon, avec une singulière uniformité » :

> Son livre repose sur une observation vraie ; mais comme son imagination d'artiste a sans doute modifié les faits, il s'agit de déterminer où l'observation cesse et où la fantaisie commence. Nous allons faire, de ce point de vue, la dissection du livre de M. A. Belot[53].

Rattrapé par cette observation littéraire, le psychologue constitue son propre savoir en *disséquant* un roman publié en 1882, comme l'article de Charcot et Magnan, et essentiellement constitué par l'autobiographie d'un amateur de bouches pulpeuses. Le narrateur se présente comme un « nerveux des plus réussis » : « Le docteur Charcot qui s'y connaît m'a dit un jour : "Vous êtes un sujet remarquable[54]". » Binet trouve justement le « rapprochement assez piquant », et relève des analogies entre le héros et les pervers étudiés :

> Les fétichistes ont en général un tempérament sensuel ; de plus, ce sont des malades ; un grand nombre sont des dégénérés héréditaires, d'autres sont des névropathes, etc. M. X., le héros du livre, se conforme à la règle. Il commence par faire son autobiographie, dont il suffit de lire deux pages pour être convaincu de la sensualité de son tempérament. Quant à ses antécédents personnels ou héréditaires, il n'en parle point ; c'est une lacune ; mais il raconte que M. Charcot, qui le connaît, voit en lui un sujet remarquable[55].

Mais le narrateur, qui croit être « un cas de pathologie, comme disent les érudits », transforme son autobiographie en laboratoire psychologique : il n'est donc plus besoin qu'un spécialiste vienne ausculter ses désirs, et « aucun médecin ne peut se vanter [d'avoir] tâté [son] pouls[56] ». À la fois

53 Binet, Alfred, « Le Fétichisme dans l'amour », p. 270-271. Mort en 1890, chevalier de la Légion d'honneur et dramaturge prolifique, Adolphe Belot a rencontré un immense succès de son vivant, grâce notamment à ses romans aussi nombreux que coquins dont *La Bouche de Madame X**** [1882], 55e édition, Paris, E. Dentu, 1885. Si une deuxième édition est déjà publiée en 1882, il semblerait qu'il y ait plus de 40 éditions entre 1882 et 1883, puisque le catalogue de la BnF possède un exemplaire de 1883 qui serait la 47e édition… Si les 48e et 52e éditions sont également publiées en 1883, les 55e et 56e éditions datent de 1885. Une édition de luxe est même publiée chez Roy en 1890, attestant en tout cas du succès de ce roman mondain. Sur l'œuvre érotique de Belot, voir Alexandrian, Sarane, *Histoire de la littérature érotique*, Paris, Petite Bibliothèque Payot, 2008, p. 334-335.

54 Belot, Adolphe, *La Bouche de Madame X****, p. 131.

55 Binet, Alfred, « Le Fétichisme dans l'amour », p. 271.

56 Belot, Adolphe, *La Bouche de Madame X****, p. 32.

savant et patient, il refuse de pathologiser son goût, qu'il décrit dans le chapitre central : « Ce que je préfère chez la femme, ce que j'admire par-dessus tout, c'est la bouche. » En accumulant des pensées brèves et générales sur le baiser, clé de voûte de cet organe, le texte compile des maximes amoureuses et s'apparente à une série de bises : « Le baiser provoque le désir, l'augmente, l'entretient et quand il est satisfait, il le provoque encore. C'est un excitant et un épuisement. Il irrite, calme et tue » ; « Il est inutile d'aller à l'école du baiser. D'instinct, il peut être savant. En fait de baiser, de très honnêtes gens ont la science infuse[57]. » Une nosographie des baisers est élaborée, allant du courtisan au mystique, puis le narrateur évoque Musset et Dorat. Ce dernier a en effet composé vingt poèmes-baisers, dont la forme poétique provient des dix-neuf *Basia* de Jean Second, correspondant à autant de strophes[58]. Un nouveau type de poème performatif est ainsi inventé, où le texte se confond avec l'acte charnel : le texte-baiser vient en effet se lotir dans la bouche du lecteur qui, en prononçant le poème, embrasse ses mots ardents de désir. Intersection de la volupté et de la parole, le fétichisme de la bouche se dit ainsi par la référence à une poésie-baiser[59].

Et loin d'être une réduction synecdochique stérilisante, le fétichisme de la bouche apparaît comme une ouverture : « Le baiser ! c'est-à-dire la femme tout entière, le premier mot de l'amour et le dernier. » L'amour a donc sa langue, et l'on ne saurait se contenter des « premiers mots de l'amour », sinon la « phrase est inachevée ». Il faut connaître le « dernier

57 *Ibid.*, p. 104, 107 et 109.

58 Dorat, Claude-Joseph, *Les Baisers, précédés du mois de mai*, La Haye, 1770 ; Second, Jean, *Baisers et élégies*, traduites en français, avec le texte en regard, par Tissot ; suivis de ses poèmes érotiques et précédés d'une esquisse sur la poésie érotique ; troisième édition, Bruxelles, Avransart, Lejeune fils et Galaud, 1826. Le narrateur de *La Science de l'amour* se moque précisément de Jean Second alors qu'il mesure les baisers que Virginie lui donne – raillant ainsi la figuralité de ce qu'il souhaite, absurdement, quantifier. Voir « Pour une histoire du fétichisme ».

59 Quelques vers indiquent d'ailleurs comment le baiser symbolise à la fois l'étreinte la plus intime et l'organe de la parole poétique et amoureuse : « Ma langue, organe de mes feux, / Se plaît à bégayer encore, / Le nom de celle que j'adore [...] / Et toujours dévorés des fureurs du désir, / Dans un dernier baiser, dans un baiser de flamme, / Nos deux cœurs réunis n'exhaleront qu'une âme » (Belot, Adolphe, *La Bouche de Madame X****, p. 117). Le poème-baiser trouve son héritier, au XIXe siècle, chez Paul Verlaine. *Il Bacio*, inclus dans le recueil *Poèmes saturniens*, chante le baiser, ce « vif accompagnement sur le clavier des dents », dans la bouche de la belle : « Moi, je ne puis, chétif trouvère de Paris, / T'offrir que ce bouquet de strophes enfantines : / Sois bénin et, pour prix, sur les lèvres mutines / D'Une que je connais, Baiser, descends, et ris » (Verlaine, Paul, *Œuvres poétiques complètes*, éd. Y.-G. Le Dantec complétée par Jacques Borel, Paris, Gallimard, « Bibliothèque de la Pléiade », 1962, p. 82).

mot de l'amour[60] ». Raconter l'amour et le faire deviennent des synonymes dans un texte appelé à être prononcé par une bouche désirée. Mais pour le narrateur belotien, l'on ne saurait se contenter de la bouche et de ses baisers. Si les fétichistes sont des entomologistes de l'organe, voulant « posséder toutes les variétés de l'espèce », ils recherchent néanmoins *la* bonne bouche – telle celle aperçue par le narrateur chez une femme voilée dans un lupanar élégant :

> Cette bouche, encadrée dans le haut par le voile noir, et dans le bas par des doigts gantés de chevreau, appuyés sur le menton, ressortait superbe, voluptueuse, lascive. Elle était grande, franchement dessinée, nettement arrêtée aux coins, où apparaissait un léger duvet de blonde. Les lèvres épaisses, rouges, écartées l'une de l'autre, celle du haut relevée comme un bourrelet, s'ouvraient librement, largement sur des dents blanches, solides, bien rangées.
>
> Oui, c'était bien la bouche que j'avais toujours désirée. J'en avais beaucoup connu, beaucoup aimé, et je n'avais jamais pu trouver celle-là[61].

La scène littéralise le désir fétichiste, qui occulte le reste du corps sous un seul membre tout en décomposant la bouche en petites synecdoques. Pourtant, le héros, insatisfait de ne voir que des « détails l'un après l'autre », tente de relever le voile pour saisir « *l'ensemble* ». Mais elle éteint les bougies, et le lamentable héros reste alors impuissant, ne connaissant pas sa « compagne toute entière[62] ».

Le fétichiste croit retrouver cette bouche convoitée dans le visage de Gabrielle X. Alors, « semblable au médecin qui d'abord promène son regard sur le visage et le corps du sujet », il entreprend de « l'examiner et de la disséquer », de « lui tâter le pouls et l'ausculter ». Enfin, le narrateur, qui s'est « toujours occupé de science et d'art », comprend que cette femme souffre de l'impuissance sexuelle du mari, et qu'elle s'est rendue au bordel afin d'y assouvir ses désirs :

> L'intérêt que j'avais pris à certaines questions médicales allait m'être ici d'un grand secours. Je me rappelai les travaux de Tardieu, de Descourtils, d'Andrieux, de Lorain, de Roubaud, et j'en arrivai à conclure avec eux qu'en fait de virilité, les apparences sont parfois trompeuses, qu'on peut, à première vue, inspirer la plus grande confiance, paraître des plus vaillants, et cependant manquer de toute énergie, être privé de toutes les aptitudes qui font un bon

60 Belot, Adolphe, *La Bouche de Madame X****, p. 106-107, 293, 294 et 301.

61 *Ibid.*, p. 113, 118-119.

62 *Ibid.*, p. 122 et 131.

> mari. Leurs livres, remplis d'exemples dictés par une longue expérience, devenaient de magnifiques plaidoyers en faveur du divorce, et c'était pour cela qu'ils m'avaient frappé[63].

Grâce à l'étude des grands hygiénistes comme Tardieu et des experts en troubles génitaux tels Roubaud (auteur d'un célèbre traité sur l'impuissance) et Lorain (intéressé par le vaginisme), le narrateur a donc acquis une sagacité médicale qui lui permet de concurrencer les maîtres du sexe et de disculper l'adultère. Si le partenaire est impuissant, alors la femme voilée est dans son droit de trouver un mâle capable d'assouvir la « bête qui, en elle, gronde encore sourdement[64] ». Les études médicales ainsi convoquées libèrent la femme des chaînes conjugales au nom de l'hygiène du corps.

Le roman appelle donc à la réalisation des désirs. Et même si tout commence par l'attrait d'une bouche, ce fétichisme s'infléchit très vite puisque le narrateur tombe amoureux de la comtesse ; il souhaite « la forcer à s'attendrir, à s'humilier, à demander grâce, à se donner tout entière dans un baiser sans fin », sur lequel s'achève bien entendu le roman. Le héros de Belot ne se contente donc pas de *la* bouche, mais il cherche à conquérir *une* bouche particulière dont il est épris. Si de belles lèvres sont une condition nécessaire, il n'en demeure pas moins que face à la partie seule l'impotence règne. Pour être pleinement vécu, l'amour doit être possession d'une totalité. Le détail demeure certes le « point de départ[65] », mais le fin mot de l'histoire ne peut être que la conquête d'un ensemble. Ainsi le fétichisme, seul, ne permet pas l'accomplissement de l'acte d'amour : il n'est que poésie.

Alors que Belot est imprégné par la médecine, il se situe néanmoins en porte-à-faux avec le style naturaliste, ne serait-ce que dans la structure narrative très enchevêtrée de son roman. Un narrateur prend initialement la parole à la première personne pour raconter l'aventure d'un ami, admirateur lui aussi de bouches « aux lèvres rouges, épaisses, saillantes, souvent retroussées », qui rencontre une princesse hongroise séduisante qui lui lit le manuscrit d'un autre fétichiste des bouches, manuscrit que le narrateur imprime plus tard – et qui constitue l'essentiel du roman : bref, cette « nouvelle, d'essence toute parisienne, écrite par un parisien

63 *Ibid.*, p. 213, 201-204.
64 *Ibid.*, p. 302.
65 *Ibid.*, p. 254-251.

endurci », « arrive en droite ligne de Buda-Pesth, du pays où l'Europe est près de finir et où l'Asie va bientôt commencer[66] ».

Le récit du fétichisme de la bouche, aux multiples narrateurs et amateurs de bouches savoureuses, émerge ainsi d'une discussion séductrice entre deux amants qui tentent de le situer esthétiquement. Pour la princesse hongroise, les écrivains naturalistes ont trop sacrifié à la crudité du langage, délaissant un public de femmes certes « curieuses de tout voir, avides de tout apprendre », mais non pas au détriment d'une élégance stylistique. Les romanciers se lancent « à corps perdu dans le détail malséant, l'expression risquée », de telle sorte que l'idée, quoique bonne, « se perd, se flétrit, se salit et se décompose ». La princesse regrette l'analyse du réel dans des romans où le charme de l'amour n'a plus sa place, puisque les écrivains « sont des coloristes, des anatomistes, des disséqueurs[67] ». Ces autopsies finissent par dégoûter des lectrices en quête d'un style *composé*, où le monde n'apparaîtrait plus comme une pourriture : tel le manuscrit de *La Bouche de Mme X…* bien sûr. La littérature anatomiste devrait de même céder la place à une écriture qui ne montrerait plus la femme nue, mais qui renouerait avec la « gaze » du XVIIIe siècle – incarnée dans la diégèse par le voile recouvrant Gabrielle. Belot promeut ainsi une esthétique *fétichiste*, où nudité corporelle et crudité langagière sont remplacées par des charmes voilés.

De même que les romans modernes ne peuvent se contenter de décomposition, de même la passion des bouches est celle d'un « ensemble *composé* de lèvres, des dents, des gencives, de la langue et du palais. Pour qu'une bouche soit jolie, il faut que toutes les parties de cet ensemble ne laissent rien à désirer ». La partie redevient ainsi un tout, un ensemble où resurgit une myriade de parties. Isolée par l'éros disséqueur, la bouche ne peut qu'être impuissante à raconter et à faire acte d'amour. L'écriture, suggestive, doit « flatter le palais[68] » des lectrices, et la dissection naturaliste être évacuée – ou du moins poétisée dans le récit passionné d'une bouche remplie de promesses. Il semble donc que le héros de *La Bouche de Mme X**** ne soit pas un fétichiste pathologique au sens où Binet l'entend : car même s'il se dit amateur de bouches, même s'il est un cas « exemplaire » pour Charcot, il tombe amoureux d'une femme et

66 *Ibid.*, p. 11 et 32.
67 *Ibid.*, p. 17 et 22-23.
68 *Ibid.*, p. 107 et 28.

recouvre sa puissance grâce au dévoilement de l'ensemble. L'harmonie des plaisirs masculins et féminins se rétablit alors, et s'exprime dans une *composition* littéraire qui associe le fétichisme de la bouche à un poème aphrodisiaque, à une anatomie sublimée.

Comment Binet se situe-t-il donc par rapport à cette narration d'un héros à l'érotique pseudo-fétichiste ? Pour le psychologue disséqueur, l'écrivain délimiterait bien quelques traits de la pathologie tout en échouant à retransmettre correctement le caractère du héros, égarant sa description dans la « fantaisie ». Alors que pour le psychologue un fétichiste doit être continent, Belot en fait un bon vivant, épanoui sensuellement. Le romancier aurait ainsi « tracé d'une main un peu incertaine » le tempérament du héros : et s'il existe, il « doit être un homme qui, sans dédaigner la jouissance matérielle, apprécie surtout les plaisirs de l'imagination ; ce doit être un ruminant érotique ». Dans un premier temps donc, Binet considère l'autobiographe comme un fétichiste, ami de Charcot ; il assure finalement que le seul observateur véritable du fétichisme ne peut être qu'un psychologue clinicien ès lettres :

> Mais tout en faisant ces remarques, il ne faut pas perdre de vue le procédé ordinaire des romanciers ; témoins d'un fait de la vie réelle, ils cherchent à l'amplifier pour le rendre plus sensible à leurs lecteurs. L'auteur dont nous analysons l'ouvrage a probablement observé un cas de fétichisme léger ; il l'a grossi pour l'optique du roman, et il a oublié d'élever au même ton certains détails accessoires qui en dépendent, tels que le caractère intellectuel du fétichiste[69].

De même que les fétichistes aiment à grossir leur fétiche, de même les écrivains déformeraient un détail, soulignant certains traits, *maquillant* leur texte : « La raie charbonnée dont les femmes galantes se soulignent l'œil, comme les écrivains soulignent un mot important, a pour effet d'agrandir l'organe et de faire ressortir la blancheur de la cornée[70]. » Un effet d'optique agrandit l'œil comme un mot souligné s'isole du blanc de la page – comme un détail est grossi en littérature.

Binet semble assimiler l'écriture littéraire au fétichisme que Belot tente de décrire, puisque dans l'amour pervers il y a « une sorte d'hypertrophie d'un élément qui entraîne l'atrophie de tous les autres ». *La Bouche de Mme X…* décrirait donc bien « un cas de pathologie mentale. L'auteur

---

69 *Ibid.*, p. 272.
70 *Ibid.*, p. 266.

a été le premier à s'y méprendre. Il se propose, dit-il dans sa préface, de nous présenter l'histoire de quelques vices bien habillés et de bonne compagnie ; ce qu'il nous présente, c'est bel et bien un cas de perversion sexuelle[71] ». Et Belot décrit la perversion hypertrophique en appuyant sa plume sur des détails. Binet associe ainsi écriture littéraire et fétichisme, et ce parce que les pervers ruminent leurs images mentales par écrit et que les auteurs grossissent des « détails accessoires ». Tout en rendant l'exclusivité de l'analyse au savant, il n'en demeure pas moins que la dissection littéraire du psychologue associe le fétichiste à l'écrivain, au moment où le lien entre génie et folie est particulièrement à l'ordre du jour en psychiatrie.

LES PERVERS LITTÉRATEURS

Encouragés par les travaux de Moreau de Tours ou de Lombroso[72], les spécialistes appliquent des diagnostics souvent rétrospectifs sur les maladies des hommes célèbres. Leurs pathographies s'immiscent de plus en plus, à la fin du XIXe siècle, dans la vie sexuelle des artistes, ces « dégénérés supérieurs » selon Magnan jugés d'autant plus coupables d'amours interdites et déviantes que leurs œuvres illustrent la perversion. Alors que les théories héréditaires distinguent non seulement les races humaines (les blancs étant plus avancés), mais aussi les classes sociales (les élites cultivées représentant l'ultime échelon), le fétichisme devrait par conséquent s'acharner davantage sur les races et les classes inférieures[73] ; or, il n'en est rien. Tout se passe comme si cette forme amoureuse échappait à ce déterminisme social. Ainsi, tandis que les « cochons » de Macé sont déjà des individus élégants[74], l'inverti observé par Charcot et Magnan se caractérise par son statut social élevé et ses goûts artistiques :

71 *Ibid.*, p. 263 et 272.

72 Moreau de Tours assure qu'une même excitation mentale régit le génie et la névrose (*La Psychologie morbide…*, Paris, V. Masson, 1859), tandis que Lombroso associe le génie à des crises épileptiques (*L'Homme de génie*, traduit sur la 6e édition italienne par Fr. Colonna d'Istria ; et précédé d'une préface de M. Ch. Richet, Paris, F. Alcan, 1889).

73 Voir Chaperon, Sylvie, *Les Origines de la sexualité (1850-1900)*, p. 89 et 116.

74 Voir I. 1, « Les Bazars de l'amour ».

> Sous le rapport de l'intelligence, c'est un esprit bien cultivé, instruit, très érudit ; il a toujours travaillé, s'est tenu constamment au premier rang, et après de fortes études classiques a conquis rapidement les grades universitaires qui l'on conduit à trente ans au professorat dans une faculté. Admirateur des œuvres d'art, adonné à la musique, il préfère particulièrement Chopin, Gounod, Delibes, Massenet, trouvant chez ces auteurs la note sentimentale qui lui convient.
>
> La poésie de Victor Hugo, les descriptions de la nature de George Sand, ont pour lui les plus grands charmes[75].

Paul Garnier évoque aussi plusieurs cas de littérateurs fétichistes, parmi lesquels la vie de Louis X, l'amant des bottines vernies, incarnerait « une suite ininterrompue d'incidents dans lesquels marchent, côte à côte, la culture des lettres et la recherche maladive du plus étrange idéal ». Il rêve de trouver un amant chaussé d'escarpins vernis, « un *amant intellectuel, avec lequel il parlera littérature !* » : « Quoi de plus singulier que cette conception d'après laquelle la pédérastie, l'onanisme et la littérature constituent une *trilogie* sans laquelle X… ne voit pas de bonheur complet[76] » ! Un autre patient de Garnier passe sa journée en bibliothèque, finissant victime d'un « véritable surmenage cérébral » à force de trop s'« absorb[er] dans ses livres, compulsant les vieux manuscrits pour des travaux d'histoire ». Lecteur de Rousseau « qui lui faisait entrevoir *la finesse des vêtements de dessous*[77] », il achète des gants ou encore des bottines : « Je parvins à les dissimuler dans ma bibliothèque. J'en formai un petit musée et je m'empressais de les essayer dès qu'on me laissait seul. » Rêvant de s'acheter « tout le *harnachement féminin* », le patient conclut que ces folies sont « peu dignes d'un érudit qui ne devrait songer qu'à se transformer en un homme meilleur et en un savant parfait ». À la femme qui devrait être aimée répond le goût du « détail de la coiffure[78] » fixant le désir ; au devenir de l'homme savant s'oppose le travestisme fantasmé par le lettré ; à la bibliothèque surmenant le cerveau succèdent les étagères remplies de colifichets féminins.

---

75 Charcot, Jean-Martin, et Magnan, Valentin, *Inversion du sens génital et autres perversions sexuelles*, p. 8.

76 Garnier, Paul, « Pervertis et invertis sexuels. Les fétichistes. Observations médico-légales », p. 397, 406 et 403 ; voir aussi Garnier, Paul, « Des perversions sexuelles obsédantes et impulsives… », p. 636-637.

77 Garnier, Paul, *La Folie à Paris*, p. 195 et 199. L'observation est résumée par Garnier dans *Pervertis et invertis sexuels. Les fétichistes*, p. 358-359, et évoquée aussi par Thoinot dans *Attentats aux mœurs …*, p. 416.

78 *Ibid.*, p. 202-204. Voir II. 6, « La Bibliothèque de fétiches ».

Un fétichiste des livres aurait été saisi d'une émotion sexuelle dans son enfance en voyant le bonnet de nuit d'une domestique. Si le cas ressemble étrangement au fétichiste des bonnets de nuit observé par Charcot et Magnan, les antécédents et le déroulement de la pathologie diffèrent cependant, puisque le malade de Garnier se détourne ensuite de son premier amour : « Tout à coup, à la vue d'un livre dont le titre m'échappe maintenant, une émotion singulière s'empara de moi, si vive que la vision se troubla, que j'eus le vertige et que tout mon corps frissonna ». Étudiant surmené en médecine, il est repris, en passant devant les librairies, d'une « sensation bizarre, un trouble vague, où il y avait à la fois de l'attraction et une crainte confuse », jusqu'à un terrible accès survenu en 1888 face à un livre de droit :

> Comme à sa première crise, il éprouva une sorte d'*aura* ; en même temps qu'il subissait une étrange fascination, son corps était agité d'un tremblement nerveux, une sueur froide baignait son front, sa vue se troublait ; comme dans un vertige, il se saisit de l'ouvrage et s'enfuit, pénétré du bonheur profond que donne la possession d'un objet ardemment désiré[79] !

Garnier plaide pour l'innocence de ce malade finalement arrêté, quoique « doué d'une réelle intelligence et surtout d'une imagination ardente[80] ». L'impulsion se matérialise ici dans un fétichisme du support par excellence du savoir : et ces fétichistes passionnés de littérature sont appelés à devenir le contenu d'un de ces ouvrages que B... se plait à dérober, comme pris de vertige.

Le fétichisme s'attaque-t-il donc tant aux hommes de lettres ? Il est certain que, comme le remarque Julie Mazaleigue-Labaste, les classes cultivées formulaient peut-être davantage de « demande thérapeutique », car elles « ressentaient comme une réelle incapacité voire infirmité leur non-conformité aux idéaux de l'homme-citoyen de la IIIe République (en France), maître de lui-même, bon mari et bon père de famille[81] ». Quoi qu'il en soit, la médecine théorise un lien entre fétichisme et littérature,

79 *Ibid.*, p. 372-375.

80 *Ibid.*, p. 376. Ce cas sera évoqué derechef par Garnier lui-même dans son traité de 1886 ou encore par Thoinot (*Attentats aux mœurs*, p. 414). Mais les deux médecins éliminent la deuxième partie sur le fétichisme des livres, se contentant d'évoquer un médecin fasciné par les bonnets de nuit. Laurent est le seul à commenter l'observation dans ces deux étapes (*Fétichistes et érotomanes*, p. 97).

81 Mazaleigue-Labaste, Julie, *Les Déséquilibres de l'amour*, p. 211.

ente perversion et étude, puisqu'on se déséquilibrerait sexuellement par des lectures excessives ou une surenchère intellectuelle : « Il n'est pas donné à tous de porter allègrement le fardeau de l'érudition. S'il est des intelligences que le travail affine et développe, il en est d'autres trop faibles qu'il détraque[82] ». Paul Voivenel, médecin toulousain, prolonge aussi l'association entre littérature et perversion sexuelle en assurant que les littérateurs, ces « désharmonisés », possèdent une zone cérébrale dédiée au langage surdéveloppée, qui fait d'eux des « *progénérés* » : mais « l'hypertrophie d'un centre anémie les autres centres et l'éclat de l'un fait pâlir les autres ». Par conséquent, « il se produit ici ce qui se passe dans l'organisme du saumon du Rhin au moment des amours (Miescher), ses organes génitaux s'hypertrophient mais aux dépens de ses muscles du dos. Hyperperfection d'un côté s'accompagne ailleurs de tares[83] ».

Les écrivains, tels des saumons germaniques, souffriraient d'une hypertrophie cérébrale provoquant et la parole talentueuse, et le désir pervers. « Chez presque tous ces littérateurs, il y a une hypertrophie particulière ou une anomalie de l'instinct génital coïncidant avec la beauté du langage », ce qui produit des poésies dans lesquelles « on peut glaner de vraies merveilles » :

> Nous sommes presque tentés d'admettre que le centre des idées génitales et la zone du langage ont la même origine.
>
> Les grands littérateurs sont, en effet, souvent de grands sexuels, soit normaux, soit pervertis [...].

82 Laurent, Émile, *L'Amour morbide*, p. 55.

83 Voivenel, Paul, *Littérature et folie (Étude anatomo-pathologique du génie littéraire)*, thèse de médecine, Toulouse, Gimet-Pisseau, 1908, p. 257, 25 et 528. Langue et sexe seraient donc intimement liés, comme en témoigne la question de l'onomatomanie, impulsion verbale identifiée par Magnan et Charcot en 1885 : « Dans l'onomatomie (*sic*), impulsion à rechercher un mot ou appétit irrésistible du mot, de même que dans la dipsomanie, dans la sitiomanie ou appétit irrésistible des aliments, dans les appétits du sens génital, dans tous ces syndromes épisodiques, le trouble mental réside dans un besoin impérieux d'un centre surexcité, d'un centre en état d'éréthisme réclamant irrésistiblement le retour d'une sensation déjà perçue » (Magnan, Valentin, *« "Des Exhibitionnistes" »*, p. 458). Le corps subirait le même manque, que ce soit dans la recherche du fétiche ou dans la remémoration d'un mot. Roux, en 1899, retravaille ce lien en mariant l'impulsion verbale à l'obscénité : « L'amoureux qui n'a plus qu'une image en tête, qui ne veut plus qu'une seule chose, la possession de l'aimée, qui est prêt à tout sacrifier pour cela, doit être rapproché de l'onomatomane qu'un mot, le plus souvent ordurier, obsède, qui l'a sur la langue, qui ne peut plus songer à autre chose, qui ne retrouvera sa quiétude qu'après l'avoir prononcé, fût-ce au risque de se déconsidérer » (Roux, Joanny, *Psychologie de l'instinct sexuel*, p. 87)

> Rousseau fut un masochiste.
> Maupassant s'usa dans des excès sexuels.
> Verlaine fut accusé d'avoir eu des amitiés spéciales.
> Baudelaire d'avoir été un sadique.
> Zola fut toujours attiré par les choses malpropres et son naturalisme paraît être la suite immédiate d'une psychopathie sexuelle. Il semble dans certains de ses ouvrages être atteint de fétichisme.
> Dans le *Bonheur des Dames* il écrit : « Une armée de mannequins sans tête et sans jambes, n'alignant que des torses, des gorges de poupées aplaties sous la soie, d'une *lubricité troublante d'infirme*... C'était, aux trousseaux, le déballage indiscret, la femme retournée et vue par le bas, depuis la petite bourgeoise aux toiles unies, jusqu'à la dame riche blottie dans les dentelles, une alcôve publiquement ouverte, dont le luxe caché, les plissés, les broderies, les valenciennes, devenaient comme une dépravation sexuelle[84] ».

Voivenel énumère ainsi les principaux noms associés à la perversion sexuelle, voire au fétichisme – oubliant Musset, qui aurait eu selon Grasset « plusieurs fétiches[85] ». La citation zolienne (qui substitue d'ailleurs « dépravation sensuelle » par « dépravation sexuelle »), provient certainement de Max Nordau, le pathographe par excellence de la fin du XIXe siècle, qui l'utilise pour taxer Zola de fétichiste.

En effet, dans *Dégénérescence*, le médecin austro-hongrois considère que la conscience de l'auteur d'*Au Bonheur des Dames* est « peuplée d'images de luxure contre nature, de bestialité, de passivisme et d'autres aberrations », parmi lesquelles le fétichisme des dessous : « La vue de linge de femme lui procure une excitation particulière, et il ne peut jamais en parler sans trahir, par le coloris émotionnel de ses descriptions, que les représentations de cet ordre sont chez lui voluptueusement accentuées. » À ce goût se conjuguerait un détraquement de l'odorat, « qui lui fait paraître particulièrement agréables et sensiblement excitantes les plus mauvaises odeurs, notamment celles des excrétions humaines[86] ». C'est à ces accusations que Zola répond en partie dans l'enquête du docteur Toulouse de 1896, qui conclut que « le fétichisme en amour

84 Voivenel, Paul, *Littérature et folie*, p. 23 et 332 et 461-464.

85 Les fétiches de Musset vont du « médaillon armé de pointes de sa premières maîtresse » au « peigne cassé de G. Sand, la pièce de cinq francs de Fontainebleau, la plume brodée de sa sœur Marceline » (Grasset, Joseph, *Demi-fous et Demi-responsables*, Paris, Félix Alcan, 1907, p. 156). Ces « fétiches » relèvent visiblement davantage du souvenir amoureux innocent que d'une pratique érotique perverse.

86 Nordau, Max Simon, *Dégénérescence*, 2 vol., trad. de l'allemand par Auguste Dietrich, Paris, Félix Alcan, « Bibliothèque de philosophie contemporaine », 1894, t. 2, p. 457 et 469.

lui est inconnu[87] ». Mais l'auteur des *Rougon-Macquart* n'est pas le seul incriminé par Voivenel et Nordau : Maupassant et ses « excès sexuels » ont également été assimilés au fétichisme.

Comme s'il confirmait l'ancienne parenté entre création et folie dans des textes tels que *Un fou*, le *Horla*, ou *Qui sait ?*, le cas Maupassant n'a pas manqué d'intéresser la psychiatrie avide de pathographies, et en particulier Nordau qui s'acharne à associer dégénérescence et création artistique. Dans un texte intitulé *Vus du dehors*, il prend position dans le débat médical alors polarisé sur la pathologie de l'écrivain : tandis que certains pensent que sa raison aurait brutalement basculé dans les ténèbres du *Horla* autour de 1887, d'autres croient que sa folie serait innée – tel Nordau, qui reconnaît en lui un « érotique » congénital. Mais pour le démontrer, le médecin ne commente pas l'œuvre littéraire mais une statue représentant l'écrivain. Exécutée par Raoul Verlet en 1897, elle trône au Parc Monceau avec d'autres sculptures d'artistes du XIXe tels Musset, Chopin ou Gounod – sculptures où le génie est souvent accompagné d'une figure féminine alanguie.

La statue de Maupassant se compose justement d'un buste de l'écrivain, avec une lectrice couchée aux pieds de la colonne. Voici la description que Nordau en donne :

> Elle représente un sopha demi-circulaire sur lequel, dans un pittoresque désordre de coussins, rêve une jeune dame, dans une attitude alanguie. Chaque trait en elle est d'une élégance parisienne estampillée authentique. La chevelure ondulée s'étend conformément au dernier style de Lenthéric. Les pieds qui s'avancent au bord de la robe, sont revêtus de bas de soie brodés à jour et sertis de mules découvertes à haut talon. La robe – une robe d'intérieur – dont une riche garniture de dentelles rend la simplicité élégante, est étalée en bas dans toute sa largeur et révèle une jupe enchanteresse au bord brodé et finement plissé. M. Verlet a consacré ses soins à ces « dessous », car ils

87 Toulouse, Édouard, *Enquête médico-psychologique sur les rapports et la supériorité intellectuelle avec la névropathie. Introduction générale*, t. I, Émile Zola, Paris, Ernest Flammarion, s.d., p. 260 ; cité par Jacqueline Carroy dans « Les confessions physiologiques d'Émile Zola », in Sacquin, Michèle, (dir.), *Zola*, Paris, Bibliothèque Nationale de France / Fayard, 2002, p. 150). Alors que cette conclusion semble découler de confidences personnelles, Toulouse demande à l'écrivain de construire une phrase avec les mots « FEMME, SOIE, LINGE ». Zola aurait aussitôt répondu : « Je ne demande pas à la femme d'être vêtue de soie, mais j'aime qu'elle ait du beau linge propre, délicat et frais ». Cette assertion confirmerait que sa sexualité est saine (*ibid.*). Carroy aborde la question de la sexualité présumée fétichiste de Zola dans cet article ainsi que dans « "Je ne veux pas faire rire" : la sexualité de et selon Zola », p. 104-117.

> fournissent en quelque sorte la clef du sens symbolique que l'auteur entendait donner à sa figure de femme et à tout le monument. La belle parisienne aux dessous expressifs et aux souliers spirituels tient dans sa main gauche, qui pend nonchalamment, un livre, un roman. Ce sont des personnages de Guy de Maupassant qui prennent corps dans ses regards perdus au loin. Et derrière son sopha se dresse un haut socle que couronne un buste de Maupassant. Celui-ci est d'une ressemblance que je qualifie d'effrayante. C'est le front bas, l'arcade sourcilière presque aussi saillante que dans le crâne de Cro-Magnon, le nez court et épais, la moustache broussailleuse, la bouche vulgaire, brutalement sensuelle, l'ensemble de la physionomie d'un sous-officier, partant le dimanche à la recherche de conquêtes faciles, qui m'angoissa presque la seule et unique fois que je vis Maupassant. Cette tête que je ne veux pas caractériser davantage, semble regarder fixement la femme au-dessous de lui ; non pas le roman sorti de son imagination, non pas la main qui le tient, mais plus loin, la pointe éloquente des pieds et surtout les dessous pleins de promesses. L'œuvre de M. Verlet est une page du *Décaméron*. Elle raconte l'histoire d'un jupon et son action hypnotisante sur un érotique. Comme sujet d'un groupe de porcelaine de Saxe, cette idée ne serait pas mal dans un boudoir. Mais en marbre, plus grand que nature, comme monument dans un parc public, – non, en vérité, cela ne mérite pas d'éloges[88].

La description débute par le charme de la lectrice « alanguie » dans des coussins en « désordre », au moment où elle décolle le nez de la page. Elle incarnerait ainsi la lectrice parisienne dans son boudoir, dont les vêtements laissent entrevoir le corps affranchi des carcans qu'impose encore la mode féminine. La robe garnie de dentelles se soulève pour révéler la jupe intérieure et ces pieds qui « s'avancent ». Pour Nordau, l'aperçu de ces dessous incarnerait le « sens symbolique » de la sculpture : Maupassant, érotique, écrit pour séduire les femmes parce qu'il est fasciné par l'expression des dessous et l'éloquence des pieds.

Alors que la première partie de la description montre un Nordau conquis par la jeune femme enchanteresse, le buste de Maupassant montrerait en revanche sa folie. Car « l'intensité de la vision, fixée sur un unique objet, est un symptôme clinique qui révéla de très bonne heure au spécialiste l'état d'esprit de cet écrivain » à l'« aliénation notoire » et « exclusivement » attiré par les « aspects » « de la vie sexuelle sous ses formes les plus basses » :

---

88 Nordau, Max, *Vus de dehors. Essai de critique scientifique et philosophique sur quelques auteurs français contemporains*, traduit de l'allemand par Auguste Dietrich, Paris, F. Alcan, 1903, p. 32-33. La citation est reprise dans Lacassagne, Zacharie, *La Folie de Maupassant*, Toulouse, Gimet-Pisseau, 1907, p. 10-11.

> La sensualité purement animale, nullement humanisée, qui chauffe chacune de ses histoires, produit sur les observateurs ignorants et superficiels l'effet d'une vigueur primitive et d'une robuste plénitude de vie. Le psychiatre, lui, y reconnaît la manifestation d'un érotisme profondément pathologique, qui a toujours dominé cet esprit digne de compassion. Maupassant était né malade d'esprit. L'aliénation mentale notoire dans laquelle il finit, ne fut que le chapitre final d'un sombre roman pathologique dont le début remonte dans son hérédité[89].

Le regard fixe contemplerait de manière obsessionnelle les pieds suggestifs et les tissus voluptueux, parce que Maupassant, laisse entendre le médecin, serait pervers. Des titres de récits aux teintes fétichistes colorent la description du monument : de la *chevelure* ondulée à *la moustache* broussailleuse, en passant par la comparaison militaire (les sous-officiers ne manquent pas dans les textes sur la guerre franco-prussienne) et la *main gauche* qui tient le livre, ces intitulés condamneraient l'homme et l'œuvre comme relevant tous deux d'un érotisme maladif.

La lecture du psychiatre tente donc de faire de l'écrivain un obsessionnel à partir d'une sculpture de Verlet, qui le représente en héros de la patrie (de par le buste hautain) tout en situant l'œuvre maupassantienne dans un érotisme sensible grâce à l'image de la femme. Mais Nordau redoute que le fétichisme de l'écrivain, naïvement mis en scène par Verlet, ne contamine de futures lectrices se promenant dans l'élégant parc : « Dans leur petite tête intelligente se gravera à jamais comment on doit s'asseoir, étendre sa robe, pour faire valoir des bas élégants et un merveilleux jupon. [...] Leur curiosité s'éveillera, et elles liront Maupassant » – développant des rêveries où l'« on peut être sûr qu'une moustache comme celle du buste joue un grande rôle[90] ». Nordau prône donc, pour des questions de santé publique, qu'on retire cet impudent hommage du Parc Monceau – où l'on peut d'ailleurs toujours le voir, abîmé par le temps.

Vus du dehors a été rapidement dénigré scientifiquement – et ce notamment par Binet :

> [Nordau,] bien connu pour sa critique au vitriol, exécute aujourd'hui 7 romanciers, 3 princes de la poésie et 11 auteurs dramatiques. Rien n'est plus amusant, pour ceux qui forment la galerie, que la verve impitoyable avec

89 Nordau, Max, *Vus du dehors*, p. 37.

90 *Ibid.*, p. 34-35.

> laquelle l'auteur attaque des personnalités connues et généralement respectées. Malheureusement, quand on cherche dans ce livre autre chose que les exaspérations d'un tempérament violent, par exemple un principe directeur de critique, on ne le trouve pas[91].

Mais Zacharie Lacassagne discute plus longuement la thèse de Nordau selon laquelle Maupassant serait un « érotique, hypnotisé par le jupon et le bas à jour des femmes ». Parce qu'il aurait tout de même produit de beaux textes, l'écrivain ne serait devenu fou qu'avec le *Horla* ; dès lors, la critique de Nordau apparaît comme une rancune personnelle contre l'Hexagone :

> Il incrimine jusqu'à la façon dont nous meublons nos appartements ; et il n'est pas jusqu'à la coiffure de nos femmes et à la taille de notre barbe, qui ne lui apparaissent comme autant de signes révélateurs. [...] Tout ceci nous montre bien comment la critique de Nordau sur Guy de Maupassant est exagérée. Un auteur qui induit de la folie ou de la dégénérescence d'une société sur la coupe de la barbe ou la disposition des meubles dans un appartement, exagère singulièrement[92].

Défendant la spécificité de la France contre celui qui la voit « du dehors, surtout d'un "dehors prussien" », Lacassagne assume toutefois que « toute exagération possède une part de vérité. Maupassant dès sa jeunesse paraît assez nettement préoccupé de l'amour sexuel, et si ce n'est là un signe de folie, c'est en tout cas une raison d'excès qui rappellent la folie[93] ».

Maupassant est ainsi taxé de fétichisme érotique, directement ou non. Pourtant, le monument public, qui souhaitait célébrer l'écrivain, a été inauguré en grande pompe et de manière « unanime[94] » en 1897, lors d'une cérémonie relayée par Maurice Guillemot dans le *Gil Blas.* « Le Tout-Paris littéraire et artistique » est alors présent, ainsi que des « lecteurs inconnus, venant apporter l'obole de leur présence ». Les autorités n'ont pas eu peur de la mise en scène solennelle :

---

91 Binet, Alfred, « Nordau (Max). – Vus du dehors. Essai de critique scientifique et philosophique sur quelques auteurs contemporains », *L'Année psychologique*, vol. 10, (1903), p. 549.

92 Lacassagne, Zacharie, *La Folie de Maupassant*, Toulouse, Gimet-Pisseau, 1907, p. 12, 19-20.

93 *Ibid.*, p. 15 et 21.

94 Guillemot, Maurice, « Le Monument de Guy de Maupassant », *Gil Blas*, 25 octobre 1897, p. 2.

> Entre la cascade et la pièce d'eau, une tribune avait été élevée, de velours rouge à crépines d'or, et devant, proche le monument, une sorte de chaire basse entourée de draperies. Dans l'enceinte réservée on était reçu par les commissaires, l'habit noir épinglé d'un bouquet de violette enrubanné, et ces insignes de demi-deuil convenaient bien, en la circonstance, la douleur du passé jointe à la joie de la glorification.

La cérémonie, protocolaire, alterne musique et discours évoquant la mélancolie maupassantienne héritée de Chateaubriand et son style « de pure tradition française ». Émile Zola prend la parole et salue « l'immortalité » du disciple de Flaubert, qu'il aimait pour « sa gaieté résonnante, pour sa belle santé, pour ce charme de la force qui émanait de lui. C'était l'enfant bien portant et rieur de la maison, à qui tous les cœurs s'étaient donnés ». Insistant sur la santé du littérateur, Zola assure même que sa folie « ajoute à sa figure, l'élève à une hauteur tragique et souveraine dans la mémoire des hommes ». Alors Maupassant serait « la santé, la force même de la race ! Ah ! quelles délices de glorifier un des nôtres, un Latin à la bonne tête limpide et solide, un constructeur de belles phrases, éclatantes comme de l'or, pures comme du diamant[95] ! ». Vigueur latine et force gauloise seraient donc les qualités de celui que Nordau associe à un Cro-Magnon atroce. Et le discours zolien prend une tournure patriotique lorsqu'il rattache Maupassant à la lignée des « grands écrivains de notre France, un rayon de bon soleil qui féconde notre sol, mûrit nos vignes et nos blés ».

La statue de Verlet, « gracieux monument, symbole du don que la femme lui avait fait de son âme », incarne donc pour Zola la « glorification » de l'écrivain, devenu d'autant plus immortel. Dans une lecture opposée à Nordau, le monument dirait la santé d'un membre de la grande famille des lettrés gaulois sous la caution de Flaubert lui-même, que Zola assure représenter de manière posthume lors de cette cérémonie. Ancrant Maupassant dans l'histoire de la littérature française, l'œuvre

95 *Ibid.* Dans le discours funèbre que Zola prononce à l'enterrement de Maupassant, il défend déjà la santé de son camarade : « Qu'il dorme donc de son bon sommeil, si chèrement acheté, confiant dans la santé triomphante de l'œuvre qu'il laisse ! Elle vivra, elle le fera vivre. Nous qui l'avons connu, nous resterons le cœur plein de sa robuste et douloureuse image. Et dans la suite des temps, ceux qui ne le connaîtront que par ses œuvres l'aimeront pour l'éternel chant d'amour qu'il a chanté à la vie » (cité par Maynial, Édouard, *La Vie et l'œuvre de Guy de Maupassant*, 4e édition, Paris, Société du Mercure de France, 1907, p. 287).

de Verlet immortaliserait les conquêtes féminines du génie gaulois, perçues par le maître du naturalisme comme les signes d'une vigueur et d'une « fertilité » de la race – et non comme tare dégénérescente. Mais l'« apothéose » de la cérémonie est atteinte lorsqu'une comédienne, Mlle Brandès, « exquise silhouette de la Parisienne de ce temps, avec sa joliesse de lignes, la troublante énigme de ses yeux, le charme pervers, quasi félin, de son étrange beauté », déclame quelques vers :

> Elle apparut, en même temps que la lectrice qui aurait dû inspirer le sculpteur, une héroïne véritable de l'auteur, la personnification vivante de l'un des personnages de son œuvre, et lorsque d'un joli geste ému elle déposa sur le socle de pierre la gerbe de fleurs que le comité lui avait offerte, cet hommage était justement empreint de reconnaissance.
>
> Et de tout cela c'est le croquis qui demeure en notre vision, – une femme ornant de roses l'autel que surmonte le buste de l'écrivain[96].

Établissant un culte de l'écrivain à partir de l'« autel » fleuri, la cérémonie divinise Maupassant et élève les femmes lectrices au rang d'officiantes séduisantes du culte.

Cette image de la liseuse excitante mise en forme par Verlet et incarnée lors de l'inauguration par Mlle Brandès proviendrait selon l'article du *Gil Blas* d'une scène de *Fort comme la mort*, où le peintre Bertin se promène avec la jeune Annette dont il est épris précisément au Parc Monceau, abondamment décrit par Maupassant dans ce roman :

> Ils passèrent devant une jeune femme assise sur une chaise, un livre ouvert sur les genoux, les yeux levés devant elle, l'âme envolée dans une songerie… Elle était partie pour le Rêve, emportée par une phrase ou par un mot qui avait ensorcelé son cœur. Elle continuait, sans doute, selon la poussée de ses espérances, l'aventure commencée dans le livre… Ils avaient passé devant elle. Ils retournèrent et revinrent encore sans qu'elle les aperçut, tant elle suivait de toute son attention le vol lointain de sa pensée[97].

Si l'extrait du journaliste pourrait en effet correspondre à la représentation de la statue, la coupure après « songerie » trahit en revanche le texte original, car la phrase tue indique que la figure de la lectrice absorbée, indifférente au passage du couple, est fortement différente de celle que Verlet, Zola, Nordau et la cérémonie républicaine mettent en scène :

96 Guillemot, Maurice, « Le Monument de Guy de Maupassant », p. 2.
97 *Ibid.*

> Elle ne bougeait pas plus qu'une figure de cire. Laide, humble, vêtue en fille modeste qui ne songe point à plaire, une institutrice peut-être, elle était partie pour le Rêve, emportée par une phrase ou par un mot qui avait ensorcelé son cœur. Elle continuait, sans doute, selon la poussée de ses espérances, l'aventure commencée dans le livre.
>
> Bertin s'arrêta, surpris :
>
> « C'est beau, dit-il, de s'en aller comme ça[98] ».

La liseuse est donc laide, loin des frous-frous aristocratiques des boudoirs que Verlet lui attribue et de la perversion érotique dénoncée par Nordau. Bertin, suite à cette rencontre idéale, « rêve de reproduire exactement ce qu'il avait vu au parc Monceau » :

> Il avait beaucoup hésité s'il la ferait laide ou jolie ? Laide, elle aurait du caractère, éveillerait plus de pensée, plus d'émotion, contiendrait plus de philosophie. Jolie, elle séduirait davantage, répandrait plus de charme, plairait mieux.
>
> Le désir de faire une étude d'après sa petite amie le décida. La Rêveuse serait jolie, et pourrait, par la suite, réaliser son rêve poétique, un jour ou l'autre, tandis que laide elle demeurerait condamnée au rêve sans fin et espoir[99].

Alors que Bertin ne réalise pas ce portrait – la jalousie et la mort étant plus fortes –, il semble donc que Verlet l'ait, lui, sculpté, contribuant dès lors à faire de Maupassant un érotique fétichiste, roi des lectrices aussi bourgeoises que sensuelles. Mais en réalité, ce qui est *Fort comme la mort*, ce qui est « beau » pour l'écrivain, ce n'est pas tant la liseuse que le « rêve poétique » suscité par la Littérature chez les humbles qui « s'en vont » grâce à elle.

LE « RESTICISME »

S'il est un auteur supposément fétichiste qui fascine les pathographes de la Belle Époque, c'est Rétif de la Bretonne, dont le goût pour les pieds et les chaussures semble éminemment pervers, et qui fait l'objet d'articles et de thèses savantes. Les médecins s'appuient surtout sur l'autobiographie

---

98 Maupassant, Guy, *Fort comme la Mort*, in *Romans*, éd. établie par Louis Forestier, Paris, Gallimard, « Bibliothèque de la Pléiade », 1987, p. 898.

99 *Ibid.*, p. 960.

Monsieur Nicolas, ou Le Cœur humain dévoilé, datant de 1796-1797 et sur *Le Joli Pied*, narrant les aventures de Saintepallaie que les médecins perçoivent comme un double de Rétif lui-même[100]. *L'Anti-Justine* de 1798 est aussi parfois évoquée, mais on ne la cite presque jamais car le texte médical ne semble pas pouvoir en assumer l'obscénité[101]. Les pathographes convoquent donc abondamment *Le Pied de Fanchette, ou le Soulier couleur de rose*, qui consacre la carrière littéraire de Rétif en 1769 et connaît par la suite plusieurs éditions de son vivant – la cinquième de l'an VIII (1800) étant celle qui se distingue par ses nombreuses additions. Ce texte circule amplement à la Belle Époque grâce au travail éditorial accompli par Octave Uzanne, qui détecte alors une « restifomanie[102] ».

Pourtant, le pléthorique écrivain du XVIIIe est tombé dans l'oubli pendant la première moitié du XIXe siècle, et a été redécouvert grâce à Charles Monselet[103] et à Gérard de Nerval, qui publie dans *La Revue des deux mondes* « Les Confidences de Nicolas. Histoire d'une vie littéraire au XVIIIe siècle », inclus ensuite dans *Les Illuminés*[104]. À partir des années 1870, les publications sur Rétif se succèdent. Les *Études de psychologie*, exécutées par l'historien de la psychologie Jules Soury, attribuent le

100 Ce récit appartient à un recueil de plus de 242 nouvelles intitulé *Les Contemporaines* et publié en 42 volumes de 1780 à 1785. Notre édition sera Rétif de La Bretonne, Nicolas-Edme, « Le Joli Pied », in *Les Contemporaines, ou Aventures des plus jolies femmes de l'âge présent : les contemporaines mêlées ; édition précédée de la vie de Restif, d'une étude sur Restif écrivain, son œuvre et sa portée, d'une bibliographie raisonnée de ses ouvrages, et de notes*, éd. J. Assezat, Paris, G. Charpentier, 1884. La première publication de ce choix date de 1875-1876, la deuxième de 1881-1882. La *Revue de psychiatrie* publie en 1901 quasiment l'intégralité de ce texte qui illustrerait à merveille « l'obsession du pied » (« Variétés. Le Joli Pied », *Revue de psychiatrie*, 4e année (1901), p. 16-25).

101 Rétif de La Bretonne, Nicolas-Edme, *L'Anti-Justine ou Les délices de l'amour*, par M. Linguet… Avec LX figures…, Au Palais-roial, chez feue la Veuve Girouard très connue, 1798. Sur cette autocensure, voir notamment Charpentier, Paulin-Joseph-Louis, *Restif de la Bretonne. Son Fétichisme*, p. 126-127.

102 Uzanne, Octave, « Notice bio-bibliographique », in Rétif de La Bretonne, Nicolas-Edme, *Contes de Restif de la Bretonne. Le Pied de Fanchette, ou le Soulier couleur de rose*, Paris, A. Quantin, 1881, p. IV.

103 Monselet, Charles, « Restif de la Bretonne », *Le Constitutionnel*, 17, 18 et 19 août 1849. Monselet a ensuite développé ses recherches historiques dans *Restif de la Bretonne. Sa vie et ses amours. Documents inédits ; – ses malheurs, – sa vieillesse et sa vie ; ce qui a été écrit sur lui ; ses descendants ; catalogue complet et détaillé de ses ouvrages suivi de quelques extraits, avec un beau portrait gravé par Nargeot et un fac-similé*, Paris, Auguste Aubry, 1858.

104 Nerval connaît le premier article de Monselet, dont il s'inspire pour brosser le portrait de Rétif dans *Les Illuminés* en 1852. Sur les sources nervaliennes, voir Tsujikawa, Keiko, *Nerval et les limbes de l'histoire. Lecture des* Illuminés, préf. de Jean-Louis Illouz, Genève, Droz, 2008, p. 137.

succès des mauvaises œuvres du libertin à « l'affaissement des mœurs et des habitudes littéraires » et à la rareté des ouvrages : « On ne lit pas, mais on montre dans sa bibliothèque tel volume de Restif ainsi que de vieux laques de la Chine et du Japon, des meubles et des bronzes de Boule, des lustres anciens de cristal de Roche[105] ».

L'éditeur Octave Uzanne pense néanmoins que la réhabilitation littéraire de l'écrivain à la « monomanie incurable » est due à « ce ragoût de libertinage, à cette soif perpétuelle de la femme, à cette sentimentalité raisonneuse et pleurarde qui se heurte le plus singulièrement du monde aux débordements de luxure de ses conceptions[106] ». La Belle Époque assouvirait donc chez Rétif un goût pervers qu'il sait épancher grâce à d'« intéressants matériaux et documents ». De même donc que l'écrivain collectionne les mules qu'il « conservait pieusement (quelle collection il devait avoir !) pour qu'on les mît dans son tombeau[107] », de même ses ouvrages auraient été recueillis comme des objets précieux à la fin du XIXe siècle. Avant que ne soit théorisé le fétichisme amoureux, une œuvre littéraire où pullulent les amateurs de souliers ou de pieds est rééditée et commentée. La résurgence de Rétif de La Bretonne coïncide donc avec le moment où la science s'efforce de compléter sa nosographie érotique et où Charcot et Magnan observent leurs premiers pervers.

Bien qu'il qualifie le « goût pour les jolies chaussures, bien cambrées et à hauts talons » d'« esthétique », Jules Soury considère néanmoins que Rétif « fut toute sa vie un de ces aliénés que le docteur Lasègue appelle *exhibitionniste*[108] » – alors seule perversion sexuelle théorisée. Après le baptême de Binet, nombre de spécialistes[109] assurent que sa passion correspond au fétichisme suite à une identité postulée entre personnage et auteur : le « type fétichiste tracé par Restif » serait « son propre portrait, qu'indubitablement l'auteur nous a inconsciemment livré[110] ».

105 Soury, Jules, *Portraits du XVIIIe siècle*, Paris, G. Charpentier, 1879, p. 188.

106 Uzanne, Octave, « Notice bio-bibliographique », in Rétif de La Bretonne, Nicolas-Edme, *Contes de Restif de la Bretonne*, p. XXXIV-XXXV et IV-V.

107 Soury, Jules, *Portraits du XVIIIe siècle*, p. 217.

108 *Ibid.*

109 Voir Grasset, Joseph, *Demi-fous et Demi-responsables*, p. 149 et Laurent, Émile, *Fétichistes et érotomanes*, p. 47.

110 Louis (Dr), « Pathologie littéraire. Un romancier fétichiste : Restif de la Bretonne », *Chronique médicale. Revue bimensuelle de médecine historique, littéraire et anecdotique*, n° 11, (1er juin 1904), p. 356.

Cette confusion est encouragée par la tendance autobiographique des œuvres rétiviennes : « Comme J.-J. Rousseau, avec lequel il présente tant de points de contact, Rétif s'est plu à se raconter lui-même : encore doit-on prendre garde que la fiction dans ses œuvres touche souvent de près à la réalité[111] ». Si les fétichistes binetiens écrivent pour exciter leur esprit, chez Rétif « ce fut l'amour morbide [qu'il] ressentait pour le pied féminin qui l'a poussé à écrire, qui a donné à son imagination son souffle si fécond et si varié. C'est à la petite chaussure de la femme que nous devons aujourd'hui de connaître cet amour même et de l'étudier dans ses œuvres ». Pour Charpentier, le fétichisme de Rétif aurait même connu « une augmentation » conséquente « l'année où il se révéla auteur[112] », ce qui prouverait la concomitance des deux phénomènes. Prolongeant l'association entre langage et sexualité tissé par Voivenel, le pathographe soutient qu'écrire aurait permis à Rétif de « témoigner plus fortement de l'amour qu'il éprouvait », tandis que le pied adoré était sa « muse ». Et comme l'écrivain incarnerait « le type parfait du fétichisme du pied et de la chaussure », Charpentier propose une nouvelle entrée nosographique à partir de ce cas littéraire :

> Et Restif, en se faisant, par ses œuvres, l'interprète, le propagateur de cet amour, en s'en faisant toute sa vie l'apôtre, mériterait de donner son nom à cette manifestation sexuelle. Puisque le marquis de Sade et Sacher-Masoch ont donné leurs noms aux pratiques amoureuses décrites dans leurs ouvrages, pourquoi ne pas donner au fétichisme simple de la chaussure le nom de « *resticisme*[113] ».

Même si le baptême de Charpentier ne connaîtra pas de fortune médicale jusqu'à la Grande Guerre[114], les médecins sont toutefois convaincus du fétichisme de Rétif de la Bretonne chez qui ils découvrent par ailleurs une réflexion sur le caractère obsessionnel de ces goûts. Dès la « première époque » de *Monsieur Nicolas*, l'écrivain narre en effet comment sa sexualité précoce et toujours puissante, selon ses dires, a été originellement

111 Cabanès, Augustin, *Les Grands Névrosés de l'histoire. Malades immortels* [1923], Paris, Les Éditions de l'Opportun, 2011, p. 265.

112 Charpentier, Paulin-Joseph-Louis, *Restif de la Bretonne. Son Fétichisme*, p. 155-156. Cabanès partage cette thèse, voir *Les Grands Névrosés de l'histoire*, p. 280.

113 Charpentier, Paulin-Joseph-Louis, *Restif de la Bretonne. Son Fétichisme*, p. 156 et 187.

114 Un fétichiste du pied chaussé, observé en 1931, est encore assimilé au collectionneur Saintepallaie par les médecins. Voir Marchand, L., et Füller, H.-A., « Fétichisme du pied chaussé. Hérédo-Syphilis », *AMP*, n° 02 (1931), p. 479.

déterminée par la podophilie et toujours stimulée par elle. Il invoque alors plusieurs explications. D'abord, une cause hygiénique motiverait la focalisation sur les pieds, car « comme la partie la moins facile à conserver propre est celle qui touche la terre, c'était à la chaussure qu'il donnait machinalement sa plus grande attention[115] ». Mais la chaussure se doit pour Rétif d'être à talons hauts : « J'ignore ce que les femmes d'aujourd'hui gagnent aux talons bas, mais je sais bien ce qu'elles y perdent : de l'élégance, de la noblesse, de la finesse dans la jambe, de la mignonnesse et de la volupté dans le pied[116]. » Rétif érotise ainsi un attribut de la mode contre lequel la médecine mène alors un combat, considérant que les talons déforment le pied et l'empêchent de s'épanouir naturellement[117]. Symboles jusque-là d'une aisance sociale et financière n'exigeant des femmes ni travail ni déplacement, les chaussures hautes disparaissent avec la Révolution de 1789, qui impose des souliers plats pour incarner le nivellement des classes par celle des démarches. La défense acharnée de Rétif de La Bretonne pour les hauts talons s'exerce par conséquent aussi bien contre une évolution du critère esthétique et de l'ordre social que contre une certaine prise en main médicale du corps féminin.

L'écrivain analyse plus amplement sa passion podophile :

> Mais ce goût pour la beauté des pieds, si puissant en moi qu'il excitait immanquablement les désirs et qu'il m'aurait fait passer sur la laideur, a-t-il sa cause dans le physique, ou dans le moral ? Il est excessif, dans tous ceux qui l'ont : quelle est sa base ? Serait-ce ses rapports avec la légèreté de la marche ? Avec la grâce et la volupté de la danse ? Le goût factice pour la chaussure

---

115 Rétif de La Bretonne, Nicolas-Edme, *Monsieur Nicolas*, t. 1, p. 45-46.

116 Rétif de La Bretonne, Nicolas-Edme, *Le Pied de Fanchette, ou le Soulier couleur de rose*, in (collectif), *Romanciers libertins du XVIIIe siècle*, 2 vol., éd. sous la direction de Patrick Wald Lasowski avec la collaboration de Alain Clerval, Jean-Pierre Dubost, Marcel Hénaff, Pierre Saint-Amand, Roman Wald Lasowski, Paris, « Bibliothèque de la Pléiade », 200, t. 2, p. 899.

117 Voir sur ce point Turcot, Laurent « Du pied médicalisé au pied à la mode : Pour une histoire du pied au XVIIIe siècle », dans *Le Corps et ses images dans l'Europe du dix-huitième siècle / The Body and its images in 18th century Europe*, sous la dir. de Sabine Arnaud et Helge Jorheim, Paris, Honoré Champion, « Collection Lumières Internationales », 2012, p. 313-331. Ce n'est qu'à la fin du XIXe siècle que le talon haut réapparaît en France, porté par les femmes de petite vertu, avant d'être exporté aux États-Unis. Un patient polonais de Krafft-Ebing, dont le cas célèbre de fétichisme des souliers est mentionné par Charpentier, exige que la bottine soit « élégante, de forme française, avec un talon noir luisant » – comme celui que portait l'institutrice hexagonale qui le dépucela (*Psychopathia sexualis*, obs. 87, p. 231-233 ; Charpentier, Paulin-Joseph-Louis, *Restif de la Bretonne. Son Fétichisme*, p. 170).

> n'est que le reflet de celui pour les jolis pieds, qui donnent de l'élégance aux animaux même ; on s'accoutume à considérer l'enveloppe comme la chose. Ainsi la passion que j'eus, dès l'enfance, pour les chaussures délicates, était un goût factice basé sur un goût naturel. Mais celui de la petitesse du pied a seulement une cause physique, indiquée par le proverbe, *Parvus pes, barathrum grande !* La facilité que donne ce dernier étant favorable à la génération[118]...

La passion des pieds, quoiqu'hyperbolique, serait *naturelle*, ancrée dans une « cause physique » que compliquent néanmoins des préférences *factices* – acquises. En effet, un glissement métonymique entre le pied et le soulier s'effectue par habitude. Le parallèle entre ces remarques et l'« écoulement » que décrit Binet entre une partie corporelle et son ornement (maquillage, bijoux) est dès lors évident. Le psychologue aurait donc en Rétif de la Bretonne un précurseur d'investigation subjective même s'il ne cite pas le romancier, qu'il ne connaît peut-être pas[119].

Mais alors que le fétiche serait pour Binet d'autant plus excitant qu'il est hypertrophié, Rétif exige au contraire que le pied soit petit, car cette exiguïté annoncerait de grandes ouvertures ailleurs. Cette obscure loi anatomique est déjà véhiculée par Brantôme dans ses *Dames galantes*, où il dédie un chapitre entier à « la beauté de la belle jambe et la vertu » :

> En quoy faut aviser aussi la beauté du pied : car, s'il est trop grand, il n'est plus beau ; s'il est trop petit, il donne mauvaise opinion et signifiance de sa dame, d'autant qu'on dit : *petit pied, grand c...*, ce qui est un peu odieux ; mais il faut qu'il soit un peu médiocre, comme j'en ay veu plusieurs qui en ont porté grandes tentations [...][120].

Rétif explicite cette analogie qui trouve « sa cause dans le physique ». Puisque les petits pieds équivalent à de grandes vulves, alors les extrémités promettent la rencontre d'un utérus généreux facilitant la jouissance génératrice :

> *Aperta vulva semper facilitat intromissionem ac projectum seminis in uterum.* [...] Ce sont les pieds petits, ronds et courts, qui seuls indiquent un barathre...

---

118 Rétif de La Bretonne, Nicolas-Edme, *Monsieur Nicolas*, t. 1, p. 46-47.

119 Il n'existe malheureusement aucun catalogue de la bibliothèque de Binet, d'après les recherches récentes.

120 Brantôme, *Les Dames galantes* [1665-1666], texte établi et annoté par Pascal Pia, préf. de Paul Morand, Gallimard, « Folio classique », 1981. La tendance fétichiste de Brantôme n'a pas échappé à Krafft-Ebing, qui rappelle l'attrait de l'écrivain pour celles qui ont une jambe plus courte que l'autre (*Psychopathia sexualis* [1950], p. 314-315).

> Et qu'on ne l'oublie pas : ce sont les barathres qui facilitent la jouissance à la jeunesse nouvellement pubère[121].

L'extrémité annonce donc un plaisir qui s'accomplit néanmoins dans la génitalité. À en croire Rétif, l'on n'aimerait les pieds que parce que, dans un lien morphologique mystérieusement établi, ils annonceraient un coït fabuleux : le fétiche ne serait donc pas, en lui-même, source de plaisir – mais signe d'un accueil concave[122].

Charpentier admet l'hospitalité vaginale postulée par Rétif, adhérant ainsi au propos de l'écrivain qu'il voudrait pourtant pathologiser :

> [Rétif] aime le petit pied de la femme, parce que, dit-il, cette petitesse est le signe d'une nature largement ouverte, ce qui, d'après lui, facilite la génération.
>
> Nous savons, en effet, que Restif fut longtemps poursuivi par cette idée de propager tous les moyens possibles facilitant la perpétuité de l'espèce humaine, en augmentant le nombre de ses représentants. [...]
>
> Il faut donc voir là plus que l'idée d'une circonstance favorable à la génération, mais aussi une occasion propice à trouver le maximum de volupté dans l'accomplissement sexuel.
>
> Et en nous souvenant qu'il était, par le fait de sa dégénérescence mentale, un érotique dont les besoins génitaux étaient considérables, nous comprendrons facilement l'amour du petit pied de la femme, puisque celui-ci était le synonyme, ou mieux, la traduction d'une large conque[123].

Comme le fétichisme promet des plaisirs génitaux décuplés tout en reproduisant l'espèce, le diagnostic de la dégénérescence vacille pour Charpentier : car loin de se contenter de la partie fétiche, Rétif observerait les pieds en vue d'une fécondation aussi agréable que démultipliée, contredisant ainsi la stérilité postulée par la théorie dégénérescente. Et cette difficulté à pathologiser le fétichisme rétivien se trahit de manière

---

121 Rétif de La Bretonne, Nicolas-Edme, *Monsieur Nicolas*, t. 1, p. 46 et 47.

122 Cette conception du pied comme fragment ouvrant sur un tout s'insurge contre la relation sadienne au corps. Chez le marquis, en effet, « l'excitation d'une partie devient le vertige qui ignore, insulte le corps comme "belle totalité". Cette partie peut être résidu (morve, crasse, urine), fragment mort (troncs sciés, poignet sectionné au ras d'un bracelet, mamelon arraché). Le corps de l'érotique sadienne n'est plus que segment, fragment, partie entaillée, détaillée. La partie existe en elle-même, sans référence imaginaire à une totalité, une complétude » (Mourey, Jean-Pierre, *Philosophies et pratiques du détail. Hegel, Ingres, Sade et quelques autres*, Seyssel, Champ Vallon, « milieux », 1996, p. 74-75). Pour une lecture parallèle des deux écrivains, voir Blanchot, Maurice, *Sade et Restif de La Bretonne*, Bruxelles, Ed. Complexe, « Le regard littéraire », 1986.

123 Charpentier, Paulin-Joseph-Louis, *Restif de la Bretonne. Son Fétichisme*, p. 108.

aiguë à propos de la masturbation de Rétif : contredisant la logique du fétichisme, ce dernier « ne pratiqua pas l'onanisme à proprement parler et les quelques gestes et faits du ressort de cette perversion sexuelle qu'il ait accomplis sont très peu nombreux ». Le médecin atténue la gravité et la quantité des actes onanistiques de celui qui, « plus que tout autre, avait "l'esprit prompt et la chair faible" ; aussi il ne put se retenir d'offrir aux chaussures de Marguerite Pâris d'abord, et de Mme Parangon ensuite, des hommages très… brûlants[124] ».

Pourtant, l'œuvre de Rétif de La Bretonne contient de nombreuses scènes onanistes où les objets sont des adjuvants privilégiés. Face aux « mules neuves de maroquin noir, dont les coutures conservaient leur éclatante blancheur, avec un talon mince qui affinait encore la jambe la mieux faite » de Marguerite Pâris, Rétif éjacule pour la première fois, « sans copulation ». Puis en présence des souliers de Mme Parangon, le jeune homme est « emporté par la passion la plus fougueuse, idolâtre de Colette » :

> Je croyais la voir, la toucher, en palpant ce qui venait de la porter. Mes lèvres pressèrent un de ces bijoux, tandis que l'autre, égarant la nature, et trompant son but sacré, remplaçait le sexe par excès d'exaltation… Les expressions plus claires se refusent… La chaleur qu'elle avait communiquée à l'insensible objet qu'elle avait touché subsistait encore, et y donnait une âme ; un nuage de volupté couvrit mes yeux…
>
> Calmé, j'écrivis dans un des instruments de mon bouillant écart : « Je vous adore ! » en petits caractères, et je remis l'élégante chaussure à la place où je l'avais prise[125].

Le membre viril prend la place du pied féminin, et la chaussure remplace son sexe absent. Si une telle volupté est un pied-de-nez à la nature, l'objet est toutefois loin d'être inerte, puisqu'une chaleur métonymique l'anime – excusant l'égarement. La chaussure n'est alors plus tant le substitut de la femme que le support de l'amour, et ce tant par la volupté qui s'y écoule que par la déclaration que Rétif, en bon imprimeur, y inscrit en « petits caractères ». L'objet porte ainsi un double témoignage de l'*adoration* du jeune homme qui se plaît, écrit-il plus loin, à répéter l'acte (« *In albis socculis fallor*[126]… »). Si la mule

124 *Ibid.*, p. 125.
125 Rétif de La Bretonne, Nicolas-Edme, *Monsieur Nicolas*, t. 1, p. 215-216 et 427.
126 « Je me donne le change dans les mules blanches… » (*ibid.*, t. 1, p. 673).

garde l'empreinte du corps qu'elle a porté, elle devient aussi le signe de l'amour de l'homme – telle un livre où s'imprime l'encre de la volupté.

L'écrivain regrette cependant ne pas avoir été prévenu des débordements où ses pratiques fétichistes pouvaient le conduire :

> Puisse ce que je raconte ici être utile à quelqu'un ! Car si j'avais lu un livre tel que celui que je publie, vertueux comme je l'étais encore, il m'aurait salutairement effrayé ; j'aurais pu réprimer, par la réflexion, les mouvements impétueux ; j'aurais fui le péril, en évitant les occasions auxquelles mon inexpérience me conduisaient, comme le papillon à la lumière qui doit le brûler[127].

Si les avertissements auraient pu atténuer ces élans érotiques, il n'en demeure pas moins que la narration des aventures podophiles les dénonce moins qu'elle n'en perpétue leur vestige – sur le papier, cette fois, du *Cœur dévoilé.* Il y a peut-être du mal dans cet emportement : mais de même que Stendhal pathologise l'amour tout en affirmant qu'il procure « les plus grands plaisirs qu'il soit donné aux êtres de son espèce de goûter sur la terre[128] », de même l'impétuosité du fétichisme rétivien procure des voluptés délicieuses.

Que la chaussure soit un récipient privilégié de la semence masculine apparaît clairement dans l'*Anti-Justine*, roman qui voudrait dépasser la cruauté du marquis de Sade par ses mises en scène voluptueuses. Le narrateur raconte sa vie, guidée par le goût artistique et aristocratique des extrémités et rythmée par maintes orgies, où sa fille Conquette se révèle être une digne progéniture :

> Elle imitait sa mère dans le claquement des talons. Car je ne foutais celle-ci que de jour, soit en con, soit en cul, soit en bouche, pour être excité par ce qu'elle avait de mieux : la jambe et le pied. Je lui demandais le claquement des talons parce qu'il imitait la marche de la femme, son qui me faisait toujours bander[129]...

Conquette a été mariée au terrible Vitnègre, qui veut vendre l'hymen de son épouse à trois acheteurs intéressés par l'opération défloratoire. Pendant les transactions, le mari se cache derrière une porte :

> Il voulait tout voir, craignant qu'un des trois ne la lui enlevât. C'était aussi par volupté : il était passionné par la chaussure de sa femme. Lors donc que,

127 *Ibid.*, t. 1, p. 427-428.

128 Stendhal, *De l'amour*, p. 35. Voir I. 1, « Cristallisation du fétichisme fin-de-siècle ».

129 Rétif de La Bretonne, Nicolas-Edme, *L'Anti-Justine ou les délices de l'amour*, Paris, La Musardine, 2008, p. 88-89.

> tendrement gamahuchée par un des trois bougres [...], elle émettait, il tirait un soulier qui, se trouvant étroit vers la pointe, lui servait de con. Aussi disait-il à ses intimes : *je n'ai jamais foutu ma femme qu'en soulier*[130].

Plus loin, Mme Guaé raconte une substitution semblable, où la chaussure remplace le sexe :

> Mais comme j'ai le pied joli et que M. Dardevit, ainsi que tous les hommes délicats, est infiniment sensible à cet attrait-là, il faisait faire mes chaussures par un habile cordonnier, celui de ma mère et de la marquise de Marigny. Le voluptueux ne me les donnait neuves que lorsque j'allais chez lui. Il me les faisait mettre, après un pédiluve, avec des bas de fin coton, me faisait marcher chaussée, mettre à la fenêtre, pour mieux voir ma jambe et mon pied, qu'il baisait. Il me faisait ensuite asseoir, me tirait un soulier, s'en coiffait le vit, me faisait lui patiner les couilles avec mon pied chaussé, poussait de profonds soupirs, cognait au plancher, ce qui faisait monter Mme Mézières, voisine d'au-dessous. Elle lui arrachait mon soulier ou ma mule, elle se renversait sur le dos, il la troussait et la fourgonnait en me faisant relever ma jupe en perspective d'une glace jusqu'au genou.
>
> – Votre père me fait ce qu'il ne peut vous faire, me disait la Mézières, parce que tu es sa fille. Mais c'est toi qui le fait bander... Hâ ! si tu lui montrais ton joli conin, comme il me rabatèlerait et me donnerait des coups de vit en con ! Touchée de ce langage, souvent je me troussais et montrais une motte à poil follet et soyeux que mon père trouvait adorable. Je m'en apercevais aux vives estocades qu'il donnait à la dame. En la quittant, il venait me rechausser. Mais quelquefois la Mézières l'en empêchait et, furieuse de luxure, elle me renversait, me léchait le conin, et mettait dans le sien la pointe de mon soulier ou de ma mule comme un godemiché... Pendant ce temps-là, mon père me palpait doucement les fesses et les tétons[131].

La scène inouïe assimile la chaussure au sexe féminin, qui se transforme aussi en un pratique godemiché pour l'enflammée voisine. Le soulier devient ainsi un agent actif dans la relation charnelle, excitant tant les hommes que les femmes : c'est pourquoi il est par ailleurs conseillé de chatouiller les dames avec leurs propres chaussures pendant l'amour, ce qui leur « procu[re] autant de plaisir qu'elles en donn[ent] à leurs opérateurs[132] ». Tantôt substitut, tantôt adjuvant, la chaussure garantirait donc du plaisir à tous – et par tous les moyens.

130 *Ibid.*, p. 86.
131 *Ibid.*, p. 184-185.
132 *Ibid.*, p. 108-109.

Charpentier, qui a lu ces lignes, mentionne simplement le fait que dans *L'Anti-Justine* « nombreux sont les passages où l'on voit la chaussure se prêter, grâce à sa forme, à l'accomplissement de l'acte sexuel ». Mais il refuse de les citer ou de les commenter en raison de leur « allure trop libre », et se contente de mentionner la formule de Vitnègre, qui n'a jamais « f... [sa] femme qu'en soulier ». Loin de puiser dans ces scènes hardies matière à condamnation, Charpentier suit le discours apologétique de l'écrivain, qu'il cherche sans cesse à disculper : car « comment aurait-il fait pour maîtriser cette passion qui lui fait écrire ces lignes et qui devait naturellement permettre tous les débordements d'amour » ? Les excès seraient donc *naturels*, dictés par une passion dont le médecin valide la vigueur en dépit de son caractère prétendumment dégénérescent. Rétif est alors excusé de ses impulsions, d'autant plus que le soulier n'aurait été qu'un « excitant sans pareil, dont la vue le transportait d'aise, [qui] faisait passer en tout son être un frisson de désir et de volupté et le poussait malgré lui à l'accomplissement de l'acte sexuel[133] ». Par conséquent, son fétichisme n'aurait pas été une finalité en soi, mais un préliminaire pardonnable. Pour Charpentier, le resticisme ne provoquerait donc pas tant des voluptés objectales qu'une hypersexualité génitale, qui s'accomplit en dépit de l'écrivain. Quant à la mise en série de chaussures, censée prouver que le fétichisme de Rétif est pathologique, elle demeurerait à l'état d'hypothèse : « Il est certain qu'il devait avoir chez lui toute une collection de chaussures, dépouilles de celles qu'il avait aimées. Bien que jamais dans ses œuvres nous ne trouvons d'allusions directes, franches, à cette manifestation, certains passages cependant nous permettent de supposer qu'il en fut ainsi ». Charpentier estime qu'il fallait que Rétif ait lui aussi « disposé sur un rayon quelques petites mules à hauts talons[134] » pour pouvoir en parler.

Si le médecin éprouve encore et toujours de la peine à pathologiser l'écrivain, il est en tout cas indéniable qu'il ressent un plaisir à le lire et à l'*écouter* : « Écoutons, encore, cet autre passage du *Joli Pied*, qui montre l'impulsion irrésistible qui s'empare du fétichiste auprès de l'objet qui le charme[135] ». C'est pourquoi Charpentier accumule les extraits emblé-

133 Charpentier, Paulin-Joseph-Louis, *Restif de la Bretonne. Son Fétichisme*, p. 126-127.
134 *Ibid.*, p. 138-139.
135 *Ibid.*, p. 135.

matiques de l'œuvre rétivienne, transformant sa thèse en une collection de récits érotiques. Cette lecture plaisante de Rétif apparaît également chez le docteur Avalon, qui propose à son lecteur de longues pages du « fétichiste parfait », agrémentées d'iconographies extraites de l'œuvre rétivienne. Commentant très peu les extraits choisis, le médecin taxe Rétif de malade, tout en invitant à « voir ces femmes gentiment habillées, aux seins ronds portés haut, à la "taille joncée", aux jambes longues et fines, pour se faire une idée de ce que pouvait être son *idéal féminin*[136] ». Mais en citant le roman et en montrant des illustrations aguicheuses, le texte d'Avalon s'apparente davantage à la promotion d'une œuvre érotique qu'à un diagnostic infamant.

Cette oscillation entre une pathologisation de l'écrivain et une volupté à laisser ses textes érotiques envahir l'écrit savant est aussi à l'œuvre chez le docteur Louis qui copie *Le Joli Pied* : « Ce dernier opuscule, en effet, d'ailleurs charmant, peut servir d'exemple aux spécialistes, pour décrire la curieuse anomalie psychique à laquelle M. Binet a donné le nom, qui fit fortune, de *fétichisme*[137]. » Le pathographe fait ensuite jouer en contrepoint des citations extraites tantôt de l'œuvre rétivienne, tantôt des traités médicaux portant sur le fétichisme :

> « Le fétichisme, dit Thoinot, véritable stigmate de la dégénérescence, fait corps avec l'individu, comme l'inversion, comme le sadisme ou le masochisme, il *naît* avec le sujet : la précocité singulière de son éclosion en témoigne ».
>
> Or, « ce goût n'était pas, dans le jeune Saintepallaie, un effet du raisonnement ; c'était un instinct qui s'était manifesté *dès son enfance :* il ne pouvait, sans tressaillir, apercevoir une jolie chaussure de femme ». [...]
>
> Car notre héros fait des collections, *comme tous ses pareils.* « Ils les a rangées sur des rayons ; cela est couvert d'une gaze, comme celle qu'on met aux pendules, de peur que la poussière ne les gâte ».
>
> Ces collections, il les enrichit par tous les moyens. « L'aberration des fétichistes, nous dit Thoinot, en fait, en maintes circonstances, des voleurs passionnels ; à la vue de l'objet de ses désirs, le malheureux aberrant devient la proie d'une obsession, d'une impulsion irrésistible ; il étend la main et vole le fétiche, qui va rejoindre chez lui la collection d'objets similaires antérieurement dérobés ou achetés. Pris une première fois, il récidivera fatalement ». C'est ce que fait notre héros[138].

---

136 Avalon, J., « Restif de la Bretonne fétichiste », *Aesculape*, (avril 1912), p. 90.

137 Louis (Dr), « Pathologie littéraire. Un romancier fétichiste : Restif de la Bretonne », *Chronique médicale. Revue bimensuelle de médecine historique, littéraire et anecdotique*, n° 11, (1er juin 1904), p. 354.

138 *Ibid.*, p. 354-355.

Le cas Saintepallaie prouverait la véracité de la théorie exposée par Thoinot, qui elle-même confirmerait que le héros rétivien est bien fétichiste. Savoir médical et description littéraire se juxtaposent ainsi pour dire le même phénomène amoureux. Mais Louis nuance finalement la noirceur de ses remarques pathologisantes, car *Le Joli Pied* recèlerait un intérêt autre :

> Qu'on ne s'imagine pas, d'ailleurs, ce petit roman aussi sec que mes citations peuvent le laisser supposer. L'armature que j'ai disséquée s'y trouve noyée dans une matière pleine de charme et de grâce voluptueuse. On y découvre des vues aussi justes qu'originales et *saines* – chose étonnante dans un ouvrage qui paraîtra équivoque après ce que j'en ai rapporté – sur l'amour conjugal et les moyens pour une femme de l'entretenir.
>
> Au surplus, lisez le *Joli Pied*, quand il vous tombera sous la main[139].

Comme Binet avec *La Bouche de Mme X…*, Louis s'est fait anatomiste de romans : et le fétichisme apparaît cette fois non pas comme un trait grossi par la fantaisie de l'écrivain, mais comme ce qui en définitive se noie dans une œuvre « voluptueuse », « pleine de charme » – voire même didactique. Le médecin y trouve des notes « *saines* » – mot dont le soulignement témoigne bien de la tension du spécialiste face à un texte aussi fétichiste que plaisant. Un basculement s'opère ainsi du pathologique, que Louis met en avant par la structure contrapunctique de sa démonstration, vers le physiologique : le fétichisme rétivien, s'il croise celui que décrit Thoinot dans ses inquiétantes leçons, est riche néanmoins en conseils aphrodisiaques. La pathographie fait finalement la publicité d'une œuvre qu'elle se propose néanmoins de présenter comme morbide.

RÉTIF FUT-IL VRAIMENT FÉTICHISTE ?

Tout se passe donc comme si les médecins n'arrivaient pas vraiment à taxer de morbide une volupté que Rétif voudrait répandre. Si le narrateur de *L'Anti-Justine* renonce à entrecouper sa narration de dissertations philosophiques comme Sade aime à le faire (« rien de plus déplacé »), il

139 *Ibid.*, p. 356-357.

souhaite en revanche offrir à « ceux qui ont le tempérament paresseux un *Erotikon* épicé qui les fasse servir convenablement une épouse qui n'est plus belle[140] ». Arts d'aimer, les romans de Rétif montrent que le fétichisme mène à une existence heureuse, remplie d'aventures. Ainsi, *Le Pied de Fanchette* ne cesse de mettre en avant les folies que provoquent un pied – et son soulier, métonymie indispensable inscrite dans le sous-titre *ou le Soulier couleur de rose* dès 1776. L'« historien véridique des conquêtes brillantes du pied mignon d'une belle » universalise d'emblée la portée de son récit :

> D'ailleurs, mon sujet n'est pas aussi mince qu'on pourrait se le figurer. L'attention des femmes de nos jours à relever les grâces d'un joli pied, et notre expérience, semblent nous indiquer que seul il peut faire naître les passions. Mais que dis-je ? pourquoi me borner à notre siècle, et ne former que des conjectures, tandis que l'histoire nous fournit des exemples ? *L'éclat de la chaussure* de la belle Judith *éblouit Holoferne*, avant que sa *beauté rendît captive l'âme* du général assyrien. Le père du farouche Vitellius ne put voir sans émotion le joli pied de l'impératrice Messaline ; *il obtint la permission de la déchausser, s'empara d'une de ses MULES, qu'il porta toujours avec lui, et que souvent il baisait*[141].

Loin d'être rare ou bizarre, la passion des pieds et des chaussures a été partagée par les plus grands de l'histoire. D'ailleurs, le caractère noble du fétichisme se traduit dans l'aristocratie de ceux qu'il atteint. Dans *Le Joli Pied* notamment, Saintepallaie est un « jeune savant, plein de connaissances et de mérite, vivant seul et concentré, quoiqu'il n'eût que vingt-cinq ans, et se promenant presque toujours seul les soirs, après avoir donné la journée à l'étude » :

> Mais le charme auquel il était le plus sensible, celui qui lui causait ce frémissement involontaire et délicieux qui remue toutes les fibres, c'était un joli pied : rien dans la nature ne lui paraissait au-dessus de ce charme séduisant, qui semble en effet annoncer la délicatesse et les perfections de tous les autres appas. D'ailleurs, ce goût n'était pas dans le jeune Saintepallaie un effet du raisonnement ; c'était un instinct qui s'était manifesté dès son enfance : il ne pouvait, sans tressaillir, apercevoir une jolie chaussure de femme ; lorsqu'il en rencontrait quelques-unes qui n'étaient pas jolies, mais chaussées avec goût, il semblait que ce charme seul les rendît aimables[142].

---

140 Rétif de La Bretonne, Nicolas-Edme, *L'Anti-Justine*, p. 135, p. 135-136.
141 Rétif de La Bretonne, Nicolas-Edme, *Le Pied de Fanchette*, p. 225-226.
142 Rétif de La Bretonne, Nicolas-Edme, *Le Joli Pied*, p. 305-306.

Puisque le goût est un « instinct » originel faisant vibrer les « fibres » d'un corps disposé à admirer la beauté, la passion apparaît donc comme une conséquence organique et non pas « hors nature » comme pour Binet. D'ailleurs, le héros rétivien finit toujours par tomber amoureux d'une femme au pied irrésistible – en l'occurrence Victoire de la Grange. Le fétichisme s'écarte alors de la synecdoque d'espèce que les spécialistes attribueront à la perversion, rejoignant l'individualisation également mise en scène par Adolphe Belot.

Si Saintepallaie finit par dérober un soulier de sa fiancée, c'est que son amour n'arrive plus à se contenir : « Il fallait un soulagement à mon cœur : il le fallait absolument[143]. » Et il manque de se « soulager » dans une mule de Victoire, caressée comme un substitut, comme une métaphore métonymique :

> Adorable fille ! ah ! tout ce qui vous touche participe du charme divin qui vous environne !... Témoins inanimés du plus ardent amour ! j'envie votre sort ! je voudrais... un seul instant, avoir votre forme et votre destination ! être foulé par ce pied mignon, l'abrégé de toutes les grâces... j'en sentirais davantage mon existence délicieuse... [...] Parure qu'elle embellit, reçois mes hommages ! Il se leva dans un égarement de tendresse.

Le devenir chaussure de l'amant fou, prêt à honorer figurément la belle, décide cette dernière à épouser cet homme ardent. Il lui offre d'ailleurs, comme cadeau de mariage des escarpins d'une richesse inouïe, que le texte se plaît à détailler :

> C'était un soulier de nacre de perle, avec une fleur diamant : les bordures étaient garnies de brillants, ainsi que le talon, qui, malgré cet ornement, était fort délité : cette chaussure coûta deux mille écus, sans compter les diamants de la fleur qui valaient trois ou quatre fois cette somme ; c'était un présent de Saintepallaie. Le soir, lorsqu'il fut dans la chambre nuptiale avec sa charmante épouse, il se mit à genoux, et ce fut sa main amoureuse qui ôta ce beau soulier du pied mignon qu'il chaussait : une mule, non moins galante, mais moins riche, lui succéda : les souliers furent déposés dans un petit temple transparent, dont la pièce du milieu formait une rotonde environnée de colonnes de cristal, à chapiteaux dorés, d'ordre ionique : c'est là qu'ils sont conservés, comme les types et les gages d'un amour qui ne doit jamais s'éteindre : il y a dix ans que ce mariage est fait, et ils ont été mis dix fois ; c'est-à-dire, chaque année au jour anniversaire du mariage[144].

143 *Ibid.*, p. 315.
144 *Ibid.*, p. 325-326.

La chaussure, conservée dans un temple, instaure le rituel d'un amour *victorieux* que le fétichisme alimente. En effet, la sage belle-mère recommande à Victoire de s'en remettre à ce goût, qui « marque une extrême délicatesse dans les organes ; il marque un homme capable d'un sentiment profond, quoique violent. Un autre avantage, c'est que ce goût porté au point où il l'a, [fournit] un moyen facile de lui plaire toujours ; quelle ressource, au contraire, une femme a-t-elle avec une brute, qui n'est sensible à rien ? » Le soin du pied ouvre ainsi sur une élégance morale, garantissant la qualité d'une passion consacrée socialement (car aboutissant toujours à un mariage) et épanouissante intimement.

L'éternelle excitation fétichiste transcenderait donc la mortifère habitude conjugale. Saintepallaie est « toujours occupé de sa femme et de ses grâces : elle était son idole, sa déesse, et les soins qu'il prenait pour elle était le culte *extérieur*[145] ». Cette expression soulignée provient de l'anthropologie religieuse : en effet, Pierre Bayle soutient que l'adoration des fétiches est un « culte externe[146] », étroitement lié aux intérêts et besoins des adorateurs, qui utilisent alors les divinités en fonction de leur besoin. En assurant que la dévotion érotique de Saintepallaie relève d'un culte idolâtre, Rétif associe explicitement l'amour des pieds au fétichisme anthropologique que de Brosses vient alors juste de décrire. Par cette métaphore, l'amour des chaussures devient un rituel religieux où les objets consacrés influencent le cours de l'existence.

L'analogie entre l'amour et le culte adorateur est poussée dans ses derniers retranchements dans *L'Anti-Justine*, ponctuée par diverses prières blasphématoires appelant à l'avènement d'une religion axée sur la sexualité : « Doux Jésus, qui le mettiez à Madeleine, elle était aussi votre fille, et en amour, vous le savez par expérience, rien n'est si voluptueux que l'inceste ». Les orgies n'ayant lieu que le dimanche (jour du Seigneur), le narrateur, Père orchestrateur de ces rencontres, exige une des chaussures de sa fille pour le reste de la semaine :

---

145 *Ibid.*, p. 321 et 327.

146 Bayle, Pierre, *Œuvres diverses de Mr Pierre Bayle...*, La Haye, Par la compagnie des Libraires, 1737, t. III, p. 969. Kant reprendra cette notion en nommant cette magie, qui prétend « agir sur Dieu, en se servant de lui comme d'un moyen pour produire cet effet dans le monde », fétichisme (Kant, Emmanuel, *La Religion dans les limites de la simple raison [1794]*, introduit et traduit par M. Naar, Paris, J. Vrin, 2004, p. 277).

> – Rien de si flatteur, répondit-elle, que d'être ainsi adorée jusque dans sa parure. Aussi mon pied est-il soigné, comme vous l'adorez. Je le lave à l'eau de rose deux fois le jour, matin et soir, et après avoir marché.
>
> – Hâ ! céleste fouteuse, que je le baise, que je le baise !
>
> – Point de ces mots-là dans la semaine : ils vous excitent… Baisez votre idole, j'y ai autant de sensibilité qu'ailleurs, mais restez-en là… Du reste, je suis à vous : vendez-moi, livrez-moi quand vous voudrez. Je me donnerai avec plaisir pour vous comme une autre Ocyrrhoé.
>
> (*Note de l'éditeur :* Ici manque une phase, omission indiquée dans l'édition de 1798 par la mention : *lacune*).
>
> Je me privai donc, malgré moi mais par nécessité. Je me contraignais.
>
> (*Note de l'éditeur :* Ici manquent une dizaine de lignes, omission indiquée dans l'édition de 1798 par la mention : *autre lacune*).
>
> Mais j'avais à ma cheminée sa chaussure *rose* à *talons verts* à laquelle je rendais mon hommage tous les jours en l'honneur de la fille la plus pieuse et la plus dévouée qui ait jamais existé[147].

Dans l'édition originale, à l'endroit même où l'objet est érigé en divinité, se trouve un blanc inexplicable – piquante lacune engloutissant la « contrainte » sexuelle indicible. La parole est sexe, disant sans cesse la jouissance et les objets qui la permettent, tandis que la privation n'est que silence et pâleur de la page. Peu importe avec qui ou avec quoi l'on fait l'amour : l'encre doit couler.

Mais Rétif pousse l'analogie entre culte amoureux et fétichiste plus loin, puisqu'il est le premier à utiliser le mot « fétiche » afin de désigner des objets collectés par amour. Dans l'épilogue de la seconde partie du *Pied de Fanchette* ajouté en 1800, le narrateur se propose de convaincre les sceptiques « à l'âme obtuse qui doutent du pouvoir du pied d'une jolie femme ». C'est pourquoi il leur « cit[e] un exemple connu » :

> Marie-Antoinette avait le pied grand, mais de la plus belle forme. Un jour elle passait dans une galerie de Versailles, chaussée de talons hauts et minces. La beauté de sa gorge, la souplesse de sa taille cambrée, la volupté de son tour et de sa marche, causèrent une telle émotion à un garde du corps, qu'il ne fut plus maître de la contenir. Il chercha la cause de tant de grâce, et crut la voir dans la chaussure d'Antoinette, qui était en vert, mais dans laquelle l'art surpassait infiniment la richesse. Il employa tous les moyens pour avoir cette admirable chaussure ; il y réussit, et en fit sa divinité. Elle était chez lui, sur un petit autel, entourée d'une coiffure qui avait servi, de quelques cheveux qu'il avait obtenus d'une femme de chambre, de bas de soie payés

147 Rétif de La Bretonne, Nicolas-Edme, *L'Anti-Justine*, p. 171.

> à une blanchisseuse, de bracelets, d'un ruban-collier et d'un tour de gorge. Tous ces objets entouraient la chaussure, la même qui avait fait dire au duc d'Ayen : « Madame, l'UNI-VERT est à vos pieds ». Le garde du corps venait rendre chaque jour ses hommages à ces *fétiches* sacrés, non comme étant d'une reine, mais d'une jolie femme[148].

La « marche » voluptueuse d'un pied pourtant grand bouleverse le « garde du corps », censé justement conserver l'intégrité physique de Marie-Antoinette. En philosophe, l'amoureux « cherch[e] la cause » de la « grâce » royale, qu'il situe dans la chaussure érigée ensuite en « divinité » chez lui, sur un petit « autel ». Mais la déesse est entourée d'autres objets : cheveux, collier, tour de gorge, bracelets et bas de soie. Si la passion du protecteur déconstruit d'abord la totalité du corps par le vol d'objets métonymiques, elle reconstruit ensuite, dans l'intimité de l'alcôve, l'enveloppe de ce corps dérobé et démystifié. Car il ne s'agit plus d'une reine, mais d'une « jolie femme » à laquelle le garde rend ses « hommages » via les « *fétiches* sacrés » : à la désacralisation monarchique répond la sanctification des objets idolâtrés. Rétif est ainsi conscient d'utiliser de manière métaphorique le mot « fétiche », qu'il emploie en italique lors de sa première occurrence – de même qu'il souligne « culte *externe* ». Il élabore donc son discours sur l'amour à partir d'un autre champ, l'anthropologie, en se positionnant comme le dépositaire d'un savoir érotique explicité par analogie.

Mais la chaussure adorée est « en vert ». Le jeu de mots qu'aurait fait le duc d'Ayen sur « uni-vers » autorise à voir dans la mention de cette couleur un destin : la chaussure universelle porte la couleur de la nature, symbole de volatilité et de maléfice[149]. D'ailleurs, la passion du garde du corps, si elle est naturelle comme toute passion podophile, prend une ampleur dangereuse :

> Il s'exalta tellement l'imagination par ce moyen qu'il fut attaqué d'une sorte de délire. Un jour que Marie-Antoinette passait près de lui, l'infortuné se jeta à ses genoux : « Déesse (lui dit-il) recevez mon hommage et mes adorations », et il voulut lui baiser le pied. La reine s'écria. Le garde du corps fut arrêté. Il fut renfermé quelque temps à Charenton, où son plus grand tourment

148 Rétif de La Bretonne, Nicolas-Edme, *Le Pied de Fanchette*, p. 402.

149 Sur la symbolique des couleurs dans ce roman, voir la notice du *Pied de Fanchette*, p. 1417-1418. Pour une optique plus large, voir Pastoureau, Michel, et Simonnet, Dominique, *Le Petit Livre des couleurs*, Paris, Points, « Histoire », 2005.

> fut d'être privé de ses fétiches. On voit par cet exemple qu'il n'y a d'heur et de malheur en ce monde, et que ce qui réussit à Vitellius relativement à l'impératrice Messaline, ne réussit pas à un garde du corps, sous Louis XVI[150].

Ce qui était accepté dans l'Antiquité est refusé par la dernière reine de France, qui enferme le pauvre *fétichiste* à Charenton, où sa folie s'accentue par la privation des objets sacrés : « Hommes insensibles ! sachez que le pied d'une femme, quand il est joli, a sur les âmes délicates un pouvoir dont elles seules peuvent avoir l'idée. Et vous, femmes, connaissez tout le pouvoir de vos pieds, pour enflammer et conserver un amant[151]… ! »

Le terme « fétiche » réapparaît quelques années plus tard sous la plume de Rétif dans l'aventure d'« Annette Galtieri ou la jupe longue » extraite de l'*Histoire des compagnes de Maria*. L'héroïne possède un soulier, « admiration de tous ceux qui le voyaient. Un jour, un vieillard le lui demanda pour en faire son idole, ou son fétiche[152] ». Le fait serait courant, selon une camarade :

> Jamais les accapareurs de jupes et de souliers n'ont voulu les rendre : on les a trouvés chez eux dans de jolies niches, comme des idoles, ou plutôt, nous a dit un savant, comme des fétiches de Guinée, ayant une sorte de culte et une espèce d'autel. Je sais qu'il est flatteur d'être honorée ainsi ; et je connais aujourd'hui une jeune personne demeurant dans l'Abbaye-aux-Bois, qui est dans le même cas[153].

Le savant pourrait bien être de Brosses, qui situe le cœur du fétichisme en Guinée. La comparaison est cette fois explicite avec le culte religieux, qui se trouve de la sorte érotisé. Et si l'idolâtrie fétichiste est ici exercée par un grand-père, la suite de l'aventure associe cette forme amoureuse à une puissance virile et reproductrice édifiante. En effet, la jeune fille accepte d'épouser le fétichiste expérimenté : et malgré l'énorme différence d'âge, deux enfants robustes naissent de l'union. Ainsi, « la chaussure d'Annette Galtieri, sa jupe haute, étaient pour lui deux talismans qui ranimaient son goût pour elle, et le rendaient toujours neuf. Il conserva

150 Rétif de La Bretonne, Nicolas-Edme, *Le Pied de Fanchette*, p. 402. L'évocation de Messaline intervient dans le premier chapitre. Suétone rapporte dans la *Vie des douze Césars* que Lucius Vitellius, pour faire sa cour à l'Empereur Claude, aurait demandé l'autorisation à sa femme Messaline de la déchausser : il aurait dès lors conservé le brodequin dans sa toge.

151 *Ibid.*

152 Rétif de La Bretonne, Nicolas-Edme, *Histoire des compagnes de Maria, ou Épisodes de la vie d'une jolie femme*, 2 vol., Paris, Chez Guillaume, 1811, t. 2, p. 229.

153 *Ibid.*, p. 232-233.

ces deux talismans toute sa vie[154] », et mourut à quatre-vingt-douze ans. Alors que le fétichisme peut mener à Charenton, si le partenaire y consent il assure non seulement la fécondité, mais aussi la longévité et le bonheur de longues, sereines et voluptueuses amours.

Ces métaphores anthropologiques que l'on trouve dans l'œuvre de Rétif ne sont pas repérées par les pathographes fin-de-siècle, qui qualifient de « fétichiste » le goût rétivien alors même qu'il prône, comme eux, la reproduction et la fécondité. Mais des voix nuancent le diagnostic de fétichisme accolé alors systématiquement au libertin – parmi lesquelles celle d'Havelock Ellis. Certes, Rétif aurait souvent dépassé « *the limits that may fairly be called normal, and that he exhibited the germs, even more than the germs, of a variety of perversions [...] but it is also clear that he hardly reached that extreme of perversion when the symbol becomes more important than the woman*[155] ». Admettant donc que l'auteur était fétichiste tout en niant la gravité de cette tendance (sa fécondité en témoignerait), Ellis estime qu'il est stérile de se demander si l'écrivain fut pervers ou non.

L'historien de la mode Grand-Carteret, juste avant la Première Guerre, refuse carrément cette étiquette fétichiste, qui lui semble l'effet de « l'hypocrisie [des] mœurs actuelles » et d'idées « plus préconçues que scientifiques ». Il souhaite dès lors réhabiliter Rétif et qu'on lui dresse même un monument, comme d'autres « conteurs, très gaulois, ont des bustes dans la capitale » (tel Maupassant à Monceau) sur lequel on graverait : « À Nicolas-Edme Restif de La Bretonne qui, quoique non bérengiste, ne fut ni pornographe ni fétichiste[156]. » Rétif aurait rejoint « l'*enfer* de la littérature » à cause d'une « certaine école moderne » qui ne veut plus « voir dans les écrivains, dans les hommes de génie que des malades, des *exhibitionnistes*, des *fétichistes*, des *masochistes*, voire même des *simulateurs*[157] ». Or pour Grand-Carteret, Rétif éprouve assurément

154 *Ibid.*, p. 240.

155 Rétif aurait souvent dépassé « les limites de ce que l'on peut justement appeler normal, et il a montré les germes, et même plus que les germes, d'une variété de perversions [...] mais il est clair également qu'il a difficilement atteint cette extrémité de la perversion quand le symbole devient plus important que la femme ». (Ellis, Havelock, *From Rousseau to Proust*, Boston and New York, Houghton Mifflin Company, 1935, p. 153. Notre traduction).

156 Grand-Carteret, John, « préface » à Barras, Louis, *Le Fétichisme*, p. IX et XII.

157 Grand-Carteret, John, Introduction au t. II de Restif de La Bretonne, Nicolas-Edme, *Monsieur Nicolas, ou le Cœur humain dévoilé (Enfance et jeunesse)*, édition abrégée, avec introduction, notes et index par John Grand-Carteret, Paris, Louis Michaud, « Les mœurs légères au XVIIIe siècle », 1905 p. XIV ; cité par Barras, Louis, *Le Fétichisme*, p. 82.

une « prédilection marquée pour certaines parties du corps féminin », mais il n'en a « point moins toujours, *pour but unique, la possession de la femme elle-même*[158] ».

Louis Barras rejoint Grand-Carteret dans son apologie rétivienne, puisqu'il s'insurge contre la conclusion hâtive « de l'œuvre à l'homme » si courante dans les pathographies. « Esclaves de leur mentalité professionnelle », les aliénistes seraient ainsi à la « recherche de l'anormal » : et « l'œuvre disparaît devant la tare, ou plutôt on arrive à ne plus s'intéresser, dans l'œuvre, qu'à ce qui peut prouver la tare[159] ». Barras s'oppose alors à l'équivalence admise entre Saintepallaie et Rétif en démontrant que de toute manière, le personnage n'est pas un fétichiste mais « un grand amoureux pratique qui, à défaut du tout, se contente de la partie ». Convaincu donc que le libertin ressentait « la passion de LA FEMME », le médecin décrit finalement lyriquement les charmes féminins :

> D'ELLE, il adore les seins menus et hauts, la finesse extrême des chevilles et de la taille, la joliesse des pieds et le mignon des mules.
>
> Mais la partie ne lui fait pas oublier le tout. Elle ne saurait lui suffire, et, par elle, Restif ne fait qu'arriver, d'une façon plus élégante, moins garçon de ferme, à LA POSSESSION qui reste son objet suprême.
>
> Certes, il s'attarde aux bagatelles de la porte, mais en voluptueux qui, avant d'entrer dans le temple, veut jouir de toutes les sensations que peuvent lui donner les détails de l'architecture extérieure.
>
> Le petit pied reçoit ses hommages ; ne nous y trompons pas : il conclut de lui à quelque chose de meilleur, et c'est plus haut que son désir vise[160].

Elle se décline sous forme de bagat-*elles* : mais le désir viserait toujours « plus haut » – comme Grand-Carteret l'a montré dans *Le Décolleté et le Retroussé*[161]. Rétif aurait donc été « un *mâle*. Sa *potentia cœundi* est remarquable. Mais un mâle qui a des délicatesses, un mâle raffiné, un mâle d'excellent goût, et cela, parce qu'il vivait au XVIIIe siècle. Le *coït* est l'armature de l'œuvre de Restif[162] ». Même si Barras admet que face à Colette Parangon, le comportement de Nicolas relève bien d'un certain fétichisme, c'est toutefois parce qu'il « aime et sait aimer. Quel

158 Grand-Carteret, John, « préface » à Barras, Louis, *Le Fétichisme*, p. VIII.
159 Barras, Louis, *Le Fétichisme*, p. 88.
160 *Ibid.*, p. 106, 123-124.
161 Voir I. 1, « Cristallisation fétichiste fin-de-siècle ».
162 *Ibid.*, p. 129.

amant véritable n'a ainsi fait ! C'est une leçon d'amour que nous donne ce grand amoureux que fut Restif[163] ».

Le médecin assure finalement que tout « amant véritable » aurait joui dans les chaussures de son adorée comme le virile écrivain, situé dès lors « entre les anormaux et les normaux ». Rétif serait de ceux qui « ont développé leurs appareils nerveux, et partant ont des sensations dont le vulgaire s'étonne et qu'il déclare morbides. Ces malades, ce sont les intellectuels, les voluptueux, les raffinés, les dilettanti ». Face à eux, « la médecine légale et la médecine mentale ont leurs limites ». Si Rétif s'écarte de la « normalité », c'est donc parce qu'il a du talent. Quant à sa sexualité, c'est celle « de tout le monde, de M. Poirier comme de M. Homais[164] ». Assurer dès lors qu'il est fétichiste, c'est contaminer des pratiques admises et condamner moult écrivains : « Fétichiste J.-J. Rousseau qui "prétend qu'un talon élevé fait paraître le pied petit" » ; « Fétichiste Balzac ; fétichiste Guy de Maupassant ; fétichiste Armand Sylvestre, l'amoureux des Vénus Callypiges. Où s'arrêter ? » :

> Fétichistes enfin tous ceux qui ont « une âme aussi délicate que sensible, pour concevoir quelle volupté c'est, pour un tendre amant, de toucher les habits, la jolie chaussure de ce qu'il aime » et de caresser :
> PETIT PIED DANS MULE GENTILLE[165].

La dernière phrase du traité, mise en avant par les majuscules, forme un chiasme encerclant le pied et la mule dans des épithètes charmantes, qui s'opposent à toute la stigmatisation dont a été victime l'écrivain. Se confondent alors les voix de Rétif et du médecin car cette expression se trouve dans les notes du *Pied de Fanchette*[166]. La conclusion de Barras, qui laisse à Rétif le dernier mot érotique, réécrit ainsi une formule qui lui est chère – petit pied, grand barathre. Si « grand » devient « gentil », le barathre est substitué par la mule, métaphore de la vulve. Le *fétichisme* ne serait de la sorte qu'une lecture tropique du sexe féminin : une image figurée de l'accouplement génital chanté par l'entremêlement polyphonique des voix médicales et littéraires.

---

163 *Ibid.*, p. 141.
164 *Ibid.*, p. 149-151.
165 *Ibid.*, p. 160-161.
166 Rétif de La Bretonne, Nicolas-Edme, *Le Pied de Fanchette*, p. 379.

La lecture de Barras refuse ainsi nettement la pathologisation de Rétif de La Bretonne que Charpentier, Avalon et Louis peinent de toute manière à exécuter. Car l'écrivain pense la complexité de la relation amoureuse en montrant l'incandescence aphrodisiaque des objets, qui ne se substituent au corps de l'autre qu'en son absence. Sa réflexion sur l'amour apparaît tant comme un *Erotikon* que comme un discours savant, s'appuyant sur l'anthropologie (grâce à l'emploi métaphorique du mot « fétiche ») et naturalisant le fétichisme (qui proviendrait de l'« instinct »). L'écrivain envisage ainsi ses pratiques érotiques comme des bienfaits : niant que ses orgasmes soient de la masturbation, il repousse le discours médical sur les dangers des pratiques solitaires, et met donc en scène une pluralité libertine de sources jouissives défiant la normativité que la science, jusqu'au XXe siècle, établit exclusivement dans le coït.

En définitive, comme Jacqueline Carroy l'a remarqué, « la sexologie de la fin du XIXe siècle s'élabore à partir de confessions qui circulent entre médecine, psychologie et littérature, et qui peuvent changer de statut au gré de reprises et de citations différentes : *scientia sexualis* et *ars erotica* se distinguent et se mêlent inextricablement, pour reprendre ici Michel Foucault[167] ». Ainsi, l'« écriture clinique[168] » que pratiquent de nombreux fétichistes implique une certaine « endogamie sociale » entre spécialiste et patient, Sylvie Chaperon l'a souligné : « Le médecin, comme le pervers, peut observer son propre cas, le pervers comme son médecin peut s'exercer à expliquer son cas. La hiérarchie entre le médecin et son patient s'estompe, et les frontières entre le normal et le pathologique se brouillent ». La pathologisation de l'érotique, accomplie par la théorisation médico-psychologique du fétichisme, se trouble du charme des récits d'amoureux dits déviants, souvent de littérateurs, face auxquels le scalpel doit prendre position. Ainsi Binet *dissèque* un roman de Belot narrant un cas de fétichisme, alors même que la dissection imprègne « Le Fétichisme dans l'amour » : à l'instar de l'acte fétichiste anatomisant le tout, elle se littéralise dans le cas de l'amant de la main médecin, double de Binet. Mais le scalpel est aussi au cœur de l'invitation que le

167 Carroy, Jacqueline, « "Je ne veux pas faire rire" : la sexualité de et selon Zola », p. 114.
168 Cardon, Patrick, *Discours littéraires et scientifiques fin-de-siècle. Autour de Marc-André Raffalovich*, Paris Orizons, 2008 ; cité par Chaperon, Sylvie, *Les Origines de la sexologie (1850-1900)*, p. 201.

psychologue adresse au lecteur, puisqu'« il sera donc intéressant pour chacun de nous de s'interroger, de se disséquer et d'examiner ce qu'il éprouve[169] ». L'image de la dissection, l'une des plus archétypiques de la médecine dans un siècle marqué par l'explosion de l'anatomo-clinique, devient ainsi une métaphore filée tout au long de l'article fondateur du fétichisme dans l'amour pour dire comment la psychologie fin-de-siècle se voudrait auscultation de l'amour, dévoilement du désir, mise à nu du fantasme dans une investigation personnelle. Et comme la métaphore anatomique renvoie à la perversion du fétichiste de la main, au psychologue clinicien ès lettres et au destinataire du « Fétichisme dans l'amour », elle achève de confondre spécialiste, malade et lecteur.

Cet entremêlement se retrouve dans les pathographies d'écrivains célèbres, en particulier dans les nombreuses thèses de médecine qui, au tournant du siècle, taxent de fétichisme la passion de Rétif pour les petits pieds et les chaussures roses à talons verts. Mais si l'écrivain est peut-être bien *fétichiste*, c'est parce que lui-même associe pour la première fois le culte des fétiches, théorisé par son contemporain Charles de Brosses, à l'amour des chaussures. Un siècle avant Binet, l'auteur du *Pied de Fanchette* compare donc le culte qu'un garde du corps aurait adressé à une chaussure de Marie-Antoinette à l'adoration religieuse. L'érotisation du concept de fétichisme ne provient donc pas de la psychologie de la fin du XIXe siècle, mais de Rétif de la Bretonne, qui assure que sa podophilie peut bien être parfois un dérèglement, mais qu'elle est ô combien agréable, gage de la durée et de la qualité d'un mariage – signe d'un raffinement de l'âme. Comme s'il anticipait les critiques que la médecine lui adressera un siècle plus tard, Rétif de la Bretonne considère le fétichisme érotique non pas tant comme une maladie que comme un instinct naturel, enrichissant la vie érotique de ceux qui en sont pourvus. Les fétichistes rétiviens sont des aristocrates à l'âme noble, capables de rendre hommage à la beauté, de prendre leur pied avec ceux des femmes – et surtout de narrer sans cesse leur volupté, de l'écrire avec l'encre de leur désir. La littérature, dès le XVIIIe siècle, poétise ainsi un érotisme que la médecine tentera de considérer comme morbide dans des pathographies envahies cependant de descriptions et de gravures érotiques que les savants se plaisent à rapporter. Les textes médicaux oscillent dès lors entre une condamnation de la perversion et

169 Chaperon, Sylvie, *Les Origines de la sexologie (1850-1900)*, p. 208 et 145.

une lecture voluptueuse qui infléchit, incontestablement, la science de l'amour et son entreprise de pathologisation.

En exposant sa passion fétichiste dans un discours argumentatif sur la vie sexuelle, Rétif répond donc déjà à la médecine du sexe qui s'empare de sa figure un siècle plus tard. Apparaît de ce fait une certaine discontinuité de l'histoire du fétichisme amoureux, dont la réflexion est engloutie dans l'oubli en même temps que Rétif pour ressusciter dans les années 1880 au moment où les bibliophiles l'exhument pour le rééditer. Mais cette réactualisation ne se résume pas aux cercles médicaux. Les écrivains de la Belle Époque le lisent très certainement – les auteurs néo-libertins indubitablement[170] –, même si l'on trouve rarement le nom de Rétif sous la plume de Zola ou de Maupassant par exemple. Cependant, il est certain pour André Vial que l'auteur de *Fort comme la mort*, collectionneur d'ouvrages rares, l'a lu : en témoigneraient des résonnances onomastiques ainsi qu'« une conception commune de la femme et du rapport des sexes et, plus généralement encore, de la physiologie de l'espèce[171] ». Car la vision libertine de Rétif et son discours sur l'amour ne pouvaient alors manquer d'intéresser des écrivains tourmentés par les variations de l'érotisme et invités à prendre position face à une science du sexe qui, tout en condamnant la variété des désirs défiant la nature, accuse la littérature de les défendre, de les embellir ; bref, de les *poétiser*.

170 Voir II. 4, « La Select Bibliothèque ».

171 Vial, André-Marc, « Maupassant et Restif de La Bretonne », *Revue d'Histoire littéraire de la France*, 79e année, n° 5 (sep-oct. 1979), p. 795.

DEUXIÈME PARTIE

POÉTISATION DE LA PERVERSION

L'ÉROTISATION DU SAVOIR

Tous les goûts sont dans la nature[1].

Si elle s'est voulue une *scientia sexualis*, la pathologisation de l'érotique accomplie par la science à la Belle Époque a pourtant bien souvent flirté avec une *ars erotica*. D'une part, l'étude de l'amour s'est davantage alimentée de confessions intimes que d'observations cliniques trop minimes. Et ces narrations du désir ont été retransmises avec un véritable travail narratif, qui rend leur lecture dans les traités savants d'autant plus agréable qu'elle les apparente à une nouvelle croustillante – à une autobiographie intime dont l'énonciation à la première personne invite à l'identification. Les textes médicaux ont ainsi offert un trésor de descriptions érotiques qui allaient intéresser d'autant plus vivement la littérature néo-libertine refleurissant à la Belle Époque après un siècle en demi-teinte.

Ces productions à tendance libertine s'inscrivent donc une tradition fétichiste qui est surtout littéraire, tout en suivant différentes modalités. Des écrits vulgarisateurs, comme ceux du docteur Caufeynon, divulguent les théories médicales en les inscrivant dans des proses érotiques qui ne s'avouent pas comme telles. Mirbeau, dans *Le Journal d'une femme de chambre*, joue quant à lui sur le point de vue clinique, assumé par une femme exposée aux vices naturels ou sociaux parmi lesquels le fétichisme a une position liminaire. Armand Dubarry s'empare pour sa part de la science de l'amour pour dresser une fresque littéraire des maladies érotiques, dont les intrigues loufoques condamnent toutefois les déviances moralement et médicalement. Au contraire, la select Bibliothèque, qui publie maints textes libertins inspirés par la

1 (Anonyme), *Le Fétichisme dans l'amour*, p. 257.

psychopathie sexuelle, associe le fétichisme à une richesse amoureuse et mondaine – de même que le mystérieux *Fétichisme dans l'amour*, texte anonyme de 1907. Ainsi, après avoir évoqué le potentiel érotique des traités médicaux, ces pages voudraient se remémorer ensuite les différentes entreprises littéraires, parfois exhumées de l'infernal oubli de la Bibliothèque Nationale de France, qui ont cherché à érotiser la science de l'amour.

SCIENTIA OBSCENA

Que les traités médicaux publiés sur le fétichisme recèlent une puissance subversive semble évident, de par l'encouragement à l'écriture autobiographique et la place qu'ils lui réservent : « Il y a risque à parler de la perversion, mais risque plus encore à laisser parler les pervertis[2] », remarque Lejeune. Et la structure même des écrits médicaux facilite leur utilisation dévoyée. *Fétichistes et érotomanes* de Laurent témoigne par exemple d'un véritable effort encyclopédique compilant les observations des vingt dernières années, classées selon les types de fétiches. La description fonctionne de haut en bas ; partant de la bouche et du nez, le médecin évoque ensuite les cheveux, les seins, les bras, la main, les fesses et enfin le pied. Le mouvement descendant du regard médical donne alors au traité l'air d'un catalogue blasonique – d'un poème sensuel, où le regard suivrait la courbe des corps. Laurent choisit par ailleurs un florilège de citations littéraires dans des œuvres contemporaines ou classiques pour orner les différentes parties : c'est le cas notamment à l'entrée « sein », où les vers de Voltaire côtoient ceux de Rollinat et ceux, bien entendu, de Clément Marot. Ne se contentant pas de citer les lettrés passionnés de décolletés, Laurent évoque également des chefs-d'œuvre qui, de Tiepolo à Rubens, donnent une vision sensuelle des poitrines féminines. Le traité médical devient

2 Lejeune, Philippe, « Autobiographie et homosexualité », p. 86. Rosario a souligné cette érotisation du discours médical au tournant du siècle sur les perversions sexuelles (*L'Irrésistible Ascension du pervers. Entre littérature et psychiatrie*, traduit de l'américain par Guy le Gaufey, Paris, Epel, 2000, p. 187).

ainsi un compendium artistique proposant, pour chaque partie du corps, des exemples voluptueux, offrant dès lors la possibilité d'être lu comme un livre piquant.

Ce risque n'a d'ailleurs pas échappé aux spécialistes mêmes. Julien Chevalier souhaite notamment limiter la réception de son grand traité sur l'inversion :

> Je n'offre pas ce livre au public, au bon public auquel on offre tout. Oh ! non. Je l'adresse à tous ceux qui, suffisamment désignés dans cette introduction, ne sont pas des psychologues, des moralistes, des aliénistes, des experts ou des magistrats de rencontre, et ceux-là sont le petit nombre. J'en défends la lecture à toute femme – je sais que la pénitente tient quelquefois de son confesseur la notion du péché – si mère de famille qu'elle soit, et je ne la conseille pas aux profanes. Il est des mains, qu'on s'en souvienne, entre lesquelles il ne doit pas tomber. C'est intentionnellement qu'il a été hérissé de toutes sortes de difficultés de lecture, sans qu'il soit inaccessible aux intéressés, et c'est bien sincèrement – pourquoi ne puis-je le prouver autrement qu'en paroles ? – que je lui souhaite et une publicité limitée et un succès localisé[3].

De même, Krafft-Ebing assure que la *Psychopathia sexualis* « s'adresse aux hommes qui tiennent à faire des études approfondies sur les sciences naturelles et la jurisprudence » :

> Afin de ne pas inciter les profanes à la lecture de cet ouvrage, l'auteur lui a donné un titre compréhensible seulement des savants, et il a cru devoir se servir autant que possible de termes techniques. En outre, il a trouvé bon de n'exprimer qu'en latin certains passages qui auraient été trop choquants si on les avait écrits en langue vulgaire[4].

Mais cette confidentialité masculine souhaitée contraste avec le succès remporté par l'étude de la maladie d'amour – succès que remarque le psychiatre allemand Paul Näcke :

> Une bibliographie volumineuse existe aujourd'hui sur cette matière ; de partout on apporte de nouvelles contributions. Et comme dans la science il arrive des moments que certaines questions sont traitées avec prédilection, il arrive que l'état de nos connaissances augmente par poussées ; il en est de même pour la perversion du sens génital, qui constitue actuellement un thème favori ; aussi cette question a-t-elle fait dans ces derniers temps de bien grands progrès[5].

3 Chevalier, Julien, *Une maladie de la personnalité*, p. XXIII-XXIV.

4 Krafft-Ebing, Richard von, *Psychopathia sexualis*, p. VIII.

5 Näcke, Paul, « Un cas de fétichisme de souliers… », p. 308-309.

À cette « bibliographie volumineuse » répondrait un excès d'aveux de la part des patients, devenus volubiles car encouragés. Il faudrait désormais distinguer les confidences *objectives* des fausses :

> Nous ne disposons que de quelques signes objectifs : leurs faits et leurs méfaits sont indéniables. *Quant aux récits de ces personnes*, même ceux concernant les sentiments qui se sont développés dans leur intérieur, *il faut toujours être sceptique parce qu'ils n'offrent rien d'objectif.* Surtout à une époque où l'on s'occupe tant des aberrations sexuelles, même dans les couches laïques, il faut se méfier de chaque aveu. Ce ne sont pas les hystériques seuls qui aiment à se rendre intéressants par leur histoire[6].

Des cas relèveraient donc de la fanfaronnade, inspirés par la lecture des traités médicaux. Car Näcke s'inquiète de la facilité avec laquelle le grand public a accès à des textes dont la frontière avec la littérature la plus libertine semble ténue :

> On s'est souvent plaint, et à raison, que von Krafft-Ebing et ses successeurs qui ont dévoilé tant de côtés intéressants de la vie obscure de l'homme, aient écrit des travaux si faciles à obtenir dans la librairie. Leur titre constitue une attraction. Même le titre latin de *Psychopathia sexualis* que von Krafft-Ebing a donné à son œuvre principale pour éviter cet écueil, comme il le dit dans la préface de la première édition, – titre d'ailleurs mal choisi, puisqu'il s'agit d'un symptôme et non d'une maladie – n'a pas pu détourner les curieux. Le nombre des éditions successives de ses travaux n'est dû que partiellement à sa valeur scientifique.
>
> *Mendel a eu raison de demander à ce qu'on ne traite ces sujets piquants que dans des revues scientifiques* qui ne seraient pas à la portée de chaque commis-voyageur. Malheureusement ces livres se trouvent aujourd'hui dans les mains de milliers de gens ; on les lit même en chemin de fer. Bénédikt nous écrit caractéristiquement à ce sujet : « (es) wollen Viele Alles erproben ; und in den Wiener Bordells erscheinen Herren die nach von Krafft-Ebing pag. so und so behandelt werden wollen. Sie bringen ein Exemplar mit um die Dirnen zu belehren, was sie wollen[7] ! ».

De même que Krafft-Ebing a voulu dérober son ouvrage aux mains profanes, de même Näcke cite en allemand l'utilisation érotique du livre médical – comme s'il fallait éviter de donner encore plus d'idées

---

6 *Ibid.*, p. 318.

7 *Ibid.*, p. 319. « Beaucoup veulent tout essayer ; et dans les bordels viennois, de nombreux messieurs demandent à être traités selon telle ou telle page de Krafft-Ebing. Ils en apportent un exemplaire pour montrer aux prostituées ce qu'ils souhaitent obtenir ! ». Notre traduction.

aux lecteurs français. Car *Psychopathia sexualis*, telle un annuaire avec ses observations numérotées et ses nombreuses autobiographies, constituerait un catalogue de propositions sexuelles donnant des idées à des « milliers de gens ». Au fil des nombreuses éditions du traité et des augmentations de cas évoqués (si la première compte 45 observations, la dix-septième, effectuée par Moll, en recense 447), beaucoup de patients racontent s'être reconnus dans l'ouvrage du célèbre Viennois, dont la renommée tient sans doute tant à la pénalisation des perversions encore en vigueur dans les pays germanophones qu'à la célébrité personnelle du psychopathologue, qu'on consulte du monde entier. Les dernières éditions mettent ainsi en abîme le traité, lui donnant une dimension vertigineuse[8].

La science des perversions se dénature ainsi par son objet même, comme contaminée par lui. Et selon Näcke, une méfiance se serait enracinée chez les médecins, qui ne croient leurs patients pour autant qu'ils n'aient jamais lu de traités médicaux. Tel fétichiste des souliers « semble ne pas avoir lu de mauvais livres ; il appartient peut-être au petit nombre de ceux qui n'ont jamais entendu parler de von Krafft-Ebing. La simplicité de la narration de son histoire fait croire que celle-ci est véridique. Il nous est donc permis d'y croire[9] », ose Näcke. Clérambault est attentif également à ce que ses patientes soient *vierges*, méconnaissant le syndrome qu'il croit déceler en elles :

> Nous nous abstînmes de lui demander quel genre précis de satisfaction elle recherchait lors de ses vols et s'il y avait angoisse ou lutte. Nous craignions en effet de la documenter, au cas où elle aurait su à l'avance, par suite de lecture, d'interrogatoire médico-légal ou d'internement antérieur, que les actes kleptomaniaques se combinent parfois à des perversions sexuelles, et nous craignions, dans le cas contraire de la suggestionner[10].

Il semble ainsi que les ouvrages savants sur les perversions sexuelles, de par une diffusion trop large et de multiples rééditions, encouragent les pratiques déviantes et participent du désordre qu'ils voudraient pourtant dénoncer, puisqu'un procès a même été intenté en France contre

---

8 Pour un relevé systématique des observations faisant référence à une lecture inspirante de l'ouvrage médical dans lequel elles surgissent cependant, voir Pognant, Patrick, *Psychopathia sexualis de Krafft-Ebing, 1886-1924*, p. 126.

9 Näcke, P., « Un cas de fétichisme de souliers… », p. 320.

10 Clérambault, Gaëtan Gatian de, « Passion érotique des étoffes chez la femme » [1908], p. 684.

Les Perversions de l'instinct génital de Moll. En 1882, une loi a été adoptée pour punir d'emprisonnement et d'amende « quiconque aura commis le délit d'outrage aux bonnes mœurs par la vente, l'offre, l'exposition, l'affichage ou la distribution gratuite *sur le voie publique ou dans les lieux publics* d'écrits, d'imprimés, autres que le livre, d'affiches, dessins, gravures, peintures, emblèmes ou images obscènes[11] ». C'est contre cette loi que Carré, en publiant Moll, aurait attenté. Pourtant, l'éditeur a accepté la traduction par deux médecins *français*, insiste-t-on, d'un ouvrage de médecine *allemand*. Rédigée et préfacée par Krafft-Ebing, l'étude de Moll a reçu une autorité scientifique incontestable, même en France. Mais l'éditeur a rédigé un prospectus publicitaire « qui n'était autre que le résumé fidèle du Traité et la reproduction presque servile de la table des matières annexée à l'édition allemande[12] ». Ce prospectus, envoyé à des médecins, à des prêtres, à des professeurs et à des magistrats, s'est retrouvé dans les mains d'enfants – d'où les plaintes pénales :

> La couleur scientifique sous laquelle les descriptions les plus obscènes semblent être présentées n'est qu'un masque destiné à tromper sur le caractère réel de l'ouvrage. Il n'est, en réalité, qu'un des appels les plus violents que la littérature pornographique ait encore adressés à la sensualité et à la débauche. Le livre est étranger. Il vient, paraît-il, d'Allemagne. N'est-ce pas une raison de plus d'exercer contre lui des poursuites ? Est-il tolérable qu'on introduise en France de pareilles infamies[13].

Le vocabulaire scientifique ne serait qu'une mascarade déguisant un ouvrage pornographique d'autant plus inacceptable qu'il provient de l'ennemi allemand. Et Georges Carré a de plus édité en 1891 le *Kamasoutra* : ce succès éditorial l'aurait encouragé à publier des livres de la même trempe, selon l'accusation. La défense tente alors de démontrer que *Les Perversions de l'instinct génital* n'est pas obscène – et surtout, qu'au cas où l'ouvrage le serait, la distribution n'a pas été faite dans un but de propagande pornographique.

Moll, informé de l'affaire, se montre surpris : il n'a en effet connu aucun inconvénient avec l'autorité de Berlin, pourtant sensible aux affaires de mœurs. Des savants français tels que Richet, Magnan, Janet ou encore Gley écrivent des lettres de soutien au médecin allemand,

---

11 Moll, Albert, *Les Perversions de l'instinct génital*, p. IV.

12 *Ibid.*, p. VI-VII.

13 *Ibid.*, p. VIII.

assurant que l'ouvrage est purement scientifique. L'avocat cite en outre plusieurs missives de personnalités importantes demandant à recevoir l'ouvrage de Moll (« soigneusement enveloppé[14] » toutefois). Le feuillet publicitaire aurait donc bien suscité un intérêt certain chez ses récepteurs, dont l'avocat est néanmoins tenu de taire publiquement les noms sur ordre du président. Carré est finalement acquitté : il n'y aurait pas eu de propagande, même si le contenu du livre peut être considéré comme flirtant avec la pornographie. Et l'éditeur *récidivera* en 1895 avec la publication de la première traduction française de *Psychopathia sexualis* – ayant, de toute évidence, découvert un bon filon commercial avec les textes sur les perversions.

Remy de Gourmont a commenté cette affaire dans un soupir mallarméen :

> J'ai lu presque tous ces livres (oh ! que la chair est triste) et je n'en ai pas rencontré un seul qui m'apprît quelque chose de nouveau, quelque chose qu'ignorerait un homme qui a vécu et qui a regardé la vie des autres hommes. Il y a quelques années, on poursuivit devant les tribunaux le travail d'un certain docteur Moll, qui avait traité ce sujet galant, les « perversions de l'instinct sexuel », et cela parut ridicule, car les plus fortes révélations du savant homme étaient déjà dans Tardieu, et avant Tardieu dans Liguori, dans Martial et dans les Priapées, et ainsi de suite jusqu'au commencement du monde. Si, aux derniers siècles, la littérature grave est peu abondante sur ces matières, réservées à l'arrière-boutique des libraires voués à la place de Grève, c'est qu'on savait le latin et que l'Antiquité subvenait aux curiosités ; c'est aussi que la sodomie était tenue pour un crime capital et que le saphisme, au contraire, semblait à nos ancêtres indulgents le passe-temps naturel des sages. Au XVIIe siècle, il était avoué et entré dans la galanterie des précieuses. [...] Notre civilisation, en devenant démocratique, s'est mise à tout prendre au sérieux ; le monde fut guidé par des parvenus intellectuels qui se prirent à trembler devant le catéchisme que les aristocraties de jadis faisaient enseigner au peuple par leurs domestiques. C'est ainsi qu'il s'est formé une morale sexuelle et qu'on est amené à traiter sérieusement, puisqu'il faut tenir compte de l'opinion, des questions que l'humanité a depuis bien longtemps résolues à son profit[15].

La science de l'amour n'apprend rien que tout le monde ne sache : et les « parvenus intellectuels » que sont les médecins s'efforceraient d'imposer des règles et de poser des questions pourtant « résolues ». Pour Gourmont, la psychiatrie se trompe donc d'optique, et « la science, qui ne devrait être

14 *Ibid.*, p. XXIII.
15 Gourmont, Remy de, *La Morale de l'amour* (juillet 1900), in *La Culture des idées*, p. 100-101.

que la constatation des faits et la recherche des causes, en est arrivée, par impuissance de faire son devoir, à la période législatrice ». L'édification d'une morale de l'amour serait d'autant plus caduque que le succès des textes médicaux ne serait dû qu'à la lubricité de leurs descriptions :

> Les ouvrages de ces éminents docteurs de l'amour ont remplacé dans les lectures secrètes les surannés manuels des confesseurs et les piquantes dissertations *in sexto* qui charmèrent tant de collégiens ; ils ont même chassé du tiroir, tel est le prestige de la science ! les petits livres grivois qui firent la fortune et la réputation de la Belgique. Et pourtant qu'ils sont médiocres, ces professeurs de sexualité, à peine moins qu'un Meursius[16] !

Les récits scientifiques auraient remplacé la littérature grivoise, laissant présager le pire pour la sexualité des jeunes générations inspirées par les surannés plaisirs pervers.

L'envolée érotique de la psychopathie sexuelle a donc d'emblée été évidente pour tous les lecteurs – médecins, pervers, journalistes. Car Lacour, dans son compte rendu des *Fétichistes* de Garnier de 1895, refuse de citer des cas analysés par celui qu'il nomme le « thérapeute d'État » :

> Je ne me risquerai pas à cueillir au bouquet sulfureux qui est tout le livre, à peu près, du hardi savant, les moins étonnantes même des fleurs empoisonnées qu'il a bravement réunies pour l'édification épouvantée du lecteur. Un tel livre, de par son but scientifico-légal, se trouve chaste où un article de journal s'exposerait au reproche de pornographie[17].

Lacour laisse entendre que le texte médical se permet, sous couvert de scientificité, de diffuser un contenu érotique intolérable dans d'autres genres scripturaires – même dans l'égrillard *Gil Blas*. Il ironise sur le ton pseudo-scientifique de Garnier, pointant ainsi du doigt une certaine hypocrisie médicale. Tandis que le but affiché des savants est de purifier la société de ce qui la contamine, leurs discours auraient au contraire propagé le fétichisme, si ce n'est dans la collectivité, du moins dans la République des lettres. Et le contenu licencieux des traités médicaux s'est répandu non seulement grâce à la presse, mais aussi grâce à des entreprises pseudo-médicales de vulgarisation comme celle menée avec acharnement par Jean Fauconney, alias le docteur Caufeynon.

---

16 *Ibid.*, p. 100-102.

17 Lacour, Leopold, « Du Féminisme, encore ! », *Gil Blas*, (17 juillet 1895), p. 1.

DE CAUFEYNON À MIRBEAU, OU L'OPTIQUE FÉMININE

Signant aussi sous les pseudonymes de docteur Eynon ou Jaf, Jean Fauconney puise dans le savoir de l'époque pour constituer, sous couvert de scientificité, une œuvre coquine. Il se prétend médecin, et il est en tout cas indéniable que cet auteur prolifique est un avide lecteur d'ouvrages portant tant sur l'anatomie génitale que sur les perversions sexuelles. Traduit en anglais et en portugais notamment, il publie une vingtaine d'ouvrages autour de 1905 dans une collection de la Nouvelle Librairie Médicale qu'il fonde probablement, puisqu'il est apparemment le seul à alimenter ce qu'il nomme la « Bibliothèque populaire des connaissances médicales ». Vendus un franc la pièce, ces ouvrages parcourent des questions variées, liées à la vie amoureuse tant dans ses versants physiologique que pathologique[18]. Le volume consacré aux perversions sexuelles et au fétichisme tire ses informations de Moll et de Krafft-Ebing, dont il relate certaines observations de manière extensive.

Mais la production du prétendu médecin ne tient pas seulement à des ouvrages vulgarisant le savoir sur la sexualité avec un ton relativement scientifique. Il rédige également des romans, dont le titre peut s'avérer trompeur, comme celui des *Scènes de l'amour morbide (observations psycho-physiologiques).* La préface nie d'abord que les scènes décrites soient « des récits dus à l'imagination », en assurant que « l'*héroïne* de cette étude n'est point un mythe ». La duperie est toutefois vite révélée grâce à la photographie érotique de la deuxième page où une jeune femme pose nue, dormant mélancoliquement debout[19]. Si son prénom est flaubertien

18 Blennorrhagie, syphilis, onanisme chez l'homme, sodomie chez la femme, pédérastie, accouplement, procréation, menstruation et âge critique, impuissance, hermaphrodisme, perversion sexuelle, virginité, hystérie, hypnotisme, folie érotique, prostitution, hygiène et régénération, avortement, morphinomanes et enfin mariage et hygiène forment le parcours proposé par le docteur Caufeynon pour vingt francs. Mais Jean Fauconney s'est aussi plu à rédiger bien d'autres ouvrages : des arts d'aimer (un bréviaire de l'amour en 1907 ou l'art de conserver l'amour dans le mariage en 1927), des arts de conserver la santé et de vivre longtemps (1907) ou des histoires (du vice ; de la femme ; de l'homme ; de l'eunuchisme ; de la ceinture de chasteté).

19 L'ouvrage fait d'ailleurs partie de l'importante bibliographie érotique élaborée par Louis Perceau, Guillaume Apollinaire et Fernand Fleuret recensant les ouvrages contenus dans

(Emma), son nom de famille, Poilbot, donne à entendre pied bot et poil, annonçant un système pileux déformé qui l'animalise tout en rappelant l'opération de pied bot manquée par Charles Bovary. La jeune femme « aime parce qu'elle aime[20] » ; paresseuse, elle est ballotée dans le milieu de la prostitution, et s'attache à quelques hommes qui lui procurent du plaisir – en dépit d'une grande frigidité sur laquelle le narrateur insiste abondamment. Pitoyablement égorgée par son maquereau, elle l'innocente finalement en poussant son dernier soupir.

La préface résume la pauvre intrigue : « Le monde où a vécu cette pauvre débile, nous a fourni quelques cas d'observations singuliers, que nous avons relatés pour montrer jusqu'où peut aller l'aberration des sens génésiques, c'est le complément obligé de cette étude psychophysiologique[21] ». Un discours pseudo-médical, ou du moins informatif et didactique, se loge en effet au creux du roman érotique. Alors que le chapitre X présente un historique et une étude socio-médicale du tribadisme, le chapitre VIII narre une scène de fétichisme des bottines où une prostituée est forcée de marcher dans la boue avant que ses pieds ne soient léchés par le client extatique. Il s'agit en fait d'une réécriture d'une observation de Krafft-Ebing[22], explicitée ensuite grâce à la théorie médicale de Charcot et Magnan, Laurent et Binet :

> Cette histoire aussi invraisemblable qu'elle puisse paraître n'en est pas moins rigoureusement exacte, c'est le fait de certaines aberrations du sens générique (*sic*), qui ne sont point aussi rares qu'on pourrait le supposer, c'est une variété du fétichisme que le Dr Binet définit ainsi : « L'amour au lieu d'être excité par l'ensemble de la personne, n'est plus excité que par une de ses fractions. Ici, la partie se substitue au tout, l'accessoire devient le principal[23] ».

Mais Caufeynon s'écarte de la scène originelle en imaginant la réaction outrée de la prostituée, non évoquée par le psychiatre viennois. C'est ainsi une victime du fétichisme qui prend la parole pour raconter la

---

l'Enfer de la Bibliothèque Nationale de France au début du XXe siècle : « Compilation fort peu savante. Contient toute l'*Histoire de la Secte Anandryne*, tirée de l'*Espion anglois* » (*L'Enfer de la Bibliothèque nationale : bibliographie méthodique et critique de tous les ouvrages composant cette célèbre collection*, Genève, Slatkine, 1970, p. 120).

20 Fauconney, Jean [docteur Caufeynon], *Scènes d'amour morbide (Observations psycho-physiologiques)*, Paris, Librairie P. fort, 1903, p. 5.

21 *Ibid.*, p. 6.

22 Krafft-Ebing, Richard von, *Psychopathia sexualis*, p. 172.

23 *Ibid.*, p. 70-71.

scène à sa patronne – alors même que la médecine donne exclusivement à entendre, avec générosité d'ailleurs, la voix du pervers :

> Il me prend les pieds dans ses mains et se met à frotter ses lèvres sur mes chaussures toutes pleines de crottes !... Vous voyez ça d'ici, n'est-ce pas ? ... Quelle tête je devais faire ! Mais c'est qu'il me faisait peur. Tout son corps tremblait, sa figure était devenue cramoisie, ses yeux brillaient comme des escarboucles et il poussait des petits gémissements en se tordant les reins. À un moment donné il s'affale à terre comme mort ! Je ne savais que penser, ne comprenant pas ce qui se passait chez cet individu et j'allais me lever pour lui porter secours, ou voir si décidément il était claqué... Mais voici que subitement il se relève, va au lavabo, se déculotte et se met à laver son... Oui, ma chère, il se lavait ce qui ne lui avait pas servi... Ce cochon-là avait eu de la jouissance en léchant mes bottines, tout comme autrement !
>
> Alors le dépit m'a pris, ça ne faisait pas mon compte cette affaire-là, cet homme se foutait de moi, en un tour de main me voilà dévêtue et auprès de lui, cela eut d'abord l'air de l'étonner, puis voyant ce que je cherchais, il me repousse, je reviens à la charge. Ah bien oui ! Monsieur se fâche et enfin me colle la main sur le museau, j'en ai vu trente-six chandelles, puis il me jette brutalement sur le lit où je me mets à gueuler de frayeur[24].

Le docteur Caufeynon retravaille ainsi un cas médical en le transformant en une scène romanesque à la fois érotique et gouailleuse, où la femme apparaît comme blessée dans son rôle sexuel, même dans un contexte professionnel. Le narrateur explicite médicalement l'étrangeté d'une situation à des lecteurs qui, comme la maquerelle auditrice, sont censés être pris de fou-rire. Celle-ci console sa collègue d'avoir été « inutilisée » en lui rappelant qu'elle a obtenu une nouvelle paire de bottines grâce à ce goujat. Mais la scène fétichiste, si elle en vient aux mains, débute cependant dans une tonalité sombre. Se tordant comme s'il souffrait de coliques, le pervers à la face « cramoisie » par le brûlant désir semble mort, ce qui met à mal l'expérience de la prostituée qui ne « comprend » pas. La jouissance perverse déjoue alors le sens commun et le savoir-faire y compris des expertes sexuelles, et ce parce qu'elle littéralise une expression figurée telle que *cirer les bottes* : « Elle obéit sans comprendre, puis l'habitude aidant, lorsque son maître l'appelait, elle venait aussitôt le satisfaire et cela avec une indifférence extraordinaire, comme si elle lui eût ciré ses bottes[25] » !

---

24 Fauconney, Jean [docteur Caufeynon], *Scènes d'amour morbide*, p. 68-69.
25 *Ibid.*, p. 14.

Mais cette lecture littérale d'une expression figurée ou populaire n'est pas réservée à Caufeynon. L'amant des clous de bottines était excité par l'expression « ferrer une femme[26] » ; tel malade de Krafft-Ebing assure avoir fixé son désir sur les bottines, « parce qu'on dit, sous forme symbolique, qu'une personne "n'est pas digne de délier les cordons des souliers", et qu'un subordonné doit être à genoux[27] ». Un autre fétichiste nomme métaphoriquement le procédé d'écraser des animaux avec des bottines chaussées par des femmes « sacrifier aux pieds de Vénus[28] ». Le psychiatre austro-hongrois explicite aussi le goût des tabliers blancs, dont l'étoffe et la couleur rappellent le linge du corps, en attirant l'attention sur l'emploi métonymique des mots tabliers et jupon dans la locution allemande *Jeder Schürze nachlaufen*[29]. Le fétichiste semble donc prendre au pied de la lettre la figuralité de l'expression, et élaborer dès lors un amour *figuré* : cirer les bottes devient une caresse buccale qui fait constamment tant rire la partenaire que craindre la mort de celui qui s'y adonne, comme en témoignent non seulement les récits de Krafft-Ebing et de Caufeynon, mais aussi celui d'Octave Mirbeau dans *Le Journal d'une femme de chambre*, où le fétichisme est également focalisé par les yeux de la victime de cette *prise à la lettre*.

Publié en 1900 (d'abord dans *La Revue blanche* puis en volume chez Fasquelle), le roman est d'abord paru en plusieurs volets dans l'*Écho de Paris* entre 1891 et 1892. La passion pour les bottines de Célestine apparaît déjà fixée dans un « extrait des Mémoires d'une femme de chambre » publié le 22 août 1893, toujours dans l'*Écho de Paris :* elle connaît ainsi une diffusion journalistique au moment où Garnier, Laurent ou Tarde réfléchissent à l'amour morbide. Mirbeau, dont le père était médecin, avait probablement eu vent des recherches médicales sur la question, comme en témoigne les propos d'une maquerelle :

26 Voir I, 2. « La Volupté tropique ».

27 Krafft-Ebing, Richard von, *Psychopathia sexualis*, p. 166. Un processus similaire se retrouve dans la perversion du patient de Freud, dont le fétiche consiste en un certain « brillant sur le nez ». La fixation s'était élaborée suite à une confusion entre le terme allemand *Glanz* et l'anglais *glance* : « le "brillant sur le nez" était en fait un "regard sur le nez" ; ainsi le nez était ce fétiche auquel, du reste, il pouvait à son gré octroyer ce brillant que les autres ne pouvaient percevoir » (« Le Fétichisme » [1927], in *La Vie sexuelle*, introduction de Jean Laplanche, trad. Denise Berger, Jean Laplanche, Paris, P.U.F., « Bibliothèque de psychanalyse », 1977, p. 133).

28 *Ibid.*, p. 170.

29 *Ibid.*, p. 224.

> Ainsi, j'ai des clients très chics, principalement des ambassadeurs… qui ont des manies… Dame ! à leur âge et avec leur argent, n'est-ce pas ? … Ce qu'ils préfèrent, ce qu'ils me demandent le plus, c'est des femmes de chambre, des soubrettes… une robe noire très collante… un tablier blanc… un petit bonnet de linge fin… Par exemple, des dessous riches, ça oui[30]…

Perversion luxueuse réservée aux vieillards fortunés, le fétichisme surgit avec la mention du tablier blanc, du bonnet de linge fin et des dessous – exemples présents dans le traité de Charcot et Magnan. Ainsi, quoique le mot « fétichisme » n'apparaisse pas dans le roman, il est évident que son roman dialogue avec les discussions médicales sur la sexualité.

La narratrice Célestine, domestique passant d'une maison à une autre, raconte tout ce qu'elle a observé dans l'envers caché du monde social et des corps – posture privilégiée que convoiteraient les médecins du sexe : « Je possédai déjà un œil très sûr » ; « J'en ai vu des gens tout nus… » Elle dénude les êtres, ausculte leur âme comme on tâte un patient, racle le dehors poli des bourgeois dont elle met à jour les « manies amoureuses » :

> [Les Lanlaire] en arrivent, peu à peu, à se révéler, à s'étaler tels qu'ils sont, sans fard et sans voiles, oubliant qu'il y a autour d'eux quelqu'un qui rôde et qui écoute et qui note leurs tares, leurs bosses morales, les plaies secrètes de leur existence, tout ce que peut contenir d'infamies et de rêves ignobles le cerveau respectable des honnêtes gens. Ramasser ces aveux, les classer, les étiqueter dans notre mémoire, en attendant de s'en faire une arme terrible, au jour des comptes à rendre, c'est une des grandes et fortes joies du métier[31]…

« Ramasser », « étiqueter » les « tares », les « plaies » ou autres « bosses morales » des patrons : la tâche de Célestine s'apparente à celle des aliénistes tâchant de classer les maladies mentales et érotiques. Profitant d'une visite rendue à Paul Bourget (dont elle croyait « que lui seul connaissait, jusque dans le tréfonds, l'âme si compliquée des femmes »), elle lui soumet son « cas de psychologie passionnelle », cette « chose

---

30 Mirbeau, Octave, *Le Journal d'une femme de chambre*, p. 354. Le fantasme de la femme de chambre est déjà relevé par Garnier, à qui un fétichiste des vêtements confie : « Enfin, j'aurais souhaité (proh pudor !) être *femme de chambre* d'une élégante mondaine, faire à ma maîtresse quatre toilettes par jour ou en subir moi-même. En ces sortes d'affaires, ce sont surtout *les dessous* qui me préoccupent » (*La Folie à Paris*, p. 203-204). On a vu que c'est précisément à la Belle Époque que les sous-vêtements prennent une importance capitale dans la vie intime (voir I. 1, « Cristallisation du fétichisme fin-de-siècle »).

31 Mirbeau, Octave, *Le Journal d'une femme de chambre*, p. 279, 136, 143 et 55.

incompréhensible dont [elle n'a] trouvé l'explication dans aucun roman ». Elle ignore en effet comment elle peut ressentir « comme une grande reconnaissance… comme une grande tendresse » envers ce « dégoûtant » M. Biscouille qui lui a pris sa virginité. Mais ni Bourget, qui assure ne pas s'occuper de l'âme des femmes de chambre, ni les romans qu'elle dévore n'élucident son « cas » de « perversité romanesque[32] ». Si elle est donc encline à observer les tares des autres, c'est aussi, et d'abord, son propre « cas » qu'elle décrit et commente : « Ah, je ne serai plus assez niaise pour lui demander des explications psychologiques, car, mieux que lui, je sais ce qu'il y a derrière une portière de salon et sous une robe de dentelles[33]… »

Célestine représenterait donc un cas de « perversité ». Or la médecine distingue alors entre la perversion congénitale, provoquée par la dégénérescence, et la perversité acquise par vice ou contagion sociale : « À côté des perversions acquises, qui peuvent se développer à tout âge, suivant les circonstances, il faut distinguer d'autres perversions dont on retrouve les premières manifestations à l'époque de l'éveil de la fonction génitale, et même souvent avant[34]. » Mais la narratrice emploie souvent les mots « perversité » et « perversion » de manière indistincte, entremêlant l'inné pathologique à la déviance sociale. Elle constate d'une part l'ubiquité du vice (« on ne voit que lui, on ne respire que lui, on ne touche que lui ») ; mais d'autre part, elle s'accommode de l'hypocrisie des maisons dans lesquelles elle travaille : « Tout de même, ils avaient beau avoir du vice, avoir tous les vices dans cette maison-là, on y était libre, heureuse[35]. » Elle accueille avec bienveillance le lesbianisme d'une de ses compagnes – tendance qui « n'avait rien de répugnant, à force d'être gai, ingénu, naturel. Elle portait le vice comme une plante des fleurs, comme un cerisier des cerises ». La sexualité, peu importe sous quelle forme, semble donc *naturelle* : « Amour ou plaisir, veulerie ou pitié, vanité ou intérêt, j'ai couché avec bien des hommes… Cela me paraît du reste, un acte normal, naturel, nécessaire[36]… » Dépathologisée, loin du stigmate de la dégénérescence,

32 *Ibid.*, p. 132-133. Le terme « perversité » intervient à maintes reprises : p. 79, 186, 220, 424…

33 *Ibid.*, p. 164.

34 Féré, Charles, « Contribution à l'étude de la descendance des invertis », p. 2.

35 Mirbeau, Octave, *Le Journal d'une femme de chambre*, p. 315 et 154-155.

36 *Ibid.*, p. 313 et 327.

la perversion apparaît comme la manifestation foisonnante d'une biologie qui cherche l'union sexuelle quelle qu'en soit la variété. La botanique érotique peut donc bien se constituer : toute fleur n'est que l'éclosion de la nature toute-puissante.

Mais Célestine n'est pas toujours complaisante pour le « vice », puisqu'elle décrit une « perversion » fétichiste dès l'ouverture du roman, inaugurant ainsi la nomenclature des dessous de la société. Elle met en garde son lecteur contre les exhalaisons nauséabondes qui vont se dégager de ce dénudement :

> Je me souviens de cette aventure comme si elle était d'hier... Bien que les détails en soient un peu lestes et même horribles, je veux la conter... D'ailleurs, j'avertis charitablement les personnes qui me liront que mon intention, en écrivant ce journal, est de n'employer aucune réticence, pas plus vis-à-vis de moi-même que des autres. J'entends y mettre au contraire toute la franchise qui est en moi et, quand il le faudra, toute la brutalité qui est dans la vie. Ce n'est pas de ma faute si les âmes, dont on arrache les voiles et qu'on montre à nu, exhalent une si forte odeur de pourriture[37].

Suivant une rhétorique analogue à celle des médecins s'occupant de perversions sexuelles, Célestine assure vouloir tout dire. Si la forme du journal est réservée dans les traités médicaux à l'expression des malades, c'est en revanche ici le point de vue de la femme qui est envisagé, celui de la victime du fétichisme – focalisation tout à fait inaugurale.

Empathique envers son lecteur, la narratrice s'excuse de la brutalité de son récit en l'imputant aux passions si diverses qui mettent à l'épreuve son savoir. En effet, l'amour des bottines échappe à sa compréhension. Alors qu'elle identifie tout de suite le cocher qui vient la chercher (« je vis tout de suite que j'avais affaire à un rustre » ; « je connais ces types »), elle ne sait comment répondre à ses questions et allusions :

> – Avez-vous au moins apporté une bonne provision de bottines ?
>
> – Sans doute ! dis-je, étonnée de cette question qui ne rimait à rien, et plus encore du ton singulier sur lequel il me l'adressait... Pourquoi me demandez-vous ça ? C'est un peu bête ce que vous me demandez là, mon gros père, savez ?...
>
> Il me poussa du coude légèrement et, glissant sur moi un regard étrange dont je ne pus m'expliquer la double expression d'ironie aiguë et, ma foi, d'obscénité réjouie, il dit en ricanant :

37 *Ibid.*, p. 446 et 34-35.

> – Avec ça !… Faites celle qui ne sait rien… […]
> J'étais intriguée. Qu'est-ce que cela pouvait bien signifier ? Peut-être rien du tout[38]…

Que signifie « bottine[39] » ? « Étonnée », « intriguée » Célestine « ne peut expliquer » les questions dont la signification, si tant est qu'il y en est une, lui échappe – alors même qu'elle est censée *savoir*. Malgré la variété de son expérience, son éducation demeure incomplète – comme si une surenchère était toujours possible dans la perversion : « Mais on a beau en voir et en supporter de plus en plus fortes chaque fois, ça ne vous instruit pas[40]… ».

En dépit de cette méconnaissance, Célestine trouve d'abord le cocher « rigolo », tandis que le maître l'« amus[e] ». Ce dernier propose de l'appeler « Marie » au lieu de Célestine, ce qui n'étonne toutefois pas l'avisée narratrice : « Ils ont tous cette bizarre manie de ne jamais vous appeler par votre nom véritable… Je ne m'étonnai pas trop, moi à qui l'on a donné déjà tous les noms de toutes les saintes du calendrier… » Très vite, le maître se distingue de tout ce qu'elle connaît par la fixité de ses yeux : il ne fouille pas, contrairement à ce qu'elle attendrait, « d'un regard déshabilleur [son] corsage, [ses] jupes, comme font, en général les hommes ». Tandis que Célestine se propose de déshabiller les vices des maisons bourgeoises qu'elle fréquente, les hommes s'appliquent « en général » à dévoiler son corps. Mais ici, ce dénudement de la femme manque, car le regard du maître est devenu « étrangement brillant », tandis qu'il lui demande si elle a amené « d'autres bottines » et qu'il passe, « sur ses lèvres, à petits coups, une langue effilée, à la manière des chattes » : « Je ne répondis pas tout de suite. Ce mot de bottines, qui me rappelait l'expression de gouaille polissonne du cocher, m'avait interdite. Cela avait donc un sens[41] ?… »

La femme de chambre cherche donc une signification au mot récurrent de « bottine », martelé par Rabour lors d'une « crise » qui le fait écumer de désir. Le fétichisme se révèle alors comme un accès pathologique

38 *Ibid.*, p. 36-37.

39 Ce mot est le diminutif de « botte », voire même de « bot » (qui donne « sabot », « pied-bot », « boiter », et signifie selon le *Littré* un « tuyau des lieux d'aisance »). Ce signifiant évoque ainsi les couches sociales les plus pauvres, la claudication – les bassesses des besoins (voir Apter, Emily, « Fétichisme et domesticité. Freud, Mirbeau, Buñuel », *Poétique*, n° 70 (1987), p. 143-145).

40 Mirbeau, Octave, *Le Journal d'une femme de chambre*, p. 37.

41 *Ibid.*, p. 36-39.

animalisant l'obsédé : « Mais la crise se calma, et, au bout de quelques minutes, il reprit d'une voix apaisée, tandis qu'un peu de salive moussait encore au coin de ses lèvres ». Il lui propose alors :

> – [...] Je respecte beaucoup les femmes, Marie, et ne peux souffrir cela... Ç'est moi qui les cirerai vos bottines, vos petites bottines, vos chères petites bottines... Écoutez bien... Chaque soir, avant de vous coucher, vous porterez vos bottines dans ma chambre... vous les placerez près du lit, sur une petite table, et, tous les matins, en venant ouvrir mes fenêtres... vous les reprendrez.
> Et comme je manifestais un prodigieux étonnement, il ajouta :
> – Voyons !... Ça n'est pas énorme, ce que je vous demande là... Ç'est une chose très naturelle, après tout... [...] Voyons, ça n'est pas extraordinaire, là... Est-ce donc si extraordinaire, mon Dieu[42] ?

Le « prodigieux étonnement » face à une demande qui, somme toute, ne heurte pas la pudeur et l'intimité de Célestine, tient non seulement à sa bizarrerie mais aussi au renversement social : c'est désormais Célestine qui se fait « cirer les pompes », et non elle qui accomplit cet acte de soumission envers le maître humilié dans sa perversion.

Que le fétichisme prenne pour objet une bonne, classée inférieurement, semble une donnée courante dans le fétichisme – et longuement négligée par les théoriciens. En effet, nombre d'objets fétiches circulant dans les textes médicaux du XIXe siècle rappellent cette classe sociale – tabliers blancs, bonnets de nuits portés par des servantes : « Le corps de la bonne prit une place de plus en plus importante dans les fantasmes, les phobies et les paranoïas de la bourgeoisie » en raison notamment de la découverte des microbes véhiculés par la saleté qu'elle a en charge d'éliminer[43]. C'est pourquoi peut-être Rabour assure que cette « manie » n'est pas « extraordinaire », mais qu'elle appartient au contraire à la « nature » – et peut-être à une certaine société riche : car Mirbeau insiste sur le fait que le fétichisme est un privilège social.

Au renversement carnavalesque répond l'infantilisation du vieillard, qui perçoit en la nouvelle *Marie* une mère le consolant :

> Il s'agenouilla, baisa mes bottines, les pétrit de ses doigts fébriles et caresseurs, les délaça... Et, en les baisant, les pétrissant, les caressant, il disait d'une voix suppliante, d'une voix d'enfant qui pleure :

42 *Ibid.*, p. 40.
43 Apter, Emily, « Fétichisme et domesticité. Freud, Mirbeau, Buñuel », p. 152.

> – Oh ! Marie… Marie… tes petites bottines… donne-les-moi, tout de suite… tout de suite… tout de suite… Je les veux tout de suite… donne-les-moi…
> J'étais sans force… La stupéfaction me paralysait… Je ne savais plus si je vivais réellement ou si je rêvais. Des yeux de Monsieur, je ne voyais que deux petits globes blancs, striés de rouge. Et sa bouche était tout entière barbouillée d'une sorte de bave savonneuse[44]…

À l'animation des bottines se noue l'animalisation du fétichiste écumant, en proie à une répétition enfantine et capricieuse d'un « tout de suite » exigeant. Et cette passion, si elle semble douce par la répétition de mots caressants et des allitérations en « t » rappelant la marche, prend ensuite une tournure tragique, puisque Célestine trouve son maître trépassé, saisi par une mort sans même s'être « débattu ». Devenu telle une « aubergine », M. Rabour offre un « spectacle terrifiant » :

> Monsieur tenait, serrée dans ses dents, une de mes bottines, si durement serrée dans ses dents, qu'après d'inutiles et horribles efforts je fus obligée d'en couper le cuir, avec un rasoir, pour la leur arracher[45]…

Les dents semblent s'être animées dans le baiser funeste des bottines, dont elles refusent l'abandon. Le fétichisme s'achève ainsi dans une étreinte pathétique, offrant une leçon ultime au moment où le journal ouvre sa nomenclature sexuelle. Et la narratrice, déniaisée, ne se montrera plus étonnée de ce qu'elle pourrait voir.

Le goût des bottines apparaît donc comme un trou épistémologique chez une femme pourtant habituée aux dessous de la société et du corps. C'est cette faille que la scène fétichiste, poussant à son comble l'imagination dépravée, vient boucher :

> Je ne suis pas une sainte… j'ai connu bien des hommes et je sais, par expérience, toutes les folies, toutes les saletés dont ils sont capables… Mais un homme comme Monsieur ? Ah ! vrai !… Est-ce rigolo, tout de même, qu'il existe des types comme ça ?… Et où vont-ils chercher toutes leurs imaginations, quand c'est si simple, quand c'est si bon de s'aimer gentiment… comme tout le monde[46]…

Après le tragique final, la réflexion de Célestine remet à distance le goût mortel en déclarant que c'est « rigolo » – de même que le cocher

---

44 Mirbeau, Octave, *Le Journal d'une femme de chambre*, p. 41.
45 *Ibid.*, p. 41-42.
46 *Ibid.*, p. 42.

était « rigolo[47] ». Débarrassée de son appellation mariale, la narratrice commence alors à établir des « types » d'hommes. Et la botanique sexuelle apparaît dans son foisonnement, pleine d'imaginations compliquées. Si la dernière phrase laisse supposer que la narratrice aime les passions *gentilles*, l'amour qu'elle portera au bandit Joseph et son assassinat du tuberculeux Georges par excès sexuel remettront en cause la possibilité d'amours *simples*. L'on peut dès lors se demander si aimer « comme tout le monde », ce n'est pas être pervers. La narratrice assure à plusieurs reprises que l'amour, qui l'emporte toujours, est maladie : « Quelle folie effrayante est-ce dont que l'amour ? » Pour s'éviter cet effroi philosophique, « il ne faudrait jamais réfléchir sur l'amour. Comme l'amour est triste au fond[48] ». Il ressort ainsi de cette domestique nosographe à la fois l'impossibilité de ne pas aimer (puisque c'est naturel), et la naturalité du vice et de la déviance – leur flirt avec la mort –, comme en témoignent les cadavres de M. Rabour, de George, de la petite assassinée par Joseph. Un roman sur l'amour fin-de-siècle ne peut donc, définitivement, qu'être une « perversité romanesque ».

LES DÉSÉQUILIBRÉS DE DUBARRY

Armand Dubarry propose justement une fresque sur les perversités. Composés de plusieurs volumes, *Les Déséquilibrés de l'amour*[49] donnent à entendre une tonalité médicale dans le titre même : à la suite de Morel, les dégénérés de Magnan sont en effet des déséquilibrés à l'harmonie rompue – celle du sujet avec lui-même et avec l'ordre matrimonial, social, politique, que devrait personnifier l'Homme de la

47 *Ibid.*, p. 36.

48 *Ibid.*, p. 369 et 341.

49 Dubarry, Armand, *Les Déséquilibrés de l'amour. Série de romans passionnels pathologiques contemporains*, Paris, Chamuel, 1898-1902, 11 vol. Dans l'ordre des volumes et non pas de leur parution, l'on trouve : 1. *L'Abbé écornifleur (l'inceste)* [1902] ; 2. *Coupeur de nattes* [1898] ; 3. *Les Femmes eunuques*, 11e éd. [1899] ; 4. *Le Fétichiste* [1896] ; 5. *Les Flagellants* [1898] ; 6. *L'Hermaphrodite*, 8e éd., [1897] ; 7. *Hystérique* [1897] ; 8. *Les Invertis (le vice allemand)* [1896] ; 9. *Mademoiselle Callipyge* [1900] ; 10. *Le Plaisir sanglant* [1901] ; 11. *Le Vieux et l'Amour* [1898]. Les différents volumes connaîtront plusieurs éditions, ce qui témoigne du succès de ces étapes amoureuses.

IIIe République[50]. Parodiant quelque peu les *Rougon-Macquart* avec sa série dont le premier volet paru s'intitule *Le Fétichiste*, Armand Dubarry veut divulguer les avancées médicales de la science de l'amour :

> L'Amour, sous ses diverses manifestations, a mené, mène et mènera perpétuellement le monde [...]. Parmi ses aberrations, quelques-unes, plus familières aux médecins spécialistes qu'au public, entre autres le cas de pathologie mentale qui caractérise le fétichiste, nous ont paru de nature à intéresser sous la forme vulgarisatrice par excellence, et notre éditeur, M. Chamuel, a adopté notre idée avec une conviction dont nous lui sommes reconnaissant[51].

L'entreprise de Dubarry s'apprête à mettre à nu la passion amoureuse, observée dans son intimité pour le bien de la cause :

> Au cours de ce labeur, nous devrons souvent dépeindre des scènes croustilleuses, parce que nous tracerions difficilement, sans cela, les caractères, les types qu'il nous faudra mettre en relief; nous tenons à déclarer dès maintenant que, sur ce point, nous nous conformerons au sage précepte : « glissez, n'appuyez pas », notre but étant de provoquer la réflexion, la compassion, de dévoiler des misères, des infirmités qu'il est possible de soulager, si l'on ne peut les guérir, non d'allumer la lubricité.
>
> Dans l'œuvre passionnelle que nous entreprenons, nous n'utiliserons pas seulement nos observations personnelles, nous nous servirons, en outre, de travaux d'aliénistes, de faits indubitables recueillis par nous, de procès criminels se rapportant à la besogne que nous nous sommes taillée, nous tâcherons que l'imagination serve uniquement de la broderie à la vérité[52].

Les théories des « travaux d'aliénistes » sont relayées dans la diégèse par un ancien interne des asiles d'aliénés de la Seine, Charles Frével, dont le nom rappelle Charles Féré. Ce médecin mondain résume grossièrement Binet lors d'un dialogue avec l'élégante Mme Revelle :

> – Le fétichisme est un genre de perversion intellectuelle et sexuelle qui consiste à se pâmer à la vue de certaines parties d'un individu ou de certains détails de l'accoutrement d'un individu correspondant aux parties, aux détails que l'imagination dévoyée a créés et qui sont devenus des objets d'adoration. Ainsi, un fétichiste, au lieu de célébrer, je suppose, la perfection de la Vénus

50 Voir Mazaleigue-Labaste, Julie, *Les Déséquilibres de l'amour*, p. 226.

51 Dubarry, Armand, *Les Déséquilibrés de l'amour. Le Fétichiste*, Paris, Chamuel, 1896, p. 6.

52 *Ibid.*, p. 8.

de Cnide, admirera une bossue repoussante, coiffée d'un méchant bonnet de toile bise, parce que cette bossue et ce bonnet représenteront les types *divins* inventés par son intellect taré.

– L'étrange infirmité !

– Le fétichisme est un égarement commun. En religion, il est le culte des images, des statues, des reliques, des bibelots auxquels on attribue une puissance thaumaturgique ; en amour, il est la passion obsédante de ce qui, splendide ou hideux ou insignifiant, aiguise les sens. Sur ce point, nous sommes tous un tantinet fétichistes. Celui-là n'apprécie que les prunelles vertes, celui-ci que les prunelles noires, et chacun a un idéal propre.

La définition oscille entre une attirance pour la laideur (ou, dans le roman, un être d'une classe sociale inférieure), et un désir obsédant dont l'objet varie en fonction de chaque individu – ce qui fait que « nous sommes tous un tantinet fétichistes ». Le fameux bonnet de nuit, ici en vulgaire toile de bise, coiffe une bossue qui, quoique repoussante, excite le pervers : Dubarry caricature ainsi le fétichisme, transformé en un trouble esthétique grave (ce qui s'oppose à Binet pour qui il incarne « recherche de la beauté ») et une déviance de l'objet génésique : « *L'instinct sexuel n'est point satisfait par le coït...* cette vérité éclate chez les fétichistes. Pour ces dégénérés, l'accouplement n'est rien, ce qui le poivre est tout. Enlevez de l'acte d'amour les condiments dont ils sont gourmands, et leur envie s'émousse, et ils se fléchissent, et ils deviennent froids, et ils deviennent pudibonds » :

« Le fétichiste, a dit un philosophe de talent, M. Alfred Binet, ne se contente pas de s'entourer d'un milieu dynamogène, il ne se borne pas à rechercher les excitations qui accroissent son énergie ; il choisit une espèce particulière parce qu'elle lui plaît en elle-même, et pour elle-même, et qu'il trouve du plaisir à s'en pénétrer et à s'en saturer. Pour lui, l'excitation choisie entre mille n'est pas un moyen, mais une fin... chez lui, le plaisir de l'imagination accompagnera toujours le plaisir matériel pour le compléter, pour le rehausser, pour lui donner toute sa valeur ».

Certes, ce serait là une façon très intelligente de comprendre l'amour ; par malheur, le fétichiste ne s'en tient point à la séduisante collaboration de la spiritualité, et ses excès ne sont généralement que la dépravation du plus bas matérialisme[53].

En niant tout élan « spirituel » aux pervers (alors même que Binet situe le fétichisme dans une prépondérance cérébrale), Dubarry les ancre

53 *Ibid.*, p. 207-209. Voir Binet, Alfred, « Le Fétichisme dans l'amour », p. 260.

dans un « matérialisme » charnel et refuse toute disculpation (ce que le psychologue autorisait dans son continuisme). Les actes fétichistes seraient funestes pour l'harmonie individuelle et collective.

L'histoire tourne autour du mariage manqué entre le riche Genlis et une ouvrière qui sent des aisselles – senteur fétiche qui le fascine. L'union a été organisée par Mme Revelle qui, informée de la puissance du fétichisme dont souffre Genlis par le docteur Frével, lui a trouvé, moyennant la promesse d'un million de francs, une femme à son goût. Le fétichiste est ensuite trompé par sa femme, qui couche avec un juif exhibitionniste ; pour se venger, le héros administre aux amants coupables de la cantharide qui provoque en eux des crises scandaleusement lubriques de nymphomanie et de satyriasis sur la plage normande de Tréport : les traîtres se mettent à réciter l'*Ode à Piron* face à la mer, tout en cherchant à s'accoupler outrageusement. Le juif exhibitionniste, l'ouvrière fétiche, le riche Genlis et l'avide Mme de Revelle finissent finalement fous à Sainte-Anne.

Dubarry réfléchit alors sur l'enfermement asilaire, qui lui semble entièrement légitime pour cette compagnie de fétichistes obscènes. Alors qu'« une fraction notable de la population des asiles d'aliénés est composée d'érotiques », il postule comme « principe que l'atmosphère des maisons de fous est saturée d'électricité aphrodisiaque ». Débute alors une diatribe étonnante contre la continence imposée dans les hôpitaux – exigence exorbitante à l'égard de pensionnaires déjà bien souffrants :

> Imposer à des énervés que tourmente l'appétence irrésistible de la chair et qui s'irritent mutuellement au contact les uns des autres, une réserve froide, une sagesse de saint privé de sens, une discipline austère, et, quand ils cèdent aux emportements de leur tempérament incandescent, les punir, les empêcher de se gratter où il leur démange, c'est plus que de la rigueur excessive, c'est de l'erreur excessive. [...] les aliénistes à compréhension large, que la pitié et la science dirigent, ne sont point éloignés de voir en [l'onanisme], touchant la folie érotique, un exutoire[54].

Préconisant l'abandon de l'inutile et entravante camisole de force, Dubarry conclut son roman par cette défense relativement moderne de la sexualité des aliénés – ce qui ne l'empêche toutefois pas de

54 *Ibid.*, p. 319-321.

réprouver l'onanisme chez « les vicieux, neurasthéniques et autres[55] » et de condamner les fétichistes à la réclusion. Finalement, le jeune couple se marie, alors que leur l'union avait jusqu'alors été empêchée par les manigances des aliénés : règne ainsi un amour décrit comme sain – mais dont on se doute qu'il peut être, lui aussi, un *tantinet* fétichiste.

Dubarry utilise donc les théories médicales comme un pré-texte pour créer un roman qui se voudrait moralisateur. Mais leur fictionnalisation et l'intrigue aussi loufoque qu'improbable exagèrent tellement les résultats délirants de la perversion que l'on se demande si l'écrivain ne se moquerait pas en vérité des médecins, du fétichisme, et un peu des lecteurs, en inventant une histoire à dormir debout. Il récidive en 1898, dans *Le Coupeur de nattes*, qui narre parallèlement deux passions fétichistes :

> Devant [Guilford] était une collection de nattes de cheveux, comprenant une centaine de numéros, formée au milieu des dangers, en employant des ciseaux, et où l'on distinguait toutes les nuances de la toison juvénile et féminine, du blond cendré au rouge d'or, au noir d'ébène.
>
> Les unes, ornées de rubans, avaient appartenu à des fillettes riches ; d'autres que nouait, à leur extrémité, un cordonnet, avaient flotté derrière la tête d'indigentes. Celles-là conservaient des reliquats de parfums chers ; celles-ci sentaient la vulgaire pommade à la rose rancie, et ces relents, notre dégénéré en faisait ses délices.
>
> Après s'être prosterné, Guilford palpa, par brassées, enleva le trésor de sa cachette, le rangea symétriquement, entre ses draps, et presque nu, s'étendit sur ce lit de cheveux coupés, qu'il baisa, mordit, qu'il eût mangé, dont il respira, en érection, les émanations.
>
> Pendant que, dans le silence et le mystère de la nuit, il se livrait au dévergondage de son imagination morbide, Stroud se comportait mêmement.
>
> Deux cents mouchoirs de batiste ou de dentelle, et autant de paires de gants, volés à de jolies personnes : voilà ce qu'était, ce printemps-là, son stock de reliques.
>
> Il passa en revue ce butin fleuronnant, portant à son nez, à sa bouche, à ses organes reproducteurs, chaque pièce, se délectant à embrasser, à flairer ces prodiges odoriférants, et tressaillant au contact de ceux auxquels se rattachaient des souvenirs ambrosiaques.
>
> Cette dépravation solitaire finie, il souffla sa lumière, et s'endormit moulu, brisé, ayant vu s'entrouvrir les cieux du sensualisme[56].

55 *Ibid.*, p. 323.

56 Dubarry, Armand, *Les Déséquilibrés de l'amour. Le Coupeur de nattes*, Paris, Chamuel, 1898, p. 83-85.

Les deux fétichistes possèdent un « stock de reliques » hyperbolique, sur lequel ils frottent leurs « organes reproducteurs », ainsi déviés de leur fonction naturelle. La description, quoique stigmatisant les plaisirs « odoriférants » des « toisons », laisse entrevoir toutefois les « cieux du sensualisme », les « émanations » des « souvenirs ambrosiaques ». Mais pour briser le charme de ces voluptés, Dubarry retrace l'étiologie de ces passions :

> Comment [Stroud] avait-il gagné son infirmité, devenue chronique ?
>
> Par l'onanisme d'abord ; ensuite, la prédisposition congénitale agissant, par une succession d'idées perverses obsédantes.
>
> Atteint de féminisme moral, dès le principe il ne rechercha point la femme pour elle-même, qu'aurait-il fait d'elle ? il la rechercha pour l'habillement, pour les dessous : bas, chemise, pantalon, jupons, corset, dont la vue excita son instinct génésique et plus tard pour les gants et le mouchoir qui, tout à coup, systématisèrent sa déviation. [...]
>
> Les excentricités sexuelles sont généralement compliquées et subtiles.
>
> L'origine de l'érotomanie de Guilford ne différait pas de celle de son ami d'enfance : à la base, des pratiques vicieuses et une tare héréditaire ; avant l'époque de la puberté, des conceptions sensuelles désordonnées. [...]
>
> Une paire de ciseaux aiguisés, affûtés, enfouie en une de ses poches, et qu'il tirait à la minute opportune, était tout son armement.
>
> Légèrement, en dix secondes, dans une multitude, il dépouillait celle qui l'avait foudroyé, qu'il filait, et s'éclipsait turgescent de salacité. [...]
>
> Quand il faisait chou blanc itérativement, il tournait à la mélancolie ; quand il rêvait, il assistait à des défilés de têtes de femmes éminemment chevelues, de têtes sans corps, le corps féminin ne le stimulant point[57].

La masturbation demeure la cause majeure de « l'infirmité », et l'hérédité joue son rôle traditionnel. Les pervers sont touchés au cœur de leur virilité non seulement sexuelle, mais aussi intellectuelle. Atteints de « féminisme moral » quoique bacheliers et hommes de plume, ils sont réformés de l'armée et des traîtres de la France :

> Une des antinomies choquantes de ces haïssables diatribes, c'était de voir Guilford et Stroud vilipender l'immoralité des Français et magnifier les vertus des Germains auxquels ils avaient emprunté l'onanisme, la sodomie et d'autres aberrations sexuelles.
>
> Ces vaporeux écrivailleurs auraient, de fait, figuré avantageusement en la collection des déséquilibrés des aliénistes allemands.

57 *Ibid.*, p. 87-89.

> Kleptomaniaques impulsifs, ils volaient, celui-là, M. Sosthène Stroud, les mouchoirs et les gants de femmes ; celui-ci, M. Norbert Guilford, les cheveux flottants, les nattes des jeunes filles, qu'il coupait avec des ciseaux, au plus épais des foules.
>
> Hors d'état de procréer, de copuler, ils se ménageaient, par ces « dépouilles opimes », dérobées, des jouissances d'érotomanes impuissants que tourmente l'appétition onanistique, un éréthisme génital paroxystique, et ces perversions étaient bien allemandes, allemandes et anglaises, car, sous le rapport des turlutaines névropathiques, les Anglais ne se différencient guère des Teutons[58].

Dubarry abandonne ainsi les moqueries antisémites du *Fétichiste* pour s'acharner sur l'Allemagne et l'Angleterre, qui pollueraient la « vivace race » gauloise par leurs pratiques inféconds. La perversion est donc non seulement sexuelle, mais aussi politique et sociale : car la dégénérescence semble bien menacer, comme le craignent les hygiénistes, l'intégrité nationale.

Mais le vice des « écrivailleurs » est amplifié par une passion impardonnable pour Wagner, « le musicien génial des pédérastes » : la chambre de Guilford est ainsi un fouillis atroce où gisent « des bouquins d'auteurs décadents, symboliques, des traductions de livres d'écrivains allemands, suédois, norvégiens, danois, des plus obscurs, des plus amphibologiques, des plus incompréhensibles : tel était le perchoir de notre esthète[59] ». La décadence littéraire se lie ainsi au fétichisme, dont Dubarry étaie longuement la théorie en citant des cas de Garnier, Krafft-Ebing et Moll. Les observations médicales, qui donnent une autorité à *l'anatomie* de Dubarry, apparaissent alors comme des narrations intradiégétiques qui moduleraient sur le thème de la dégénérescence gauloise, importée par contagion germanique. Mais l'intrigue de Dubarry envoie finalement Stroud, arrêté dans un grand magasin après avoir dérobé dix-neuf mouchoirs, à l'asile, à l'instar d'ailleurs de Guilford, qui assassine une bourgeoise terrible en lui coupant sa chevelure. La perversion est ainsi vaincue ; et il ne manque plus que la France se venge des humiliations germaniques de 1870.

58 *Ibid.*, p. 35-36.
59 *Ibid.*, p. 82.

LA SELECT BIBLIOTHÈQUE

En vulgarisant les théories médicales, Dubarry compose une série romanesque dont l'héroïne est la sexualité – fût-elle morbide. Les aventures étant aussi rebondissantes que coquines, *Les Déséquilibrés de l'amour* s'inscrivent ainsi dans le regain éditorial de la littérature de mœurs légères, qui redémarre autour des années 1860 après une première moitié de XIXe plutôt prude[60]. Au tournant du siècle règne en effet le « genre de la "flagellation[61]" », mis en vogue par Sacher-Masoch et Krafft-Ebing, couramment appelé le « vice anglais » car la littérature britannique en est particulièrement friande[62] :

> Le thème n'est certes pas absent de la littérature des XVIIe et XVIIIe siècles et l'œuvre de Sade, tout comme son iconographie, est riche de scènes de flagellation. Il en va de même de la littérature médicale, où la frontière est ténue entre flagellation comme remède contre l'impuissance et l'usage du fouet comme « aphrodisiaque externe ».
>
> Mais, à partir du XIXe siècle, on voit se développer cette production particulière chez quelques éditeurs spécialisés cumulant la réédition de textes médicaux et la publication de collections et de compilations historiques qui fournissent un prétexte facile à diffuser des textes croustillants sur l'usage du fouet[63].

Dans cet élan flagellatoire, la volupté d'être piétiné par des chaussures à talon est très présente, et en particulier dans les œuvres de Roland Brévannes (encore n'est-on pas sûr qu'il s'agisse d'un nom véritable), fondateur de la maison d'édition *Select Bibliothèque*, dont une centaine de titres paraissent de 1907 à 1939 sans entraves – leur tonalité étant plus érotique que vertement pornographique[64]. Les romans, de qualité

---

60 Voir Perceau, Louis, *Bibliographie du roman érotique au XIXe siècle : donnant une description complète de tous les romans, nouvelles et autres ouvrages en prose, publiés sous le manteau en français, de 1800 à nos jours, et de toutes leurs réimpressions*, Paris, Georges Fourdinier, 1930 ; rééd. Mansfield Centre, Martino Publishing, 2002, p. 263-292.

61 Quignard, Marie-Françoise et Seckel, Raymond-Josué (dir.), *L'Enfer de la Bibliothèque. Éros au secret*, Paris, Bibliothèque Nationale de France, 2007, p. 326.

62 Voir Alexandrian, Sarane, *Histoire de la littérature érotique*, p. 314 *sq.*

63 Quignard, Marie-Françoise et Seckel, Raymond-Josué (dir.), *L'Enfer de la Bibliothèque*, p. 347-348.

64 Voir l'excellente page http://scissors-and-paste.net/Select_Bibliotheque.html, qui tente un recensement exhaustif des volumes publiés. Plusieurs maisons d'éditions, nées au début

souvent médiocre (en dépit de leur prétention à allier un « *fond original* et une *forme impeccable*[65] »), ont parfois été traduits par l'éditeur lui-même en anglais – éditeur qui se cache sous moult pseudonymes (Jean d'Agérur, Don Brennus Aléra, Bernard Valonnes, la baronne de Lursan ou encore le professeur Mektoub). Chaque rédacteur est censé avoir des spécificités propres : tandis que Roland Brévannes serait versé dans l'occultisme grâce à des voyages effectués en Extrême-Orient, Jean d'Agérur effleurerait « les sujets les plus osés avec une légèreté qui l'apparente aux séduisants conteurs du XVIIIe siècle ». Don Brennus Aléra incarnerait quant à lui l'expert ès amour, grâce à sa « connaissance profonde du cœur humain, des aberrations vicieuses, des dérèglements cérébraux ou charnels » lui permettant « d'ouvrir devant ses lecteurs les portes mystérieuses des paradis artificiels et des enfers lubriques ». Sa série est ainsi empreinte d'une tonalité médicale :

> Nos fidèles lecteurs ne sont pas sans avoir remarqué que les volumes de la collection Aléra à 5 francs, qui ont tous pour thème les aberrations passionnelles, ne sont pas spécialisés dans l'une ou l'autre de ces anomalies. Étant la relation d'aventures vécues, ces récits comportent un mélange de scènes diverses, ainsi que cela se passe dans la vie.

Brévannes refond les artificielles restrictions nosographiques, car la vie amoureuse entremêle les déviances sexuelles. Ainsi, la Select Bibliothèque devient une « collection sélectionnée où l'on pût prendre un volume les yeux fermés et où chacun est assuré de trouver au moins un ouvrage dans la note qu'il préfère », même si l'éditeur a dû consacrer des romans « *exclusivement* à l'étude de tel ou tel cas spécial » suite aux attentes de ses lecteurs :

> Cette préoccupation a imposé à l'auteur de longues recherches, une importante documentation, des études sur le vif, bref, un travail considérable, qui

du XXe siècle, se spécialisent dans les perversions sexuelles. La « Collection des Orties blanches », dirigée par Jean Fort, publie de 1917 à 1939 des ouvrages sadomasochistes illustrés. Paul Brenet dirige la « Librairie Artistique et Éditions Parisiennes Réunies », contenant des romans, des ouvrages sadomasochistes, des textes sur le sport ainsi qu'un volet médical intitulé « Physiologie, pathologie, hygiène ». Dans cette collection, hormis le connu docteur Caufeynon, les docteurs Jussey, Eynon et un certain Alphonse Gallais dispensent leurs conseils aux lecteurs. Si le catalogue date de 1935, il semble que la plupart des ouvrages, souvent non datés, ont été publiés entre 1920 et 1930. Pour les références exhaustives, voir la bibliographie en ligne *Biblio Curiosa* (http://www.bibliocuriosa.com).

65 Aléra, Don Brennus, *L'Amant des chaussures*, p. 342.

> nous oblige à porter à 20 francs le prix de ces volumes ; cette augmentation est d'ailleurs justifiée non seulement par le *chiffre limité du tirage* et la présentation de la série (importance du texte et des illustrations) mais encore par l'exceptionnel intérêt des œuvres qui la composent[66].

Le malin Brévannes fait ainsi passer la pilule de l'augmentation du volume en invoquant une exclusivité bibliophile et une prétendue précision théorique, fruit d'études tant livresques que prises « sur le vif ».

La Select Bibliothèque affiche donc, apparemment, une prétention scientifique incarnée dans son logo représentant une femme, « sphinx légendaire avec l'énigme de son point d'interrogation[67] », qui en tient le bout comme une plume, prête à écrire (que d'aucuns verront peut-être comme un symbole phallique). Grâce à la devise « que sais-je ? », les ouvrages apparaissent comme autant de réponses à cette question sceptique posée à l'amour – ou comme autant de remises en cause face à la diversité des désirs narrés, dont le fétichisme. Si *La Lionne en fourrure* est presque une copie de *La Vénus à la fourrure* de Sacher-Masoch[68], *L'Amoureux des chevelures* met en scène des coupeurs de nattes élégants. Loin d'opérer sordidement dans la foule comme chez les médecins et Dubarry, Brévannes les transporte dans des salons de coiffure raffinés où, malgré le singulier du titre, ils opèrent en duo[69]. Les intitulés des romans promettent les récits de types fétichistes analogues à ceux que la médecine forge : ces *amants* sont ainsi les cousins de « l'amant des yeux » ou de « l'amant de l'odeur » binetiens.

---

66 *Ibid.*, p. 342-343. Bernard Valonnes était un éditeur astucieux : il publiait en effet séparément des gravures, coûtant 1 franc l'image ou 2 francs les quatre « prises avec le volume » (Quignard, Marie-Françoise et Seckel, Raymond-Josué (dir.), *L'Enfer de la Bibliothèque*, p. 350).

67 *Ibid.*, p. 351.

68 Aléra, Don Brennus, *La Lionne en fourrure. D'après Sacher-Masoch*, Sceaux (Seine), Select Bibliothèque, 1912.

69 Aléra, Don Brennus, *L'Amoureux des chevelures. Tome 1. Cheveux coupés ; Tome 2. Cheveux nattés ; Tome 3. Dominatrices capturées*, Sceaux (Seine), Select-Bibliothèque, 1936. Le roman s'ouvre par une discussion élégante entre des mondains, qui s'interrogent sur la pertinence de la mode des cheveux courts ravageant les années folles. La chevelure est ainsi associée à la souveraineté de la femme – quoique la nuque dénudée offre selon d'autres une apparence dominatrice. Clarisse et Olivier montent un salon de coiffure où ils coupent les belles chevelures du XIXe siècle. Les femmes rasées se soumettent ensuite, dominées, à la maîtresse du salon. Un certain Rodolphe amène un jour la bien bottée Bertha pour qu'elle se fasse raser : le dit Rodolphe balaie ensuite les cheveux, et lèche les bottines de la coiffeuse, car des cheveux se sont langoureusement collés sur le vernis. Le roman finit sur une grande scène de combat entre femmes, finalement dominées par Bertha, qui porte les plus hauts talons…

L'Amant des chaussures narre deux perversions, celle de Gaston Planoy et d'Orcival, « qui pouvaient se classer parmi les plus fanatiques des fétichistes[70] » : le premier est amateur du pied, le second de chaussures. Les compagnons assistent à un concours de pieds où les participantes défilent d'abord chaussées, puis pieds nus derrière un rideau laissant à découvert leurs membres inférieurs. Le public inscrit son vote sur un bulletin d'inscription, encadré par quatre types de jambes, présentant une gradation de la plus nue à la plus habillée. Le concours, qui matérialise le scotome fétichiste, se déroule sur une centaine de pages où les jambes sont décrites avec une précision inouïe : si tant de pieds finissent par assommer le lecteur, l'assistance est quant à elle emportée par « cette frénésie d'adoration qui prête incontestablement aux idoles et aux fétiches une puissance, une attraction mystérieuse, qui ne se voient pas, mais qui se sentent[71] ». Les deux amis demeurent en effet fascinés par les pieds vainqueurs, et Planoy décide ensuite de retrouver leur propriétaire. La passion du pied fait alors l'objet de diverses analyses :

> À l'origine de leurs goûts passionnels se trouvait une irrésistible et pareille fascination exercée par le mystère. Lorsqu'une femme leur plaisait, c'était son pied qui les requérait, ce pied dont nul hasard ne pouvait leur révéler la nudité, ce pied dont la forme même leur échappait dans l'enveloppe factice de la bottine ; cette chose secrète, inconnue, mais qu'ils savaient susceptible d'atteindre à tant de perfection, ce trésor que gantait le bas et que défendait la chaussure, ils étaient hantés par le désir de connaître complètement, de voir les courbes de ses contours, la rondeur du talon, la cambrure de la plante et du cou-de-pied, la coloration et la finesse de la peau, le modelé des doigts, qui portent à leur extrémité des opales, de la nacre, des gemmes rares et vivantes comme on n'en saurait trouver d'enchâssées dans les bagues les plus précieuses. La femme, consciente de son pouvoir qui réside en cette beauté cachée, la vêt, l'orne, la décore de soie, de satin, de boucles, de nœuds, de rubans, de cuir souple, de peaux fines aux pénétrantes senteurs, à la fois animales et raffinées. Et tous ces artifices concourent à rendre le pied lui-même plus lointain et plus désirable[72].

70 Aléra, Don Brennus, *L'Amant des chaussures*, p. 22.

71 *Ibid.*, p. 78.

72 *Ibid.*, p. 23. Un concours semblable est narré par Marie Bashkirtseff. Cinq inconnues masquées se rendent chez le deputé Paul de Cassagnac, dont la diariste peintre. Il les fait s'asseoir et « leur demande de découvrir leurs jambes. Il les contemple, les compare et décerne, bien sûr, le premier prix aux petits petons de Marie – reconnue sous son masque. En guise de récompense, il ne manque pas de les embrasser et de les caresser maintes fois ». Le jeune homme s'apparente ainsi vraisemblablement à tous les « viveurs de la

La longue phrase se construit par des espèces d'anadiploses ou d'épanorthoses reprenant, à trois reprises, « ce pied », qui devient « cette chose secrète » puis « ce trésor » dont il faut connaître une multitude de parties énumérées ensuite par la phrase. La richesse syntaxique dit ainsi que le désir fétichiste n'est pas réduction du corps, mais une ouverture foisonnante vers une perception ciselée. Ce raffinement érotique est incarné par les joyaux dont les femmes ornent leurs pieds, ce qui associe le fétichisme à un enrichissement érotique : « Ce qui eût valu à un autre un frisson de désir, un émoi passager, les plongeait, eux, dans un trouble profond ; de grands ondes voluptueuses roulaient leur sang en des remous de tempête et jusqu'aux sources les plus secrètes de leur force et de leur vie ils sentaient les impétueuses convoitises, les ardentes aspirations, les grandes exaltations cérébrales et sensuelles qui soulèvent l'être tout entier aux minutes précédant la possession[73] ». La partie fétichisée saisit ainsi « l'être entier » avant le plaisir, comme si la concentration du désir bouleversait en contrepartie *tout* le corps – désir hyperbolique qu'évoquait déjà Binet.

Le fétichisme est pourtant lié chez ces personnages à un phénomène neurologique à tonalité morbide. Saisi en effet d'une « émotion cérébrale et charnelle à la fois », Planoy, prince en quête de sa Cendrillon moderne, devient la proie d'une « idée fixe », évoquée dans un registre médical et métaphorique :

> Son cerveau ne lui appartenait plus ; l'obsession y était blottie, à l'affût, dans les moindres replis ; il ne pensait, ne rêvait que sous son empire ; il vivait avec un pied bagué, fluidique, invisible, immense, qui était posé comme une serre sous son crâne, l'étreignait de ses doigts aux ongles précieux, réglait à sa volonté les plus infimes vibrations des cellules cérébrales[74].

Chaque *cellule* est maîtrisée par l'« obsession » du pied, comparé à une serre. Comme tout l'organisme est étouffé par ce pied « fluidique », il semble que l'individu soit enchaîné d'une manière « électrique » au

---

Belle Époque, placée sous le signe du frou-frou et des bas noirs » : « il jubile en voyant le pied d'une dame, perd la tête en apercevant la cheville, demande grâce en découvrant le mollet » (Casta-Rosaz, Fabienne, « Un contre-modèle de la sexualité conjugale : le flirt », p. 49).

73 *Ibid.*, p. 22-23.

74 *Ibid.*, p. 95-96, 119 et 239.

fétichisme : « La graine de l'obsession se trouvait ainsi jetée en un terrain favorable ; elle ne pouvait que germer, croître, fournir sa floraison luxuriante et vénéneuse[75] ». Ces commentaires, qui semblent tout droit extraits de Charcot et Magnan, attribuent une étiologie congénitale au désir fétichiste obsédant, conçu comme un détraquement cérébral.

Tout fétichisme ne serait toutefois pas vénéneux : d'Orceval continue en effet à vivre avec sa femme, complaisante envers son goût. C'est seulement le devenir obsédant d'une chaussure refusée qui entraîne l'aberration. Pendant des mois, Planoy trompe son amour pour la gagnante du concours avec des pieds rencontrés dans la rue, dont la description ne nous est pas épargnée. Il finit enfin par retrouver la femme de ses rêves, qui lui impose de revenir la voir dans une année seulement. Dès lors, Gaston Planoy dépérit ; et l'épilogue, inattendu, narre son retour chez la princesse. Reçu par trois servantes, il se désespère que la couleur des boutons de leurs bottines ne soit pas assortie à celle de leurs yeux. Il se saisit alors d'une « grosse aiguille » ; « ce qui se passa alors est indescriptible... » :

> Tullia, Olinde et Violine, déchaussées et ligotées, râlantes ou évanouies, se tordant sur le tapis ou immobiles comme des cadavres montraient la hideur de leurs orbites vides d'où le sang coulait sur leurs visages convulsés. Assis en tailleur au milieu du salon, Gaston Planoy, transperçant les yeux de son aiguille, achevait de les coudre sur les bottines des femmes que maculaient ses doigts ensanglantés.
>
> Il alignait les chaussures à côté de lui [...][76].

Le roman s'achève sur une scène épouvantable, alors même que son ton est par ailleurs tout à fait galant (une femme devait séduire derechef son mari ; Gaston, voulant retrouver une femme perdue, éjaculait en attendant dans des acheteuses de bottines complaisantes), voire érotico-religieux (la chaussure étant sans cesse associée à une divinité à laquelle certains rendent un culte valorisé par le narrateur). Or la conclusion de *L'Amant des chaussures* ajoute à la suite d'amants hypostatiques de Binet un cas de fétichisme criminel : résonne finalement le rire de Gaston parmi ceux des « fous dans tous les pays du monde et toutes les races de la terre[77] ». Le roman montre ainsi que la perversion peut, malgré

75 *Ibid.*, p. 169, 95 et 101.
76 *Ibid.*, p. 338-339.
77 *Ibid.*, p. 340.

sa fréquence et son apparente innocence, aliéner. Mais la fin est tout de même trop brutale, et la folie trop limitée pour que la volupté du fétichisme, si langoureusement décrite, ne soit pas finalement la véritable gagnante du « concours » romanesque.

Bernard Valonnes signe un autre texte fétichiste de la « Select Bibliothèque » en 1913, *Le Règne de la cravache et de la bottine.* Constitué par quatre récits dont le ton devient de plus en plus sadomasochiste, *L'Idole de Chevreau* dépeint d'abord la passion pour les chaussures sous la forme d'un journal intime[78]. Le narrateur est un jeune homme honteux de ses désirs fétichistes qu'il croit d'abord inouïs :

> Quelle bizarre folie est donc la mienne ? À quelle source d'hérédité ai-je donc puisé ce goût dont le caractère enfantin, risible, me causerait peut-être moins de confusion si je pouvais croire que d'autres que moi en sont affligés ? Hélas, aucun doute sur l'unicité affreuse de mon cas ! Il aurait déjà été observé que la Littérature en ferait mention, et c'est vainement que le cœur battant, la gorge sèche d'angoisse, j'ai cherché dans les romans à thèse médicale l'étude ou au moins l'allusion discrète qui m'eût soulagé du pire des supplices : celui de me sentir, de me savoir un monstre sans analogue.
>
> Petits pieds féminins, impérieux et beaux, jolis pieds *bottés*, ah, comme je vous aime et comme vous trottez dans la cervelle[79] !

Le fétichiste souffrirait d'une « bizarre folie », étant un « cas sans exemple et que l'imagination, dans ses pires débauches, ne saurait concevoir, tant il déconcerte la raison ». Aucun « roman à thèse médical » n'aurait mis en scène la podophilie, croit le diariste : et ce vide descriptif lui fait percevoir son goût comme « risible » et « ridicule », le remplissant d'autant plus « d'angoisse » qu'il se sent telle une « orchidée qui aurait la blancheur – ridicule – d'un lys[80] ». Tourmenté de « rêves aberrants », il évite les salons, où on le prend pour un inverti, ce qu'il préfère toutefois à être deviné comme fétichiste. Mais son attention

78 Les trois autres récits s'intitulent *La Dompteuse et son ours* (ce dernier étant un homme riche déguisé en animal qui, dans un cirque, aime à se faire fouetter ; mais il finit à l'asile) ; *La Revanche de la servante* – qui, on s'en doute, finit par fouetter son maître ; enfin, *Humiliée et domptée sous les coups* met en scène un énigmatique cénacle de femmes qui se font battre. Si le premier texte traite surtout du fétichisme de la bottine, annoncée dans le titre, la chaussure disparaît ensuite peu à peu pour céder la place au règne de la cravache dominatrice, pour le bonheur des uns et la folie des autres.

79 Valonnes, Bernard, *Le Règne de la cravache et de la bottine*, Sceaux (Seine), Select Bibliothèque, « Que sais-je ? », 1913, p. 6.

80 *Ibid.*, p. 20 et 7.

s'attache dans une fête foraine aux chaussures portées par des femmes qui se balancent sur des cochons de bois :

> Les mains aux épaules, assises ventre à ventre à califourchon sur la même monture, superbes d'impudeur, toutes jupes troussées, elles nouaient aux flancs du coursier verni deux paires de jarrets musclés et nerveux, et leurs pieds hardis ne cessaient de fouiller, à grands coups de talons – des talons très hauts – les aines de la bête que pour revenir, d'une brusque détente, baller, en avant, où la position pendante mettait en valeur, aux feux de l'électricité, le galbe impérieux de deux très hautes bottines lacées, différentes de teinte : l'une de satin mauve, assortie au bas, l'autre de chevreau scintillante et noire, au fin bout acuminé, et faisant avec la roseur d'un mollet nu, un contraste suggestif. [...]
>
> À deux pas de la rampe, si près qu'à chaque tour les bottes des folles filles me frôlaient presque, je dus, bon gré mal gré, subir l'enchantement visuel. Ce fut plus fort que moi. Mes sens déferlèrent. Vainement je voulus détourner mon attention. Chaque fois que devant nous, passaient et repassaient les deux hétaïres, mes regards, malgré moi, sautaient de désir comme la flamme d'une lampe qu'attise l'aile d'un papillon.

Haletante, la phrase trahit le regard détaillant du narrateur qui se concentre sur la partie inférieure de la jambe, des jarrets aux pieds dansant sur la bête. Incapable de décrire son « enchantement », il se trahit face à un mystérieux baron qui l'accompagne :

> Je voulus dire : chaussées. Le mot ne sortit point. Au reste, j'éprouve toujours à prononcer ce mot, – ainsi que tout vocable désignant la geôle exquise du pied féminin – une sorte de pudeur : effet naturel de mes penchants bizarres ; le mot « bottine » surtout me semble positivement une obscénité et je ne saurais sans rougir le proférer[81].

L'auteur thématise ainsi le plaisir du verbe associé depuis Binet au fétichisme amoureux. Mais face à cette pudeur langagière, le baron invite le narrateur à se décontracter : « Pourquoi rougir ? il n'y a pas que vous qui soyez friand du joli peton. » Même le serpent édénique aurait été séduit par le cuir revêtant les pieds d'Ève, lui qui, « de sa langue bifide », eût sans doute « léché les extrémités de notre première mère, si elles n'eussent été revêtues de cette enveloppe précieuse de cuir ou d'étoffe qui fascine le regard[82] ». La référence à la Genèse légitime le

81 *Ibid.*, p. 11-13.

82 *Ibid.*, p. 16 et 18.

goût fétichiste en l'inscrivant dans un passé immémorial et dans une tradition religieuse. Est ainsi inaugurée une divinisation du pied sans cesse filée dans la suite du roman :

> Tous, tant qu'ils sont là, ils boivent des yeux la plus belle partie du corps féminin, celle où le ciseau du créateur, terminant son œuvre, s'est complu à s'attarder à de plus subtils amenuisements : le Pied, terminaison divine de la Femme, où Dieu, dans un raccourci suprême a synthétisé tout ce qui fait son charme : finesse, mignardise, impériosité – impériosité surtout, n'est-ce pas, mon cher ? – le Pied qui, même nu, est une admirable chose, mais qui, parachevé par l'ingéniosité humaine, offre à l'œil ravi la forme de la beauté la plus parfaite qui puisse ici-bas être réalisée avec des lignes[83].

« Tous » admirent le Pied, car Dieu aurait réuni en lui les charmes féminins. C'est pourquoi le fétichisme serait extrêmement commun : « Entre pervertis – pardon de ce mot… inélégant – on se devine sans peine ». Si le mot *perverti* est une citation médicale dont la sonorité heurte le baron du fétichisme, il n'en demeure pas moins qu'une communauté d'amateurs de bottines se constitue :

> […] parlons crûment : vous êtes fétichiste de la chaussure. Ah ! mon pauvre ami, si vous vous croyez un gaillard exceptionnel. […] Naïf que vous êtes : je vous prêterai des livres qui auront tôt fait de vous édifier sur ce chapitre. Vous lirez les œuvres du précieux Rétif de la Bretonne et vous apprendrez de cet auteur classique comment au XVIIIe siècle une mule rose à haut talon travailla souvent, dans l'ombre du boudoir, à faire un heureux. Et si vous doutez de la quantité innombrable d'adorateurs qui, à notre époque, se prosterne devant Sa Divinité le Soulier, je vous prêterai nombre d'ouvrages modernes, entre autres l'*Amant des Chaussures* et les *Bottes rouges d'Impéria* qui achèveront de vous rassurer. Ah, non, mon petit, vous n'êtes pas le seul qui, rien qu'au crissement d'une bottine de femme passant dans la rue, et à la vision d'un talon cambré – encore convient-il d'apprécier la grâce garçonnière des talons plats – sentez votre cœur palpiter sous sa semelle. […]
>
> Pourquoi rester plus longtemps dupe d'un préjugé ? Car c'en était un que de s'imaginer qu'il est des désirs anormaux ou ridicules. Non ! il n'en est pas ! Toutes les parties du corps de la Femme sont adorables[84].

Le baron s'insurge d'une part contre la hiérarchisation des parties corporelles, d'autre part contre le mépris des désirs : aucun n'est ridicule ou anormal. Et le fétichisme apparaît même comme une adoration dont

83 *Ibid.*, p. 19-20.
84 *Ibid.*, p. 25, 27-29.

la tradition littéraire remonterait à Rétif de la Bretonne, maître *précieux*. Les ouvrages de Don Brennus Aléra, avatar du versatile Bernard Valonnes, perpétuent cette littérature qui *rassure* les victimes de préjugés : et la Select Bibliothèque, fille des bonheurs rétiviens, décrit un culte aussi commun que palpitant[85]. Les adorateurs des chaussures sont ainsi (et surtout) une communauté de lecteurs se reconnaissant dans le miroir tendu par des œuvres *sélectes*.

En effet, le baron prête au narrateur des livres qui l'apaisent et atténuent la solitude de ses fantasmes :

> Et depuis, je les ai lus, je les ai dévorés, ces mystérieux livres dont les titres seuls me donnaient le frisson. O providentielle bienfaisante lecture ! De quel poids affreux elle m'a allégé ! C'est donc vrai que mes rêves, d'autres les partagent, qu'en d'autres cœurs que le mien vibrent les mêmes désirs. [...] Aujourd'hui je vis, je me meus joyeux parmi mes semblables... Je ne les connais pas, mais je les devine, je les sens autour de moi, et cette sensation – conseillère d'audaces – fait que j'ose enfin entrevoir, au-delà de mes rêves, des joies positives, les joies ineffables de la Possession[86] !

De même que les pervers de Krafft-Ebing arrivent dans les lupanars viennois son livre à la main, de même la collection « Que sais-je ? » et ses titres évocateurs (*Le Tour du monde d'un flagellant*, *Fleur vénéneuse*, *Gants de l'idole*, *Cinquante ans de flagellation*, etc.) catalysent la passion et permettent de découvrir qu'il est peut-être bien vrai, comme le croit la médecine, que l'on vit entourés de fétichistes – et ce pour leur plus grand bonheur.

Le narrateur souffrirait toutefois « d'éréthisme cérébral », car les chaussures découvertes grâce au baron l'attisent en s'accumulant dans une syntaxe étourdissante :

> En ai-je bu des yeux, depuis des semaines, de ces prestigieuses chaussures : impérieuses bottines au talon altier, impudiques d'éclat, obscènes de hauteur, prolongeant le pied jusqu'à mi-jambe, plus généralement harmonisées à des yeux hardis de gouges hautaines, robustes de poitrine, empanachées, souliers délicats et mièvres, fins souliers bouclés ou enrubannés, d'une gracilité exquise

85 La mise en abîme de la Select Bibliothèque se retrouve dans d'autres volumes, notamment dans *L'Amant des chaussures*. À propos d'une femme mentionnée lors d'une conversation, le narrateur annonce que « *Don Brennus Aléra* possède sur elle les éléments d'un roman très curieux et très attachant que SELECT BIBLIOTHÈQUE a dès maintenant acquis le droit de publier dans sa collection spéciale pour amateur » (Aléra, Don Brennus, *L'Amant des chaussures*, p. 323).

86 Valonnes, Bernard, *Le Règne de la cravache et de la bottine*, p. 30.

> et qui, appariés à de doux profils empreints de gentillesse et de modestie, désarment le désir, ou le purifient par leur grâce attendrissante ! En ai-je vu glisser au rythme des valses, se ployer à craquer aux spasmes des mattchiches et des « croupionnettes », en ai-je vu, sur les tabourets des bars, s'offrir, haut pendants, ou jouant de la pointe avec une nervosité irrésistible, de ces adorables petons dont j'eusse voulu couvrir de baisers l'épiderme de soie, de daim ou de chevreau[87].

La chaussure, si elle peut « purifier » le désir par sa grâce, *s'offre* et se *ploie* aussi sous le spasme des danses ; elle devient alors la métonymie de la femme ou l'hypallage de l'homme dont la « nervosité irrésistible » jouit des croupionnettes. Le texte met ainsi en série le souvenir des fétiches : et à cette collection de souliers dansants répond le musée de chaussures que le baron, devenu fétichiste suite à une « Révélation », a érigé. Entomologisées, elles permettent dès lors à tous les goûts fétichistes de trouver chaussures à leur pied :

> J'ai vu là d'étranges brodequins, de formes paradoxales et dont je me doute que son imagination créa les modèles – les uns au talon démesuré, coudant le pied presque verticalement, les autres excessifs de pointe, à l'instar de ces poulaines que le Moyen Age affectionna, d'autres bizarrement massifs, pareils à des instruments de torture, d'autres enrichis de métaux précieux et de gemmes, véritables bijoux d'une valeur inestimable. Et j'ai vu aussi d'historiques chaussures, notamment une paire de mules, très dûment authentifiée, que Marie-Antoinette promena par les sentes de Trianon. D'autres, pour le baron, ont le prix d'une relique tendre. « Tenez, me dit-il, caressant amoureusement une paire de hautes bottes de cuir de Russie, des bottes à glands d'or, voilà qui me rappelle un souvenir inoubliable ». Et il prononça le nom d'une de nos plus célèbres écuyères de haute école[88].

La bibliothèque de chaussures transforme les différentes pièces en créations artistiques ou en orfèvrerie hyperbolique, leur donnant une « valeur inestimable ». Mais à cette valeur mercantile se noue « le prix d'une tendre relique » lorsqu'elle rappelle des passions et des époques révolues. En effet, la mule de Marie-Antoinette renvoie au *Pied de Fanchette* où le garde royal devient le premier « fétichiste » des temps modernes[89]. La présence chez le Baron de cette paire « très dûment authentifiée » (peut-être la même), travaille ainsi cette continuité entre le roman de « Que sais-je ? » et celui de Rétif.

87 *Ibid.*, p. 33.
88 *Ibid.*, p. 41-42.
89 Voir I. 3, « Rétif de la Bretonne fut-il vraiment fétichiste ? ».

En dépit de ces variétés cordonnières foisonnantes, le narrateur s'éprend d'une bottine en particulier, ce qui lui fait croire d'abord que sa « folie s'aggrave. Un type de chaussure, entre tous, m'obsède : une botte de chevreau à tige très montante, une botte Louis XV excessivement souple, très haute de talon et œuillée de boutons sans nombre[90] ». Mais il tombe amoureux d'une femme qui porte précisément cette bottine :

> « Ah ! les hauts talons de la marquise de Thianges ! Je les ai revus en fuite vers la porte : sous l'étroite jupe beige plaquée sur les chevilles, la jambe, à chaque pas, se dessinait. En rêve, mes yeux ont remonté le long des talons hautains, caressé, au-dessus, deux courbes harmonieuses, palpé la peau, souple et arachnéenne, de la tige très haute, interminable : mes doigts, en pensée, ont étreint la cheville, nerveuse et si fine, puis, haut sous la jupe où s'évase la jambe, élancée et ronde, ont atteint le rebord de l'exquise chaussure, s'y sont arrêtés, et à la naissance du bas ajouré se sont faufilés, entre chevreau et soie, sont restés blottis, extasiés, tremblants, dans ce divin sinus, ivres de sentir la minceur du cuir, de la pinçotter longuement, voluptueusement, ivres aussi de sentir sous cette innocente et puérile caresse la rose chair, si proche, à travers les mailles, s'émouvoir de petits frissons[91].

Encouragé par ses lectures, le narrateur ose désormais posséder « en rêve » la bottine, la toucher « en pensée », la caresser de manière « innocente et puérile » – et écrire des phrases où s'enchevêtre le désir. Délaissant la collection, le fétichiste se concentre désormais sur un seul individu, comme s'il ne pouvait, derechef, y avoir de romanesque que lorsque le héros est vraiment amoureux[92]. En effet, le baron collectionne, mais il ne fait pas histoire : c'est l'ivresse du narrateur provoquée par la bottine d'Edmée qui est racontée poétiquement. Le fétichisme, figure de la synecdoque, devient alors source de métaphores :

> Oh ! dans ce merveilleux étui de cuir précieux – chef d'œuvre dont l'exécution a dû demander des semaines à l'artiste – le charme unique au monde de ce peton busqué jusqu'au miracle, étroit jusqu'au paradoxe, et qui, en arrière, au-dessus du talon – si haut, ah ! si haut ! dessine une convexité à ce point invraisemblable que cette métaphore vient à l'esprit : une bottine callipyge[93] !

La bottine est, par analogie, un sexe. Tantôt « dardé comme un pistil » ou « dardant comme un aiguillon étincelant, rigide, son petit

90 *Ibid.*, p. 39.
91 *Ibid.*, p. 47.
92 C'était déjà le cas dans *La Bouche de Mme X*… Voir I. 3, « Dissections fétichistes ».
93 *Ibid.*, p. 54.

bout pointu, ah, si pointu[94] ! » ; tantôt convexe comme les fesses, elle est belle comme une statue vénusienne – et unique comme une *invraisemblable métaphore.*

S'il devient lyrique, le narrateur se décrit néanmoins toujours de manière pathologique : sa « pensée se déprave », son « cerveau s'égare », car il est hanté par des « rêves de moines lubriques » et des « obsédantes visions… ! Une forme de bottine est devant [ses] yeux. Dansante et flottante – étrangement précise– elle se pose partout », et ce même sur son écriture, qui prend alors la forme d'une bottine :

> Tantôt elle était sur la tapisserie… La voici maintenant sur ce papier blanc et ma plume – ô honte – en suit les contours, les retrace machinalement […]
>
> Ce matin, j'ai voulu – ainsi qu'on implore dans la tentation un secours divin – appeler à mon aide l'image maternelle, chère image défunte et ineffacée. Horreur !… Sur ces traits augustes j'ai vu, comme une estampille infâme et grotesque, la silhouette noire de mon fétiche…
>
> Fou ! Je deviens fou !
>
> Eh bien non, c'est trop. Je veux apaiser, enfin, mon cerveau, détendre ma pensée, redevenir un homme tranquille, satisfait, assouvi, pareil aux autres[95].

La folie, polluant même l'image sacrée de la défunte mère, est provoquée non pas par le caractère fétichiste du désir, mais par son inassouvissement – comme dans *L'Amant des chaussures.* Or ici le narrateur a plus de chance, car Edmée, à qui il se déclare, se fâche certes un peu mais, sensible aux caresses cordonnières, finit par donner *toute entière* sa bottine :

> Hardiment, mon geste !… Fougueusement, mes mains chercheuses ! Un froissement d'étoffes… Une mousse de dentelle… Et, tout de suite, là, sous ma bouche, follement écrasée, l'ineffable douceur, l'arôme du chevreau, de la bottine haute, si haute, ah ! si haute, pas encore assez au gré de mes baisers puisque, tout à coup, un bas de soie à jours, puis un coin de peau rose furent sous mes lèvres…
>
> Mes lèvres, bien vite redescendirent.
>
> – Ami ! oh… ami, – haletait Edmée… laissez ! Non ! prends-la ! Prends-la toute, puisque tu l'aimes ! […]
>
> « Prends-la toute, *puisque je t'aime*[96] *!* »

---

94 *Ibid.*, p. 59 et 54.
95 *Ibid.*, p. 61-62.
96 *Ibid.*, p. 106-107.

Elle abandonne ses bottines dont « le chevreau crissait sous [sa] main comme une vierge crie sous l'étreinte ». Ainsi, le fétichisme est un don total : la concentration du désir décuple le plaisir plus qu'il ne le pervertit, le renchérissant dans une possession qui est complétude. Dès lors, les amoureux filent le parfait amour dans une garçonnière où est aimée « Edmée. *Je l'adore toute entière*, mais, ô le plus divin et le plus essentiel de ses attraits ! ». Le fétichisme est un culte pudique pratiqué dans un boudoir transformé en « temple », ravivé sans cesse par une prière où l'énumération des bottines voluptueuses est étirée et enrichie d'analogies :

> Ne te fais pas attendre, ô Divinité ! Déjà ma main pieuse a disposé, autour de l'autel, ta chlamyde de pourpre et tes bleus cothurnes, lacés de rubans d'or ! Viens !... S'ils te déplaisent, d'autres s'offriront au caprice de tes pieds blancs ! En voici de satin, soyeux comme des fleurs, en voici de peau fine, souples comme des bêtes, en voici de rigides, brillants comme des glaives, en voici de pourpres, en voici de jaunes, en voici de mauves, en voici de noirs – ah, ceux-là surtout, avec leur odeur grisante de chevreau, et si hauts, si hauts – dis, Edmée, tu te rappelles ?
>
> Elle rit parfois, mais « c'est en te moquant que tu m'as aimé !... Puis tu secoues tes cheveux... Évohé ! l'Idole cède la place à la bacchante !
>
> Des rites plus fougueux... !
>
> Mais chut ! Taisons-nous, et n'attendons pas que nous ferme la bouche un petit talon pudique et autoritaire[97] !... ».

Les bottines n'empêchent pas l'accomplissement de « rites fougueux » placés sous les cris des bacchantes – « Évohé ». Alors le roman s'achève, car au discours du fantasme cède la pratique ; les mots s'écartent face à l'écho des talons d'Edmée. Patronnée par Nicolas-*Edme* Rétif de la Bretonne, l'histoire de la bottine de chevreau semble répondre à la question posée par la collection « que sais-je ? » en assurant que c'est grâce à la littérature que les plaisirs se légitiment : c'est parce qu'il lit « ces mystérieux livres dont les titres seuls [lui] donnaient le frisson » que le héros se met à assumer ses fantasmes, à oser songer à l'heureuse possession finale. Depuis Rétif, la littérature sur le fétichisme créerait ainsi une communauté de lecteurs invités à *publier* leurs désirs pour que le plaisir s'encourage. Mais encore faut-il se constituer une *sélecte bibliothèque* remplie de bons livres sur la question – ceux qui laissent la Bottine étendre sa ligne *si haute* sur la page.

97 *Ibid.*, p. 107-109 et 111.

La « science » de Brévannes prend donc fortement à rebours les thèses médicales sur la perversion tout en feignant de s'en inspirer. Si la folie surgit, c'est que le désir a trop longtemps été contrarié : et la littérature répand la liberté des goûts, dit la nécessité de les réaliser. La sexualité devient ainsi un partage auquel le texte invite : car Brévannes, en confirmant l'universalité des fantasmes et leur nécessité dans la vie amoureuse, dépathologise le fétichisme. Les « déviances » seraient ainsi légitimées non seulement par leur fréquence, mais aussi par leur pratique aristocratique et les narrations littéraires, aussi *sélectes* qu'accessibles à tout le monde – pour vingt modiques francs.

LE FÉTICHISME DANS L'AMOUR II

Si peu de textes portent sur un fétichisme autre que celui des chaussures dominatrices dans le marché juteux de la flagellation, il en est un pourtant, bien curieux, intitulé *Les Vacances au château – Le Fétichisme dans l'amour*[98]. D'après les investigations de Louis Perceau, il a été publié anonymement en 1907 et marque l'irruption du « *Fétichisme*, dont la littérature scientifique s'est beaucoup occupée dernièrement, [...] [et] que les auteurs érotiques n'avaient jusqu'alors jamais étudiée[99] ». Ce texte a connu une destinée étrange, puisqu'il a été réédité dans sa totalité, sans la moindre modification, en 1970 par un certain John Daires, dont le nom indique qu'il *ose* (*he dares*) en publier des *raides* (verlan de « daires »)[100]. Mais l'ouvrage ne passe pas la censure : la commission de surveillance déclare que « cette accumulation délibérée d'épisodes de masturbation, de coït et de fétichisme, entres filles et garçons réunis dans une demeure fort confortable, commande la mise en œuvre conjointe

98 *Les Vacances au château ; Le Fétichisme dans l'amour*, Rotterdam-Paris, (1907 ?). Nous ne connaissons qu'un seul exemplaire, conservé à la Bibliothèque Nationale de France dans la réserve des livres rares, reliquat de l'Enfer, qui met à l'écart depuis le début du XXe siècle les livres qui pouvaient facilement être volés ou empruntés par des lecteurs indélicats, amateurs de flagellation et de dissidences en tous genres (cote BnF : 8-Y2-90000 [1299]).

99 Perceau, Louis, *Bibliographie du roman érotique au XIXe siècle*, p. 62.

100 Daires, John, *Les Vacances au château*, Créteil, Éditions C.E.F., 1970.

des trois prohibitions de l'article 14 [...][101] ». Le texte de 1907 demeure donc tellement sulfureux qu'il est interdit de circulation même après mai 1968.

Que contient donc ce roman bicéphale pour être un cocktail si subversif ? La première partie, *Les Vacances au château*, narre comment Lady Leicester, ex-directrice d'une institution où « la verge lui servait de sceptre », reçoit dans sa mansion (confortable en effet) quatre enfants de ses amies, deux garçons et deux filles, séparés d'abord. Les premiers explorent d'emblée des techniques masturbatoires, avant d'être rejoints par les curieuses jeunes femmes. Mais Lady Leicester, qui n'était pas loin, surprend la compagnie et clôt le roman dans une flagellation générale : « L'on put dire, une fois de plus, que le château avait vu, le triomphe de la verge[102] » – dans toutes les acceptions du terme. Si « nous assistons à plusieurs scènes de flagellation très bien décrites[103] » comme le dit la notice d'un catalogue de 1907, un objet prend néanmoins une importance considérable : le mouchoir en dentelle, constamment associé en médecine au fétichisme. Binet et Krafft-Ebing notamment ont souligné le potentiel érogène de « la pièce du linge féminin qui est le plus souvent exposée aux regards, même dans les rapports non intimes[104] ». Objets utilitaires aux fonctions souvent peu nobles mais devenus incontournables dans la toilette féminine, les mouchoirs sont considérés dans *Les Vacances au château* comme des œuvres d'art luxueuses, enrobant la seule partie masculine qui devrait demeurer dénudée. Ce que les patientes mains féminines ont tissé pendant des heures est « souillé » par le liquide séminal, qui vient comme remplir les minuscules orifices qu'offre la dent/*elle* – métaphore de la femme :

> La dentelle est elle-même un art répétitif de l'atour autour d'un jour, du motif autour d'un trou. Jours, points, guipures, broderies, dentelles de Chantilly et de Valenciennes participent du même attisement du désir, de la même suspension du plaisir. Ils contaminent même les toilettes de dessus au point de former un immense catalogue de techniques et de motifs décoratifs dont elles s'inspirent[105].

101 Joubert, Bernard, *Dictionnaire des livres et journaux interdits : par arrêtés ministériels de 1949 à nos jours*, Paris, Electre – Édition du Cercle de la Librairie, 2007, p. 955-956.

102 *Les Vacances au château*, Rotterdam, (1907 ?), p. 5 et 75.

103 Perceau, Louis, *Bibliographie du roman érotique au XIXe siècle*, p. 62.

104 Krafft-Ebing, Richard von, *Psychopathia sexualis*, p. 225.

105 Chenoune, Farid, *Les Dessous de la féminité. Un siècle de lingerie*, p. 25.

La dentelle, associée par ailleurs à la manufacture de tissus religieux, offre ainsi dans sa texture même des béances féminines, sacralisées par la qualité artisane.

Dans *Les Vacances au château*, le mouchoir devient un adjuvant érotique suite à la demande des jeunes hommes lors d'un quatuor orgiaque :

> Aussitôt Annie sortit de sa poche un tout mignon mouchoir de linon, tout enguirlandé de broderies, et garni d'une haute et riche valenciennes et le tendit à Robert. Percy prit au corsage de Sara un ravissant mouchoir encadré d'un merveilleux point de Venise. Nos deux apôtres s'empressèrent d'enrouler autour de leur verge durcie les mouchoirs de leur belle, de coiffer la tête avec le milieu et de réserver les dentelles pour garnir le pourtour. Ils commencèrent réciproquement une masturbation lente, que rendaient plus excitante les aspérités de la dentelle. Les deux fillettes, penchées sur les deux queues agitées, ne perdaient pas un mouvement et retenaient leur respiration, pour mieux suivre le phénomène.
>
> L'excitation était telle, qu'en quelques secondes le linon fut soulevé par un double jet saccadé et littéralement imprégné par la double décharge, pendant que nos deux amoureux s'abandonnaient à une douce langueur.
>
> Les jeunes filles reprirent délicatement chacune leur mouchoir. Annie le déplia lentement et avec précaution, sans rien perdre du ravissant spectacle. Quand elle eut étalé complètement sur sa main le fond de son mouchoir, elle aperçut ce flot de liquide, qui ressemblait à de la crème. Elle ne résiste pas à la tentation d'y tremper le bout de son doigt et de le porter à ses lèvres ; trouvant ce nectar à son goût, comme une vraie chatte, elle efface avec sa langue toutes les souillures que le sperme avait fait sur la broderie de la Valenciennes. Pour ne pas rester en retard, Sara lécha, avala la décharge que Percy avait projetée sur son mouchoir de point de Venise[106].

Les héros sont séduits par la facture dentelée du mouchoir, qui rajoute une sensation érotique lorsqu'il enrobe et chatouille le phallus. La mécanique masturbatoire des « apôtres », suscitant une « tentation » chez les filles, est toutefois un « phénomène » provoqué par des « mouvements » de la « verge durcie » qui aboutissent à un « flot de liquide ». Le « spectacle » de la décharge, coupant la « respiration » aux femmes, est ainsi un accomplissement physiologique, un vrai « ravissement » sacralisé : l'épanouissement naturel se noue au raffinement des mouchoirs garnis « de haute et riche Valenciennes » – dentelle préférée quoique les points élégants de Venise, d'Alençon et de Chantilly ne soient pas en reste.

---

106 *Ibid.*, p. 38-40.

L'obsession des mouchoirs devient ultime dans le deuxième roman, *Le Fétichisme dans l'amour*. Le titre reprend mot pour mot celui de l'article de Binet – comme s'il était lui aussi la description du « fétichisme dans l'amour », tout en en proposant un nouveau volet. Le roman est précédé d'un « Avant-propos », signé par « un observateur », qui situe le texte dans la continuité des travaux médicaux :

> La littérature contemporaine, je parle de la littérature scientifique, s'est beaucoup occupée ces derniers temps, des troubles psychiques, qui touchaient au sens génital.
>
> Binet, Moll, Lasségue (*sic*), Krafft-Ebing etc. ont décrit avec un luxe de détails et d'observations, toutes les aberrations qu'un cerveau malade peut engendrer, depuis les exhibitionnistes, les invertis, jusqu'aux fétichistes, mais aucun n'a eu le courage de mettre en scène un de ces malades. Nous avons cru ne pas faire œuvre immorale, en mettant au jour, les mémoires d'un de ces aberrés.
>
> Puissent ces quelques lignes arrêter sur la pente fatale les malheureux voués au fétichisme et nous aurons la consolation d'avoir fait une œuvre utile en publiant les lignes qui vont suivre[107].

Se voulant une sorte de complément aux maîtres ès perversions, l'« observateur » ose publier des « mémoires » d'« aberrés » malheureux dont il ne serait topiquement que le relais. Son œuvre ne serait donc pas « immorale », puisque les médecins ont traité de cette maladie et que sa narration stopperait même, on ne sait comment, les « cerveaux malades » sur la mauvaise pente. L'objectif énoncé inauguralement est donc prophylactique, enrichissant les études du sens génital pourtant déjà si généreuses en « détails ».

Mais le récit n'est que peu mémoriel et plonge d'emblée le lecteur dans la représentation d'un burlesque opéra d'Offenbach. Tandis que sur scène se pâme une soprano qui caresse un ténor avec son mouchoir en point d'Alençon, une spectatrice, la baronne de St. Sixte, échange des regards langoureux avec un « jeune mâle », un certain Raoul. Enhardi, celui-ci lui montre son sexe dans une scène exhibitionniste « digne d'un pensionnaire de Charenton », avoue-t-il ensuite. La femme aux « instincts dépravés », conquise, lui laisse son mouchoir de dentelle dans sa loge, qu'il saisit « comme une relique[108] » en lui fixant rendez-vous.

107 *Ibid.*, p. 5-6.
108 *Ibid.*, p. 10, 17 et 13-14.

Dans la scène suivante, les deux protagonistes sont vite échauffés, grâce en particulier à un « magnifique mouchoir de linon brodé, garni d'une haute et riche Valenciennes » appartenant à la baronne.

Mais celle-ci veut interroger Raoul sur les « passions humaines », à propos desquelles il semble « très-expert[109] ». La discussion médicale surgit ainsi en contrepoint des actes d'amour, qu'elle complète et pimente :

> Croyez-vous, qu'il y ait des hommes atteints de passions étranges, qui concentrent tout leur amour, ou du moins toute leur ardeur érotique sur un objet inanimé, sur un objet de toilette, par exemple, un gant, une bottine, un mouchoir, etc. ? le choix peut varier à l'infini.

À ses « formes sculpturales[110] » Raoul conjugue donc une expertise scientifique ès amour. S'il n'est qu'un simple attaché d'ambassade selon la diégèse, il apparaît surtout comme *l'ambassadeur* de la littérature médicale :

> – Oui, baronne, à l'état normal ce sont les organes génitaux de la femme qui provoquent la plus grande excitation chez l'homme, et c'est le coït qui est le moyen principal de satisfaction de l'instinct sexuel. Mais, il n'en est pas toujours de même, et il existe des cas, où les choses se passent d'une autre façon. On trouve notamment des hommes, qui sont excités par une partie du corps de la femme, autre que les organes génitaux ; témoin le cas décrit par Belot dans l'ouvrage intitulé *La Bouche de Madame X*. Il existe également des excités pour une pièce de costume de la femme.
>
> Les auteurs nombreux, qui se sont occupés de la question, ont désigné cet état particulier sous le nom de Fétichisme. Nous pouvons donc distinguer le fétichisme portant sur une partie du corps, pieds, main nue ou gantée, bouche etc. et le fétichisme des objets, et d'après votre question de tout à l'heure, baronne, le fétichisme des objets est celui qui paraît le plus devoir vous intéresser. Les cas de fétichisme des objets sont très nombreux. On sait que souvent, quand on aime une femme, on couvre de baisers les objets qui lui appartiennent, ses gants, ses lettres, etc. On dit que les Polonais amoureux ont coutume de boire dans des bottines de femme. Le fétichisme de la bottine de Zola, dans « Thérèse Raquin », est presque compréhensible et normal, quand l'homme embrasse à plusieurs reprises la bottine élégante de la femme aimée.
>
> Mais le vrai fétichiste ne recherche pas le coït, ses désirs tendent vers un objet, soit pour le couvrir de baisers, l'admirer, le palper, soit le plus souvent, pour s'en servir dans une frénétique masturbation[111].

109 *Ibid.*, p. 18-19.

110 *Ibid.*, p. 14.

111 *Ibid.*, p. 19-21. Cette coutume polonaise que mentionnent Moll (*Les Perversions de l'instinct génital*, p. 155) et Krafft-Ebing (*Psychopathia sexualis*, p. 27) a peut-être été trouvée par

Le discours didactique du libertin condense les données médicales : si le premier paragraphe est un résumé de Binet, le deuxième est une paraphrase à peine déguisée d'Albert Moll[112]. Mais il se fonde aussi sur des connaissances communes, comme en témoignent des formulations telles que « on sait que souvent », « on dit que ». Et les références mentionnées dans le texte ne sont pas savantes mais littéraires : c'est le roman de Belot qui fournit l'exemple d'un amour fétichiste (cité par Binet), tandis que le cas de Laurent dans *Thérèse Raquin*, comme le remarque Moll, serait « normal ». Mais s'il ne cite pas ouvertement ses sources scientifiques, Raoul les réécrit tant qu'il emprunte même l'identité du psychiatre allemand, dont il s'arroge des confidences :

> Dans ce genre de fétichisme, l'objet de toilette est une bottine, un gant, une chemise, un pantalon, et le plus souvent, un mouchoir. Une dame très observatrice, me disait : je connais un monsieur, qui est si passionné pour les mouchoirs de femmes, que, il me suffit, quand je le vois de loin, de tirer de ma poche le coin de mon mouchoir brodé ou garni de dentelle, pour qu'il me suive comme un chien ; je puis aller n'importe où, il ne me quitte plus. Que ce monsieur se trouve en voiture, ou occupé pour une affaire très sérieuse, très importante, aussitôt qu'il voit mon mouchoir, il abandonne tout pour me suivre, ou plutôt pour suivre mon mouchoir[113].

---

ce dernier chez Sacher-Masoch qui y fait référence dans *La Pantoufle de Sapho* écrite en 1877 (et dont la traduction française date de 1907). Ce texte narre la passion d'un noble polonais pour le pied de la comédienne qui interprète chaque soir *Sapho* de Grillparzer dans un théâtre viennois. Pénétrant chez elle à l'improviste, il demande à la servante : « Procurez-moi quelque chose que Sophie Schroeder ait porté, et si ce n'était qu'un simple ruban ayant reposé sur sa divine poitrine, je le conserverais comme un fétiche, un talisman, aussi longtemps que je vivrais et jusqu'à l'heure de ma mort » (Sacher-Masoch, Leopold Ritter von, *La Pantoufle de Sapho et autres contes*, traduit par D. Dolorès, Paris, Charles Carrington, 1907, p. 29). Le mot « fétiche » est un rajout de la traduction française, l'original allemand exigeant seulement un « *Talisman* » : car dans son pays, il est d'usage « lorsqu'on aime et qu'on veut offrir le suprême hommage à une femme, de lui dérober son soulier et d'y boire à sa santé » (*ibid.*, p. 40). Le fétiche ainsi obtenu est conservé sa vie durant par le fétichiste : « Ses héritiers découvrirent, parmi toutes sortes d'objets précieux, un coffret d'ébène incrusté d'ivoire, où se trouvait une vieille pantoufle fanée. Le premier étonnement passé, ils s'en amusèrent, et n'en parlèrent jamais qu'en riant » (*ibid.*, p. 44). Il est fort probable que la coutume polonaise que l'on trouve mentionnée dans *Le Fétichisme de l'amour* de 1907, via une citation non assumée de Moll qui lui-même cite probablement Krafft-Ebing, soit donc, en fait, une invention de Sacher-Masoch dans ses *Histoires d'amour* (« Der Pantoffel der Sappho », *Liebesgeschichten aus verschiedenen Jahrhunderten. Novellen*, dritte Versammlung, Bern, Georg Frobeen, 1877, p. 257).

112 *Cf.* Moll, Albert, *Les Perversions de l'instinct génital*, p. 155-156.

113 *Le Fétichisme dans l'amour*, p. 21-22.

L'auteur recopie ici un passage où Moll évoque les fétichistes de mouchoirs, usurpant son autorité énonciative. Le texte pornographique, au milieu d'une scène érotique, insère donc sans citation des extraits de traités savants, prononcés par des personnages qui revendiquent une érudition médicale. Et le discours scientifique, ainsi rapporté, participe de l'excitation des personnages par les détails sur lesquels renchérit l'évocateur Raoul. Car celui-ci s'écarte de Moll quand il décrit précisément comment se noue la fixation sur les mouchoirs. À partir du connecteur « mais », le discours trahit sa source implicite. Tout se passe comme si la description du texte médical devenait alors insuffisante et imprécise :

> Le fétichiste se sert ou utilise le mouchoir convoité de plusieurs façons, pour satisfaire l'instinct sexuel. Quelques-uns se contentent de voler les mouchoirs de femme, de les rapporter chez eux et de jouir du bonheur d'en posséder une collection, d'autres les mordent et les déchirent à belles dents. Mais la plupart s'en servent de la façon suivante : rentrés chez eux, ils admirent, étalent l'objet de leur larcin, le flairent, en aspirent le parfum, s'en grisent, puis, déboutonnant leur pantalon, ils en exhibent leur membre, enroulent le mouchoir autour, et se masturbent avec d'une façon frénétique.
>
> Dans les passionnés des mouchoirs il existe des degrés, les uns sont excités par tout mouchoir de femme, une simple batiste ourlée à jour, mais les vrais raffinées (*sic*) ne sont vraiment excités que par l'exhibition, ou le vol d'un coquet mouchoir de dentelle[114].

Raoul établit des distinctions parmi les fétichistes, selon leurs usages du mouchoir, fournissant en réalité une technique et un mode d'emploi sur l'utilisation possible de l'objet. Le texte pornographique déborde ainsi la source médicale d'une manière d'autant plus pernicieuse que c'est à partir de cette dernière qu'il s'élabore. Le plaisir sexuel s'agrémente grâce à un savoir-faire et à des rituels accessibles à tous, quoique raffinés.

D'une part donc, le fétichisme apparaît comme un *savoir* élégant, et tout connaisseur doit s'apparenter à ce « grand artiste, amoureux fou d'un mouchoir de dentelle » dont Raoul promet alors l'histoire. Mais d'autre part, cette « monomanie[115] » est répandue, et la séductrice baronne ne manque jamais de sortir sans un fin mouchoir, qui récolte toujours coups d'œil et verges turgescentes. Sachant qu'elle peut conquérir les hommes ainsi, elle s'est « mise à aimer passionnément ce genre de chiffon », et est

114 *Ibid.*, p. 22-23.
115 *Ibid.*, p. 23-24.

« devenue une fanatique de cet objet de luxe, provocateur de luxure ». Le fétichisme du mouchoir est ainsi partagé tant par la femme, qui sait le manier, que par l'homme qu'elle aimante. La baronne le confesse d'ailleurs : « Vous voyez que nous pouvons aller de pair, et que, si vous êtes un exhibitionniste, je suis moi-même une fétichiste, cas très rare il est vrai, mais qui existe dans le sexe faible[116] ». Le roman, s'il date bien de 1907, serait dès lors la première occurrence d'un fétichisme féminin, toujours nié en médecine[117]. La littérature élargit ainsi le public de ce que la médecine nomme « perversion » : et la femme fétichiste semble d'autant plus aberrante, d'autant plus inouïe, que la science n'a jamais pensé qu'elle puisse souffrir de cette folie érotique. *Le Fétichisme dans l'amour* montre par conséquent à quel point le fétichisme fait, justement, partie intégrante de l'amour : à quel point le mouchoir, objet privilégié, est en réalité un adjuvant dans une relation charnelle qui n'exclut le corps ni féminin ni masculin. La féminisation participe dès lors du processus de dépathologisation et de généralisation de la perversion ici à l'œuvre. Faire l'amour avec un objet ne peut que raffiner la caresse, en variant les sensations et en étendant le corps de l'autre à ce qui en est une tendre métonymie.

La conversation entre les deux amants se poursuit avec la narration d'expériences personnelles de sexualités diverses (inverties, sadistes et fétichistes), faisant la part belle à la fellation. Tandis que la baronne brûle déjà de ses ardeurs, c'est toutefois le récit qui est privilégié, et non pas l'acte sexuel :

> Vous racontez d'une façon si pittoresque et si excitante, que je passerais ma vie à vous écouter, bercée par cette douce jouissance érotique, que me procurent vos récits. Je suis toute oreille, mais je ne réponds pas d'aller jusqu'au bout sans éclater, je me sens, où vous savez, un besoin infernal, qu'il faudra que vous apaisiez par le moyen qui vous plaira.

La narration du fétichisme participe d'une excitation elle-même fétichiste, en ceci qu'elle chauffe le corps devenu *tout oreille* – quoique tendu vers le soulagement qui s'approche. L'excitation perverse passe surtout par l'écoute des récits fétichistes qui s'apparentent à autant d'*observations* pseudo-médicales, parmi lesquels les « aventures du grand artiste, le fétichiste par excellence, celui qui est le plus beau cas parmi

116 *Ibid.*, p. 28 et 33.
117 Voir I. 2, « La Féminisation impossible ».

les amateurs du mouchoir de dentelle[118] » occupe une place de choix. « Artiste » de profession, ce pianiste maîtrise donc un « art » érotique. Il est ainsi le plus *beau* cas parmi les amateurs de mouchoirs, à la fois archétypique et esthétique.

Son histoire débute un soir de novembre, dans une soirée mondaine réunissant la fine fleur venue le voir toucher ce « magnifique piano à queue Érard » prometteur. Marcel fait perdre pied à une certaine Valentine qui, « pour goûter plus près encore les flots d'harmonie qui la grisaient », vient caresser de son mouchoir dentelé le pianiste. Émérite fétichiste, ce dernier termine son morceau avec des « accents de volupté[119] » et s'enferme dans sa loge, où le rejoint rapidement l'amatrice d'Alençon :

> Toujours secouée par son accès de folie amoureuse, la dame, s'oubliant complètement, et perdant toute pudeur, porta sa main au pantalon de Marcel, dont, fébrilement, elle fit sauter les boutons, et en sortit un membre prêt à éclater. Perdant tout à fait la tête à cette vue, la grande dame s'agenouilla, couvrit de baisers ce talisman, et, tout en voulant l'embrasser, l'introduisit dans sa bouche, et le suça avec frénésie. Marcel était si excité, que le seul contact des lèvres de son idole, suffit pour le faire partir. Un flot de sperme jaillit dans la bouche de la dame, qui, entendant du bruit, se leva précipitamment, recevant dans son mouchoir de dentelle la fin de la décharge.
>
> Ils se séparèrent, craignant une surprise. En s'en allant, la dame, croyant ne pas être vue, porta son mouchoir à ses lèvres, et dévora avec transports les traces liquides qu'elle rencontra, déchirant à belles dents le linon et la dentelle, dans sa rage érotique. Marcel, qui s'était retourné pour voir fuir sa déesse, la vit, mordant avec transport son mouchoir. Il s'avança de nouveau, et la pria en grâce de vouloir bien lui remettre les débris de ce mouchoir, qui serait pour lui le souvenir le plus précieux qu'il aurait au monde. La dame, accédant aux désirs de l'artiste, lui tendit ce précieux chiffon, en lui disant du ton le plus séduisant : « nous nous reverrons, je l'espère[120] ».

Quoique cet « accès de folie amoureuse » et de « rage érotique » puisse inscrire ce comportement dans la pathologie, il n'en demeure pas moins que la métaphore est topique et qu'elle désigne ici la force d'un plaisir glorieux et passionnel transcendant la décence sociale. Les gestes érotiques sont minutieusement décrits, dans un registre tantôt sexuel (*membre, sucer, introduire, jaillir, flot de sperme, décharge, traces liquides*), tantôt mystique (*talisman, idole, déesse*). Si les métaphores religieuses

118 *Ibid.*, p. 41-42.
119 *Ibid.*, p. 47.
120 *Ibid.*, p. 51-52.

sont classiques dans les écrits libertins, participant de la jouissance pornographique, elles actualisent dans le contexte du fétichisme son passé anthropologique – se retrouvant comme littéralisées.

Alors que le mouchoir est déjà une métonymie de la femme, l'enragée héroïne le mord et le scinde en « débris » appelés à devenir un « souvenir ». La métonymie se morcelle en synecdoques par la fureur érotique, et la *dentelle* est ainsi mordue par ses *dents* à *elle.* Le « précieux chiffon » devient alors le gage de nouvelles aventures voluptueuses, narrées dans le prochain chapitre où Valentine décide de prendre des cours de piano, de véritables « leçons d'harmonie d'un grand artiste ». Tandis que pour Binet le fétichisme était une dissonance de l'âme, l'« harmonie » inscrit la passion dans un équilibre à la fois esthétique et érotique. Pour la première leçon, savamment orchestrée, Marcel procède d'abord à une minutieuse toilette, ainsi qu'à un « déjeuner incendiaire, huîtres, saumon aux truffes, filet, purée de gibier, salade russe, le tout arrosé d'un Roederer frappé[121] », fournissant ainsi une sorte de recette culinaire pour ceux qui devraient prendre des forces avant le combat amoureux. La préparation à la jouissance fétichiste se poursuit par un habillement finement soigné :

> Arrivé chez lui, il procéda à sa toilette avec les raffinements d'une petite maîtresse, se parfuma dans tous les plis et replis, revêtit son linge le plus fin, mit sur sa peau un jersey de soie rosée, et une chemise de fine batiste, et, après avoir fleuri la boutonnière de son smoking d'un superbe Chrysanthème, et glissé un mouchoir de linon brodé fleur de cyclamen dans la pochette de son vêtement, il prit un jonc à pomme d'or, et sortit dans la direction du domicile de la comtesse[122].

Loin de la saleté matérielle des fétichistes de Dubarry ; loin du syndrome de Diogène dont souffre tel coupeur de nattes[123], le fétichisme est un dandysme fleuri, auquel répond l'appartement fin-de-siècle de Valentine, orné de moult brimborions :

> Sur des consoles mille bibelots de bronze se mariaient à des porcelaines de Saxe et à des pâtes tendres ; les coins étaient garnis de colonnes de granit, supportant des plantes rares, de splendides orchidées, en un mot, tous ces mille

121 *Ibid.*, p. 53-54.
122 *Ibid.*, p. 54-55.
123 Voir I. 2, « L'*Épidémie* fétichiste ».

> rien, qui dénotent la femme de goût, dont la seule occupation est d'orner sa demeure, et d'en faire un sanctuaire, ou mieux, un écrin, dont elle est le plus beau joyau, s'étalaient à profusion aux yeux de l'artiste émerveillé.
>
> Pendant qu'il était tout entier à contempler ces ravissantes inutilités, un frôlement d'étoffes de soie vint le tirer de son extase. Se retournant soudain, il aperçut devant lui son idole, drapée dans une mante de soie de couleur sombre[124].

L'artifice règne en maître, raffinant le plaisir que le corps, chouchouté, est disposé à ressentir. Si Marcel est bien un artiste, jouisseur de fines étoffes et de rares porcelaines, la femme apparaît en revanche comme un bijou, comme une statue *drapée* dans son boudoir, « véritable temple d'amour ». Le pianiste se prépare alors à la « détailler tout à son aise. Elle était vraiment merveilleusement belle, ainsi parée ». La beauté dépend donc des ornements qui la constituent, et Valentine n'est d'abord qu'un prétexte pour que se déploie leur description :

> Son opulente chevelure, relevée au sommet de la tête, était retenue par une aigrette en diamant d'une rare valeur. Sa robe de gaze noire, brodée de boutons de roses, aux couleurs éclatantes et vives, était fixée à la taille par une ceinture lissée d'or, et garnie de rubis et de saphirs en cabochon, d'un goût exquis. Le corsage, largement décolleté, laissait les seins presque entièrement découverts. Cette poitrine marmoréenne, veinée de bleu, et soulevée de désir, servait de reposoir à un magnifique collier en brillants, entremêlés de pendeloques de perles de l'Orient le plus pur[125].

Le corps se laisse peu deviner sous les artifices qui l'enrobent : et même la poitrine, qui s'offre pourtant généreusement, n'est là que pour servir de « reposoir » au superbe collier habillant le cou. La femme sait d'ailleurs bien qu'elle n'est qu'un support, car elle interdit d'abord au pianiste, par dépit, de jouir avec le mouchoir :

> – Non, pas cela, dit-elle avec langueur, pas encore : que cette première caresse, que cette première jouissance, je ne la doive qu'à moi-même. Que voulez-vous, je suis un peu jalouse, vous pouvez bien faire pour moi ce léger sacrifice, du reste vous ne perdrez rien pour attendre[126].

Cherchant le « sceptre d'amour », l'« idole », le « talisman adoré », elle ordonne à Marcel de se dévêtir : « Quittez ces vêtements gênants,

124 *Ibid.*, p. 56.
125 *Ibid.*, p. 57-59.
126 *Ibid.*, p. 60.

que je puisse vous voir et vous contempler à mon aise ». La nudité est donc masculine, et non féminine ; car Valentine ne se dévêt pas durant toute la scène où, élève brillante, elle devient une instrumentiste à corde, sachant susciter des harmoniques redoutables : « Pendant quelques instants elle fouetta de sa langue rapide le filet, qui vibrait comme une chanterelle sous l'archet de l'artiste ». Après la jouissance virile, elle fait « involontairement remonter ses jupons » :

> Au milieu des flots de vieilles Malines, émergeaient deux jambes, moulées dans des bas de soie noire, dont tout le devant était en dentelle de Chantilly. Ils étaient retenus au-dessus des genoux par des jarretières en point d'Alençon, fermées par une boucle en brillants ; les cuisses, fermées dans un pantalon de linon clair et entre-deux de Malines, avaient une rondeur qui rappelait les Venus de Praxitèle. Tout en explorant ces trésors, il mit à jour un sanctuaire, vraiment digne d'être fêté.
>
> Lui, le maniaque, qui n'avait jamais plongé son organe dans un bijou féminin, qu'il méprisait et qu'il ne pouvait voir sans un Haut-le-cœur, lui, le maniaque, à qui il fallait un mouchoir de dentelle pour provoquer le spasme amoureux, lui, le grand artiste, fut tellement ébloui à la vue de tant de charmes, que, tombant à genoux devant ce sanctuaire de l'amour, attiré comme un amant invisible, il vint de lui-même coller ses lèvres ardentes sur le temple de l'adorée[127].

« Lui, le maniaque » resté vierge, est emporté cette fois par le devenir-mouchoir de cette femme : plongeant au cœur de ces dessous qu'ornent les savantes dentelles de Malines et Chantilly, il guérit peut-être. En tout cas « lui, le grand artiste » sait désormais apprécier cette broderie qu'est la femme. Étonnamment donc, c'est par fétichisme de la dentelle que l'aberré dépasse son dégoût et rend la pareille à la belle. La *perversion* s'avère donc bien être une pratique qui n'est pas, comme disait Garnier, « à côté » de l'amour[128], mais *dans* l'amour – rendant même hommage au temple intime de la femme.

Valentine, un peu calmée, exauce alors le fétichisme du mouchoir de l'amant :

> Le milieu en linon clair de la plus grande finesse avait la forme d'une croix de Malte, grande comme le fond de la main, sur un coin était bordé un V. surmonté d'une couronne à neuf fleurons, l'encadrement était formé par un

127 *Ibid.*, p. 61-62 et 64.
128 Voir I. 2, « Thérapeutique de l'inguérissable ».

> volant en point d'Alençon, d'une richesse de travail merveilleuse ; le dessin représentait des bouquets de roses, dont chaque bouton se détachait en relief sur le réseau, ce qui en décuplait la valeur ; les bouquets étaient reliés par des guirlandes, portées par des colombes, qui les tenaient dans leur becs. Ce précieux tissu était vraiment digne d'une reine, c'était du reste un cadeau princier que la comtesse avait reçu dans sa corbeille ; et maintenant Marcel le chiffonnait dans ses doigts, le portait amoureusement à ses lèvres, cherchait à se griser des effluves enivrantes qu'il renfermait, et qui lui rappelaient sa première sensation, lorsque, à la soirée de l'ambassade, il tenait le piano, et que la comtesse agitait son mouchoir, sur l'épaule[129].

L'étoffe est une savante élaboration *formelle*, dont le détail de la description trahit la « richesse » artistique. Son origine noble (c'est un « cadeau princier ») et ses motifs travaillent à inscrire en *réseau* les boutons des roses – métaphores du sexe féminin. Loin d'être une anatomie réductrice, le dessin du mouchoir relie les éléments entre eux et les met d'autant plus en valeur dans leur singularité et dans leurs textures (le « relief » appelant la caresse). Ainsi, la « valeur » merveilleuse de l'objet concourt à ennoblir le fétichisme : à lui donner la pureté innocente des colombes et de la croix de Malte ; à en faire le dépositaire d'amours enivrantes et à envier.

Mais la passion du mouchoir n'est pas seulement aristocratique. Elle requiert également une expertise, comme en témoigne la description des manœuvres de Valentine :

> La tête rubiconde de ce membre, rutilant de luxure, s'épanouissait vigoureusement, au milieu des méandres de ce tissu aérien. La comtesse commença une masturbation lente et savante, qui arrachait à Marcel des soupirs de volupté. Sentant un soubresaut qui agitait l'organe, elle comprit que le dénouement était proche, elle disposait, sans interrompre son allure, le mouchoir, pour que le linon entourât le gland et que la dentelle fût enroulée autour de la colonne amoureuse ; elle précipita son mouvement, et quand elle vit Marcel palir, s'agiter, en poussant des cris rauques et inarticulés, elle étreignit cette verge avec rage, pendant que sa main gauche caressait les pommes d'amour avec un coin de dentelle, qui était resté libre[130].

C'est la caresse de l'« organe » et du « membre » qui est « savante ». Et Valentine, dans sa générosité érotique, *comprend*, *dispose*, « sans interrompre son allure », puis *précipite son mouvement* en analysant les symptômes

---

129 *Ibid.*, p. 68.
130 *Ibid.*, p. 71.

du plaisir : pâleur, sons prononcés et agitation corporelle deviennent des indices que les gestes sexuels – physiologiques, médicaux – sont couronnés de succès. Devenu réceptacle du flot viril, le tissu est enfin parcouru par la langue de la comtesse, qui la promène « sur toutes les taches, regrettant vraiment de n'en pas trouver davantage ». Sur ce nettoyage glouton, les aventures de Valentine et de Marcel s'achèvent, et le lecteur, qui les avait oubliés, se retrouve avec Raoul et la baronne se masturbant à cette écoute *savante*. L'ambassadeur la possède alors : « Les deux champions s'agitèrent avec frénésie, en proférant des rugissements, qui firent place à un silence d'accablement, annonçant leur profonde jouissance[131] ». Le récit du fétichisme aboutit ainsi à un coït qui soulage les corps, transforme la parole en « rugissement » – avant que les étreintes ne cessent et que la parole ne se taise.

Mais comme dans un nouveau *Décaméron*, le combat amoureux et narratif reprend de plus belle la semaine suivante. Le fétichisme est ainsi à la fois récit et pratique que les protagonistes récitants accueillent, enflammés : « La baronne, toute à la joie de pouvoir causer de ces sujets, qui la faisaient palpiter, ouvrit la première le feu ». Elle commence à narrer des histoires érotiques, avant que Raoul ne se lance dans ses mémoires. Mais il fait d'abord une mise au point sur la littérature libertine :

> J'ai lu tous les livres érotiques qui existent : la vie intime des Grecs et des Romains n'a pour moi le moindre secret ; je connais par cœur les auteurs du XVIIIe siècle, depuis Saturnin ou le Portier des Chartreux et la Thérèse philosophe, illustrés des magnifiques gravures de Borel, jusqu'aux élucubrations folles du Divin Marquis. Les ouvrages les plus curieux sont : Le diable au corps, Le libertin de qualité, L'éducation de Laure, Les sonnets de l'Arétin, etc. etc.
>
> Les ouvrages modernes, ayant un cadre plus en rapport avec nos mœurs, et étant moins entachés d'exagération, sont plus excitants, je cite : Gamiani, les deux gougnottes, Les tableaux vivants, L'été à la campagne, de Gustave D... le type des ouvrages, dépeignant sous son vrai jour les mœurs du grand monde. Comme gravures, j'ai eu en mains les choses les plus rares, depuis une collection venant de Madame de Pompadour, jusqu'aux Nouveauté de Roy, de Caran d'Ache et de l'inimitable Chauvet, émule de Félicien Rops.
>
> À cette dissertation, qui doit vous indiquer que je ne suis pas un profane dans le temple d'Éros, j'ajoute, que j'ai voulu tout voir, tout connaître, tout savoir, et que j'ai poussé mes observations jusqu'aux plus secrets retranchements. J'ai vu à l'œuvre les prêtresses de Sapho, les filles de Lesbos, et même les disciples de Sodome ; j'ai cueilli le fruit d'amour à toutes les branches.

131 *Ibid.*, p. 72-73.

> Le désir de juger par moi-même, et non par les livres, les dessous de la société actuelle, m'a inspiré les fantaisies les plus audacieuses ; je suis outrageusement passionné, d'une sensualité dont rien n'approche[132].

La « dissertation » donne un aperçu des meilleurs ouvrages relatifs à l'érotisme, tout en mettant en avant la nécessité d'expérimenter par soi-même des « dessous » des corps et de la société – réactivant ainsi une métaphore qui était déjà celle de Binet[133]. Celui qui parle depuis le début du *Fétichisme dans l'amour ;* celui qui a osé se dévoiler à l'opéra devant cette baronne ; celui qui enseigne, tel Albert Moll, ce qu'est le fétichisme, parle donc en connaissance de cause. *Tout voir, tout connaître, tout savoir, tout cueillir* pour être « outrageusement passionné » : l'ambition du jeune Raoul l'a conduit à collectionner livres, gravures et expériences, pour devenir un sujet érotique unique et un analyste inédit.

Si la science du plaisir se résumerait dans le fait que « l'homme peut jouir par tous les moyens, qui s'offrent à lui, et que les plus belles phrases, toutes pleines de poésie, peuvent se résumer de la façon la plus prosaïque », il n'en demeure pas moins que la volupté se prolonge surtout dans le dire. C'est en racontant que l'on se masturbe le plus, grâce à cette autre « plume » maniée qu'est le sexe : « Je vais me faire un plaisir, pendant que je tiens la plume, de raconter les principales phases de cette liaison avec le jeune comte de M…[134] » Le récit de son aventure homosexuelle achève la baronne et le roman, qui promet une suite hebdomadaire – quoiqu'inédite *:*

> La baronne, épuisée par les éjaculations successives, qu'avait provoquées ce récit, dit à Raoul :
>
> – Je suis vannée, vidée, incapable d'une idée ; venez me prendre demain, à deux heures, au marché aux fleurs, je vous conduirai chez mon amie, et nous tâcherons de faire quelque chose d'inédit. Sur ce, sauvez-vous, il n'est que temps[135] !…

Ladite amie, qui a su un jour soulagé l'ardeur insatiable de la baronne, aurait mérité « les palmes académiques pour sa savante leçon de langue vivante[136] ». Une telle *science de l'amour* devrait donc être récompensée.

132 *Ibid.*, p. 76 et 91-93.
133 Voir I. 1, « Cristallisation du fétichisme fin-de-siècle ».
134 *Ibid.*, p. 100 et 96.
135 *Ibid.*, p. 122.
136 *Ibid.*, p. 90.

Le contenu sulfureux des descriptions médicales a donc donné une large audience aux traités sur les déviances sexuelles : alors que des pervers arrivent dans les bordels des manuels psychiatriques dans la main pour demander telle faveur sexuelle, la littérature néo-libertine, en pleine renaissance, trouve dans les œuvres médicales matière à roman. Mais elle ne se contente pas seulement de vulgariser ou de piocher dans la médecine : elle repense le fétichisme. En effet, *Le Fétichisme dans l'amour*, notamment, importe directement le savoir médical dans la pratique érotique, et entremêle les procédés narratifs de la médecine à ceux du libertinage. Si l'alternance de moments érotiques et discursifs est une structure topique dans les romans pornographiques, le texte de 1907 donne une place centrale à la « Confession de Raoul de M… », à l'instar d'un ouvrage spécialisé intégrant les autobiographies des fétichistes[137]. De même, les différents récits intercalaires apparaissent comme autant d'observations singulières des variantes fétichistes censées incendier les sens des lecteurs : et alors que les médecins eux-mêmes redoutent une telle réception de leurs observations, l'auteur « observateur » la provoque et la met en abîme grâce aux différents auditeurs diégétiques dont les sens s'emportent. Mais ce qui distingue profondément *Le Fétichisme dans l'amour* ou encore la *Select Bibliothèque* des traités médicaux, c'est le caractère socialement inoffensif de la perversion. Peu de douleur infligée à autrui – ou du moins aucune qui ne soit appréciée par les acteurs. La grande majorité des manœuvres sexuelles sont même peu transgressives, excepté ces préliminaires censés écarter le couple de la finalité reproductive. Les traités médicaux cités servent à la fois d'inspiration (les romans assurent parler d'un thème étudié par la médecine, ce qui du coup annihilerait leur immoralité) et comme repoussoir (puisque la perversion est complice de scènes aphrodisiaques). Dans l'anonyme de 1907, la description obsessive de la provenance des mouchoirs et de la subtilité de leurs dessins côtoie l'évocation d'usages variés : car ils peuvent être tantôt ornementaux (puisqu'ils enrobent le sexe de l'homme), tantôt hygiéniques (nettoyant les traces des ébats amoureux) et tantôt indiciels (ils sont gardés en souvenir des liquides amoureux qui les souillèrent). L'hégémonie du mouchoir est telle, que le texte deviendrait presque une sorte de publicité pour les diverses traditions françaises de dentelles – comme s'il fallait montrer, au moment même où la mode

137 Voir I. 3, « Narrations de confidences ».

commence à être simplifiée, la beauté érogène des vieilles dentelleries hexagonales. En se substituant à Binet, l'auteur des *Vacances au château* inscrit la piquante douceur des mouchoirs dentelés dans une forme d'amour qui n'est pas dégradante comme le disent les médecins, mais joie de faire la bagatelle – et de la dire. Loin des perspectives dégénérescentes, loin d'un corps décrépi, les « pervers » libertins, hommes ou femmes d'ailleurs, ne connaissent ni usure ni incomplétude organique. Ce qui est maladie savante devient une expertise voluptueuse proposée au lecteur. Le fétichisme quitte ainsi le terrain de la pathologie pour devenir un art de vivre, et surtout une denrée littéraire : car la lecture des œuvres érotiques permettrait d'établir une communauté de fétichistes, autorisés à vivre leurs fantasmes, à les raconter, à en assumer la force érotique – voire esthétique.

POÉTIQUES DE L'ÉCART

N'est pas fétichiste qui veut[1].

La littérature néo-libertine érotise le savoir médical, ouvertement convoqué pour alimenter un récit qui se veut un art d'aimer pour une communauté de fétichistes aristocratiques. Mais en contrepoint de ces textes où la médecine devient aphrodisiaque, l'on trouve au tournant des XIXe et XXe siècles des poétiques, souvent d'obédience décadentiste, qui problématisent le stigmate pathologisant de la science et érigent le fétichisme en un art de vivre esthétique. Les médecins accusent d'ailleurs ouvertement la littérature finiséculaire de *poétiser* ce qu'ils dénoncent comme maladie infâmante. Comment se construit dès lors cette poétisation de la littérature ? Et comment répond-elle au diagnostic que la médecine appose sur le fétichisme ? D'une part, Jean Lorrain et Rachilde s'emparent de l'expression médicale situant les pervers « hors nature » pour l'ériger en un principe existentiel. Ainsi, le fétichisme apparaît toujours comme un écart par rapport à une norme, mais comme un écart valorisé existentiellement et esthétiquement : « Pour la science comme pour la culture, l'anormalité est devenue la toile de fond de l'existence normale de l'individu, ce sur quoi elle s'enlève, et dont elle n'est jamais parfaitement indemne. C'est la menace de ces variations qu'esthétisaient les mouvements artistiques "fin-de-siècle[2]" ». La représentation de l'écart lance même un défi à la théorie médicale : ainsi Rachilde s'amuse précisément, dans *La Jongleuse*, à mettre en scène une fétichiste femme, avatar inconcevable pour les experts. Tout ce qui est « hors nature » (titre justement d'un roman de l'écrivaine) incarne,

1 Barras, Louis, *Le Fétichisme. Restif de la Bretonne fut-il fétichiste ?*, p. 25.
2 Mazaleigue-Labaste, Julie, *Les Déséquilibres de l'amour*, p. 212.

dans la littérature décadente, une résistance face au mariage bourgeois et à la vie sociale, face à la stérilisante catégorisation médicale, face à la fatalité biologique. La rupture fétichiste dans son rapport au corps se trouve ainsi étendue au divorce du sujet d'avec le monde. Loin dès lors de chercher à construire une communauté fétichiste comme la littérature érotique le souhaiterait, les textes décadents mettent en avant cet écart comme une solitude raffinée de l'individu, toujours en proie à des désirs impossibles et insatiables (contrairement aux libertins) : le fétichisme devient par conséquent synonyme d'un impossible rêve où la chair s'exaspère et se crispe, désarçonnée.

L'amour fétichiste permet aussi à Laforgue, et surtout à Maupassant, de développer une réflexion sur la finitude de la passion tout en fournissant une forme « poétique » de sensualité. Tandis que les deux auteurs érigent métaphoriquement la femme en fétiche dupant l'homme, le fétichisme dépasse le désespoir de l'amour selon Maupassant, car la passion des objets transcende la putréfaction et la désillusion de la chair : dépassant la mort inhérente à toute flamme amoureuse, elle nargue le néant et se joue du temps. Mais la norme sociale ou médicale rattrape les héros d'*Un cas de divorce* et de *La Chevelure*, récits à la première personne encadrés par une autorité, judiciaire dans un cas, médical dans l'autre. Si un tel procédé assimile ces textes à une observation clinique fruit d'une confession, il n'en demeure pas moins que le travail narratif de Maupassant complexifie le rapport à la norme en la faisant vaciller par ce que Bertrand Marquer a identifié comme une esthétique relevant du « fantastique clinique[3] ». Surtout, le fétichisme devient une « folie poétique » dont l'écriture met en péril ce qui est normal et pathologique – et notre rapport au monde.

---

3 Bertrand Marquer montre dans *Naissance de la clinique fantastique. La crise de l'analyse dans la littérature fin-de-siècle*, que le genre fantastique, inhérent notamment aux célèbres récits de Maupassant, ne réside pas tant dans une hésitation entre naturel et surnaturel (théorisée par Todorov dans son *Introduction à la littérature fantastique*) que dans un emprunt à la clinique médicale du modèle d'observation du réel. Il s'agit de *savoir voir* le réel, où pathologique et normal s'entremêlent désormais. Il n'est donc pas question de découvrir la rupture du monde, mais de prendre conscience que normal et pathologique ne s'excluent pas : étant liés, leur délimitation est affaire de point de vue. La clinique fantastique interroge ainsi les limites du normal et du pathologique et les conditions d'une épistémologie (Marquer, Bertrand, *Naissance de la clinique fantastique. La crise de l'analyse dans la littérature fin-de-siècle*, Paris, Hermann, « Savoir lettres », 2014).

SCIENCE ET DÉCADENCE

Oubliant toute la tradition de *l'amor hereos* relayée par Ferrand au XVIIe siècle et ravivée par Esquirol dans la première moitié du XIXe siècle[4], la science des années 1890 (tant dans son versant psychologique que psychiatrique d'ailleurs) assure que la médicalisation de l'amour – et *a fortiori* de la sexualité – entre de plain-pied dans un domaine jusqu'alors inexploré. Dans sa *Psychologie des sentiments*, Théodule Ribot remarque que « la plupart des psychologues ont été très sobres de détails à [l'endroit de l'amour] et l'on pourrait citer tels volumineux traités qui n'en font même pas mention[5] ». Traditionnellement considéré comme l'apanage « des littérateurs et des artistes auxquels il servit de prétexte à d'éternelles et multiples variations[6] », l'amour n'aurait été traité que par les poètes et quelques philosophes, selon Krafft-Ebing :

> Pour le moment, on pourrait admettre que les poètes sont meilleurs psychologues que les philosophes et les psychologues de métier ; mais ils sont gens de sentiment et non pas de raisonnement ; du moins, on pourrait leur reprocher de ne voir qu'un côté de leur objet. À force de ne contempler que la lumière et les chauds rayons de l'objet dont ils se nourrissent, ils ne distinguent plus les parties ombrées. Les productions de l'art poétique de tous les pays et de toutes les époques peuvent fournir une matière inépuisable à qui voudrait écrire une monographie de la psychologie de l'amour, mais le grand problème ne saurait être résolu qu'à l'aide des sciences naturelles et particulièrement de la médecine qui étudie la question psychologique à sa source anatomique et physiologique et l'envisage à tous les points de vue[7].

Aux scientifiques habitués au « raisonnement » échoit désormais la tâche de pénétrer dans les ténèbres oubliées et de *résoudre* le « grand problème » de l'amour – « terrain qui n'a pas été encore été exploré par la science[8] ».

4 Sur la tradition de l'amour morbide, voir l'excellente introduction à Ferrand, Jacques, *De la maladie d'amour, ou Mélancolie érotique*, éd. par Donald Beecher et Massimo Ciavolella, Paris, Classiques Garnier, « Textes de la Renaissance », 2010.

5 Ribot, Théodule, *La Psychologie des sentiments*, p. 244.

6 Danville, Gaston, *La Psychologie de l'amour*, p. 3.

7 Krafft-Ebing, Richard von, *Psychopathia sexualis*, p. VI.

8 *Ibid.*, p. V.

Alfred Binet réfléchit également aux relations entre littérature et science, la première précédant la seconde : l'instinct sexuel demeure ainsi un sujet « si obscur qu'il vaut mieux l'abandonner pour le moment à la poésie et au roman. On ne connaît rien de bien net sur les *affinités électives*[9] ». La littérature serait ainsi une source féconde pour l'expert : les perversions « sont assez répandues, car on en trouve la mention et parfois même l'analyse assez bien faite dans quelques romans contemporains » – qui peuvent même être des « morceaux remarquables[10] ». Les preuves de l'abondance du fétichisme « pourraient être fournies par la lecture du premier roman venu », puisque « tous ces faits sont connus et décrits dans plusieurs romans », comme dans *Les Diaboliques* de Barbey d'Aurevilly ou les romans d'Alexandre Dumas fils. La littérature prouve dès lors qu'il « faut avoir bien peu d'expérience ou bien peu de lecture pour accepter une opinion aussi bornée » que celle résumant « la jouissance dans la beauté corporelle ». Mais en dépit du pouvoir didactique de la littérature, son travail, estime Binet, ne serait pas rigoureux :

> C'est l'intuition de tout cela qui a fait la profondeur des ouvrages où les romanciers ont décrit ces curieuses variétés de l'amour s'adressant presque uniquement à un état d'esprit de la personne aimée. Ils n'ont pas tous réussi à bien décrire cet amour, mais 'ceux qui l'ont tenté sont restés plus grands'. Maintenant que la formule est connue, on pourrait fabriquer à la douzaine, sur ce thème spécial, des romans plus profonds les uns que les autres[11].

Même fondé sur une clinique réaliste pouvant être imitée, le roman s'écarterait fatalement de la justesse scientifique. Mais surtout, la littérature ne saurait être comparée à l'approche médicale parce qu'elle *poétiserait* la perversion :

> On remarquera dès à présent que l'observation précédente ne doit pas être confondue avec le joli délire amoureux. Le malade de M. Ball n'est pas un de ces simples enthousiastes qui chantent les beaux yeux de leur maîtresse. Il ne s'agit point ici de poésie, mais d'une véritable perversion sexuelle qui a conduit le sujet à la démence.

La littérature enjoliverait donc les troubles génésiques requérant cependant l'internement : « La fable du beau Narcisse est une image

9 Binet, Alfred, « Le Fétichisme dans l'amour », p. 160.
10 *Ibid.*, p. 144 et 256.
11 *Ibid.*, p. 160-161.

poétique de ces tristes perversions. Partout d'ailleurs dans ce sujet, nous trouvons la poésie recouvrant et déguisant le fait pathologique[12] ».

Que la littérature déguise les perversions en en offrant une « image poétique » est une thèse soutenue également par Barras, pour qui les écrivains empruntent leur matière à la médecine avant de la resservir en l'« embellissant[13] ». L'entreprise scientifique s'avère alors être d'autant plus nécessaire que cette esthétisation propagerait le mal, selon Moreau :

> Bien des fois déjà nous nous sommes élevés avec énergie contre les récits éhontés que la presse et une certaine littérature ne craignent pas de jeter en pâture à des lecteurs toujours avides de ces histoires malsaines. Il faut l'avouer, le crime a obtenu de nos jours une publicité scandaleuse. [...] Cette publicité est dangereuse et devrait être interdite[14].

Le sociologue Gabriel Tarde monte également un procès contre la littérature. Dans un premier temps, il assure que « nulle aberration érotique n'a inspiré un roman, ni un tableau, ni une pièce de théâtre, pas même une comédie bouffonne. Imagine-t-on une comédie roulant sur l'amour d'une bottine virginale possédée, perdue, reprise, etc., ou sur la passion érotique d'un vieillard pour une petite fille de 7 à 8 ans ? » Mais par la suite Tarde estime que l'érotisme augmente à son époque, à cause notamment de la littérature pornographique : car « la proportion des jolies femmes restant la même, leur dispute devient chaque jour plus âpre par la foule toujours grossissante de ceux que la littérature et le dessin pornographique, la licence des mœurs, convient à les posséder ». Pour remédier à la pénurie de femmes, Tarde propose soit d'augmenter les prostituées, soit d'instaurer « une diète sévère et prolongée de tout excitant érotique sous n'importe quelle forme, conte,

12 *Ibid.*, p. 149 et 264.

13 Barras, Louis, *Le Fétichisme*, p. 86.

14 Moreau, Paul, *Les Aberrations du sens génésique*, p. 298. Marius Boisson, homme de lettres érudit qui fréquente Apollinaire, écrit en 1912 une œuvre érotique sous couvert de finalité médicale. Se présentant comme une compilation du savoir sur la « morale sexuelle », elle stigmatise la littérature comme propageant les vices du sens génital : « Ce sont les littérateurs, les poètes, les chansonniers, avec leurs images ampoulées, leurs vers hypocrites, leurs fables ridicules, qui jettent dans la terre grossière des cerveaux ordinaires la mauvaise graine de leurs folies particulières ». Boisson relaie ainsi une idée répandue dans l'approche médicale du sexe, dont il emprunte dans cet ouvrage le ton (*La Flagellomanie. Étude philosophique des perversions modernes. Masochisme. Domination de la femme. Fétichisme. Les mystiques. Les sanguivores et les cruels. La dégénérescence sexuelle en littérature. Essai d'une morale sexuelle*, Paris, H. Daragon, 1912, p. 50).

comédie, peinture, etc.[15] ». Afin que l'humanité retrouve le chemin de la procréation, selon Tarde, il faut donc que la littérature cesse d'aviver les sens avec ses représentations d'amours étranges.

Ce refus de la sexualité reproductrice est au cœur du sentiment de décadence secouant la fin du XIXe siècle et qui se noue, selon Binet, à l'éréthisme sexuel :

> En résumé, le goût byzantin du luxe, l'outrance des modes, et l'abus du maquillage, sont des formes différentes d'un besoin si fréquent à notre époque d'augmenter les causes d'excitation et de plaisir. L'histoire et la physiologie nous apprennent que ce sont là des marques d'affaiblissement et de décadence. L'individu ne recherche avec tant d'avidité les excitations fortes que quand son pouvoir de réaction s'abaisse[16].

L'association entre littérature dite décadente et émoussement des sens est prolongée par Emile Laurent dans *La Poésie décadente devant la science psychiatrique*, qui considère en 1897 comme pathologique la production contemporaine :

> Le décadent se replie sur lui-même. La poésie, au lieu de dilater son cœur, le resserre. Il scrute, dissèque son âme douloureuse. Il analyse ses vices, se complaît à les changer, à les exalter en des hymnes malsains.
>
> Pourtant le vice, même le vice décadent, est à la portée de tout le monde. La vertu, au contraire, n'est l'apanage que d'un très petit nombre.
>
> Ils glorifient le suicide, que Mallarmé appelle le « suicide beau ». Leur âme poétique aspire au néant.
>
> L'amour devient pour eux de l'érotisme et enfante des aberrations inconnues de Tardieu. C'est de la pure folie. [...] L'érotisme, la recherche du suraigu pour les sens fatigués ou blasés, est encore un vice ou mieux un des stigmates des époques de décadence, à Athènes comme à Rome, à Rome comme à Byzance[17].

Le décadent, blasé et dégénéré, serait un anatomiste des « vices » qu'il chanterait dans une poésie *malsaine*, submergé pour Laurent dans « la pure folie » des sensations érotiques. Mais la pathologisation des œuvres décadentes se noue déjà dans la célèbre « Théorie de la décadence » que formule Paul Bourget en 1883. La langue, comme la société, serait assimilable à un organisme, car toutes deux ne fonctionnent qu'à

15 Tarde, Gabriel, « L'Amour morbide », p. 592-594.

16 Binet, Alfred, « Le Fétichisme dans l'amour », p. 266.

17 Laurent, Émile, *La Poésie décadente devant la science*, Paris, Alexandre Maloine, 1897, p. 51-59.

condition de se résoudre « en une fédération d'organismes moindres, qui se résolvent eux-mêmes en une fédération de cellules ». Décadentes, ces dernières perdent leur énergie et deviennent indépendantes. Règnerait alors l'anarchie :

> L'organisme social [...] entre en décadence aussitôt que la vie individuelle s'est exagérée sous l'influence du bien-être acquis et de l'hérédité. Une même loi gouverne le développement de la décadence de cet autre organisme qu'est le langage. Un style de décadence est celui où l'unité du livre se décompose pour laisser la place à l'indépendance de la phrase, et la phrase pour laisser la place à l'indépendance du mot. Les exemples foisonnent dans la littérature actuelle qui corroborent cette hypothèse et justifient cette analogie[18].

À la dissolution sociale répondrait la décomposition du langage, désagrégeant le sens de l'œuvre au profit du signifiant – maladie linguistique générée par Baudelaire et sa « nuance très spéciale d'amour » :

> Il se proclama décadent et il rechercha, on sait avec quel parti pris de bravade, tout ce qui, dans la vie et dans l'art, paraît morbide et artificiel aux natures plus simples. Ses sensations préférées sont celles que procurent les parfums, parce qu'elles remuent plus que les autres ce je ne sais quoi de sensuellement obscur et triste que nous portons en nous[19].

Quête de jouissances dépassant les « natures les plus simples », la décadence se caractériserait par une recherche plongeant dans l'infime – dans ce qui est sensuellement ténébreux « en nous ». Bourget utilise ainsi le détail pour critiquer la littérature prétendumment dévirilisée de son temps[20].

---

18 Bourget, Paul, *Essai de psychologie contemporaine. Études littéraires*, éd. André Guyaux, Paris, Gallimard, 1993, p. 14.

19 *Ibid.*, p. 13-17.

20 L'essence féminine – et subversive – de la notion de détail dans la tradition occidentale a été soulevée par Naomi Schor : « L'affinité des détails pour un style ornemental caduc et efféminé, débouche sur ce que le détail comporte peut-être de plus dangereux : sa tendance à subvertir l'ordre hiérarchique interne de l'œuvre d'art, qui veut que la périphérie soit subordonnée au centre, l'accessoire à l'essentiel, le premier plan à l'arrière-plan » (Schor, Naomi, *Lectures du détail*, trad. Luce Camus, Paris, Nathan, « Le texte à l'œuvre », p. 37). Hegel théorise dans son *Esthétique* la négativité du détail, associé à la nature brute et à une représentation du singulier qui déséquilibre la totalité de l'œuvre. Les périodes de décadence se caractériseraient justement par la prolifération des détails. Pour Vladimir Jankélévitch, la conscience décadente perdrait ainsi « le sens de la totalité » à cause de sa « vocation analytique, génératrice d'antagonismes et d'émiettement » ; « Quoiqu'il en soit la décadence est deux fois dissolvante, comme pulvérisation des individualités ou atomisation de l'*ego*, et comme libération du détail ». C'est ainsi que « la micromanie

L'attaque adressée à la décadence littéraire par la science psychologisante se fonde donc sur le privilège qu'elle accorderait au mot ciselé, à l'accessoire, à l'artifice et aux sensations étonnantes – autant de paramètres que l'on retrouve au cœur de la théorie du fétichisme. D'une part donc, alors qu'ils ne cessent d'y piocher pour alimenter leur fragile vivier de fétichistes, les savants pathologisent la littérature contemporaine et taxent les écrivains de fétichisme. Mais d'autre part, ces derniers s'interrogent sur les étrangetés du sentiment amoureux, quand ils ne mettent pas en scène le savoir médical qu'ils puisent dans les traités de médecine, dans les quotidiens pour lesquels ils collaborent, ou dans les leçons de Charcot à la Salpêtrière auxquels Maupassant et Lorrain assistent notamment.

Quand ils accusent les écrivains de « poétiser » la sexualité solitaire du fétichiste (pour rejeter des textes qu'ils convoquent tout de même), les savants ne se trompent pas. Car il est certain que la littérature *poétise* le fétichisme, en ceci qu'elle assume, dans des objets esthétiques, une pensée qui s'oppose à l'objectivation médicale. Et par des cas extraordinaires situés « hors nature » pour Rachilde ; par des formes poétiques allant de la *complainte* de Laforgue au récit enchâssé de Maupassant, elle dit que les amours fétichistes sont plus complexes que ce que la science affirme : l'amour devient alors une « folie poétique[21] ». S'il y a donc *poétisation*, c'est pour bouleverser le dogme simplifiant de la médecine, déployer les possibles de la vie amoureuse, et penser le rôle complexe de l'objet dans les relations humains. Les modes d'aimer sont tels, en littérature, qu'ils ne sauraient être réduits à des normes simplificatrices excluant les amoureux et de la société – et de la nature.

---

décadente pulvérise l'univers en colifichets » (« La Décadence », *Revue de Métaphysique et de Morale*, n° 4 (1950), p. 337-369 ; réédité dans Thorel-Cailleteau, Sylvie (dir.), *Dieu, la chair et les livres : une approche de la décadence*, Paris, H. Champion / Genève, diff. Slatkine, « Romantisme et modernités », 2000, p. 41 et 43).

21 Maupassant, Guy de, *Un cas de divorce*, in *Contes et Nouvelles*, t. 2, 777.

HORS NATURE

> Je n'ai pas l'étoffe d'un sentimental.
> (Au hasard, il déchira une tenture.)[22]

Tandis que Garnier qualifie le fétichisme d'amour « à côté[23] », pour Binet « cet amour hors nature a une tendance à produire la continence ; disons mieux, il produit une impuissance de cause psychique[24] ». L'expression « hors nature » correspond ainsi à un écart par rapport à la naturalité supposée de la relation hétérosexuelle centrée sur le coït : les perversions génitales déroutent le « but » de la nature et situent le fou dans un non-lieu biologique – celui de la maladie, du *hors-là*. L'expression *hors nature* marque la pensée fin-de-siècle sur l'amour, car on la trouve non seulement chez les savants, mais aussi chez les écrivains. Alors que Célestine, dans *Le Journal d'une femme de chambre*, inscrit toute manifestation sexuelle dans la nature[25], Jean Lorrain y réfléchit dans *Monsieur de Phocas*, souvent lu comme mettant en scène le fétichisme de son personnage éponyme. Poursuivant une quête idéale et poétique, le héros souffre en effet d'une « folie des yeux[26] », et croit réaliser son

22 Rachilde, *Les Hors Nature : mœurs contemporaines*, [1897], in *Romans fin-de-siècle, 1890-1900*, éd. Guy Ducrey, Paris, R. Laffont, « Bouquins », 1999, p. 700.

23 Garnier, Paul, *Les Fétichistes, pervertis et invertis sexuels*, p. 18.

24 Binet, Alfred, « Le Fétichisme dans l'amour », p. 266. On trouve d'ailleurs la même formule chez Ribot : « [L'amour] a son but naturel et il y tend par des moyens appropriés : que souvent il atteigne les limites de la folie, chacun le sait ; mais en cela il ne diffère pas de la plupart des émotions. Il y a les formes impulsives et irrésistibles de l'amour (érotomanie) ; elles restent dans la nature : sa vraie pathologie est ailleurs, elle est hors de la nature » (*La Psychologie des sentiments*, p. 253).

25 Voir II. 4, « De Caufeynon à Mirbeau, ou l'optique féminine ».

26 Lorrain, Jean, *Monsieur de Phocas*, éd. Hélène Zinck, Paris, GF Flammarion, 2001, p. 72. L'écrivain aurait incarné lui-même, pour certains contemporains, un idéal fétichiste : selon Henri Bataille, Jean Lorrain aurait été une sorte de « barbare », ayant « le goût des bijoux et des gemmes, des parfums forts, des teintures, des matières adorées, des poisons, des éthers, l'irrésistible attraction vers les chatoiements de turquerie, l'amour du bazar et le fétichisme superstitieux des choses »(Bataille, Henry, « Jean Lorrain », in *La Renaissance latine*, n° 2 [15 juin 1902]). En revanche Louis Barras, toujours opposé à la pathologisation des écrivains, ne croit pas en la perversion de Lorrain : certes, il « a eu la hantise des

« obsession » des « liquides yeux verts » dans le « plâtre de *l'Antinoüs*, la dolente émeraude embusquée comme une lueur dans les orbites d'yeux des statues d'Herculanum, l'attirant regard des portraits de musée, le défi des siècles demeuré dans les prunelles peintes de certaines faces d'infantes et de courtisanes ». Mais Phocas s'emplit « de haine, de honte et de rut » en songeant à ce regard impossible et artistique qui remue en lui d'« effroyables atavismes », de « sinistres aïeux » – comme si ce désir était l'effet d'une hérédité provoquant toutefois un « envoûtement[27] ». Il se pense donc comme malade : et en « neurasthénique », il rêve de « rencontrer une fois l'implorant regard qui [l'] obsède, cet œil trouble et vert qui a fait de [lui] un misérable déséquilibré, un déclassé et un fou[28] ».

Dans une crise de sentimentalisme, le décadent décrit comment son fétichisme, ce « vice stérile », le rend impuissant :

> Je suis un anormal et un fou, je n'ai jamais été la proie que d'ignobles instincts ; et toutes les ordures des basses parties de mon être, magnifiées par l'imagination, ont fait de mon existence une suite de cauchemars. Je n'ai jamais eu de sensibilité, j'ai toujours ignoré le don des larmes ; c'est dans de l'atroce et du monstrueux que j'ai toujours cherché à combler l'irréparable vide qui est en moi.

Les filles dénuées de « cette chose bleue et verte » dans le regard n'ont été que des chairs à expérience :

> Avide de sensations et d'analyses, je me documentais sur elles comme sur des pièces anatomiques, et aucune ne m'a donné la vibration attendue, parce que, justement, cette vibration, je l'épiais, embusqué dans ma nervosité comme dans un maquis, et qu'il n'y a pas de volupté savante, mais de la joie inconsciente et saine, et que j'ai gâché ma vie en l'instrumentant au lieu de la vivre, et que les raffinements et les recherches du rare conduisent fatalement à la décomposition et au Néant.
>
> […] Toutes et tous sentent en moi un être hors nature, un automate galvanisé de convoitises, mais un automate, c'est-à-dire un mort, et je leur fais peur avec mes yeux de cadavre[29].

---

yeux ; des yeux aux prunelles émeraudées ; des yeux d'eau et de ciel des matelots. Il a eu la hantise des étoffes, des masques, des grenouilles, des larves et des scarabées ». Mais « cela est d'un dilettante sensitif et sensuel, d'un raffiné, d'un artiste… d'un ironiste auquel il ne déplaît pas de s'amuser du public. Pas plus » (Barras, Louis, *Le Fétichisme*, p. 70).

27 *Ibid.*, p. 85.

28 *Ibid.*, p. 109 et 135.

29 *Ibid.*, p. 215-216.

Phocas, qui s'est « document[é] » sur les voluptés amoureuses comme sur des « pièces anatomiques », a conclu à l'ineptie d'un plaisir dit « savant ». D'une part donc, le héros semble avoir intériorisé l'injonction médicale selon laquelle l'on gâche sa vie à raffiner ses plaisirs ; mais d'autre part, c'est l'analyse amoureuse qui l'a transformé en « automate » et situé « hors nature ». Étudier l'amour, c'est donc anéantir la « joie » jouissive, qui ne peut être *inconsciemment* produite. L'instrumentalisation de la sensation amoureuse apparaît comme stérilisante : l'on ne peut *savoir* l'amour si l'on veut le *connaître*. Être hors nature devient ainsi, chez Lorrain, disséquer l'amour tout en y échappant : c'est une maladie de l'impuissance savante, alors que les fétichistes binetiens jouissent hyperboliquement. Sortir des lois naturelles, c'est donc bien être malade, tant pour Lorrain que pour Binet : être interdit de plaisir chez celui-là, et jouir extraordinairement pour celui-ci. Mais chez tous deux, est hors nature celui qui *analyse* l'amour et *l'anatomise* pour l'écrire.

Que *Monsieur de Phocas* narre l'histoire d'une maladie n'a pas échappé aux lecteurs contemporains[30]. Pourtant, le duc de Fréneuse, en se choisissant le nom de Phocas, indique que son « cas » est « faux » : s'il considère l'impossibilité d'aimer comme étant « hors nature » et relevant de « crises d'hystérie atroce » qu'il faut « guérir », il poursuit par ailleurs un idéal grâce à un mode de vie dandy, s'entourant d'objets d'arts envoûtants et recherchant l'immatérialité d'un regard creux jusqu'en Égypte où il s'évade finalement. Le fétichisme devient ainsi un art de vivre, une écriture de « turgides floraisons d'un jardin de supplices[31] » placée sous les auspices de Mirbeau et surtout de Baudelaire, dont l'œuvre transparaît sans cesse comme un palimpseste dans *Monsieur de Phocas*. Celui qui recherche la beauté d'Astarté est donc peut-être bien un faux cas morbide – car un esthète incompris ; et si Phocas se perçoit à l'aune des nosographies psychiatriques alors en vogue (souffrant de neurasthénie, de névrose voire d'hystérie), il est surtout un « déclassé », oscillant entre des catégories qui ne lui conviennent pas.

30 Pour Marcel Arnauld de *La Revue blanche*, le roman est « la chronique vivante et complète des névroses contemporaines ». Montfrileux assure pour sa part dans *La Revue illustrée* qu'« il est impossible d'être plus anatomique, à la façon de Rembrandt peignant un cadavre. Certes le livre n'est pas pour être mis entre toutes les mains ». Voir le dossier de Lorrain, Jean, *Monsieur de Phocas*, p. 332.

31 Lorrain, Jean, *Monsieur de Phocas*, p. 234-235.

Lorrain met ainsi en scène un raffinement qui excède le savoir et qui, en empêchant d'aimer, situe le sujet « hors nature ». Rachilde évoque une épopée similaire dans les *Hors Nature : mœurs contemporaines* de 1897, dont les deux frères héros, issus d'une aristocratie dandy, évoluent dans un décor extravagant, à l'écart de la société et sur fond d'homosexualité, d'inceste et d'amours fétichistes : « *Hors Nature* signifie en fait "hors l'amour[32]" », assure Jean de Palacio. Mais ce faisant, le critique réduit l'amour à n'être qu'une passion hétérosexuelle : or Rachilde semble avoir rêvé de pouvoir « *refaire l'amour*, lui enlever son goût irrésistible pour la viande crue[33] », car ses héros s'acharnent à contourner l'union charnelle. Pour que « hors nature » renvoie à un « hors l'amour », il faudrait réduire l'amour à n'être que la rencontre de deux corps. Si le titre écarte ces êtres de la nature, comme le ferait la médecine, il faut toutefois l'envisager comme la mise à l'épreuve de la brèche ouverte par *À rebours*, explorant une pratique amoureuse située « hors » parangons, excitée par l'artifice – ce « remède au caractère quotidien, banal et plat de la nature et de la vie[34] » comme le résume Clément Rosset. En effet, Rachilde appartient à ce clan jaune d'écrivains décadents, taxés de pervers par les médecins, qui souhaiteraient trouver une réponse à la nausée de la chair et au dégoût face à une décevante nature. Ces héros *hors nature*, convaincus comme Phocas de leur décadence, se détournent donc de la sexualité reproductrice pour rechercher des sensations nouvelles par-delà l'union des sexes : il est d'ailleurs probable que Rachilde ait connu les théories médicales sur les perversions[35].

La scène initiale, où le jeune Paul-Éric de Fertzen, tout à sa toilette, exige un muguet rose impossible à trouver, interroge d'emblée les rapports entre le naturel et l'artificiel. Le grand frère, Reuter de Fertzen,

32 Palacio, Jean de, « présentation » à Rachilde, *Les Hors Nature*, Paris, Séguier, « Bibliothèque décadente », 1994, p. 30.

33 Rachilde, *Refaire l'amour* ; pré-originale dans *Le Mercure de France*, 15 avril 1925, p. 394.

34 Rosset, Clément, *L'Anti-Nature. Éléments pour une philosophie tragique*, Paris, P.U.F., 1973, p. 90.

35 Jarry a déclaré à propos de Rachilde que « l'œuvre de Krafft-Ebing, du moins le livre vulgarisateur et si utile de Raffalowitch : "Uranisme et homosexualité", n'était jamais loin de sa main quand celle-ci n'était point en lecture » (*CanardSauvage*, n° 19 (1903), cité par Pascal Noir dans Lorrain, Jean, *Portraits de femmes*, établissement des textes, notes, bibliographie et essai sur l'auteur par Pascal Noir, Paris, L'Harmattan, « Les Introuvables », 2004, p. 92). Sur la mise en scène de la sexualité dans l'œuvre de Rachilde, voir Bollhalder Mayer, Regina, *Éros décadent : sexe et identité chez Rachilde*, Paris, H. Champion ; Genève, Diff. Slatkine, 2002.

élabore cette fleur rare grâce à ses connaissances alchimiques. Se donne ainsi d'emblée à lire le projet de Rachilde, qui étudie en botaniste les « mœurs contemporaines » d'êtres entichés d'une vie naturellement modifiée, notamment sur le plan sexuel. Au chapitre V, le frère cadet explore une jouissance fétichiste. Avec son amante Jane, ils se trouvent alors « sous le plafond bas de leur chambre d'amour », véritable boudoir décadent « où des bibelots surnageaient ». Ils choisissent des tissus pour la première robe de théâtre de Jane, destinée aux planches. Paul, « vautré sur des pièces d'étoffe », concentre sa rêverie textile sur un damas blanc de Lyon aux contours féminins, « épais comme un cuir de Cordoue et souple comme la peau d'un ventre de fille » :

> Rampant pour atteindre le damas qui se drapait, en hauteur sur un fauteuil, comme vraiment une Alpe inaccessible et radieuse, Paul le tira du bas à pleine poigne, le fit choir, et l'étoffe se cassant, s'effondrant, eut un bruit doux, un jurement de bête frêle qu'on étrangle, se tordit, sous les nerveuses mains du jeune homme, en chose vivante qui se plaindrait[36].

À partir de ce saisissement reptile, la soie s'anime comme une femme, résistant aux étreintes nouvelles. « Ce ne sont point les étoffes qui sont faites pour les femmes. Ce sont les femmes qui sont destinées aux étoffes », assure le héros de plus en plus emporté :

> – Laisse !... Tu ne comprends rien à la volupté, toi ! Cela, vois-tu, c'est de la beauté artificielle, mais c'est réellement, suprêmement beau. Toute beauté naturelle a une tare. Il n'y a pas de teint de femme, d'épiderme de gorge ou d'épaule qui puissent donner une pareille sensation au toucher. C'est un bien petit absolu, c'en est un, pourtant. Et cela crie, entends-tu, cela proteste et s'affole comme une créature douée d'âme. Vraiment, cette étoffe a peur de mes caresses. Elle se sait belle et ne veut pas qu'on la pollue[37].

Puisque tout ce qui est naturel est *taré*, il faut trouver *hors nature* la beauté – et donc dans cette étoffe fabriquée « réellement » belle promettant un plaisir peut-être « bien petit », mais « absolu ». Le tissu, « illusion d'une illusion », est finalement fécondé par Paul, qui sombre « jusqu'au spasme en pleine illusion, et la superbe soierie eut comme un râle sourd[38] » – et ce devant une Jane en larmes. Mais l'évincement

36 *Ibid.*, p. 681.
37 *Ibid.*, p. 678 et 681.
38 *Ibid.*, p. 681-682.

de la femme se réalise pleinement alors que l'actrice amoureuse tombe en coulisse lors de la première du spectacle réalisé par Paul. Quand on réussit à l'extraire de la trappe, son corps se dérobe au profit de sa robe, taillée dans l'étoffe fécondée par le poète :

> Ils essayèrent de ramasser la petite femme, mais, vraiment, elle n'y était plus, la petite femme, il n'y avait plus rien d'elle que sa belle défroque d'actrice, son superbe manteau de jeune reine envolée définitivement pour le pays des songes mélancoliques. Cela craqua, sec et net, comme une effigie de carton. Il n'y avait ni sang, ni blessure hideuse. [...] Avoir tout, et brusquement, à un coup de sifflet du diable, n'être plus rien, devenir un chiffon[39].

La mort permet un « devenir » textile qui marque l'accession de la femme à une autre entité ontologique. Mais on enlève finalement la somptueuse toilette à la défunte pour habiller sa doublure : définitivement nue, elle sombre alors l'oubli.

Cette valorisation des étoffes féminines au détriment du corps n'englobe pas toute l'expérience fétichiste de *Hors Nature*. En effet l'aîné Fertzen, qui aime chastement son frère cadet, théorise sa passion incestueuse :

> J'ai fait de la nature le décor de ma volonté et je suis hors d'elle, au-dessus, désormais, comme celui qui la peut changer selon ses visions, la rendre l'artifice. Elle peut me tendre des pièges, je ne la crains plus, elle est tellement pareille et a tellement les mêmes buts sous ses multiples aspects d'ensorceleuse !... Le pied de mon frère s'il se change en le pied d'une courtisane quelconque n'est pas, vraiment, un instrument digne de ma perdition. [...] Par extraordinaire, mes troubles... cérébraux ne sont pas les mêmes que les tiens... Tu n'es pas un vrai... hors nature, toi[40] !

Reutler serait ainsi l'unique *hors nature* car il vivrait analytiquement hors des sens. Si cette dernière condition se trouve aussi chez Lorrain et chez Binet, Rachilde néanmoins pousse l'expression « hors nature » dans ses derniers retranchements en l'assimilant à une vie sans orgasmes corporels. Alors que le cadet s'exaspère dans des jouissances inouïes, Reutler au contraire est un « cérébral » repensant les standards amoureux :

> Il n'y a pas d'affection sainte ni sacrée, il n'y a que *l'amour*, et plus il est fou plus il a la chance d'être réel. Si j'aimais un animal, j'en ferai un être à mon

39 *Ibid.*, p. 698-699.
40 *Ibid.*, p. 760-761.

> image et j'essayerais de lui communiquer ma divinité... Il ne s'ensuit pas, cependant, que l'on soit forcé de coucher ensemble, la mère avec l'enfant et... l'époux avec l'épouse !... Bon pour les gens normaux, c'est-à-dire *pas sains.* [...] Quand on est sain, c'est-à-dire proche de la divinité, la sensualité portée à son paroxysme n'est qu'une fonction involontaire, un acte en dehors de soi qui n'a pas besoin d'adjuvant[41] !

La santé s'assimile à une pratique analytique éloignée des spasmes voluptueux : être hors nature, c'est renoncer à l'aliénation des sens qui distancie l'individu de soi-même. Paul, même lorsqu'il s'adonne à des voluptés soyeuses et fétichistes, demeure naturel, car polluer un damas est encore un acte sensuel. Fertzen valorise ainsi la continence cérébrale qui fait de lui un « sain » comme Dieu – un *saint.* Si la tirade se joue de la norme en inscrivant la santé par-delà le spasme, la médecine est clairement bafouée alors qu'un praticien rend visite au cadet, qu'il qualifie de « névrosé très spécial » et de « *monomane* ». Reutler chasse alors le savant, ne tolérant pas ce schématisme :

> – Leurs secrets professionnels ? Je les sais par cœur ! Ils en font des cours de clinique et ils classent les sentiments, quand ils peuvent les saisir du bout de leurs pinces, sous des étiquettes obscènes ! Moi, l'honnête homme ? ... Et comment me traiterait-il, s'il pouvait vider ma poitrine ? [...] nous vivons entourés d'imbéciles ! La névrose, la monomanie ? Cela n'existe qu'en faisant dévier une créature de sa ligne. J'ai voulu donner des femmes à mon frère et j'ai augmenté sa rage de l'*impossible.* Au contact de ces sales bêtes, j'ai corrompu l'âme et le corps. S'il a des habitudes maladives, c'est moi qui suis le coupable[42].

Le médecin ne percevrait pas que derrière les formes morbides se noue une noble quête de « l'Impossible », aussi érotique qu'esthétique (c'est le titre d'un poème que rédige le cadet). C'est donc celui qui est hors nature, celui qui méprise les aléas charnels, qui détiendrait le véritable savoir sur l'amour – et non le médecin réducteur.

Mais si l'aîné assure être le seul *hors nature* grâce à sa volonté maîtresse, il n'en demeure pas moins que le titre du roman inclut les deux frères dans l'exclusion naturelle. Paul et Jacques, ces deux apôtres aux *mœurs contemporaines*, vivent et meurent dans deux extrêmes : l'un dans une sensualité féminine exaspérée par une poésie impossible et une bimbeloterie

---

41 *Ibid.*, p. 762-763.
42 *Ibid.*, p. 802-803.

agaçante ; l'autre dans une chasteté ecclésiastique, vouée à la domination virile de la nature grâce à une science alchimique capable d'offrir des muguets roses. Tous deux proclament un nouveau mode d'être qui troublerait la répartition entre le naturel et l'artificiel, entre la santé et la normalité, chassant les classifications médicales incapables d'empoigner les insatisfactions dévorantes. Si le roman décline maints symptômes nerveux tout en refusant de poser un diagnostic, il situe en son cœur un culte de la *soie* ou de *soi*, dépassant le trouble instinct reproducteur ; et ce sacerdoce trouve dans l'art romanesque sa proclamation subversive.

Rachilde poursuit son exploration des catégories médicales dans *La Jongleuse* qui, en 1900, met en scène la passion entretenue par une aristocrate avec sa cruche. L'auteure explore ainsi la possibilité d'une sexualité fétichiste féminine, alors que la médecine refuse toujours de l'admettre. Au tournant du siècle, il est en effet difficilement concevable que la femme ait une sexualité, dû à la « scénographie de l'immuable coït[43] » distribuant les rôles en actif et passif : elle ne peut être qu'objet sexuel – et non sujet. Or, dans ce roman, l'héroïne prend possession de sa volupté grâce à un objet concave, symbole précisément de sa béance vaginale ; elle se passe ainsi d'un partenaire masculin pour atteindre un climax sensuel qu'on lui croit interdit sans son appui. Mais cette subjectivation de la femme implique, chez Rachilde, un renoncement à la chair – comme si la nature anatomique distribuait trop les rôles sexuels. En effet, la fétichiste dérobe son corps, dont elle semble porter le deuil grâce à une robe noire qui ne laisse transparaître aucun pan de peau :

> Cette femme laissait traîner sa robe derrière elle comme on peut laisser traîner sa vie quand on est reine. Elle quittait la salle flambante, emportant sa nuit, toute drapée d'une ombre épaisse, d'un mystère d'apparence impénétrable, montant jusqu'au cou et lui serrant la gorge à l'étrangler. Elle faisait de menus pas, et la queue d'étoffe noire, ample, souple, s'étalant en éventail, roulait une vague autour d'elle, ondulait, formant les mêmes cercles moites que l'on voit se former dans une eau profonde, le soir, après la chute d'un corps[44].

Reine de la nuit, Éliante, tel un hélianthe, rayonne dans l'imposante enveloppe qui l'étrangle pourtant, annonçant ainsi sa dernière jonglerie

43 Chaperon, Sylvie, *Les Origines de la sexologie (1850-1900)*, p. 192. Voir I. 2, « La féminisation impossible ».

44 Rachilde, *La Jongleuse* [1900], présenté par Claude Dauphiné, Paris, des femmes, 1982, p. 25.

avec des couteaux qui lui perceront le cou. Si la robe hyperbolique dérobe la chair, ce qui sort de « l'enveloppe funèbre » est « artificiel » : elle n'est donc qu'un contenant aux « reflets d'acier » âgé de 35 ans et invitant ce soir-là le carabin Léon Reille, de 23 ans, à la suivre chez elle. Mais « rien ne révélait la femme. Elle demeurait une grande poupée peinte, très intéressante parce qu'il est fort naturel que les poupées soient artificielles[45] ». Sans se dévêtir, ils pénètrent dans un salon privé :

> Parmi les bibelots étranges de complication japonaise ou de tourment chinois, il y avait un admirable objet d'art placé au milieu de la pièce sur un socle de peluche vieux rose, comme sur un autel ; un vase d'albâtre de la hauteur d'un homme, si svelte, si élancé, si délicieusement troublant avec ses hanches d'éphèbe, d'une apparence tellement humaine, bien qu'il n'eût que la forme traditionnelle de l'amphore, qu'on en demeurait un peu interdit. Le pied, très étroit, lisse comme une hampe de jacinthe, surgissait d'une base plate et ovale, se fuselait en montant, se renflait, atteignait, à mi-corps, les dimensions de deux belles jeunes cuisses hermétiquement jointes et s'effilait vers le col, avec là, dans le creux de la gorge, un bourrelet d'albâtre luisant comme un pli de chair grasse, et plus haut, cela s'épanouissait, s'ouvrait en corolle de liseron blanc, pur, pâle, presque aromal, tant la matière blanche, unie, d'une transparence laiteuse, avait la sincérité de la vie. Ce col s'évasant en corolle faisait songer à une tête absente, une tête coupée ou portée sur d'autres épaules que celles de l'amphore[46].

À l'absence charnelle d'Éliante répond « le pli de chair grasse » du vase, trônant tel un dieu sur un « autel ». La phrase descriptive suit un regard ascendant : le pied se fuselle en une jambe qui aboutit à des « hanches d'éphèbes » chastes, « hermétiquement jointes ». Le col repose sur des épaules auxquelles il manque néanmoins une tête, comme si cette « apparence tellement humaine » avait été décapitée (mythe ô combien décadent[47]). Corps parfait, « blanc, pur, pâle », Éliante poursuit l'animation de la ligne dans son discours :

> N'est-ce pas que c'est beau ! N'est-ce pas *qu'il* est beau, reprit Éliante fiévreusement. Ah ! Il est unique. On ne peut rien concevoir de plus charmant. C'est à croire, quand la lumière le transperce obliquement, qu'une âme l'habite, que brûle un cœur dans ce cœur d'albâtre ? Vous me parliez de plaisir ? Ceci est

---

45 *Ibid.*, p. 25-26 et 37.

46 *Ibid.*, p. 45-46.

47 Voir Palacio, Jean de, *Figures et formes de la décadence*, Paris, Séguier, Collection Noire, 1994, p. 27 *sq.*

> bien autre chose ! C'est de l'amour en puissance dans une matière inconnue, la folie de la volupté muette. Il ne dira jamais rien. Il est très vieux, il a des siècles, il est resté jeune parce qu'il n'a jamais crié son secret à personne. (Elle vint enrouler ses bras noirs autour du col de l'amphore.) Regardez bien, et tâchez donc de voir un moment... par mes yeux ! Venez toucher cela. Je vous le permets... Allez tout doucement, une caresse trop appuyée le ternirait. (Elle s'empara de la main du jeune homme et la promena avec précaution sur la blancheur ingénue du vase, ses flancs de vierge). Sentez-vous, dites, cette douceur si désespérante du contour enfin délimité ? [...] Ah ! vraiment je veux que vous sachiez, au moins cinq minutes, vous extasier, de la bonne façon et sur quelque chose d'immortel[48].

Éliante invite le carabin à *voir* autrement cette matérialité que la médecine considère comme stérile, dénigrant les choses banales sur lesquelles se fixent les fétichistes (bonnet de nuit, tablier, clous de semelle). Loin d'être inanimé et insignifiant, le fétiche rachildien est investi d'une vie propre, aussi noble qu'une antiquité, aussi grandiose qu'un partenaire.

L'étreinte du vase devient saisissement d'un contenant creux dont tout liquide s'est évaporé – communion avec une métonymie pure. Alors la scène érotique s'apparente à un rite d'initiation mené par celle qui « ne désire rien savoir[49] » : elle montre au carabin un plaisir inconnu des livres savants, menant jusqu'à « la folie de la volupté muette ». Car Éliante détiendrait un savoir superlatif, « secret de toutes les sciences ». Par-delà l'insuffisante « caresse humaine » se situerait pour elle l'amour sans sexe : « Pour que ma chair s'émeuve et conçoive l'infini du plaisir, je n'ai pas besoin de chercher un sexe à l'objet de mon amour ! [...] Ce n'est pas plus étonnant que cela, bien que cela surprenne tous les médecins ! ». Comme la fétichiste s'abandonne à son orgasme, la narration est alors focalisée par le carabin, spectateur de la scène :

> Elle ne s'offrait point à l'homme ; elle se donnait au vase d'albâtre, le personnage insensible de la pièce. Sans un geste indécent, les bras chastement croisés sur cette forme svelte, ni fille ni garçon, elle crispa un peu ses doigts, demeurant silencieuse, puis, l'homme vit ses paupières closes se disjoindre, ses lèvres s'entrouvrirent, et il lui sembla que des clartés d'étoiles tombaient du blanc de ses yeux, de l'émail de ses dents ; un léger frisson courut le long de son corps, – ce fut plutôt une risée plissant l'onde mystérieuse de sa robe de soie, – et elle eut un petit râle de joie imperceptible, le souffle même du spasme.

---

48 Rachilde, *La Jongleuse*, p. 46-47.
49 *Ibid.*, p. 66.

> Ou c'était la suprême, la splendide manifestation de l'amour, le dieu vraiment descendu dans le temple, ou le spectateur avait devant lui la plus extraordinaire des comédiennes, une artiste dépassant la limite du possible en art.
> Il fut ébloui, ravi, indigné.
> – C'est scandaleux ! Là…devant moi…sans moi ? Non, c'est abominable[50] !

Qu'un dieu anime l'objet ou qu'il s'agisse d'un *art* d'aimer, il n'en demeure pas moins que l'amour fétichiste est une « pièce », dont le partenaire est réduit au rôle de spectateur : « Croyez bien que ce n'est pas par vertu que je vous défends de toucher à ma robe… c'est parce que… c'est fini… je vous ai donné ce que je peux *montrer* d'amour à un homme […]. Ah ! que c'est sot un homme qui ne sait pas regarder *aimer* ». Le plaisir n'est plus le résultat d'une union charnelle, mais il est provoqué par la beauté artificielle d'objets prêts à recevoir les offrandes amoureuses. Montrable, il peut s'apprendre dans une « leçon très spirituelle[51] ». C'est donc la connaissance de l'absolu amoureux qui se partage – non sa volupté.

La suite du roman, constituée en partie par un échange épistolaire entre les deux amants, file la métaphore de l'amphore : faire l'amour devient *transvaser*. Tandis que « cruche » et « potiche » renvoient couramment à des beautés recélant un grand vide intérieur, l'image du vase actualise l'idée archaïque d'une femme réceptacle de la semence masculine ; mais en l'occurrence, c'est la jongleuse aux couteaux phalliques qui remplit virilement l'amphore divine de ses bijoux et parfums. Il ne s'agit cependant pas tant d'un renversement des sexes que du rêve de les annihiler grâce à l'objet, puisque l'« urne tunisienne est tour à tour *une* urne ou *un* vase, car cela lui plaît ainsi ». Le sexe doit donc mourir dans l'*urne* funéraire pour pénétrer dantesquement dans un nouvel *Enfer* : « Entrez donc chez moi et laissez-y toute espérance d'autre chose que l'*amour* ». L'expérience de cet « amour » désarçonne le médecin, représentant d'un savoir traditionnel sur le corps, qui le taxe dès lors de morbide. De même, la nièce d'Éliante, lectrice de textes médicaux vulgarisés, décrit sa tante comme un « cas pathologique : c'est une femme nerveuse, superstitieuse[52] ». Mais il semble que ce soit plus largement l'amour qui soit une maladie, puisque Léon a la « fièvre » et des « palpitations », souhaitant « guérir » de

50 *Ibid.*, p. 49-51.
51 *Ibid.*, p. 51 et 53.
52 *Ibid.*, p. 58, 87-88 et 155.

son désir pour Éliante. Sa science s'avère cependant inefficace : dépité, il déchire son manuel de Dieulafoy. Le savoir médical est ainsi réduit en miettes quand il est question d'amours.

Éliante se décrit pourtant comme une « religieuse émancipée, une prêtresse laïque », vivant dans un « sanctuaire », où elle peut « prêcher ». La science aurait d'ailleurs reconnu sa spécificité : « Je sais que je suis l'unique… les médecins me l'ont dit, et j'ai peur de l'amour des hommes qui est mortel. » Le savoir médical justifierait donc la particularité de celle qui dit être « habitée par un dieu ». Mais « les dieux sont seuls, et quand ils se promènent, par hasard, sur terre, ce sont *des cas pathologiques* ou des *baladins*, des *histrions…* qu'on méprise[53] ». Si la singularité ouvre sur des expériences uniques, l'élue est toutefois perçue comme un « cas pathologique » – tel l'albatros égaré des nouvelles amours. Car Léon en effet la jouissance de l'albâtre, et recommande à la jongleuse de pratiquer le sexe par hygiène corporelle :

> Médicalement, les personnes de ton sexe qui se permettent le luxe d'un physique *surnaturel*, – et il est clair que tu vis comme on jouirait, – finissent par des maladies dont la moins horrible est la *danse de Saint-Guy…* en attendant qu'elles fassent la paralysie générale. Si tu tiens à la jolie souplesse de tes membres, méfie-toi, et tâche de pêcher comme tout le monde[54].

Pourtant, Léon perçoit qu'Éliante pourrait fonder un nouveau savoir sur l'amour. Ne « [sachant] pas du tout feuilleter les livres de la médecine moderne », « [elle a] feuilleté des hommes », et demeure « en effet, *la maîtresse*, celle qui enseigne l'amour » : « Les jeunes hommes de demain veulent se souvenir de toi ! Je te prie de me choisir en qualité d'interprète. Je viens te demander ma part de volupté pour *leur* affirmer, plus tard, devant des tables de dissections, la fécondante joie du rêve… quand j'aurai cessé de rêver. » Mais Éliante refuse de consoler les carabins, demeurant « le poème vivant et souffrant d'un corps tourmenté de passions bizarres ». Finalement, alors que Léon croit enfin posséder Éliante, il couche avec la nièce tandis qu'Éliante se suicide. Devenus des parents rangés, Léon espère toutefois que sa fille aura *« ses yeux*, les yeux du rêve[55] » dont il a été, bien que médecin – ou parce que médecin –, épris.

53 *Ibid.*, p. 149-150 et 168.
54 *Ibid.*, p. 131.
55 *Ibid.*, p. 89, 104, 133 et 255.

Le fétichisme rachildien chamboule ainsi la normativité sexuelle, trop réductrice dans l'exploration de sensations nouvelles et *hors nature*, qui s'incarnent dans un « poème vivant et souffrant ». Cette quête est toutefois un jonglage dangereux auquel la science assiste impuissante – puisque les fétichistes meurent de leurs passions inouïes. La soie de Paul, que l'on retrouve dans la robe d'Éliante, devient l'encre gravant le rêve d'amours impossibles sur des peaux désormais invisibles. L'amour transcende ainsi la déceptive union pour embrasser un objet à la généricité variable, dominant par sa taille ou son luxe artificiel. Il se substitue alors au partenaire devenu voyeur et auquel le plaisir ultime doit demeurer inconnu – si ce n'est par cette femme inédite, à « la bouche, très rouge, sa bouche entre parenthèses… sur une page blanche et noire[56] ».

LA FEMME FÉTICHE

> L'ai-je aimée ? Non, non, non. Elle
> m'a possédé âme et corps, envahi, lié[57].

Si l'héroïne rachildienne est une fétichiste moderne, Jules Laforgue et Guy de Maupassant qualifient essentiellement la femme de « fétiche », avant que l'importation psychiatrique de Binet n'ait lieu. Héritiers de la misogynie fin-de-siècle, fortement marqués par la lecture de Schopenhauer, les deux écrivains s'ennuient du manège amoureux de la nature, qui trompe l'humanité pour arriver à ses fins reproductrices – dénonciation que Rachilde fait sienne aussi. C'est de cette lassitude que témoigne Laforgue en 1885 dans la *Complainte des voix sous le figuier boudhique*, considérée par l'auteur lui-même comme « la [pièce la] plus importante (significative) en un sens[58] » des *Complaintes*. Elle se présente

56 *Ibid.*, p. 141.

57 Maupassant, Guy de, *Fou ?*, in *Contes et Nouvelles* I, p. 522.

58 Laforgue, Jules, *Lettre à L. Vanier*, 2 mars 1885 ; cité in *Les Complaintes*, éd. Jean-Pierre Bertrand, Paris, GF Flammarion, 1998, note 33, p. 158.

comme une suite d'interventions vocales entre des communiantes, des voluptantes, des paranymphes et des jeunes gens, conclues par la prise de parole du figuier. La complainte est ainsi constituée de trois instances féminines pour une masculine. Mais toutes les femmes réclament que les hommes, prêts à partir au large, demeurent auprès d'elles. Le poème narre alors l'inlassable montée du désir, l'agonie des sens assouvis puis le deuil de l'Idéal premier.

La chair féminine et ses étoffes enrobantes sont omniprésentes dans cette complainte, dont les premiers vers célèbrent la mort de la transcendance : « Il neige des hosties / De soie, anéanties[59] » ! Les paranymphes insistent ensuite sur une agonie crépusculaire où femme, fleur, et étoffes s'embrassent par la richesse des tropes :

> Les *concetti* du crépuscule
> Frisaient les bouquets de nos seins ;
> Son haleine encore y circule,
> Et, leur félinant le satin,
> Fait s'y pâmer deux renoncules.
>
> Devant ce Maître Hypnotiseur,
> Expirent leurs frou-frou poseurs ;
> Elles crispent leurs étamines,
> Et se rinfiltrent leur parfums
> Avec des mines
> D'œillets défunts.

Les paranymphes évoquent leurs corps par synecdoque, puisqu'elles mentionnent leurs « seins », dont la peau est telle un satin. Puis, la chair est perçue par métonymie, grâce aux renoncules qui s'y « pâment » ; mais ces renoncules sont aussi analogues à des tissus, puisque leurs frou-frous « expirent ». La femme est donc perçue par un entremêlement figural (par synecdoque, métonymie et métaphore), devenant à la fois fleur et tissu. Elle est touchée par les mots d'esprits (les « *concetti* ») que prononce « le crépuscule », instance masculine : et malgré le deuil des « œillets défunts », une émotion passée ne semble pas morte, puisque « l'haleine encore y circule » et que les « parfums » « se rinfiltrent ». Tout se passe comme si, dans la mort de la nuit, quelque chose demeurait prêt à recommencer. Le chant nostalgique des hommes s'élève alors :

---

59 Laforgue, Jules, « Complainte des voix sous le figuier boudhique », in *Les Complaintes*, p. 55-58.

Des rêves engrappés se roulaient aux collines,
Feuilles mortes portant du sang des mousselines,

Cumulus, indolents roulis, qu'un vent tremblé
Vint carder un beau soir de soifs de s'en aller.

Les rêves sont maculés par le « sang des mousselines » ; les tissus, métonymie de la femme, ont été dépucelés. Mais un soir le vent, tel un rouet, a cardé des rêves de lointain, comme s'ils étaient des écheveaux informes de laine. Puisque l'image du tissu se propage tout au long de la complainte, la métonymie de l'étoffe devient métaphore *filée.*

Les communiantes annoncent alors qu'il « neige des cœurs / Noués de faveurs » car elles souhaitent *nouer* les rêveurs grâce à leurs *faveurs*, à la fois coupons de soie et générosité sensuelle *:*

La vie est si saine,
Quand on sait s'arranger.
Ô fiancé probe,
Commandons ma robe !
Hélas, le bonheur est là, mais lui se dérobe…

Dans la rime riche se lit comment la femme est une robe sans contenu, une illusion que l'homme achète – quoiqu'il se *dérobe*, comme effrayé par cette *robe*, par ces *mousselines*, par ces *soies* qui le retiennent. Les jeunes gens répondent enfin dans une longue suite de distiques, dont le rythme duel illustre leur dilemme :

Vie ou Néant ! choisir. Ah ! quelle discipline !
Que n'est-il un Éden entre ces deux usines ?

La femme est un artifice qui les retient, un « néant » dont les hommes ne sont pas dupes, au contraire : l'expérience leur a enseigné qu'elles ne sont qu'un contenant sans contenu – qu'une métonymie vide. S'ils demeurent, c'est en sachant qu'ils sont joués, que l'amour est mensonge :

Ô femme, mammifère à chignon, ô fétiche,
On t'absout ; c'est un Dieu qui par tes yeux nous triche.

Beau commis voyageur, d'une Maison là-haut,
Tes yeux mentent ! ils ne nous diront pas le Mot !

Et tes pudeurs ne sont que des passes réflexes
Dont joue un Dieu très fort (Ministère des sexes).

Tu peux donc nous mener au Mirage béant,
Feu-follet connu, vertugadin du Néant ;

Mais, fausse sœur, fausse humaine, fausse mortelle,
Nous t'écartèlerons de hontes sensuelles !

Et si ta dignité se cabre ? à deux genoux,
Nous te fermerons la bouche avec des bijoux.

La « fausse humaine » munie de « réflexes » est un « fétiche » qu'agite un Dieu malin « très fort ». Comme elle, il « triche », « ment », se « tait », et ne dit pas « le Mot » qu'attendent les jeunes gens. À cette ultime parole tue répond la nuit accablante des « *concetti* », ces discours creux qui frisaient sur la femme, « vaine » idole et « feu-follet » annonçant l'agonie des rêves cardés.

L'homme ne demeure donc aux côtés de ce « vertugadin de Néant », de cette structure sans robe, qu'au prix de la *vertu* de cette *catin*, moyennant des « hontes sensuelles » – « sangsuelles », comme avait d'abord écrit Laforgue. Le fétiche ne pourra que courber sa « chaste taille » et avoir des « condoléances qui lavent et des trouvailles d'animal » : l'âme de l'homme finira ainsi « droguée » par des « baisers » qui sont des « potions ». Bien que reconnaissant la vacuité de l'amour proposé par les robes féminines, les hommes renoncent donc au départ susurré par le vent pour demeurer auprès de celles qui verront leur bouche fermée, « à deux genoux », « avec des bijoux » indiscrets.

Enfin, le figuier prend la parole. S'il symbolise la sagesse dans la religion chrétienne, il produit aussi des figues, ces métaphores du sexe féminin. Son discours profère donc une vérité sur la (petite) mort :

Le ver-luisant s'éteint à bout, l'Être pâmé
Agonise à tâtons et se meurt à jamais.

Et l'Idéal égrène en ses mains fugitives
L'éternel chapelet des planètes plaintives.

Pauvres fous, vraiment pauvres fous !
  Puis, quand on a fait la crapule,
  On revient geindre au crépuscule,
Roulant son front dans les genoux
Des Saintes boudhiques Nounous.

Après la jouissance, le « ver-luisant » s'éteint ; après la pâmoison surgit l'*agonie*, la *mort à jamais* de ce qui fut un rêve de sensualité. Le figuier montre dès lors comment l'amour est *folie crapuleuse* : et la *complainte* prévue « au crépuscule » résonne derechef, tandis que les fronts geignant se posent sur ces mêmes genoux qui tendaient l'instant d'avant les bouches silencieuses aux « bijoux » virils. Le poème se referme sur lui-même et ne cesse de recommencer : s'il s'achève sur le crépuscule où l'« on *re*vient geindre », il s'ouvre sur « la lune en son halo ravagé [...] tout rayonnant de grands deuils ». La *complainte des voix sous le figuier boudhique* se lamente ainsi sur l'inlassable remontée du désir trompeur : et la structure circulaire du poème prouve qu'il est impossible d'échapper au sortilège étoffé des « mammifères à chignon ». L'ontologie de la femme-fétiche est d'ordre métonymique, puisqu'elle n'est qu'un tissu sans corps : crinoline, mousseline, vertugadin, faveurs de soie. Le culte du fétiche n'est donc pas tant un amour partiel que la réduction du féminin à une structure concave, à une béance intime au charme factice – à une fleur rhétorique.

Un même emprisonnement masculin se retrouve dans l'œuvre de Maupassant, où la femme aliène l'homme grâce à son magnétisme : « Elle me possédait par toute sa personne, par ses gestes, par ses attitudes, même par les choses qu'elle portait qui devenaient ensorcelantes. Je m'attendrissais à voir sa voilette sur un meuble, ses gants jetés sur un fauteuil[60]. » Si tout ce qui est relatif à la femme charme l'homme, l'utilisation du mot « fétiche » dans *Misti. Souvenirs d'un garçon*, indique à quel point l'adoration de la femme représente un danger vital. Le narrateur masculin se souvient d'une ancienne maîtresse, Emma, sur qui il aimait être « étendu sur le divan, le front

60 Maupassant, Guy de, *Adieu*, in *Contes et Nouvelles* I, p. 1248. S'il est certain que le rôle de la femme varie du premier au dernier roman de Maupassant, *d'Une Vie* à *Notre Cœur*, l'on trouve néanmoins dans les récits brefs une persistance à narrer des cas d'envoûtement masculin qui interdisent de penser, comme Mary Donaldson-Evans, qu'un tournant s'opère autour de 1885 : alors que les femmes auraient été auparavant des victimes christiques, les hommes seraient par la suite dépossédés par elles, comme le héros par la folie. En s'appuyant sur un voyage que Maupassant a effectué deux mois avant sa rédaction en Angleterre, la critique propose d'interpréter *Le Horla* comme signifiant « le OR la », ce qui manifesterait le balancement (ou l'exclusion) entre les deux sexes. L'interprétation est certes séduisante, mais l'œuvre de Maupassant est globalement plus ambivalente sur le rôle de la femme (*A Woman's Revenge : the Chronology of Dispossession in Maupassant's fiction*, Lexington, Ky., French Forum, 1986).

sur une de ses jambes, tandis que sur l'autre dormait un énorme chat noir, nommé "Misti", qu'elle adorait ». Les amants se rendent souvent dans des « cafés borgnes », des « assommoirs de Montmartre[61] », où la jeune femme aime à s'encanailler. Crédule, elle est attirée par une sorcière qui lui prédit l'avenir dans son salon, où trône un chat empaillé qui « l'air du démon de ce logis sinistre » :

> Ce chat-là, dit [la vieille], je l'ai aimé comme on aime un frère. J'étais jeune alors, et toute seule, couturière en chambre. Je n'avais que lui, Mouton. C'était un locataire qui me l'avait donné. Il était intelligent comme un enfant, et doux avec ça, et il m'idolâtrait, ma chère dame, il m'idolâtrait plus qu'un fétiche. Toute la journée sur mes genoux à faire ron-ron, et toute la nuit sur mon oreiller ; je sentais son cœur battre, voyez-vous.

De même que le narrateur dort sur les genoux d'Emma, de même le chat de la couturière ronronne sur le « fétiche », jusqu'à ce qu'elle amène un soir un vendeur de blanc, qui l'embrasse :

> Mais, tout à coup, je sens qu'il fait un grand mouvement, et il pousse un cri, un cri que je n'oublierais jamais. J'ouvre les yeux et j'aperçois que Mouton lui avait sauté au visage et qu'il lui arrachait la peau, à coups de griffe, comme si c'eût été une chiffe de linge. Et le sang coulait, madame, une pluie.

Aux yeux fermés par le baiser répondent les yeux crevés par le chat qui a « perdu le sens ». Transformé en « chiffe de linge », l'amoureux meurt peu de temps après dans un hospice, tandis que l'idolâtre est défenestré par la maîtresse, puis empaillé : « S'il avait fait ça, c'est qu'il m'aimait, pas vrai[62] ? » Effrayée, Emma se débarrasse de Misti, redoutant de perdre les yeux de son chéri.

La femme fétiche aliène aussi le héros de *Notre Cœur* où l'incandescente Mme de Burne, maîtresse d'un salon artiste, se joue de son amant Mariolle, pris au piège de l'« artifice de séduction » de ces modernes « incapables d'amour [;] et elles ne veulent pas d'enfants ». Cette incapacité d'aimer serait imputable à la littérature, comme le reproche le héros à l'écrivain Lamarthe :

> Or, mon cher, plus d'amour dans les livres, plus d'amour dans la vie. Vous étiez des inventeurs d'idéal, elles croyaient à vos inventions. Vous n'êtes

---

61 Maupassant, Guy de, *Misti. Souvenirs d'un garçon*, in *Contes et Nouvelles I*, p. 1154-1155.
62 *Ibid.*, p. 1156-1157.

> maintenant que des évocateurs de réalités précises, et derrière vous elles se sont mises à croire à la vulgarité de tout[63].

Maupassant reprend ici une chronique de 1886, « L'amour dans la vie et dans les livres », où il impute le trépas de l'amour à une approche scientifique de l'existence que relaie la littérature d'inspiration médicale : « La génération littéraire d'aujourd'hui, en général, nous déshabitue du rêve passionné pour ne considérer la tendresse humaine qu'à l'état de cas pathologique, d'accident normal de l'instinct, étendant son influence sur la nature morale. » Or Maupassant estime que « c'est d'ordinaire dans les livres que nous acquérons la connaissance de l'amour, c'est par eux que nous commençons à en désirer les émotions ». En en fournissant une vision morbide, la littérature dégrade le sentiment : « Personne, parmi ceux qui écrivent aujourd'hui, ne peut faire couler dans le cœur de ses lecteurs ce je-ne-sais-quoi d'attendri qui prépare et fait naître les émotions d'amour. Et l'on peut dire, on peut affirmer que l'amour n'existe plus dans la jeune société française[64]. »

Notre Cœur est donc bien le cri d'une génération désespérée par la mort de l'amour, car il ne demeurerait en cette fin-de-siècle qu'une femme *fétiche*, impitoyable envers son idolâtre :

> Dans la chapelle vide, elle n'est qu'un bois sculpté. Mais si seulement un croyant entre dans le sanctuaire, adore, implore, prosterné, et gémit de ferveur, ivre de sa religion, elle devient l'égale de Brahma, d'Allah ou de Jésus, car tout être aimé est une espèce de dieu.
>
> Plus qu'aucune Mme de Burne se sentait née pour le rôle de fétiche, pour cette mission donnée aux femmes par la nature d'être adorées et poursuivies, de triompher des hommes par la beauté, la grâce, le charme et la coquetterie.
>
> Elle était bien cette sorte de déesse humaine, délicate, dédaigneuse, exigeante et hautaine, que le culte amoureux des mâles enorgueillit et divinise comme un encens[65].

Dans un culte animal où la semence devient encens stérile, la divinité féminine est avide d'offrandes viriles qui écorchent l'ensorcelé : « Elle l'avait cloué sur une croix ; il y saignait de tous ces membres, et elle le

63 Maupassant, Guy de, *Notre Cœur*, in *Romans*, p. 1103-1105.

64 Maupassant, Guy de, « L'Amour dans la vie et dans la littérature », *Gil Blas*, 6 juillet 1886.

65 *Ibid.*, p. 1115. Ce passage a été abondamment travaillé et raturé par Maupassant, selon Louis Forestier – ce qui témoigne de son importance pour l'économie romanesque de *Notre Cœur* (*ibid.*, p. 1660).

regardait agoniser sans comprendre sa souffrance, contente même d'avoir fait ça. Mais il s'arracherait de ce poteau mortel, en y laissant des morceaux de son corps déchiqueté. » Dans le *fétichisme* de Mariolle, ce n'est donc plus la femme qui est disséquée synecdochiquement par le désir, mais le corps de l'homme qui est mutilé par un « bouquet vivant, un inimaginable bouquet[66] » :

> Une ceinture d'œillets serrait sa taille et descendait autour d'elle jusqu'à ses pieds, en cascades. Autour des bras nus et des épaules courait une guirlande emmêlée de myosotis et de muguets, tandis que trois orchidées féériques semblaient sortir de sa gorge et caressaient la chair pâle des seins de leur chair rose et rouge de fleurs surnaturelles. Ses cheveux blonds étaient poudrés de violettes d'émail où luisaient de minuscules diamants. D'autres brillants, tremblant sur des épingles d'or, scintillaient comme de l'eau dans la garniture embaumée du corsage.

La composition noie la chair entre le minéral et le végétal : « Aujourd'hui la coquetterie était tout, l'artifice était devenu le grand moyen et aussi le but. » L'accessoire a donc pris le pas sur le principal : l'ensemble *surnaturel* transforme la femme en un parterre, elle dont le corps n'est plus qu'un « prétexte à parures, un objet à orner : ce n'était plus un objet à aimer[67] ». Le terme fétiche ne représente ainsi pas tant une métonymie de la femme qu'une métaphore disant son essence. À la subjectivation rachildienne répond chez Maupassant la réification volontaire de la femme (et en dépit des hommes), qui se transforme non pas en sujet sexuel, mais en œuvre artistique, remarque Lamarthe :

> Pour elle, un buste de Houdon, des statuettes de Tanagra ou un encrier de Benvenuto ne sont que les petites parures nécessaires à l'encadrement naturel et riche d'un chef-d'œuvre, qui est Elle : Elle et sa robe, car sa robe fait partie d'Elle ; c'est la note nouvelle qu'elle donne chaque jour à sa beauté. Comme c'est futile et personnel, une femme[68] ! »

---

66 *Ibid.*, p. 1133 et 1135.

67 *Ibid.*, p. 1136.

68 *Ibid.*, p. 1141-1143. Une chronique de 1883, intitulée *L'Amour des poètes* évoque comment, malades, les poètes aiment, par-delà la femme, un idéal. Celle-ci n'est ainsi qu'un symbole adoré, telle une image fétiche : « Toute femme devant qui s'exalte leur rêve est le symbole d'un être mystérieux, mais féerique : l'être qu'ils chantent, ces chanteurs d'illusions. Elle est, cette vivante adorée par eux, quelque chose comme la statue peinte, image d'un Dieu devant qui s'agenouille le peuple. Où est ce Dieu ? Quel est ce Dieu ? » (*Gil Blas*, 22 mai 1883).

Alors que le français autorise l'utilisation de mot « objet » pour désigner, sans connotation péjorative, ce sur quoi porte un sentiment, la femme devient ici un bibelot parmi d'autres. Se confondant avec son enveloppe, « Elle » est jouet de l'« artificiel » quoique « belle » : *elle* se réduit à une paronomase désindividualisante et obsédante, à une « note nouvelle » et si « personnelle », dont l'écho envahit *Notre Cœur*. Mariolle doit finalement quitter son fétiche pour *guérir* de cette « sorte de souffrance physique pareille à celle d'un malade à qui on refuse la piqûre de morphine au moment accoutumé ». Il peine à se remettre de cette « inexplicable crise » provoquée par cette fille fleur qui le « possède » : elle a plu à son « cœur par un agrément mystérieux de son contact et de sa présence, par une secrète et irrésistible émanation de sa personne qui [l'] ont conquis comme engourdissent certaines fleurs[69] ». La femme possède l'homme par métonymie – et non l'inverse : loin du rôle passif que la médecine lui attribue sexuellement, elle le domine par son charme. Et elle ne peut le faire que parce qu'elle est, par métaphore, un fétiche : une *figure* factice et décharnée.

Comme la relation amoureuse incarne un péril maladif pour l'homme maupassantien, l'érotique trouve une voie de dérivation dans une philosophie « fétichiste », au sens que lui attribue la médecine. En effet, elle donne toute sa place non seulement aux objets, mais aussi à certaines parties du corps ou à certaines caresses sexuelles qui déjouent la standardisation amoureuse pour dépasser l'insatisfaction inhérente à toute relation. Il est frappant que l'essentiel de la production de Maupassant se situe dans la décennie 1880, au moment où sont élaborées les théories de Charcot, Magnan et Binet. Si aucune trace scripturaire ne prouve que l'écrivain ait lu leurs travaux, sa fréquentation des leçons du mardi à la Salpêtrière peut laisser croire qu'il a eu vent des recherches savantes sur les folies d'amour[70]. Binet, quant à lui, ne convoque aucun texte de Maupassant, alors qu'avec la publication de *Boule de suif* en 1880 ce dernier est devenu une personnalité de premier plan, dont les récits paraissent pour la plupart dans la presse avant d'être réunis dans des recueils. La connaissance étendue que possédait le psychologue de la

69 *Ibid.*, p. 1149-1151.

70 Maupassant essaiera de faire venir en vain Charcot auprès de sa mère, très malade, en 1878 ; ironie du sort, le neurologue examinera l'écrivain en 1892, alors qu'il est déjà en proie au délire. Sur la figure de Charcot dans l'œuvre maupassantienne, voir Marquer, Bertrand, *Les Romans de la Salpêtrière*, Genève, Droz, 2008.

littérature ; les fréquentations et la correspondance qu'il entretenait avec des écrivains de son temps interdisent de penser qu'il méconnaissait l'œuvre maupassantienne[71]. Ainsi, lorsque Binet déclare que « les preuves de cette idolâtrie amoureuse qui, plus que toute autre, mérite le nom de fétichisme, pourraient être fournies par la lecture du premier roman venu », l'on peut être autorisé à classer, parmi la « littérature [qui] a bien souvent chanté[72] » le fétichisme, celle de Maupassant. Et Philippe Lejeune remarque que si le fétichisme n'est pas « un point central dans l'univers psychique de Maupassant », il demeure toutefois « lié à la fascination des reliques, associé à des structures tragiques de retour obsessionnel[73] ». Pour Marie-Claire Bancquart, « tout amour "possède" sa victime, l'obsède de détails matériels, le livre au fétichisme. [...] L'érotisme est une magie noire. Il fait de sa victime une proie, et la proie d'un mensonge. Comme la magie, il a recours à des "objets-supports" qui parfois sont détachés de l'être vivant pour devenir en eux-mêmes facteurs de désir[74] ». Si les critiques traquant comment les fictions de l'écrivain « anticipent à leur manière sur les théories freudiennes[75] » sont nombreux, il est cependant possible d'interroger la poétique de l'objet érotique maupassantien (« ce *rien* qui est *toute* la vie[76] ») en l'inscrivant dans une philosophie amoureuse qui lui soit propre et qui dialogue avec son époque.

---

71 Il est même possible qu'il l'ait rencontré, car sa fille Madeleine Binet assure dans son *Journal* que la mère du psychologue, passionnée de peinture, « eut l'art de savoir choisir ses amis », parmi lesquels elle comptait Maupassant (publié sous la direction de Bernard Andrieu, Jacqueline Morlot et Alexandre Klein, *HS*, n° 2, octobre 2011).

72 Binet, Alfred, « Le Fétichisme dans l'amour », p. 160 et 270.

73 Lejeune, Philippe, « Maupassant et le fétichisme », in Lecarme, Jean [*et al.*], *Maupassant, miroir de la nouvelle*, Saint-Denis, Presses universitaires de Vincennes, « L'imaginaire du texte », 1988, p. 94.

74 Bancquart, Marie-Claire, *Maupassant conteur fantastique*, Paris, Archives des Lettres modernes – Minard, 1976, p. 61-62.

75 Lejeune, Philippe, « Maupassant et le fétichisme », p. 98.

76 Bayard, Pierre, *Maupassant, juste avant Freud*, Paris, Les Éditions de Minuit, 1994, p. 170.

« FOLIES POÉTIQUES »

Maupassant explore l'importance des « insignifiants détails », la vitalité des « objets vulgaires » actualisant le passé des sujets : « Il faut trouver aux choses une signification qui n'a pas encore été découverte et tâcher de l'exprimer de façon personnelle. Celui qui m'étônnera en me parlant *d'un caillou, d'un tronc d'arbre, d'un rat, d'une vieille chaise*, sera, certes, sur la voie de l'art et apte, plus tard, aux grands sujets[77] ». L'art ne doit plus trouver du nouveau au fond de l'inconnu, comme dans *Le Voyage* de Baudelaire, mais dans les choses les plus prosaïques de nos vies et dont nous oublions peut-être la signifiance. La force des objets réside peut-être bien dans leur puissance mémorielle, comme dans *Vieux objets* où Adélaïde possède une pièce où s'entasse « un tas de riens » qui « rappellent un tas de choses » : « Mais je retrouve dans le fouillis des bibelots usés ces vieux petits objets insignifiants qui ont traîné pendant quarante ans à côté de nous sans qu'on ne les ait jamais remarqués, et qui, quand on les revoit tout à coup, prennent une importance, une signification de témoins anciens[78] ». Les brimborions peuvent ressusciter le passé et y replonger le sujet, en proie dès lors à la nostalgie, comme dans *Suicides*, dont le pluriel du titre généralise l'expérience. Le narrateur confie être arrivé à la dernière extrémité après avoir ouvert son secrétaire :

> Puis soudain, ouvrant un autre tiroir, je me retrouvai en face de mes souvenirs d'amour : une bottine de bal, un mouchoir déchiré, une jarretière même, des cheveux et des fleurs desséchées. Alors les doux romans de ma vie, dont les héroïnes encore vivantes ont aujourd'hui des cheveux tout blancs, m'ont plongé dans l'amère mélancolie des choses à jamais finies[79].

L'amour se résume, à l'orée de cette vieillesse si crainte par Maupassant, à quelques objets épars – « souvenirs d'amour » accélérant la mort. Une énumération semblable, rassemblant les objets que la médecine

77 Maupassant, Guy de, Lettre à Maurice Vaucaire datée du 17 juillet 1886 ; citée par Forestier, Louis, « Notice » à *« Sur le Roman »*, in Maupassant, Guy de, *Romans*, éd. établie par Louis Forestier, Paris, Gallimard, « Bibliothèque de la Pléiade », 1987, p. 1475.

78 Maupassant, Guy de, *Vieux Objets*, in *Contes et Nouvelles I*, p. 400.

79 Maupassant, Guy de, *Suicides*, in *Contes et Nouvelles I*, p. 178-179.

commence alors à associer au fétichisme, se retrouve dans la *Pétition d'un viveur malgré lui* :

> Et je sanglote sur la bottine, la fine bottine de satin, jaune aujourd'hui, mais qui fut blanche, et que je pris à son pied, dans le jardin, ce soir-là, pour l'empêcher de rentrer au bal.
>
> Je baise les gants, les cheveux blonds ou noirs, les trois jarretières de soie et le mouchoir de dentelle maculé de sang, de ce sang qui semble une pâle tache de rouille et dont, un jour, je conterai l'histoire[80].

Loin d'être de simples exutoires érotiques tels que la psychiatrie les décrit, les objets quotidiens sont le support d'une « histoire » existentielle. *Rouillé*, le sang ne peut recouler que grâce à la littérature, qui fait perdurer la finitude des amours mortes.

Quoique le « petit fétichisme » de Binet admette que les objets soient des souvenirs d'amours révolues, l'*ars amoris* maupassantien s'oppose néanmoins à la norme médicale en déjouant la perfide génitalité fécondante par des *caresses* autres que coïtales :

> Or, j'ai lu dans un livre érudit, qui s'appelle le *Dictionnaire des Sciences médicales*, cette définition de la gorge des femmes, qu'on dirait imaginée par M. Joseph Prudhomme devenu docteur en médecine :
>
> « Le sein peut être considéré chez la femme comme un objet en même temps d'utilité et d'agrément ».
>
> Supprimons, si vous le voulez l'utilité et ne gardons que l'agrément. Aurait-il cette forme adorable qui appelle irrésistiblement la caresse s'il n'était destiné qu'à nourrir les enfants ?
>
> Oui, Madame, laissons les moralistes nous prêcher la pudeur, et les médecins la prudence[81]...

Être homme, c'est donc raffiner son plaisir, comme l'assure dans *L'Inutile beauté* Roger de Salins :

> Pour adoucir notre sort de brutes nous avons découvert et fabriqué de tout, à commencer par des maisons, puis des nourritures exquises, des sauces, des bonbons, des pâtisseries, des boissons, des liqueurs, des étoffes, des vêtements, des parures, des lits, des sommiers, des voitures, des chemins de fer, des machines innombrables ; nous avons, de plus trouvé les sciences et les arts, l'écriture et les vers. Oui, nous avons créé les arts, la poésie, la musique, la

80 Maupassant, Guy de, *Pétition d'un viveur malgré lui*, in *Contes et Nouvelles I*, p. 342.
81 Maupassant, Guy de, *Les Caresses*, in *Contes et Nouvelles I*, p. 955.

> peinture. Tout l'idéal vient de nous, et aussi toute la coquetterie de la vie, la toilette des femmes et le talent des hommes qui ont fini par un peu parer à nos yeux, par rendre moins nue, moins monotone et moins dure l'existence de simples reproducteurs pour laquelle la divine Providence nous avait uniquement animés[82].

Héritier du Baudelaire de *L'Éloge du maquillage*, l'homme civilisé a réussi à « parer » la nudité, à « fabriqu[er] » des subterfuges contre l'hostile nature : « qu'y a-t-il, en effet, de plus ignoble, de plus répugnant que cet acte ordurier et ridicule de la reproduction des êtres, contre lequel toutes les âmes délicates sont et seront éternellement révoltées ? » Il faut cesser de réduire la sexualité à la pénétration « brutale, bestiale et plus, quand on y songe », touchant au « grotesque[83] ». Alors que la science de l'amour taxe les amours fétichistes de « bouffonnes[84] », est au contraire valorisée chez Maupassant « l'irrésistible séduction des bas de soie fins et brodés, et le charme exquis des nuances, et l'ensorcellement des précieuses dentelles cachées dans la profondeur des toilettes intimes, et la troublante saveur du luxe secret, des dessous raffinés, toutes les subtiles délicatesses des élégances féminines[85] ».

Désormais, c'est donc l'amour *fétichiste* qui permet d'atteindre un amour plus absolu et esthétique. Le contrat marital, réduisant socialement l'amour à la reproduction, ne peut qu'être stérilisant :

> Donc le mariage crée une situation anormale, antinaturelle, et à laquelle on ne peut se résigner que grâce à des abnégations infinies, à une vertu supérieure, à des mérites absolument religieux, une situation à laquelle le mari ne se résigne jamais, une situation qui met éternellement la conscience en lutte avec l'instinct, avec l'amour[86].

L'amant maupassantien valorise dès lors des gestes érotiques comme le baiser. C'est en effet par le contact des bouches qu'« on croit parfois sentir cette impossible union des âmes que nous poursuivons, cette confusion des cœurs défaillants ». Par-delà la possession charnelle, le préliminaire amoureux l'emporte sur la brutalité de l'*œuvre* de chair : « Le baiser

---

82 Maupassant, Guy de, *L'Inutile Beauté*, in *Contes et Nouvelles II*, p. 1219-1220.

83 Maupassant, Guy de, *Mots d'amour*, in *Contes et Nouvelles I*, p. 360.

84 Tarde, Gabriel, « L'Amour morbide », p. 592.

85 Maupassant, Guy de, *Mots d'amour*, p. 361.

86 Maupassant, Guy de, « préface » de *L'Amour à Trois* de Paul Ginisty, Paris, Baillière, 1884.

est une préface, pourtant. Mais une préface charmante, plus délicieuse que l'œuvre elle-même ; une préface qu'on relit sans cesse, tandis qu'on ne peut pas toujours… relire le livre[87]. » Comme chez Belot, l'amour s'assimile à une narration, et l'acte charnel à une lecture jamais rassasiée du corps de l'autre. Le baiser, chapitre du livre voluptueux, devient plus savoureux que le reste de l'œuvre : et la métaphore transforme du coup la littérature chantant cet érotisme en un acte d'amour[88].

La volupté du baiser réside souvent dans la présence de moustaches et de barbes – tant chez les hommes que chez les femmes d'ailleurs, comme dans *La Moustache*[89] :

> D'où vient donc la séduction de la moustache, me diras-tu ? Le sais-je ? D'abord, elle chatouille d'une façon délicieuse. On la sent avant la bouche et elle vous fait passer dans tout le corps, jusqu'au bout des pieds, un frisson charmant. C'est elle qui caresse, qui fait frémir et tressaillir la peau, qui donne aux nerfs cette vibration exquise et qui fait pousser ce petit « ah ! » comme si on avait un grand froid[90].

Les baisers sans moustache seraient d'ailleurs impudiques : « Une lèvre sans moustache est nue comme un corps sans vêtements ; et il faut toujours des vêtements, très peu si tu veux, mais il en faut ! » – sous peine que la sexualité ne redevienne animale. C'est pourquoi « il n'y a pas d'amour sans moustaches », de même qu'« il n'y a pas de patriotisme sans agriculture ! », comme l'assure alors un ministre. Et la fétichiste d'ériger ensuite un catalogue des variétés moustachues :

> Et que d'aspects variés elles ont ces moustaches ! Tantôt elles sont retournées, frisées coquettes. Celles-là semblent aimer les femmes avant tout !

87 Maupassant, Guy de, *Le Baiser*, in *Contes et Nouvelles I*, p. 632.

88 La littérarisation de la possession charnelle se retrouve dans *Ce cochon de Morin* : « Alors je poussai doucement le verrou ; et, m'approchant sur la pointe des pieds, je lui dis : "J'ai oublié, mademoiselle, de vous demander quelque chose à lire". Elle se débattait ; mais j'ouvris bientôt le livre que je cherchais. Je n'en dirai pas le titre. C'était vraiment le plus merveilleux des romans, le plus divin des poèmes. Une fois tournée la première page, elle me laissa parcourir à mon gré ; et j'en feuilletai tant de chapitres que nos bougies s'usèrent jusqu'au bout » (in *Contes et Nouvelles I*, p. 650).

89 Il serait d'ailleurs courant selon Krafft-Ebing : « Les femmes font aussi particulièrement cas de la barbe, surtout de la moustache. Cependant, c'est là, question d'espèce individuelle, et aussi de pays. Tant d'Américains ne seraient pas glabres, si la moustache avait un attrait spécial pour les Américaines. Mais en général, on admet en fait que la moustache est pour la femme un objet favori particulièrement érotique » (*Psychopathia sexualis* [1950], p. 387).

90 Maupassant, Guy de, *La Moustache*, in *Contes et Nouvelles I*, p. 919.

> Tantôt elles sont pointues, aiguës comme des aiguilles, menaçantes. Celles-là préfèrent le vin, les chevaux, les batailles.
> Tantôt elles sont énormes, tombantes, effroyables. Ces grosses-là dissimulent généralement un caractère excellent, une bonté qui touche à la faiblesse et une douceur qui confine à la timidité[91].

En conclusion, ce que la narratrice « adore d'abord dans la moustache, c'est qu'elle est française, bien française ». Il n'y aurait donc *pas de patriotisme sans moustache.* Mais alors, le récit bascule en mode mineur. Lors de la guerre franco-prussienne, la narratrice a en effet reconnu les cadavres français à leur moustache (les Allemands portant la barbe), alors que « les uniformes étaient ensevelis, cachés sous la terre ». La personnification de la moustache, qui auparavant buvait du vin et aimait les courses de chevaux, se poursuit dans une prosopopée posthume : « Ne me confonds pas avec mon ami barbu, petite, je suis un frère », dit-elle à la narratrice. Et le danger de confusion est bien présent, car la barbe de ceux qui se sont rasés le jour du combat, « comme s'ils eussent voulu être coquets jusqu'au dernier moment », « avait un peu repoussé, car tu sais qu'elle pousse encore après la mort[92] ». Ainsi la nouvelle, qui avait débuté avec des confidences féminines galantes, s'achève sur ces visages putrides où survit la moustache, devenue le signe de qui l'on a été lorsqu'on n'existe plus. Est ainsi érotisé ce qui défie, gauloisement certes, la mort.

À ce fétichisme féminin de la moustache répondent des femmes à moustaches pullulant dans la production de Maupassant – alors même qu'on commence à épiler le duvet supérieur[93]. Les poils féminins sont liés à un potentiel érotique désarçonnant, comme en témoigne cette inconnue, rencontrée par Roger de Annettes, un soir, sur le pont de la Concorde :

> C'était une brune, une brune grasse, avec des cheveux luisants, mangeant le front, et des sourcils liant les deux yeux sous leur grand arc d'une tempe à l'autre. Un peu de moustache sur les lèvres faisait rêver...rêver...comme on rêve à des bois aimés en voyant un bouquet sur une table. Elle avait la taille

---

91 *Ibid.*, p. 920-921.

92 Maupassant, Guy de, *La Moustache*, p. 922.

93 Dans *La Femme à barbe*, poème publié dans le *Nouveau Parnasse satyrique* en 1881, Maupassant décrit sa relation avec un de ces êtres étonnants, qui traversaient alors la France dans des foires pour exhiber leur attribut viril. L'acte sexuel, crûment évoqué, inverse les rôles, puisque c'est la femme à barbe qui domine le poète.

> très cambrée, la poitrine très saillante, présentée comme un défi, offerte comme une tentation. L'œil était pareil à une tache d'encre sur de l'émail blanc. Ce n'était pas un œil, mais un trou noir, un trou profond, ouvert dans sa tête, dans cette femme, par où on voyait en elle, on entrait en elle. Oh ! l'étrange regard opaque et vide, sans pensée et si beau[94] !

Les poils triomphent chez cette femme à la beauté béante : les cheveux *mangent* le visage, tandis que la moustache suscite une rêverie végétale. Les sourcils, autre moustache, triomphent de la symétrie en s'unissant : de même, le regard n'est qu'un œil, comparé à une tâche d'encre, à « un trou noir, un trou profond » qui appelle l'Obélisque phallique à côté duquel Robert demeure « frappé par la plus forte émotion de désir qui [l']eût encore assailli » :

> Et elle s'en alla, après m'avoir dévisagé, jugé, pesé, analysé de ce regard lourd et vague qui semblait vous laisser quelque chose sur la peau, une sorte de glu, comme s'il eût projeté sur les gens un de ces liquides épais dont se servent les pieuvres pour obscurcir l'eau et endormir leurs proies.

Le conteur demeure enténébré par l'encre épaisse de cette femme moustachue, qui laisse sur la peau l'invitation à l'écriture de sa séduction troublante. Mais le jour du rendez-vous, lors du déshabillage, le narrateur est paralysé par cette *encre* épidermique : « J'aperçus une chose surprenante, une tache noire, entre les épaules ; car elle me tournait le dos ; une grande tache en relief, très noire ». Ce qui surgit n'est pas la blancheur du corps, mais une « tache » répandue sur la feuille corporelle :

> Qu'était-ce ? Je n'en pouvais douter pourtant, et le souvenir de la moustache visible, des sourcils unissant les yeux, cette toison de cheveux qui la coiffait comme un casque, aurait dû me préparer à cette surprise.
>
> Je fus stupéfait cependant, et hanté brusquement par des visions et des réminiscences singulières[95].

Incapable de pêcher la pieuvre obscure, le conteur qui se retrouve sans « voix, mais plus un filet », tente néanmoins de lui « chanter [sa] chanson d'amour » avec sa « voix de chanteur du Pape ». Nouveau castrat, il reste fasciné par cette femme qui le quitte vexée, et dont l'image désormais le fait souffrir « affreusement du désir inapaisé » :

---

94 Maupassant, Guy de, *L'Inconnue*, in *Contes et Nouvelles II*, p. 443-444.

95 *Ibid.*, p. 444-445.

> Elle assiste à tous mes rendez-vous, à toutes mes caresses qu'elle me gâte, qu'elle me rend odieuses. Elle est toujours là, habillée ou nue, comme ma vraie maîtresse ; elle est là, toute près de l'autre, debout ou couchée, visible mais insaisissable. Et je crois maintenant que c'était bien une femme ensorcelée, qui portait entre ses épaules un talisman mystérieux[96].

La toison tâchée est un « talisman », un fétiche dont la puissance envoûte de sa présence permanente l'absence – car *elle est là*. Face à ce Horla féminin, le récit s'achève sur la quête d'identité de cet *être* venu d'ailleurs : « Qui est-elle ! Une Asiatique peut-être ? Sans doute une juive d'Orient ? Oui, une juive ! J'ai dans l'idée que c'est une juive. Mais pourquoi ? Voilà ! Pourquoi ? Je ne sais pas ! ». Alors que *La Moustache* et *Une inconnue* semblent initialement des gauloiseries, la passion pileuse se transforme finalement en drame de la mort et de l'impuissance désirante, butant contre des béances noires.

Si elle valorise les caresses préfacielles, fascinée par les poils talismaniques, l'érotique maupassantienne cherche aussi à se détourner de la déliquescence des corps naturels. Heurtés un jour quelconque par une haleine fétide ou la mort d'un proche, les personnages sombrent alors dans un mode d'aimer taxé par la médecine de pathologique, mais qui relève pourtant d'un idéal désespéré défiant la finitude. Face à une psychiatrie remontant sans cesse en amont des crimes sexuels, les *pervers* de Maupassant sont des êtres a priori *normaux*. Philippe Lejeune a justement remarqué comment l'écrivain fait l'impasse sur *l'hérédité* que les traités médicaux s'acharnent à décrire[97] :

> Le héros de Maupassant est souvent un homme sans histoire et sans mémoire. Présenté comme ordinaire, normal, moyen, il va dériver progressivement vers un état pathologique. Une telle candeur, qui est celle du patient en proie à des symptômes qui d'abord l'étonnent, peut être envisagée comme un dispositif expérimental. Bloquant toute fuite en amont vers des explications dérisoires, elle oblige à se focaliser sur l'économie interne de la perversion[98].

Un cas de divorce narre justement l'histoire d'un « pervers », d'un « olfactif » dirait Binet, chez qui l'amour se détourne du corps féminin

96 *Ibid.*, p. 447.

97 « Il est un devoir qui s'impose à l'expert : c'est de remonter dans la vie de l'inculpé, de le suivre pour ainsi dire pas à pas et d'enregistrer soigneusement tous les indices susceptibles de le renseigner exactement sur sa personnalité morale et de lui permettre, enfin, de rattacher à un même fond morbide tout un ensemble de phénomènes qui restent inintelligibles, sans la connaissance de ce lien commun » (Garnier, Paul, *La Folie à Paris*, p. 370).

98 Lejeune, Philippe, « Maupassant et le fétichisme », p. 100.

au profit de l'œil d'abord, puis des fleurs. La structure narrative se présente comme un procès de divorce, demandé par l'épouse contre un « fou honteusement idéaliste », dont la « maladie mentale, [est] moins rare qu'on ne croit dans notre époque de démence hystérique et de décadence corrompue ». Répandue selon l'avocat, la perversion décadente « relève bien plus de la médecine que de la justice, et constitue bien plus un cas pathologique qu'un cas de droit ordinaire ». S'il plaide le droit au divorce, le narrateur qualifie néanmoins le comportement de l'accusé de « folie poétique[99] », analogue à celle de Louis II de Bavière.

Ainsi, la structure narrative joue d'une part sur le pan social du procès civil, qui taxe de « démence » les « allures bizarres et incompréhensibles pour tous » de l'accusé ; mais d'autre part, dans le journal dont on lit des fragments comme autant de pièces à conviction, l'on découvre comment le héros a contourné l'amour pour privilégier une quête idéale. L'écriture de soi excuse l'inculpé, épouvanté par la laideur du monde : « Il faudrait aimer, aimer éperdument, sans voir ce qu'on aime. Car voir c'est comprendre, et comprendre c'est mépriser ». S'il faudrait ne pas voir pour aimer, le narrateur réduit d'abord la femme idéale à n'être qu'œil – un œil qui est « toute la femme, la femme qui existe au fond de mon cœur ». Mais le mariage de l'amoureux des yeux est vite un fiasco. Dégoûté, il envisage la femme comme un appât agité par la nature pour l'obliger à se reproduire, dont le charme s'évapore un jour de maladie : « Je sentis dans son haleine le souffle léger, subtil, presque insaisissable des pourritures humaines. Je fus bouleversé ! ». Répugné par l'odeur des « pourritures » charnelles, le narrateur se fixe alors sur les fleurs, sur « elles, elles seules, au monde, sans souillure pour leur inviolable race, évaporant autour d'elles l'encens divin de leur amour, la sueur odorante de leurs caresses, l'essence de leur corps incomparables, de leurs corps parés de toutes les grâces ». Par paronomases, la phrase transforme la fleur en une femme inviolable, qui n'aurait pas besoin de la brutalité sexuelle pour aimer. Cachant ses fleurs dans des serres, telles les « femmes des harems », le narrateur est sexuellement lié à ses orchidées :

> Comme elles sont grasses, profondes, roses, d'un rose qui mouille les lèvres de désir ! Comme je les aime ! Le bord de leur calice est frisé, plus pâle que leur

---

99 Maupassant, Guy de, *Un cas de divorce*, p. 783.

gorge et la corolle qui s'y cache, bouche mystérieuse, attirante, sucrée sous la langue, montrant et dérobant les organes délicats, admirables et sacrés de ces divines petites créatures qui sentent bon et ne parlent pas[100].

Lorsque son désir se porte sur une de ces bouches muettes, il la porte dans un temple à part, telle une idole : « Je reste près d'elle, ardent, fiévreux et tourmenté, sachant sa mort si proche, et la regardant se faner, tandis que je la possède, que j'aspire, que je bois, que je cueille sa courte vie d'une inexprimable caresse ». La fleur disparaît alors dans une dernière possession, mais d'une mort qui n'est pas peur de la décomposition, car les orchidées, fleurs aimées par-dessus toutes les autres, sont ses « endormeuses préférées[101] ». La possession de la vie florale surgit ainsi à l'aube du néant – et le fétichisme en est l'ultime jouissance.

Alors que l'amour des choses est ridiculisé en médecine de par la pauvre quotidienneté des fétiches et leur accumulation sérielle, chez Maupassant il n'y a pas de répétition mécanique, mais un ensemble structuré de supports érotiques : « Loin d'être perçus comme le produit monomaniaque d'un individu en proie à une obsession ridicule, ce sont des objets traditionnels d'échange social : une serre, une collection se visitent[102] ». C'est pourquoi Philippe Lejeune évoque une « poétisation du phénomène » fétichiste – comme celle que la science reproche à la littérature. En effet, la conduite des amoureux maupassantiens, quoiqu'étrange et condamnée socialement, est manifestement inoffensive ; adressée à des objets raffinés, elle est l'effet d'un désespoir suscité par la finitude du monde et l'incompréhension des êtres. « Folie poétique » en quête de beauté, elle se dit dans une écriture du moi journalière relayée par des instances narratives qui incarnent des autorités juridiques ou médicales. La structure enchâssée des nouvelles de Maupassant interroge ainsi l'érotisme, et en particulier celui des cheveux, dont il se fait indéniablement l'avocat face à toute tentative de réduction théorique.

---

100 *Ibid.*, p. 777-782.

101 *Ibid.*, p. 782-783. Le terme *endormeuse* donne son titre à un récit de 1889, où Maupassant rêve qu'il existerait une société euthanasiant par gaz, ce qui permettrait aux suicidés de ne plus se tordre de douleur avec le poison ou de se noyer dans l'encre de la Seine : car la mort, nommée « anéantissement », y est « fleurie », « parfumée », « facile ». Le rêveur s'étend sur l'Endormeuse, une « chaise basse en crêpe de Chine », afin de tester un gaz anéantissant dont on « change à volonté la fleur et le parfum, car [le] gaz, tout à fait imperceptible, donne à la mort l'odeur de la fleur qu'on aima » (*L'Endormeuse*, in *Contes et Nouvelles II*, p. 1166-1167).

102 Lejeune, Philippe, « Maupassant et le fétichisme », p. 101.

LA CHEVELURE ENCHÂSSÉE

Les fous m'attirent[103].

Plusieurs nouvelles maupassantiennes plongent dans le mystère érotique des cheveux qui, comme la moustache, apparaissent comme profondément liés à la mort – ou plutôt à son dépassement, puisqu'ils sont utilisés alors pour faire du fil, de la broderie, ou encore de la bijouterie en souvenir d'un défunt. Les bijoux de ce type ne circulent pas sur le marché, puisqu'ils possèdent une valeur uniquement sentimentale. Offrir des cheveux, c'est alors s'assurer de la permanence d'une partie imputrescible du corps, pouvant néanmoins en être détachée. Ainsi dans *Une Veuve*, une vieille tante porte une « petite bague faite avec des cheveux blonds[104] » en souvenir d'un enfant de treize ans qui s'est suicidé pour elle. Mais c'est dans la célèbre *Chevelure* de 1884 que l'amour des cheveux se noue inextricablement à la résurrection du passé. Le contexte narratif est médical, car la nouvelle s'ouvre avec la visite effectuée par un premier narrateur dans un asile – visite dont on méconnaît le motif. Il y observe « le fou » et non pas *un* fou quelconque, comme si ce dernier l'était par excellence. De sa cellule carcérale peinte à la chaux, à peine éclairée par une haute lucarne, l'aliéné regarde avec son « œil fixe, vague et hanté » le visiteur et le médecin. À la blancheur du lieu répondent les cheveux du fou, « presque blancs, qu'on devinait blanchis en quelques mois », dans une sorte de contagion

103 Maupassant, Guy de, *Madame Hermet*, in *Contes et Nouvelles II*, p. 874.

104 Maupassant, Guy de, *Une veuve*, in *Contes et Nouvelles I*, p. 533. De Madame de Morsauf donnant ses cheveux dans *Le Lys dans la Vallée* à Rodolphe collectionnant les mèches de Madame Bovary, la conservation de cheveux ou d'objets élaborés à partir d'eux traverse la littérature et la société française du XIXe siècle, jusqu'à ce que l'artisanat capillaire disparaisse avec la Première Guerre mondiale. Cette conservation est liée à un changement de paradigme dans le rapport à la mort et au deuil : l'on passe d'un *memento mori* rappelant aux vivants l'inéluctabilité de la mort, au souvenir d'un défunt en particulier. On ne craint plus sa mort, mais celle de l'autre, dont on cherche à garder une trace, que ce soit par des masques mortuaires, des boucles, des photographies ou encore des peintures (songeons à Lantier peignant son enfant défunt dans *l'Œuvre*). Voir à ce propos Héran, Emmanuelle (dir.), *Le Dernier Portrait*, Paris, Réunion des musées nationaux, 2002.

métonymique de la chaux au corps « creusé » (terme qui intervient à deux reprises), aux « membres secs » et à la « poitrine rétrécie » : la chair s'est comme retirée du fou. Cette désincarnation contraste avec la seule présence qui l'habite – sa pensée, son idée *fixe* :

> On sentait cet homme ravagé, rongé par sa pensée, par une Pensée, comme un fruit par un ver. Sa Folie, son idée était là, dans cette tête, obstinée, harcelante, dévorante. Elle mangeait le corps peu à peu. Elle, l'Invisible, l'Impalpable, l'Insaisissable, l'Immatérielle Idée minait la chair, buvait le sang, éteignait la vie.
>
> Quel mystère que cet homme tué par un Songe ! Il faisait peine, peur et pitié, ce Possédé ! Quel rêve étrange, épouvantable et mortel habitait ce front, qu'il plissait de rides profondes, sans cesse remuantes[105] ?

La « folie » se décline en « Invisible, Impalpable, Insaisissable, Immatérielle Idée », en une féminité subsumée en un « elle » résonnant obstinément en contrepoint du martèlement initial du « in », dont l'homophonie avec « un » indique le caractère monomaniaque. Ce vampire femelle se décrit dans des mélopées ternaires (« minait la chair, buvait le sang, éteignait la vie » ; « obstinée, harcelante, dévorante » ; « peine, peur et pitié » ; « rêve étrange, épouvantable et mortel »), nourrissant la phrase d'allitérations contagieuses. À la féminité de la folie répond donc le masculin de l'homme labouré par le Songe, « creusé » par le Rêve, devenu un contenant (« un front, un corps, un Possédé ») dans lequel se loge la voluptueuse et assassine Pensée unique. Fasciné, le narrateur ressent une empathie angoissée, entremêlée de « peine, peur et pitié ». Alors le médecin prend la parole pour tâcher de poser un diagnostic :

> « Il a de terribles accès de fureur, c'est un des déments les plus singuliers que j'aie vus. Il est atteint de folie érotique et macabre. C'est une sorte de nécrophile. Il a d'ailleurs écrit son journal qui nous montre le plus clairement du monde la maladie de son esprit. Sa folie y est pour ainsi dire palpable. Si cela vous intéresse vous pouvez parcourir ce document. » Je suivis le docteur dans son cabinet, et il me remit le journal de ce misérable homme. « Lisez, dit-il, vous me donnerez votre avis[106] ».

Le narrateur apparaît ainsi comme un confrère à qui le médecin demande son avis pour classer le singulier nécrophile, car « il n'y a pas

105 Maupassant, Guy de, *La Chevelure*, in *Contes et Nouvelles II*, p. 107.
106 *Ibid.*, p. 105.

que le sergent Bertrand qui ait aimé les mortes[107] ». Le cadre médical de *La Chevelure* situe donc la perversion dans la continuité des amours cadavériques du vampire ayant réveillé la curiosité médicale pour les déviances érotiques.

Comme dans *Un cas de divorce*, le cœur du récit est ensuite constitué par le journal de l'aliéné – où ce dernier raconte son goût de bric-à-brac provenant de ce « désir des femmes d'autrefois » : « J'aime, de loin, toutes celles qui ont aimé ! » S'éprendre des antiquités, pleurer comme Villon « les neiges d'antan », c'est vouloir « arrêter l'heure », dont l'inéluctabilité aliène l'homme. Mais le collectionneur se focalise un jour sur une armoire recélant une chevelure : « Pourquoi le souvenir de ce meuble me poursuivit-il avec tant de force que je revins sur mes pas ? » Si le sujet est d'abord pénétré par une idée possédante, tel un corps poreux, il devient ensuite le possesseur de ce même fétiche acheté qui, pourtant, le domine : c'est en effet avec le meuble qu'il goûte « toutes les joies intimes de la possession », avec la chevelure qu'il ressent le « ravissement surhumain, la joie profonde, inexplicable, de posséder l'Insaisissable ». Grâce à la chevelure, « les morts reviennent », et avec eux une relation faite de « caresses », de « baisers » immortels est viable. C'est donc le fétichisme érotique qui permet de ressusciter les neiges d'antan, et plusieurs métaphores laissent d'ailleurs transpirer la sensualité unissant le sujet au meuble. Alors qu'il « goûte les joies de la possession » avec ce dernier, « ador[é] » « comme s'il était de chair », le fou « ouvr[e] à chaque instant ses portes, ses tiroirs ; [il] les maniai[t] avec ravissement », le

107 *Ibid.*, p. 113. Voir I. 1, « Du Vampire de Montparnasse à la nosographie perverse ». La nécrophilie semble particulièrement présente dans l'esprit de Maupassant en cette année 1884, car *La Tombe*, écrit peu après *La Chevelure*, narre le procès d'un jeune homme découvert auprès d'une sépulture ouverte, un cadavre de jeune fille entre les bras. Le ministère public en appelle aux « actes monstrueux du sergent Bertrand » pour soulever l'auditoire, qui réclame la peine de mort. Le nécrophile raconte alors qu'ayant perdu sa bien-aimée, il n'a pu supporter la pensée de ne plus la revoir : « L'idée me hantait de ce corps décomposé, que je pourrais peut-être reconnaître pourtant. Et je voulus le regarder encore une fois. [...] J'ouvris la bière cependant, et je plongeai dedans ma lanterne allumée, et je la vis. Sa figure était bleue, bouffie, épouvantable ! Un liquide noir avait coulé de sa bouche. Elle ! c'était Elle ! Une horreur me saisit. Mais j'allongeai le bras et je pris ses cheveux pour attirer à moi cette face monstrueuse » (*La Tombe*, in *Contes et Nouvelles II*, p. 216). Acquitté, le nouveau Bertrand se distingue pourtant de son terrible ancêtre : la « nécrophilie » n'est pas tant une perversion de l'instinct génésique que provoquée par l'insupportable séparation. Maupassant montre ainsi la consternation des amants face à la mort.

dénudant avec une « tendresse d'amant », jusqu'à ce qu'il lui « enfon[ce] une lame dans la boiserie ». La pénétration métaphorique enclenche alors une rupture du « secret » (« une planche glissa »), permettant la libération d'une chevelure toute fluide, « répandant son flot doré qui tomba jusqu'à terre, épais et léger, souple et brillant comme la queue en feu d'une comète ». La toison ne cesse de « couler » ; elle est un « ruisseau charmant de cheveux morts », dont l'« onde dorée » métamorphose la vision de la réalité (le « jour devient blond, à travers »), brouillant les frontières entre la vie et la mort grâce au plaisir charnel : « J'ai parcouru de mes caresses cette ligne ondulante et divine qui va de la gorge aux pieds en suivant toutes les courbes de la chair[108] ». Le désir fétichiste n'est donc pas découpe stérilisante du corps, mais possession transcendantale : « Le meuble, d'abord comparé à une femme, cède la place à un morceau de femme qu'il contenait (de la métaphore à la métonymie), et que ce morceau lui-même va mener, de manière hallucinatoire, à la reconstitution de la femme entière (de la partie au tout)[109]. » Le héros maupassantien atteint le tout *(l'un)* grâce à *elle*, par le détour d'un désir partiel. Alors que la relation amoureuse est toujours vouée à l'échec, la passion fétichiste laisse entrevoir la possibilité d'atteindre LA femme (via LA chevelure), par-delà le Temps vainqueur, par-delà la chair putride, par-delà la solitude des êtres.

Face à la puissance de cette expérience, quel est alors le rôle, dans *La Chevelure*, de la médecine qui douche « cinq fois par jour[110] », et encadre structurellement le récit aliéné ? Marie-Claire Bancquart soutient que chez Maupassant, la psychiatrie, « prétexte, justification, adjuvant, [...] n'est pas le but de ses contes ». Le médecin n'apparaitrait « que fort brièvement [...] pour laisser la parole au fou », car c'est par « récit direct, lettre, journal, confession, que le personnage est connu » :

> La raison en est évidente : c'est que le médecin étudie son malade de l'extérieur, et précisément comme un malade ; sa justification à lui, c'est de réinsérer ce malade dans la société. À l'époque de Maupassant, nul aliéniste ne mettait cette vocation en doute. Or Maupassant *est* au contraire le « fou », le « pervers » dont il parle. Il projette en lui sa propre angoisse ; il le sent de l'intérieur. Et son jeu d'écrivain est d'abolir autant que possible, au moins pour le temps de

108 *Ibid.*, p. 110-113.
109 Lejeune, Philippe, « Maupassant et le fétichisme », p. 104.
110 *Ibid.*, p. 113.

> la lecture, la distance entre son lecteur et son personnage. Aussi le médecin n'apparaît-il que fort brièvement dans ses contes pour laisser la parole au fou, par exemple dans *La Chevelure*[111].

Confronté à la nudité de la parole aliénée, confession déguisée de l'écrivain lui-même, le médecin ne serait qu'un « garant, fort improbable en réalité, des circonstances étranges relatées par son malade ». Se révèlerait ainsi une vision sociale de la folie, et l'écrivain serait alors un nouvel Artaud s'érigeant « contre l'aliéniste » :

> Vie trouée, logique pervertie, c'est peut-être cela, le normal ; et le monstrueux, c'est la tranquillité, c'est l'inconscience collective sanctionnée par la morale et les lois. [...] Le fou séduit par sa liberté d'imagination. [...] L'œuvre de Maupassant dénie aux psychiatres tout pouvoir autre que celui de la description. On ne « guérit » pas de la liberté, ni de la prise de conscience[112].

Bancquart décèle donc une confusion entre folie et normalité : « Les anormaux sont ceux qui ne croient pas au Horla, ou à l'attrait magique de la Chevelure. L'aliéniste est de trop dans le récit », et « apparaît comme un être obtus. [...] Il n'est fait allusion à lui que comme au représentant d'une norme sociale, au confident de l'angoisse[113] ».

Toutefois, si le médecin est vraiment superflu, comment expliquer dès lors sa présence dans de si nombreux récits ? Il ne semble pas être aussi dédaigné que l'affirme la critique, qui attribue quasiment des élans antipsychiatriques à Maupassant. Le rôle des médecins dans l'œuvre s'avère être souvent ambigu ; s'ils incarnent une norme sociale absurde, ils sont parfois les confidents des héros, les relais des souffrances, ceux qui connaissent les drames secrets des cœurs[114]. Le médecin peut donc être, contrairement à ce que croit Bancquart, un agent dont le rôle est proche de celui de l'écrivain : témoignant d'une attitude différente face à la vie, il est un garant des évènements majeurs de l'existence, envers lesquels il ne professe souvent pas de jugements moraux. Il offre une première impression d'objectivité, que

111 Bancquart, Marie-Claire, *Maupassant conteur fantastique*, p. 33-34.

112 *Ibid.*, p. 33-35.

113 *Ibid.*, p. 34 et 89.

114 Songeons à *La Rempailleuse*, où le médecin révèle la noble passion cachée de la protagoniste ; à *Une Ruse*, où il sauve l'honneur de la femme dont l'amant a défailli dans ses bras ; à *Madame Hermet*, où il essaie de forcer la mère récalcitrante à visiter son fils mourant. Dans *Qui sait ?*, le héros de rend volontairement à l'asile, dont il ne redoute que la perméabilité (« les prisons elles-mêmes ne sont pas sûres » ; in *Contes et Nouvelles II*, p. 1237).

le récit relativise ou discute par la suite. Enfin – et surtout –, il relaie l'écrit des aliénés : il donne la parole au fou, conserve son journal pour le publier.

Sans doute ne faut-il pas aborder la position de Maupassant par rapport à la médecine en décidant s'il lui était favorable ou non : l'aliéniste et le fou forment un couple. L'un est porteur d'une scientificité nécessaire mais échouant dans la saisie de la réalité, tandis que l'autre est sujet à des hallucinations dont la naturalité pose problème :

> La connaissance scientifique, rendue tributaire d'organes par essence défaillants, ne peut plus que confirmer l'existence d'un voile et se borner à le mettre en scène, généralisant finalement le doute sur la réalité de phénomènes uniquement *entr'*aperçus. Si l'inconnu est potentiellement destiné à disparaître, puisqu'il ne sanctionne qu'une connaissance encore imparfaite, la finitude de nos sens semble en effet condamner tout savoir à une intrinsèque partialité[115].

Cette dialectique entre science et inconnu semble incarnée par la structure enchâssée de *La Chevelure*, puisque le récit-cadre relève d'une appréhension scientifique de la folie, perçue de l'extérieur et incarnant un « garde-fou », alors que le journal raconte le vécu intérieur du délire. Cet enchâssement a laissé supposer à Joachim Harst que le récit encadrant nierait en quelque sorte le récit intradiégétique. La structure même du texte serait donc fétichiste, au sens psychanalytique et derridien du terme : le cadre castrerait la passion narrée dans le journal en la rendant *indécidable*[116]. Partant de la réflexion de Julia Kristeva sur les liens entre mélancolie et langage, Harst voit dans *La Chevelure* le désir d'une littérature qui dépasserait le scandale de la mort et les limites de la parole : « *Wäre es möglich, die materiellen Überreste erneut zu einem geistigen Leben zu erwecken, dann bestünde wohl auch Hoffnung, dass die Literatur ihre Verdorbenheit mit der Schrift, die Sprache ihre Verflechtung mit dem Tod lösen könnte*[117] ». La

115 Marquer, Bertrand, *Les Romans de la Salpêtrière*, p. 329.

116 Jacques Derrida, dans *Glas* (Paris, Éditions Galilée, « Collection Diagraphe », 1974), théorise l'indécidabilité du fétichisme. Le fétichiste serait en proie à une oscillation, car même s'il ne souffre pas de son exigence érotique comme le remarque Freud, celle-ci est tout de même un compromis face à l'absence de phallus féminin qu'il dénie : « L'économie du fétiche est plus puissante que celle de la vérité – décidable – de la chose même ou qu'un discours décidant de la castration (*pro aut contra*). Le fétichisme n'est pas opposable. Il oscille comme le battant d'une vérité qui cloche… dans le gouffre d'une cloche » (cité par Kofman, Sarah, « Ca cloche », in *Lectures de Derrida*, Paris, Ed. Galilée, 1984, p. 136).

117 « S'il était possible de redonner une vie spirituelle aux vestiges matériels, on pourrait alors espérer que la littérature soit à même de conjurer sa décomposition grâce à l'écriture et que la langue dénoue ses liens avec la mort. » (Harst, Joachim, *Textspalten. Fetischismus*

résurrection de la chevelure incarnerait ainsi, pour Harst, le rêve littéraire de donner forme à l'informe :

> *Wenn das erstorbene Zeichen, die „cheveux morts", einziger Überrest des vergangenen Lebens, sich plötzlich wiederbelebt, dann geht es nicht um die persönliche Lusterfahrung des Erzählers, sondern auch um ein fundamentales literarisches Problem. Wenn der todbringende Kuss, der die Generationsfolgen skandiert, schließlich zu lebendiger Präsenz führt, dann wird hier ein grundsätzlicher Anspruch von Literatur verhandelt [...]. Aus dem Nichts, aus der Abwesenheit die Präsenz zu schöpfen, mit Sprache die Sprache zu übersteigen [...]. „Saisir l'Insaisissable" : so könnte an das Greifen der Literatur nach dem stets Abwesenden bezeichnen*[118].

Sans aller jusqu'à affirmer, avec le critique, que la chevelure est un fétiche et que le texte est une chevelure, l'on peut reconnaître avec lui que le rôle du récit encadrant est ambigu. La narration intercalée montrerait que l'on peut saisir l'insaisissable, tandis que le récit encadrant et son diagnostic stigmatisant semblent disqualifier l'expérience de l'Impalpable, ou du moins l'interdire à un être « normal ». Et de même que le malade est reclus dans un hôpital, de même le récit est enfermé par un cadre médical prévenant des dangers d'un texte fou.

Cependant, l'expérience de l'amoureux ne laisse pas indifférents les lecteurs intradiégétiques, nos doubles. En effet l'idée fixe, *Elle*, contamine aussi le récit encadrant par débordement métonymique – de même que la chaux blanchit les cheveux. Les sensations provoquées par la confession sur le narrateur premier sont semblables au ressenti fétichiste ; une continuité – voire une identité – s'installent en conséquence entre le visiteur de l'asile et le fou obscène. À propos du « journal » de l'aliéné, le médecin affirme en effet que la « folie y est pour ainsi dire palpable ». Or l'aliénation décrite réside précisément dans la palpation : « Et souvent je pensais aux mains inconnues qui avaient palpé ces choses » avoue le fou, avant de sombrer dans l'amour de la toison pour laquelle il ressent

---

als literarische Strategie, Heidelberg, Universitätsverlag, Winter, 2007, p. 21. Traduction Laurence Hernandez).

118 « Lorsque le signe disparu, les "cheveux morts", unique vestige du passé, reprend soudainement vie, il s'agit non seulement du plaisir que vit le narrateur, mais aussi d'une question fondamentale d'ordre littéraire. Lorsque le baiser mortifère qui rythme la succession des générations finit par aboutir à une présence vivante, un enjeu essentiel de la littérature apparaît [...]. Créer une présence à partir du rien, de l'absence, transcender la langue par la langue [...]. "Saisir l'insaisissable" : ainsi pourrait-on décrire la capacité de la littérature à appréhender l'absence » (Harst, Joachim, *Textspalten. Fetischismus als literarische Strategie*, Heidelberg, Universitätsverlag, Winter, 2007, p. 21 et 24. Notre traduction).

« le besoin impérieux de la reprendre, de la palper ». Ce délire du toucher, dont l'idée fixe est « Impalpable[119] », devient une propriété même du « document » qui le décrit. Mais alors que la proximité tangible du délire semble contrecarrée par le ton scientifique du médecin, le narrateur premier demeure sceptique face au diagnostic émis de « fou obscène » :

> « Mais… cette chevelure… existe-t-elle réellement ? »
> Le médecin se leva, ouvrit une armoire pleine de fioles et d'instruments et il me jeta, à travers son cabinet, une longue fusée de cheveux blonds qui vola vers moi comme un oiseau d'or.
> Je frémis en sentant sur mes mains son toucher caressant et léger. Et je restai le cœur battant de dégoût et d'envie, de dégoût comme au contact des objets traînés dans les crimes, d'envie comme devant la tentation d'une chose infâme et mystérieuse.
> Le médecin reprit en haussant les épaules :
> « L'esprit de l'homme est capable de tout[120] ».

L'énergie de la dernière déclaration se trouve certes banalisée par le geste las du haussement d'épaules, évoquant le côtoiement routinier de l'imagination dépravée et la cruauté d'un savant qui prive le fétichiste, hurlant de douleur, de sa chevelure. Mais cette dernière phrase, comme le remarque Harst, peut aussi bien signifier que le fétichiste est un dégénéré capable des plus grandes atrocités que révéler une incertitude concernant le statut de l'expérience amoureuse et mettre en avant l'audace d'un esprit capable d'aimer les mortes. La chevelure étend sa puissance sur le récit encadrant, qu'elle envahit de son mystère.

Tout se passe donc comme si le sens était toujours à construire – oscillation interprétative certainement produite par la structure enchâssée elle-même, comme l'a relevé Angela Moger :

> *Maupassant's stories, in being framed, unravel themselves and, giving up their rights, sacrifice themselves to something that surpasses certitude and closure. The story is there but, mounted in the frame, raises questions about itself that carry it beyond mere answers to knowledge*[121].

Car l'encadrement distancié vacille du fait que le récit extradiégétique et le journal ne se différencient pas dans leurs effets stylistiques. Alors

---

119 Maupassant, Guy de, *La Chevelure*, p. 107-108 et 112.

120 Maupassant, Guy de, *La Chevelure*, p. 113.

121 Moger, Angela S. « Narrative structure in Maupassant : Frames of Desire », *PMLA*, Vol. 100, No. 3 (May, 1985), p. 324.

que le narrateur premier est censé déchiffrer mieux que la victime elle-même les « signes » de la folie, mise en évidence selon Bancquart « par les variations de l'écriture, et par la structure même de la narration[122] », la confluence de mots identiques dans les deux récits et le maintien d'un même rythme phrastique noient l'objectivité supposée du récit encadrant dans la folie du récit intercalé. En effet, le visiteur partage le contact envoûtant de cet objet « traîn[é] dans les crimes » : lui aussi « frémi[t] en sentant sur [ses] mains son toucher caressant », alors que le collectionneur avait « sent[i], en la touchant, un long frisson qui [lui] courut dans les membres ». Il personnifie également la chevelure, « cette longue fusée de cheveux blonds qui vola vers [lui] comme un oiseau d'or », filant ainsi la métaphore de l'« onde dorée » qui « se déroula, répandant son flot doré qui tomba jusqu'à terre » dans le journal. Enfin, alors que le pervers se levait avant son enfermement pour aller « toucher la chevelure », le visiteur frémit en sentant « son toucher caressant[123] ».

Le visiteur emploie par ailleurs les mêmes constructions syntaxiques que le fou, où domine un rythme ternaire ou binaire aussi lancinant qu'omniprésent :

> Était-ce à l'heure de la clouer dans la tombe, la jeune et la belle morte, que celui qui l'adorait avait gardé la parure de sa tête, / la seule chose qu'il pût conserver d'elle, / la seule partie vivante de sa chair qui ne dût point pourrir, / la seule qu'il pouvait aimer encore, / et caresser, / et baiser dans ses rages de douleur ?
>
> Je m'enfermais seul avec elle pour la sentir sur ma peau, / pour enfoncer mes lèvres dedans, / pour la baiser, / pour la mordre. Je l'enroulais autour de mon visage, / je la buvais, / je noyais mes yeux dans son onde dorée afin de voir le jour blond, à travers[124].

Par concaténation, les phrases s'enroulent comme la chevelure autour du cou. Et ce rythme serpentin se retrouve dans la prose du narrateur premier, qui martèle aussi des triolets syntaxiques disant l'enchevêtrement obsessionnel :

> Le fou, assis sur une chaise de paille, nous regardait d'un œil fixe, / vague / et hanté. […] Ses vêtements semblaient trop larges pour ses membres secs,

122 Bancquart, Marie-Claire, *Maupassant conteur fantastique*, p. 89.
123 Maupassant, Guy de, *La Chevelure*, p. 112-113.
124 *Ibid.*, p. 111-113.

> pour sa poitrine rétrécie, pour son ventre creux. [...] Quel rêve étrange, épouvantable et mortel habitait dans ce front [...] ? Sa Folie, son idée était là, dans cette tête, obstinée, harcelante, dévorante [...]. Elle, l'Invisible, l'Impalpable, l'Insaisissable, l'Immatérielle Idée minait la chair, buvait le sang, éteignait la vie[125].

Les deux narrations allégorisent ainsi identiquement l'obsession par l'utilisation répétée de la majuscule en tête d'adjectifs nominalisés, qui tous indiquent la négativité. Car le fétichiste possède cette folie devenue femme « en suivant toutes les courbes de la chair » : « Oui, je l'ai eue, tous les jours, toutes les nuits. Elle est revenue, la Morte, la belle Morte, l'Adorable, la Mystérieuse, l'Inconnue, toutes les nuits. [...] posséder l'Insaisissable, l'Invisible, la Morte[126] ! » Les termes se répètent, l'énumération dirige l'écriture dans les deux cas ; tant dans le cadre pseudo-objectif (mis ainsi en échec) que dans le récit central, l'écriture suggère par sa syntaxe, sa structure et sa poéticité, la lascivité qui hante et le fétichiste, et le visiteur, et le lecteur.

Si les narrateurs maupassantiens racontent souvent à la première personne leurs aventures à un public, en revanche dans *La Chevelure* le narrateur du journal ne coïncide pas avec les deux interlocuteurs du récit encadrant, et le récit intercalé n'est pas oral, mais écrit. Le fou est ainsi à la fois présent et absent : s'il regarde d'abord d'un œil fixe, son histoire n'est transmise que lorsque médecin et visiteur se sont éloignés dans le cabinet, où ils interprètent son cas grâce au journal, troisième voix narrative. Une quatrième instance apparaît avec la voix du fou lors de la reprise du récit encadrant, puisqu'il pousse alors « un cri épouvantable, un hurlement de fureur impuissante et de désir exaspéré[127] », résonnant par-delà le récit. Avant de s'anéantir dans ce cri infralinguistique, le discours du collectionneur participe donc d'une tentative d'extérioriser la démence : le récit de l'« amant de la chevelure » pourrait lui permettre « d'objectiver sa pensée sur un morceau de papier », comme l'affirme Binet[128]. Mais la rédaction, qui ne s'effectue d'ailleurs que sur une fraction de papier (« un morceau »), ne peut qu'être partielle et échouer à atteindre cette visée ambitieuse que Bancquart attribue

125 *Ibid.*, p. 107.
126 *Ibid.*, p. 113.
127 *Ibid.*
128 Binet, Alfred, « Le Fétichisme dans l'amour », p. 270.

au journal du malade, ce « document qui aide[rait] puissamment au diagnostic, en même temps qu'il soigne[rait] l'angoisse, en permettant son expression[129] ». Écrire ne semble pas tant une thérapeutique chez Maupassant qu'un « merveilleux instrument d'analyse de la pensée », pour reprendre encore une fois Binet : en effet, le récit d'aliéné autorise la mise en scène d'un dédoublement du sujet tâchant de raisonner sur le délire qui le ronge.

Jean-Louis Cabanès a remarqué comment, dans certains récits maupassantiens, le moi se fragmente en deux instances internes, l'une analytique et médicale, l'autre pathologique. La posture narrative devient ainsi oxymorique : « Les signes de la déraison, dans les récits fantastiques, s'inscrivent d'abord dans le paradigme rassurant des symptômes étudiés par les médecins. Je déraisonne, pourra se dire un personnage ; mais je raisonne fort bien à propos de ma déraison[130] ». Le sujet narrant adopte donc le point de vue de l'halluciné, tout en gardant la lucidité du regard médical : « Le personnage de Maupassant semble ainsi intérioriser la posture hystérique et la posture scientifique, en étant simultanément objet pathologique et sujet analysant de son propre spectacle, devenu psychique[131] ». Les aliénés de Maupassant rencontrent ainsi une exigence de l'aliénisme du XIXe siècle : depuis *La Philosophie de la folie* de Joseph Daquin, le fou reste sujet de sa folie, et « demeure humainement accessible. Il y a moyen de s'adresser en lui au sujet malgré tout conservé au milieu de sa désappartenance apparente[132] ». Dès lors, le récit produit par le malade est attendu par le médecin en tant que « chemin d'accès le plus direct au trouble de l'aliénation », permettant de « fonder une connaissance du fait pathologique[133] ». *La Chevelure* est donc empreinte d'une philosophie de la folie établie dès les débuts de la psychiatrie, qui situe en son cœur la narration réflexive de l'aliéné – en dépit de son trouble psychique. En effet, le narrateur fétichiste affirme dans son « journal » des vérités objectives à l'encontre de sa pensée monomaniaque :

129 Bancquart, Marie-Claire, *Maupassant conteur fantastique*, p. 29.

130 Cabanès, Jean-Louis, *Le Corps et la Maladie dans les récits réalistes (1856-1893)*, Paris, Klincksieck, 1991, p. 759.

131 Marquer, Bertrand, *Les Romans de la Salpêtrière*, p. 377.

132 Gauchet, Marcel, et Swain, Gladys, *La Pratique de l'esprit humain. L'Institution asilaire et la révolution démocratique*, préf. inédite de Marcel Gauchet, Paris, Gallimard, 1980 et 2007 pour la préface, p. XXI.

133 Rigoli, Juan, *Lire le délire*, p. 379.

> Une nuit je me réveillai brusquement avec la pensée que je ne me trouvai pas seul dans ma chambre.
>
> J'étais seul pourtant. Mais je ne pus me rendormir ; et comme je m'agitais dans une fièvre d'insomnie, je me levai pour aller toucher la chevelure[134].

La suspicion d'être accompagné dans la chambre s'estompe d'abord ; évoquée avec un adverbe d'opposition (« pourtant »), l'objectivité (qui est aussi « objection » à l'idée fixe) s'annule par un deuxième adverbe synonyme (« mais »), laissant la place à l'obsession de la chevelure. À partir de cet instant encore analytique, le journal, pensé d'abord comme une anamnèse médicale, ne permet plus d'être un instrument d'objectivation. Il témoigne alors d'une expérience transcendante : « Elle est venue. Oui, je l'ai vue » ; « Oui, je l'ai eue, tous les jours, toutes les nuits. Elle est revenue ». Les propositions encerclent sous forme de chiasme la perception du sujet, qui assure catégoriquement la présence de l'« Invisible, la Morte[135] ». La posture oxymorique de la narration se dissout finalement dans la conquête par le délire – par l'amour – de toutes les instances subjectives : mais il n'en demeure pas moins que l'analyse initiale entre en tension avec l'aliénation.

Le paradoxe se résout si on lit la nouvelle dans l'optique proposée par Bancquart, pour qui l'« aliéné » communique réellement avec la Morte – expérience non appréhendable par un esprit positiviste. Mais cette proposition réduit l'ambivalence de la folie, que ressent notamment le visiteur, « le cœur battant de dégoût et d'envie », au contact de la chevelure. La nouvelle n'est donc pas seulement un « document » mettant en scène un cas de fétichisme macabre. L'écrit du fou dépasse le rôle de preuve morbide et juridique accusant un « malfaiteur » que l'on « a jeté dans une prison[136] », et ce parce qu'il touche empathiquement le lecteur par son étonnante expérience amoureuse. Tandis que l'aliénisme considère que le récit malade apporte à la fois un « soulagement » et une « exigence de conformité avec les thèses médicales qu'[il] illustre et corrobore à la fois[137] », chez Maupassant le journal vise, par l'énallage du pronom, à partager une audace érotique : le narrateur décrit en effet comment l'« on regarde un objet et, peu à peu, il vous séduit, vous trouble,

134 Maupassant, Guy de, *La Chevelure*, p. 112.
135 *Ibid.*, p. 112-113.
136 *Ibid.*, p. 113, 105 et 112.
137 Rigoli, Juan, *Lire le délire*, p. 406-407.

vous envahit comme ferait un visage de femme. Son charme entre en vous[138] » ; alors, « un besoin de possession vous gagne ». Si le cas de *La Chevelure* peut paraître extraordinaire, il est néanmoins appréhendable par une communauté dont le lecteur fait partie.

La « folie » du *je* peut donc être celle d'un *nous*, comme en témoigne la contagion stylistique du récit encadrant. Il n'est donc pas question de se conserver à distance de la folie – que l'on soit médecin ou simple lecteur. Maupassant, s'il maintient bien une certaine indécidabilité sur la vérité des expériences fétichistes, invite en tout cas à les prendre au sérieux et à ne pas en rire – contrairement, parfois à la médecine. En effet, l'amant des yeux observé par Benjamin Ball à Sainte-Anne, dont Binet raconte l'observation, esquisse des dessins loufoques :

> Comme il fallait absolument en venir à des idées d'un ordre plus matériel, il avait cherché à s'éloigner le moins possible des yeux qui constituaient son centre d'attraction, et dans son inexpérience absolue, il avait placé les organes sexuels dans les fosses nasales. Sous l'empire de ces préoccupations, il avait tracé des dessins étranges, car, fils d'un professeur de dessin, il avait appris de bonne heure à manier le crayon. Les profils qu'il esquissait, et dont il nous a montré quelques exemplaires, reproduisaient assez exactement le type grec, sauf en un seul point qui les rendait irrésistiblement comiques (la narine était démesurément grande, afin de permettre l'introduction du pénis)[139].

Alors que Charcot et Magnan s'insurgeaient contre les moqueries des juges, le fétichisme ne se situe plus tant sur le plan du *fatum* dégénératif chez Ball que sur celui du comique grotesque. Même si les médecins en appellent souvent, dans une injonction typique de la psychiatrie du XIXe siècle, à prendre en pitié les malades dont ils décrivent les aventures, ils les condamnent néanmoins à une pathologie dont l'investissement affectif d'objets banals suscite tant l'indignation que le rire ridicule. Or la communauté qu'instaure *La Chevelure* modifie cette appréhension de l'amour fétichiste par rapport à la science. Peu importe qu'elle soit morbide : la passion provoque une souffrance qui touche le lecteur – car nous pouvons tous, face à l'emprise d'un objet aux contours féminins, sombrer dans cet amour. Le « cahier » à la lucidité vacillante représente ainsi une tragédie universelle liée à l'ontologie indécidable des objets et des corps, dont l'écriture exige que des traces demeurent.

138 Maupassant, Guy de, *La Chevelure*, p. 109.
139 Binet, Alfred, « Le Fétichisme dans l'amour », p. 148.

Ainsi, la passion fétichiste a beau conduire le héros à l'asile ou à la mort : c'est par les mots noirs sur le papier blanc que le charme des choses continue à agir par-delà le sommeil mortel. Ce sont eux qui témoignent de la « folie poétique » des êtres naufragés. Et il semble que le genre littéraire d'un monde ainsi désenchanté ne puisse justement être que le récit bref, comme l'a remarqué Spoerri :

> *Maupassant's short story is the perfected expression of an age which has lost itself amid things. The story itself has the form of a thing. It is limited and confined like a thing. It has the self-containedness, the hardness and superficiality of a thing. Maupassant is the mightiest portrayer of his period. His stories exactly reflect the bourgeois materialistic epoch's conception of the universe and of man. The features that distinguish his short stories are the features of this particulars fate of civilization. Here the story's shortness discloses its meaning : it is the symptom of a world in a state of disintegration. Everything is a fragment, like the short story*[140].

L'érotisation des choses surgit en effet dans un monde dont la science a tué l'énigme, a tu la magie. Dans une chronique de 1881 intitulée « Adieu mystères », Maupassant assure que la race humaine est indignée par « l'explication mathématique de ses légendes séculaires, de ses poétiques religions » : « Elle se cramponne à ses fétiches, injurie les bûcherons, en appelle désespérément aux poètes. » Ceux-ci répondraient alors :

> « Le merveilleux est éternel. Qu'importe la science révélatrice, puisque nous avons la poésie créatrice ! Nous sommes les inventeurs d'idées, les inventeurs d'idoles, les faiseurs de rêves. Nous conduirons toujours les hommes en des pays merveilleux, peuplés d'êtres étranges que notre imagination enfante[141] ».

La « poésie » enfanterait des « êtres étranges », des « idoles » aussi fantastiques que les amants de chevelures ou de fleurs. Grâce à elle, la

140 Spoerri, Theophil, « Mérimée and the short story », trad. Trude Douglas, *Yale French Studies*, « Literature and Ideas », N° 4 (1949), p. 10. « La nouvelle de Maupassant est l'expression parfaite d'une époque qui s'est perdue dans les choses. Elle possède elle-même la forme d'une chose, étant également limitée et confinée : elle en a la contenue, la dureté et la superficialité. Maupassant est le plus puissant portraitiste de cette période. Ces nouvelles réfléchissent exactement la conception bourgeoise et matérialiste de l'univers, de l'homme. Les caractéristiques de ses nouvelles rejoignent le destin des détails de la civilisation. La brieveté de la nouvelle divulgue son sens : c'est le symptôme d'un monde qui se désagrège. Tout est fragment, comme un récit bref » (Maupassant, Guy de, *La Chevelure*, p. 108. Notre traduction).

141 Maupassant, Guy de, « Adieu mystères », in *Le Gaulois*, 8 novembre 1881.

prédiction de Maupassant dans *Adieu mystères* s'anéantit alors : « C'est fini, fini. Les choses ne parlent plus, ne chantent plus, elles ont des lois ! » Elles ne chantent plus, sauf dans les amours qui les animent, sauf dans la littérature étonnante qui les raconte. L'œuvre est ainsi ce *fétiche* enfanté par les poètes et auquel l'on se cramponne, pour que le monde moderne redevienne, malgré ses lois, une *chose fée.*

En définitive, alors que les docteurs de l'amour assurent pénétrer dans le domaine des poètes qu'ils avaient trop négligé, ils refusent néanmoins de reconnaître une expertise aux écrivains. Ceux qui seraient souvent la proie du fétichisme ; ceux qui exacerbent leurs sens décadents ne sauraient tenir un discours sur l'amour et ses perversions parce qu'ils les poétiseraient toujours en les embellissant. Le reproche n'est certes pas faux : la littérature de la fin du XIXe siècle infléchit dans ses représentations sensuelles la lecture pathologisante de la médecine. Rachilde et Lorrain s'emparent de l'expression « hors nature » appliquée par Binet aux fétichistes et l'associent à un mode de vie où la jouissance est exigence esthétique, où les corps dépassent leur fonction biologique et sociale. Ainsi la femme devient une pure robe, un contenant fantomatique insaisissable, envoûtant cependant les hommes, incarnant tantôt une victoire féminine sur la chair et le réductionnisme médical chez Rachilde, tantôt une vision inquiétante de l'amour chez Laforgue et Maupassant. Et face à l'insatisfaction des relations humaines ; face à la fatalité du temps et à la perception positiviste du réel, l'auteur de *La Chevelure* élabore une philosophie amoureuse où les objets, possédant une densité mémorielle, autoriseraient des relations érotiques inédites qui cherchent, par-delà l'insatisfaction des unions, à combler la soif de désir dans une « folie poétique ».

La poétisation de la perversion en littérature tient donc à un réinvestissement des objets participant de la relation amoureuse. D'une part, loin des brimborions inutiles et banals que la médecine associe au fétichisme, les écrivains mettent en scène des étoffes brillantes, des vases d'albâtre faramineux, des antiquités devenues complices érotiques, animées par la volupté. D'autre part, le fétichisme est associé à une quête esthétique dont les enjeux dépassent largement les nosographies médicales et les autorités savantes. L'érotique dite « déviante » exige alors une écriture associant les quêtes sensuelles à un mode de vie réservé à des âmes capables de vivre par-delà les injonctions normatives imposées à l'amour. Tandis que la médecine considère le fétichisme comme un assèchement du rapport à l'autre, la littérature investit cette forme amoureuse en la rendant à sa transitivité : elle montre que le fétiche n'est pas annihilation de l'autre, mais dilatation de sa présence grâce à des souvenirs, des objets – des symboles.

SYMBOLISME ET FÉTICHISME

> Les choses l'intéressèrent, à défaut des êtres[1].

En *poétisant* la perversion, les écrivains fin-de-siècle inscrivent les choses dans une totalité cohérente, car le fragment est en fait connecté à un tout dont il transcende l'absence. Coupure stérilisante pour la science de l'amour, la synecdoque est revitalisée par la littérature : et le fétichisme anime le monde désenchanté. Les objets ne s'épuisent donc plus dans leur visibilité, puisqu'ils entretiennent une relation avec l'invisible. En s'emparant d'une chevelure, le fétichiste touche, d'une certaine manière, à la femme : son amour est, contre toute attente, une sorte de complétude. S'établit ainsi une parenté entre le fétichiste, qui atteint le Tout via une infime Partie, et le symboliste poétique, avatar du décadent, pour qui l'objet n'est pas seulement matérialité, mais signe d'autre chose. Retrouvant l'union d'un « objet coupé en deux », le mouvement symboliste a dès lors été associé au fétichisme amoureux. C'est pourquoi cette littérature a été taxée de « décadente » et de perverse – que ce soit par Émile Laurent dans *La Poésie décadente face à la science*, par Gaston Danville dans *Les Infinis de la chair* (où le héros impuissant est un poète symboliste) et même par Armand Dubarry dans *Le Coupeur de nattes* (puisque les deux fétichistes pratiquent cette esthétique nouvelle).

Mais des écrivains sensibles au symbolisme littéraire contestent la vision étriquée de cette norme savante, et érigent ceux que la psychiatrie taxe de « pervers » en êtres « baudelairiens » ou « poétiques ». Il est alors frappant d'observer que la perversion poétisée en littérature est surtout celle du coupeur de nattes – voire de l'amant de la chevelure.

1 Rodenbach, Georges, *Le Carillonneur*, Paris, Bibliothèque Charpentier, 1897, p. 47.

Dans ces dernières pages, l'on se remémora d'abord comment Baudelaire et Mallarmé anoblissent dans leurs poèmes un rapport figuré au corps féminin : face au coupeur de nattes, la presse saura se souvenir de ces antécédents *fétichistes* et associera ironiquement les pervers identifiés par la médecine à ces poètes. Mais c'est surtout Jean Lorrain qui rattache la figure du coupeur de nattes à une filiation poétique, et ce dans *Ames d'automne.* Par ailleurs, les brimborions du désir, ces objets fétichisés que la psychiatrie dénigre, se métamorphosent dans la littérature fin-de-siècle en « reliques » sacrées de voluptés révolues : « La tendance à thésauriser les reliques d'une personne aimée et surtout les vêtements est la base la plus simple et la plus commune du symbolisme érotique[2] », reconnaît le psychiatre Havelock Ellis. Est ainsi admis que l'homme en proie à la mélancolie cherche un réconfort dans les objets de son passé, dans des fétiches de ses amours mortes. *Bruges-la-Morte* de Rodenbach raconte ainsi un fétichisme des cheveux motivé par un deuil qui ne saurait cicatriser : entre folie et démon de l'analogie, le roman entremêle les causes et les lectures possibles de cette réécriture de *La Chevelure* de Maupassant. Le fétichisme semble donc redevenir cette tendance fondamentalement humaine pour Max Müller, consistant à prendre appui sur les choses pour combler notre désarroi au monde : l'étrange *Monsieur Bougrelon* de Jean Lorrain permettra de clore ce dernier volet, qui souhaite commendre comment l'on a rendu le fétiche à sa fonction de symbole ; comment l'on a réinscrit l'amour figural dans un renvoi tropique et dans un réseau de correspondances – fût-il littéraire.

CHEVELURES POÉTIQUES

Dans ses gigantesques *Études de psychologie sexuelle*, Havelock Ellis considère comme du « symbolisme érotique [...] la tendance de l'amant à laisser son attention dévier du foyer central de l'attraction sexuelle vers quelque objet ou processus situé à la périphérie de ce foyer, ou même en

2 Ellis, Havelock, *Études de psychologie sexuelle, V. Le Symbolisme érotique. Le Mécanisme de la Détumescence* [1923], édition française revue et augmentée par l'auteur, traduite par A. van Geenep, 4e édition, Paris, Mercure de France, 1925, p. 19.

dehors de lui, quoique reliée à lui par quelque association de contigüité ou de similarité ». Mais il naturalise ce phénomène, car « c'est dans la Nature entière que l'on rencontre des symboles sexuels d'autant moins niables qu'ils n'exigent aucune imagination morbide. Le langage est plein de métaphores sexuelles qui tendent peu à peu à perdre leur symbolisme poétique pour tomber au rang des lieux communs[3] ». Ellis comprend donc le « symbolisme » à la fois comme une sexualité *figurée*, où des métonymies et des synecdoques prennent le dessus sur la littéralité du coït, et comme un langage métaphorique, convertit en catachrèse par l'usure du temps. La parole d'amour redouble ainsi la forme tropique du fantasme.

Le psychiatre témoigne en fait d'une sympathie envers le symbolisme érotique, considéré comme « un réservoir d'émotions agréables où l'on peut puiser à volonté ; aussi peut-il acquérir à la fois de la stabilité et de l'harmonie ». Alors qu'il était dissonance pour Binet, le fétichisme serait le « triomphe suprême de l'idéalisme humain[4] », particulièrement réalisé dans l'amour des cheveux et des étoffes. Comme ces dernières sont majoritairement constituées aussi de poils d'animaux, elles se rapprochent de la capillarité, et le fétichisme des cheveux serait d'ordre synesthésique, puisqu'il provoquerait une « combinaison de sensations du toucher, de l'odorat, de l'ouïe et de la vue ». Les cheveux, si largement adorés, auraient ainsi un statut à part, puisqu'ils sont à la fois une partie du corps et un objet métonymique : « En tant que fétiche sexuel les cheveux appartiennent au groupe qui comprend les parties du corps ; mais comme on peut les séparer du corps et comme ils constituent un fétiche tout aussi puissant en l'absence de la personne à laquelle ils appartiennent, il faut les situer sur le même niveau que les vêtements, les souliers, les mouchoirs et les gants servant de fétiches sexuels[5]. »

Ellis est ainsi attentif à la valeur des fétiches, qu'il hiérarchise – à l'instar de la littérature fin-de-siècle symbolique. En effet, lorsqu'elle poétise les amours perverses, elle s'empare d'objets que la poésie a traditionnellement investis : les tissus[6] (la dentelle en particulier) et la cheve-

3 *Ibid.*, p. 7 et 10.

4 *Ibid.*, p. 35 et 176.

5 *Ibid.*, p. 119-120.

6 Havelock Ellis rappelle que « bien auparavant, dans la France du Moyen Age, les vêtements sont souvent signalés comme des fétiches d'amour de la plus haute valeur ». Il évoque ensuite le fabliau de la *Chemise*, ou un échange vestimentaire a lieu entre des amants courtois (*ibid.*, p. 17).

lure. Les poèmes que lui consacrent Baudelaire et Mallarmé constituent des intertextes implicites ou explicites des amours fétichistes : ces poètes sont d'ailleurs considérés comme les maîtres de l'esthétique symboliste, pour qui l'objet n'est pas seulement matérialité, mais signe d'autre chose. Jean Moréas, qui cristallise cette tendance poétique en 1886, assure que la nouvelle école s'oppose à « l'enseignement, la déclamation, la fausse sensibilité, la description objective » – et donc au rationalisme, au scientisme ou encore au naturalisme littéraire qui a encore, à ce moment-là, le vent en poupe. Le monde, dont une connaissance véritable ne saurait être que poétique, est conçu comme un système de correspondances entre tous les ordres, du visible et de l'invisible. C'est pourquoi, « disons donc que Charles Baudelaire doit être considéré comme le véritable précurseur du mouvement actuel ; M. Stéphane Mallarmé le lotit du sens du mystère et de l'ineffable[7] ». Les deux poètes, qui composent des poèmes-blasons sur la chevelure, constituent ainsi une tradition poétique majeure pour le symbolisme capillaire.

La toison baudelairienne dans *Les Fleurs du Mal* est présentée comme un réceptacle producteur de métonymies. « Des souvenirs dormant » (v. 4) au « monde lointain, absent, presque défunt » (v. 7) qui y « vit » (v. 8), la chevelure, à laquelle s'adresse le poème, est un « noir océan où l'autre est enfermé » (22). Elle est ainsi évoquée par une métaphore maritime filée tout au long du poème, qui permet le surgissement métonymique de souvenirs et d'évocations :

> Fortes tresses, soyez la houle qui m'enlève !
> Tu contiens, mer d'ébène, un éblouissant rêve
> De voiles, de rameurs, de flammes et de mâts :
> Un port retentissant où mon âme peut boire
> À grands flots le parfum, le son et la couleur ;
> Où les vaisseaux, glissant dans l'or et dans la moire,
> Ouvrent leurs vastes bras pour embrasser la gloire
> D'un ciel pur où frémit l'éternelle chaleur (v. 13-20)[8].

Alors que la femme est d'abord perçue par la synecdoque des « fortes tresses », celles-ci deviennent ensuite une « mer d'ébène » métaphorique, dont la surface est traversée par des bateaux décrits, eux aussi, par

7 Moréas, Jean, « Le Symbolisme », in *Le Figaro. Supplément littéraire*, 18 septembre 1886, p. 1-2.
8 Baudelaire, Charles, « La Chevelure », in *Fleurs du Mal*, *Œuvres complètes*, t. 1, p. 26-27.

synecdoques (« voiles, rameurs, flammes, mâts »). Ce « port » capillaire, inédite synecdoque métaphorique, permet une convocation synesthésique de tous les sens : à partir du toucher de la tresse (la poète veut « l'agiter dans l'air comme un mouchoir », v. 5), s'ouvrent les quatre autres sens, y compris le goût, puisque la chevelure est bue (« N'es-tu pas l'oasis où je rêve, et la gourde, où je hume à longs traits le vin du souvenir ? » v. 34-35). Les correspondances entre les sens permettent des échos entre passé et présent, ici et ailleurs, spirituel et sensuel : « Et mon esprit subtil que le roulis caresse / Saura vous retrouver, ô féconde paresse » (v. 23-24).

Baudelaire propose ainsi une perception érotique de la femme à travers l'un de ses membres (« La » chevelure), devenue une entité générale à laquelle il s'adresse comme si elle était le paradigme des chevelures. « Un hémisphère dans une chevelure », poème en prose extrait du *Spleen de Paris*, transforme en revanche le déterminant défini en indéfini : si la synecdoque renvoie à un individu concret, on ignore néanmoins à qui elle appartient. Désormais, le poète s'adresse à la femme : « Si tu pouvais savoir tout ce que je vois ! tout ce que je sens ! tout ce que j'entends dans tes cheveux[9] ! » Et si la chevelure est toujours promesse de rêves maritimes, ceux-ci sont évoqués directement cette fois, sans métaphore filée : « Tes cheveux contiennent tout un rêve, plein de voilures et de mâtures, ils contiennent de grandes mers ». Les éléments oniriques surgissent toujours par synecdoque, mais les voiles et les mâts deviennent des *voilures et mâtures.* La rime interne entre en résonnance avec le mot « chevelure », donnant à entendre des liens entre les synecdoques. Les trois strophes suivantes débutent par une anaphore qui situe le poète à l'intérieur de la « chevelure » – comme s'il la pénétrait : « Dans l'océan de ta chevelure » ; « dans les caresses de ta chevelure » ; « Dans l'ardent foyer de ta chevelure. » Rédigés au présent, ils évoquent comment le poète « retrouve des langueurs » traversées de souvenirs sensoriels fournis par la partie féminine. Mais la dernière strophe se distancie définitivement du poème en vers : « Laisse-moi mordre longtemps tes tresses lourdes et noires. Quand je mordille tes cheveux élastiques et rebelles, il me semble que je mange des souvenirs. » La modalisation (« il me semble que ») dénonce la métaphore finale du poème en vers (« tu es l'oasis où je rêve, et la gourde / où je hume à longs traits le vin du souvenir ».)

9 Baudelaire, Charles, « Un hémisphère dans une chevelure », in *Le Spleen de Paris XVII, Œuvres complètes*, t. 1, p. 300-301.

Désormais, il n'est de certain que la morsure. La chevelure n'est ainsi plus tant une métaphore qu'*un* objet concrètement mordu.

Le poème en prose rend donc la chevelure à sa matérialité évocatrice. Mais en adressant son poème à la femme, dont il implore la générosité, le poète donne d'autant plus à sentir que la chevelure est synecdoque – et non une entité indépendante. En effet dans « La Chevelure », la femme n'apparaît que dans le « ta crinière » de la dernière strophe ; au demeurant, sa tignasse est animale, sexuelle (« crinière lourde » (v. 31), « toison, moutonnant jusque sur l'encolure »). En fait le poème en vers n'est pas tant une synecdoque qu'une adresse à une entité en soi, sans relation avec le tout dont elle semble avoir été découpée – ou métaphore du sexe auquel l'essence de la femme se réduit. En revanche, dans *Le Spleen de Paris*, l'« atmosphère » de la chevelure est « parfumée par les fruits, par les feuilles et par la peau humaine ». Le poème en prose s'ouvre et se ferme avec une demande qui témoigne du pouvoir de la femme, puisque le sujet lyrique est passif : « Laisse-moi respirer longtemps, longtemps, l'odeur de tes cheveux ». Il est du ressort de la femme que le poète puisse « secouer des souvenirs dans l'air » : car la chevelure est bien celle d'un individu *prosaïque.* Les chevelures baudelairiennes marquent ainsi une relation érotique au corps de la femme caractérisé par un morcellement poétiquement fécond.

Mallarmé répond à « La Chevelure » de 1857 dans un poème de 1887 :

> La chevelure vol d'une flamme à l'extrême
> Occident de désirs pour la tout éployer
> Se pose (je dirais mourir un diadème)
> Vers le front couronné son ancien foyer
>
> Mais sans or soupirer que cette vie nue
> L'ignition du feu toujours intérieur
> Originellement la seule continue
> Dans le joyau de l'œil véridique ou rieur
>
> Une nudité de héros tendre diffame
> Celle qui ne mouvant bagues ni feux au doigt
> Rien qu'à simplifier avec gloire la femme
>
> Accomplit par son chef fulgurante l'exploit
> De semer de rubis le doute qu'elle écorche
> Ainsi qu'une joyeuse et tutélaire torche[10]

10 Mallarmé, Stéphane, *Poésies*, frontispice de F. Rops, Bruxelles, E. Deman, 1899, p. 71-72.

Simplification de la femme, la chevelure mallarméenne est érotiquement *diffamée* par la « nudité de héros tendre », celle peut-être de ce « je » surgi dans la parenthèse, et qui laisse la chevelure *couronner* la tête féminine et devenir une « torche » écorchante. Le second tercet de Mallarmé est une réécriture des derniers vers de Baudelaire, où le poète couvre la femme de bijoux (« ma main dans ta crinière lourde / Sèmera le rubis, la perle et le saphir »), peut-être dans un contexte de prostitution – et certainement comme métaphore de l'activité poétique. Chez Mallarmé toutefois, c'est la femme qui sème des rubis – ou la chevelure, si on considère le « celle » du v. 10 comme renvoyant à la synecdoque. La femme est comme revalorisée ici, d'autant plus que la chevelure retrouve « son ancien foyer », c'est-à-dire la tête qu'elle achève de couronner. Il y a comme des retrouvailles entre la partie et le tout dont elle avait été coupée par le je lyrique baudelairien. La chevelure incarne donc un symbole originel – puisque le geste symbolique retrouve l'union d'un « objet coupé en deux » à partir d'un fragment.

Forts de cette poétisation de la chevelure féminine, d'aucuns ont cru reconnaître, sous la figure inquiétante et loufoque des coupeurs de nattes, des poètes d'inspiration symboliste. En effet Etienne Grosclaude, réputé journaliste de l'égrillard *Gil Bas*, narre l'aventure d'un coupeur en 1891 ; et tout en ridiculisant l'affaire, il rattache le pervers à la tradition poétique. Évoquant tout d'abord une grève des coiffeurs parisiens d'autant plus menaçante que les garçons de café voudraient couper leurs favoris, Grosclaude raconte ensuite le cas de Victorin Girodot, dont le « crime est passionnel et appartient à cette forme de pathologie cérébrale connue, d'ailleurs assez mal, sous le nom de fétichisme érotique, qu'il serait peut-être plus exact de nommer du symbolisme ; cela consiste essentiellement dans une localisation exclusive de l'ardeur génésique ». Quoique concierge, le fétichiste serait un poète avant-gardiste, « un symboliste-instrumentiste sans le savoir ; cet homme, qui n'a jamais lu une ligne de Verlaine ou de Mallarmé, ni de leurs moindres disciples, symbolise toute la femme dans la mèche de cheveux et instrumentalise avec une paire de ciseaux[11] ». La comparaison du journaliste n'élève pas tant le fétichiste au rang de poète qu'il n'associe la poésie à ces obsessions quelque peu loufoques : le concierge de Saint-Lazare, épris des cheveux de sa femme, « les coupait et en fourrait partout, dans des

11 Grosclaude, Etienne, « Les Gaietés de la semaine », *Gil Blas*, 4 avril 1891, p. 1.

enveloppes, dans ses poches, dans son linge et sans doute aussi dans le potage, c'est à craindre ». Renvoyant à la *Revue philosophique* de Ribot (et donc probablement au célèbre article de 1887), l'auteur s'insurge : « Ne croyez pas à une mystification de ma part, car s'il y en a une là-dedans, c'est non de moi qu'elle provient, mais de dame nature qui, d'ailleurs, excelle aux plaisanteries de ce goût. »

La théorie médicale devient donc une grosse plaisanterie, féconde en résonnances littéraires. Car Grosclaude, qui connaît ses classiques, cite Musset pour imager les pensées du concierge mallarméen, « au moment où il venait de faucher un petit bout de tresse à une jeune fille qui attendait l'omnibus sur la place du Théâtre-Français » :

> – Étrange évocation de la *Soirée Perdue*, qui est dans toutes les mémoires. « J'étais seul, l'autre soir, au bureau d'omnibus de la place du Théâtre-Français, ou presque seul… » ça fait le vers un peu long, mais bien dit, par un élève du Conservatoire, ce serait tout de même applaudi dans les familles bourgeoises, et tout le monde apprécieraient les raisons de Girodot en arrivant au fameux distique de Chénier :
>
> Sous votre noble tresse, un cou blanc, délicat,
> Se ploie de la neige effacerait l'éclat.

Dans *La Soirée perdue*, Musset raconte qu'il s'est épris, lors d'une représentation de Molière, de la nuque d'une spectatrice. Emporté dans une rêverie alimentée par le poème « Les Colombes » d'André Chénier[12], le poète suit la spectatrice chez elle sans même s'en rendre compte, fasciné par ses cheveux. Grosclaude compare donc l'emportement du concierge de Saint-Lazare à celui du poète romantique, créant ainsi une filiation intertextuelle, reconnue par « tout le monde », qui va de Chénier à Girodot, poète symboliste encore méconnu. Un nouveau poème pourrait dès lors s'écrire sur le fétichisme, mais sa piètre qualité ne serait bonne qu'à séduire les « familles bourgeoises ».

L'intérêt de la médecine envers celui qui est arrêté pour avoir « fauché un petit bout de tresse » semble par conséquent bien dérisoire. Et Grosclaude parodie le ton scientifique lorsqu'il évoque la cause héréditaire de cette impulsion symboliste – alors que la justice aurait pu, simplement, disculper le concierge en invoquant Chénier et Musset :

---

12 « Sous votre aimable tête, un cou blanc, délicat, / Se plie, et de la neige effacerait l'éclat » (Musset, Alfred, « Une soirée perdue », in *Poésies complètes*, texte établi et annoté par Maurice Allem, Paris, Gallimard, « Bibliothèque de la Pléiade », 1967, p. 390).

L'avocat du prévenu n'a pas cru devoir recourir à ce système de défense, mais son client a été tout de même acquitté, grâce au médecin légiste qui a déclaré que le cas était du domaine de la pathologie cérébrale.

À ce même point de vue scientifique, il serait intéressant de rechercher si l'atavisme n'est point pour quelque chose dans la manie de Girodot ; pour peu qu'il y ait eu parmi ses ancêtres un peau-rouge adonné à la pratique du scalp, ou que simplement sa mère ait eu un regard de quelque Indien en visite dans la capitale, ce phénomène curieux s'expliquerait de la façon la plus naturelle.

Quant à moi, j'inclinerais plutôt à voir dans le cas de Girodot une réaction inconsciente contre les mauvais procédés dont la profession sociale à laquelle il appartient fut longtemps victime à l'époque où le joyeux Cabrion, des *Mystères de Paris*, s'introduisait perpétuellement dans les loges de concierges en murmurant :

« Pipelet, je veux une mèche de tes cheveux ».

– De telles oppressions laissent fatalement une trace sur la postérité de ceux qui les endurèrent[13].

Atavisme il y a, certes, mais il est social – et surtout littéraire. C'est la pression subie par les concierges d'Eugène Sue qui expliquerait le fétichisme du coupeur de l'omnibus – son « art capillaire ». Grosclaude se moque ainsi des théories dégénérescentes, de la pathologisation d'une « perversion » tranchante qui serait franchement bienvenue au moment où les coiffeurs déposent leurs ciseaux et que les garçons de café veulent se faire couper les favoris.

Le journaliste du *Gil Blas* s'empare probablement du cas d'un coupeur de nattes dont les docteurs Motet, Socquet et Voisin narrent l'aventure en 1890. Alfred-Hyppolite P., dessinateur serrurier « doué d'aptitudes spéciales distinguées, très habile dans sa profession qui touche à l'art par certains côtés[14] », est arrêté en 1889 une natte à la main et une paire de ciseau dans l'autre. L'article médical dramatise le moment de l'arrestation :

Il ne pouvait nier, il avait à la main la natte qu'il venait de couper, et dans sa poche, une paire de ciseaux !

---

13 Grosclaude, Etienne, « Les Gaietés de la semaine », p. 1.

14 Voisin, Auguste, Socquet, J. et Motet, A., « État mental de P… poursuivi pour avoir coupé les nattes de plusieurs jeunes filles », *AHPML*, série 3, n° 23 (1890), p. 334. Ce cas se retrouve chez Krafft-Ebing, observation 78 (*Psychopathia sexualis*, p. 215) ; Garnier (*La Folie à Paris*, p. 380-381 ; *Pervertis et invertis sexuels. Les fétichistes*, 1895, p. 362) ; Laurent (*L'Amour morbide*, p. 162 ; *Fétichistes et érotomanes*, p. 25) ; Thoinot (*Attentats aux mœurs et perversion du sens génital*, p. 437). Le cas est aussi évoqué dans « Les Manies criminelles », *Le Petit Parisien*, 22 août 1893, p. 1.

> Le commissaire de police qui l'interrogea reçut de lui cette réponse : « C'est un moment d'égarement, c'est une passion malheureuse que je ne puis dominer.
> D. – N'avez-vous pas déjà exécuté les mêmes mutilations sur d'autres jeunes filles ?
> R. – Oui, monsieur, cela m'est arrivé déjà une dizaine de fois.
> D. – Que faites-vous des cheveux dont vous vous emparez ainsi ?
> R. – Je les conserve chez moi. C'est une passion, je vous l'ai déjà dit[15].

On découvre chez le coupeur « soixante-cinq tresses ou nattes de cheveux de diverses nuances, classées en plusieurs paquets », ainsi que des « boucles de cheveux soigneusement préparées, qu'il se faisait donner par des femmes de son entourage ; il y avait de petits bouts de rubans, mille riens féminins ; il a toute sa vie poussé à l'excès la passion de la collection ; on a trouvé chez lui une quantité considérable de vieux journaux, et on a dû, à plusieurs reprises, en faire disparaître, ne sachant où les placer ». Alfred-Hyppolite raconte ensuite au trio aliéniste sa fascination pour les cheveux libres – confidence que le rapport médical retranscrit à la première personne : « Vous me demandez si les cheveux à l'étalage d'un coiffeur m'attirent. Cela ne me fait rien. Ce qui me trouble, c'est d'apercevoir le coiffeur tenir dans sa main la chevelure d'une femme. Si cette femme sort avec les cheveux relevés, je reste calme, je ne suis hors de moi, invinciblement attiré que par les cheveux pendants, ceux que ma main peut prendre[16] ». Le cas de Grosclaude rejoint donc celui rapporté par le trio aliéniste même si le journaliste ne cite pas de sources médicales précises. En dépit de ce silence, il est évident qu'il se joue du sérieux scientifique en inscrivant le fétichisme dans un réseau littéraire qui l'ennoblit, malgré tout, quelque peu.

LE COUPEUR BAUDELAIRIEN

Jean Lorrain s'empare lui aussi de ce coupeur observé par le trio aliéniste dans *Ames d'automne* pour assurer, sans aucune moquerie cette fois, que les fétichistes sont des symbolistes : qu'ils réunissent le divers

15 Motet, A., Socquet, J. et Voisin, Auguste, « État mental de P… », p. 335.
16 *Ibid.*, p. 337-338.

dissolu dans un acte d'amour, même s'ils peuvent être emportés par des « névroses » ou des « crises » automnales : et ce geste les transforme en poètes. Écrite en 1898, cette suite de rêveries ou de promenades méditant sur la mélancolie s'ouvre d'ailleurs sous des vers de Baudelaire, dont la première strophe de « Brumes et pluies » est placée en exergue. Car l'automne serait la saison des fleurs du Mal pour Lorrain :

> La tristesse des premières pluies, l'angoisse des jours plus courts et surtout des longues et interminables soirées d'hiver, où le cœur se sent si seul ! toute la détresse de cette saison d'adieux et des départs les étreint et les détraque, les pauvres êtres malades et mal armés contre la vie, que la fatigue d'exister déprime et que la névrose obsède.
>
> Voici l'époque monotone où les nerfs des aimants et des sensitifs commencent à se tendre douloureux et à vibrer écorchés, mis à vif dans la mélancolie des couchants de turquoise et des ciels de vieux jade, ces horizons délicieusement nuancés comme d'anciennes étoffes, que les brumes d'octobre disposent au-dessus des silhouettes familières et des coupoles connues des monuments de Paris[17].

L'automne déséquilibre les êtres, et l'âme se dénude alors, abandonnée par un corps que la saison décompose. Cette vision splénétique du monde est accentuée par un fatalisme schopenhauerien :

> Oui, la voilà bien la saison monotone où les nerfs des sensitifs et des malades se tendent douloureux et vont vibrer à vif dans la détresse des soirs de bourrasque et de pluie, entre les cordes roidies d'un pauvre vieux violon.
>
> Chez toutes et chez tous, le spleen se réveille, le spleen né de l'ennui de vivre, et de la peur d'aimer, et du désir coupable d'aimer, quoi qu'il arrive, et de souffrir encore, et de la rage sourde de savoir tout effort inutile et toute tentative vaine devant l'instinct vainqueur et la fuite irréparable du temps ; et avec l'ennui, incrusté comme un crabe en la pauvre cervelle, l'essaim des fantaisies s'essore et bat de l'aile, les honteuses comme les enfantines, les monstrueuses comme les cruelles ; en cette louche saison, tous et toutes ont quelque chose de pourri dans le cœur[18]…

L'amour, effet de l'instinct, apparaît comme une faute dont la culpabilité ronge le sujet, en proie aux obsessions baudelairiennes : ne gagnent que l'instinct trompeur et le Temps, tandis que l'esprit

17 Lorrain, Jean, *Âmes d'automne*, illustr. de Heidbrinck, Paris, Charpentier et Fasquelle, 1898, p. 1-2.

18 *Ibid.*, p. 6-7.

s'emporte dans des fantaisies goyesques, se lamentant comme les violons verlainiens de « Chanson d'automne[19] ».

Si l'évocation automnale émerge d'intertextes poétiques, Lorrain compose toutefois une prose mélodique et répétitive qui dit la folie des cœurs : « Voilà l'époque monotone où les nerfs des aimants et des sensitifs commence à se tendre » ; « la voilà bien la saison monotone où les nerfs des sensitifs et des malades se tendent douloureux ». La récurrence verbale s'étend plus largement à la construction même du recueil. En effet dans le deuxième chapitre, l'exergue provient du chapitre précédent : « Oh ! les pauvres êtres que la fatigue d'exister déprime et que la névrose obsède[20] ». Le texte progresse donc en spirale : si l'élan initial a été donné par Baudelaire, désormais la prose de Lorrain, médecin des âmes, se suffit à elle-même pour analyser et chanter, par ses variations obsessives, la mélancolie automnale. La structure du recueil fonctionne ainsi par concaténations : et les divers chapitres sont alors symboliquement reliés.

Lorrain analyse ensuite l'excitation moderne d'une passante baudelairienne « aux dessous coûteux » mais désormais « détraquée », qui « dit crûment d'oser aux hommes qui passent, oui, d'oser prendre à pleines mains cette taille qui se cambre et cette croupe qui s'offre » devant les étalages pluvieux des magasins de la Rue Rivoli :

> « Et à quoi obéit cette femme qui vient de se prostituer bêtement à un inconnu, sans intérêt et sans plaisir ? Car elle n'y a pas même pris plaisir, elle aime quelquefois son mari !
>
> Mystère !... À on ne sait quel rut, quelle folie née des stations prolongées devant toutes ces étoffes, tous ces reflets de peluches et de soieries, convoitises inavouées et inassouvies de ces mille objets de luxe et de féerie : à on ne sait quel prurit aussi développé au frôlement de la foule, la foule des jours de pluie fumante et mouillée, et dégageant, lassée dans la chaleur de ces grands magasins, comme une odeur de bête et de fourrure. Est-ce que l'on sait, d'ailleurs ? peut-être tout simplement à l'ennui, à un ennui de femme mariée astreinte à un minimum de dépenses, affolée des exigences du budget ; peut-être tout simplement à l'énervement de cette journée d'octobre, molle pluvieuse et chaude, à un besoin de sensation neuve, à l'envie d'une brutalité[21] ».

19 « Les sanglots longs / Des violons / De l'automne / Blessent mon cœur / D'une langueur / Monotone » (Verlaine, Paul, « Chanson d'automne », *Poèmes saturniens*, v. 1-4).

20 Lorrain, Jean, *Âmes d'automne*, p. 12.

21 *Ibid.*, p. 14-15 et 17-18.

La passante serait donc en proie à un mal physique (« prurit »), moral (« folie »), qui fait d'elle une « hystérique » que la « névrose travaille ». Si octobre et la médiocrité financière peuvent aussi avoir provoqué l'appel charnel, la vue des soieries et le contact animal de la foule ont probablement contribué à réveiller ce « rut ». Mais l'étiologie demeure floue – alors même qu'elle est sans cesse évacuée en médecine par l'évidente dégénérescence. Alors que la crise sensuelle est d'abord décrite en termes pathologisants, Lorrain s'écarte ensuite de la voie médicale en renonçant à la recherche ultime des causes de la passion des étoffes, évoquée derechef dans la quatrième partie intitulée « L'Amoureux des étoffes ». Ce chapitre, dont le titre rajoute un cas archétypique aux hypostases d'amants que la science affectionne, décrit en focalisation zéro la frénésie des acheteurs le « jour des coupons[22] », dans la mercerie du Bon-Marché, au milieu desquels se faufile une présence roide, masculine :

> Dans le va-et-vient affolé des commis voltigeant de caisses en caisses sous l'œil policier des inspecteurs, dans la bousculade incessante des femmes, qu'une fièvre d'achat enivre et à travers l'encombrement des oisifs, il poursuit, à la fois souple et droit comme une tige d'acier, l'étroit sentier parqueté qui le conduit aux coupons pour meubles. [...]
>
> Et avec un tic douloureux et à la fois jouisseur de tous les muscles du visage, avec une fièvre des joues plus roses et des mains comme exaspérées, mobiles et vivaces, l'inconnu plonge avec des lenteurs ses doigts dans les satins, les attarde voluptueusement dans les velours, s'y frôle, s'y caresse, rencontre d'autres mains, évite les gantées, cherche les nues, adhère presque à certaines, s'en emparerait s'il l'osait, et, sans risquer l'étreinte, tente des effleurements, de soi-disant hasards, appesantissant, quand la crise devient trop forte, ces deux mains de caresse dans quelque lourd satin ou quelque gros Tours, qu'éraille un ongle exacerbé !
>
> Amoureux de femmes ou d'étoffes[23] ?

Lorrain met ainsi en scène le diagnostic fétichiste, ce « tic douloureux », cette « fièvre » exaspérée dans une « crise » qu'« exacerbe » on ne sait si les synecdoques (les mains) ou les métonymies (les étoffes). Si la caresse est pathologisée, les motifs des actes ne sont toutefois jamais indiqués avec certitude.

Mais c'est dans la troisième partie intitulée « un Baudelairien », rédigée soi-disant en octobre 1893, que l'écrivain s'empare directement

22 *Ibid.*, p. 29.
23 *Ibid.*, p. 32 et 35.

du fétichisme à travers la figure du coupeur de nattes, dans une optique analogue à celle de Grosclaude. Deux vers légèrement modifiés de « La Chevelure », situés en exergue, indiquent comment la partie éponyme serait une métonymie contenant l'autre : « J'aime à plonger ma tête amoureuse d'ivresse / dans ce noir océan où l'autre est renfermé[24] ». Le narrateur raconte sa rencontre avec un « baudelairien », faite « à la neuvième Chambre, au moment où trois médecins aliénistes, MM. Voisin, Motet et Saquet (*sic*) l'emmenaient du banc d'accusation dans la salle des douches d'une maison de santé ». Lorrain s'inspire donc de leur article :

> Il suivait les femmes, se faufilait derrière elles dans les foules et leur coupait leurs chevelures, leurs chevelures fluides et vivantes, qu'il emportait… pour les vendre ? … non, pour les garder et se caresser le corps et les mains à leur soyeux contact, comme d'autres voluptueux, mais plus prudents, attardent le titillement de leurs doigts dans des frissons de velours et de soies, roides ou douces, jusqu'à en pâmer.
>
> Lui, avait la folie des toisons féminines, souples, molles et pesantes[25].

Le coupeur, imprudent, poursuit sa « folie des toisons ». Ce dernier terme, à l'ambiguïté manifeste, désigne tant la chevelure que le pubis des femmes – voire des pelages animaliers. Comme leur « contact soyeux » et « souple » s'apparente à celui des « soies, roides ou douces », une analogie entre les audacieux coupeurs et les chatouilleurs veloutés s'établit, d'autant plus que l'écrivain nomme « sieur Pelletier[26] » celui que le rapport médical désigne comme Alfred-Hippolyte P. Le coupeur devient un expert dans ces peaux que l'on destine aux fourrures, « sachant les traiter, les travailler et qui en fait commerce[27] » : il possèderait donc un savoir qui lui permet de « travailler » les polysémiques « toisons » – de les transformer en tissus aussi érotiques que métaphoriques.

Lorrain rappelle avec passablement de fidélité l'autobiographie de Le Pelletier, qui a coupé les cheveux d'une jeune femme en attendant l'omnibus alors que l'été finissait – et que le détraquement mélancolique

24 « Je plongerai ma tête amoureuse d'ivresse / Dans ce noir océan où l'autre est enfermé » (Baudelaire, Charles, « Une Chevelure », v. 21-22, *Les Fleurs du Mal*, in *Œuvres complètes I*, éd. Claude Pichois, Paris, Gallimard, « Bibliothèque de la Pléiade », 1975, p. 26).

25 Lorrain, Jean, *Ames d'automne*, p. 19-20.

26 *Ibid.*, p. 21.

27 « Pelletier », in *Trésor de la langue française*.

commençait. S'appuyant sur une théorie des climats, Lorrain fait donc dépendre la pathologie des variations saisonnières – et non d'un détraquement endogène. Il retravaille ainsi non seulement les postulats médicaux, mais aussi l'article aliéniste, dont Lorrain évince les parties les plus explicites – comme si son récit automnal ne pouvait accueillir des obscénités :

> C'était une passion : toute l'énigme du mystère était là, c'était une passion. Pelletier ne volait pas les cheveux pour en trafiquer : une perquisition faite à son domicile amenait la découverte de soixante-cinq tresses ou nattes de cheveux de diverses nuances classées en divers paquets, ni plus ni moins que le clavier de chaussettes du duc Jean des Esseintes.
>
> Ce bizarre collectionneur était d'ailleurs un récidiviste. En décembre 1886, un fait analogue l'avait déjà fait arrêté, mais ici commençait le fantastique et l'hallucinant de l'histoire : on rechercha sa première déposition, elle est à faire frissonner :
>
> « Depuis trois ans environ, – disait-il-, quand j'étais seul dans ma chambre, j'étais souvent pris d'un malaise qui commençait par l'anxiété, l'angoisse, le vertige ; puis l'idée me venait de toucher de cheveux de femme. Je ne puis dire comment j'ai fait la première fois[28] ».

Le rapport médical, qui assure avoir « reproduit presque textuellement tout ce que nous a dit P[29]... », poursuit en des termes plus clairs :

> Depuis trois ans environ, nous dit-il, quand j'étais seul, le soir dans une chambre, j'étais souvent pris d'un malaise qui commençait par l'anxiété, de l'angoisse, comme des vertiges, et puis l'idée me venait de toucher à des cheveux de femme. Je ne peux pas bien dire comment j'ai fait la première fois, mais quand j'ai tenu dans ma main une natte de cheveux, j'ai éprouvé une sensation d'une volupté telle que je suis entré immédiatement en érection, et que, sans attouchements, sans que je me sois frotté contre la jeune fille, j'ai eu une éjaculation. Je suis rentré chez moi, honteux de ce qui était arrivé ; mais en y pensant, les mêmes sensations revenaient, c'est alors que j'ai eu l'idée de posséder ces cheveux auxquels je devais des sensations d'une volupté inconnue jusqu'alors[30].

S'il tait l'obscénité, Lorrain élucide le « mystère » de ce comportement en le rattachant non pas à une perversion de l'instinct sexuel, mais à l'emportement si littéraire qu'est la « passion » d'une « âme » d'automne.

28 Lorrain, Jean, *Ames d'automne*, p. 23.
29 Voisin, Auguste, Socquet, J. et Motet, A., « État mental de P... », p. 338.
30 *Ibid.*, p. 336.

Au contraire, le trio de médecins ne distingue pas « ce bizarre collectionneur[31] » des pervers observés par Charcot et Magnan, et donc des dégénérés congénitaux :

> L'acte peut différer, le fond est le même, et la même conclusion s'impose. [...] P...représente l'un des types les plus complets de ce que l'on appelait autrefois la monomanie instinctive, de cet état que des études plus approfondies permettent aujourd'hui de rattacher aux folies héréditaires. Cet homme est un aliéné qui n'est pas punissable, mais contre lequel la société a le droit de se protéger, de se défendre. Nous sommes d'avis qu'il y a lieu de le mettre à la disposition de l'autorité administrative, qui pourvoira à son placement dans un asile d'aliénés[32].

Le fétichiste écope d'un enfermement asilaire, comme tout individu souffrant de cette « monomanie instinctive » esquirolienne devenue, au milieu du XIXe siècle, la « folie héréditaire ». S'il ne s'agit pas de le guérir, il faut au moins que la société soit purgée de tels êtres aussi imprévisibles que fatalement marqués. Lorrain change en revanche la filiation du fétichiste : loin d'être le cousin des autres pervers que les psychiatres recensent, il est parent d'autres figures textuelles. Pelletier serait ainsi comme des Esseintes, puisque la collection de nattes s'apparenterait à sa « bibliothèque vitrée où un jeu de chaussettes de soie était disposé en éventail[33] ». Mais le héros de Huysmans n'est pas le seul aïeul de l'amateur :

> Les terrifiants héros des contes d'Edgar Poë n'expriment pas autrement la maîtresse obsession, l'aveuglante et douloureuse obsession qui les sollicite et puis les pousse à l'exécution de leur crime.
>
> Il y a cette fatalité et ce besoin tyrannique, impérieux, d'une volupté immédiate dans les actes des fantomatiques personnages de Poë. L'effroyable meurtrier du *Cœur recélateur*, le tortionnaire sensuel et raffiné du *Chat noir*, les assassins presque vampires et déterreurs de cadavres de ladies Romewa, Ligeia et autres pâles et chimériques créatures sont des frères littéraires du monomane Pelletier.
>
> Tous inconscients, irresponsables, et effrayants et douloureux cérébraux irrévocablement conduits au crime et à la terreur par la névrose, la grande névrose apparue au seuil de ce siècle malade dans l'attitude impénétrable qu'avait dans le monde antique la déesse Fatalité.

---

31 Lorrain, Jean, *Âmes d'automne*, p. 23.

32 Voisin, Auguste, Socquet, J. et Motet, A., « État mental de P... », p. 340.

33 Huysmans, Joris-Karl, *À rebours*, p. 232.

> O les pauvres êtres que la fatigue d'exister déprime et que la névrose obsède, futurs clients pour maisons de santé[34].

Ainsi le coupeur fétichiste, qui pour les médecins « ne manque pas d'intelligence, doué d'aptitudes spéciales distinguées, très habile dans sa profession qui touche à l'art par certains côté[35] », devient un « frère » des héros de Poe ou de Huysmans.

Être fétichiste, c'est alors chercher, avant d'échouer à l'asile, une passion ultime malgré cette « fatigue d'exister » que Lorrain ressasse comme un refrain. La perversion incarne ainsi une manière d'être « douloureuse » (et excusable), dans un monde abandonné par la clarté estivale. Symboliste, le coupeur de nattes que la médecine stigmatise trouve ici ses lettres de noblesse littéraires, incarnant le malade du siècle : il est le poète des fleurs passionnées, l'albatros des douches froides. Qu'il soit « inconscient » ou « irresponsable », il n'en demeure pas moins que la *Névrose*, nouvelle forme de *Fatalité*, s'acharne sur lui. L'inscription du *fétichisme* (mot que ni les médecins, ni Lorrain ne prononcent) dans un *fatum* (qu'il porte dans son étymologie) rattache cette « passion » à une force suprême emportant l'individu – mélancolie saisonnière pour Lorrain, hérédité pour les savants. L'écrivain ne nie donc pas que le fétichiste soit malade : mais s'il l'est, c'est dans la mesure où tout le siècle est atteint. Alors, comme le remarque Paolo Tortonese, « si l'homme et la société apparaissent comme un ensemble de tissus irrités, le roman devient aussi le lieu d'un diagnostic, l'espace où l'on mesure une pathologie du quotidien, une séméiotique du dysfonctionnement de l'esprit, une analyse sociale du trouble individuel[36] ». La poétisation du fétichisme s'inscrit dès lors dans un « monde métonymique », où sujets et objets interagissent. En élargissant le diagnostic pathologique médical à la société et à la nature ; en situant la cause du fétichisme en dehors de l'organisme, Lorrain en propose une vision symboliste et renouvelée, où tout se noue et se répond – comme la structure concaténatoire d'*Âmes d'automne*.

34 Lorrain, Jean, *Âmes d'automne*, p. 27-28.
35 Voisin, Auguste, Socquet, J. et Motet, A., « État mental de P… », p. 334.
36 Tortonese, Paolo, « Le Siècle de la continuité », p. 290.

RELIQUES ÉROTIQUES

> L'amour, comme la foi, s'entretient par de petites pratiques[37].

Le fétichisme amoureux inscrit donc l'objet dans un tissu de signes visibles, offrant une densité au réel. Sacralisés, conjurant l'absence d'une relation révolue, les brimborions érotiques sont ainsi l'objet d'une adoration apparentée à un culte des « reliques[38] », notamment chez Binet qui s'inspire probablement des « folles reliques de l'amour[39] » de Mantegazza. Krafft-Ebing remarque que « l'enthousiasme érotique pour une qualité déterminée, pour des parties du vêtement, pour la forme d'une partie du corps, rappelle fréquemment l'adoration de reliques, d'objets bénis ou sacrés, d'idoles. Dans l'histoire des religions, on parle aussi de fétiche en ce cas[40] ». Si le mot « relique » apparaît donc comme un reliquat métaphorique de la source anthropologique du fétichisme, il est réinvesti non seulement par les médecins, mais aussi et surtout par les écrivains afin de désigner un objet au pouvoir mémoriel, capable de réactualiser la volupté de jadis. Dans *La Chevelure*, la tresse officie comme réceptacle d'une âme « divine » demandant à être érotiquement ressuscitée. Alors qu'elle n'est initialement qu'un « contact froid », l'amour « réchauffai[t] » cette « surprenante relique » qu'il faut prendre « religieusement[41] ». Si l'analogie tissée entre folie érotique et religion anoblit le fétichisme en divinisant l'être aimé, la chevelure, d'autre part, ouvrirait sur un amour métaphysique.

Mais cette sacralisation amoureuse est concomitante, à la fin du XIXe siècle, d'une désacralisation des « vraies » reliques religieuses. Dans *La Relique* de Maupassant, le narrateur, médecin, explique au

37 Rodenbach, George, *Bruges-la-Morte*, éd. Jean-Pierre Bertrand et Daniel Grojnowski, Paris, GF Flammarion, 1998, p. 143.

38 Binet, Alfred, « Le Fétichisme dans l'amour », p. 263.

39 Mantegazza, Paolo, *Physiologie de l'amour*, p. 139-140. Voir I. 1, « Les Bazars de l'amour ».

40 Krafft-Ebing, Richard von, *Psychopathia sexualis*, [1950], p. 312-313.

41 Maupassant, Guy de, *La Chevelure*, in *Contes et Nouvelles II*, p. 110-112.

cousin de sa fiancée, un abbé, comment sa promise exige qu'il rapporte d'Allemagne « presque rien, un simple souvenir, mais un souvenir choisi ». Un marchand lui propose là-bas une relique « un bétit morceau d'un os des once mille fierges. La prétendue relique était enfermée dans une charmante boîte en vieil argent », qui décide le choix du fiancé. Mais il perd « le petit os, gros comme la moitié d'une épingle ». Ne portant que peu de foi aux reliques des brocanteurs, il ne se désole point de « la perte de cette parcelle de carcasse de mouton » et se procure un « fragment analogue[42] ». Revenu auprès de sa fiancée, il lui raconte avoir dérobé le petit os dans le tas de débris des saints, malgré la sûreté qui entoure le lieu sacré. La fiancée redouble alors d'amour mais se rend compte un jour de la supercherie, et chasse l'amant, qui ne pourra revenir qu'à condition de lui offrir une *vraie* relique, des « fragments de sainte ». Ce dernier demande à l'abbé de lui procurer le précieux objet réclamé, afin que sa cousine ne soit pas la onze mille et unième vierge. La relique religieuse est donc démystifiée par le médecin, tout en étant un nécessaire gage d'amour.

Le même procédé est à l'œuvre dans *Le Journal d'une femme de chambre* de Mirbeau, où Célestine raconte une anecdote qu'elle a lue dans un journal– et que l'écrivain avait en effet publiée sous le titre de *« L'Étrange relique »*, le 4 août 1890, dans *L'Écho de Paris*. Une sœur de Port-Lançon, « inféconde femelle », s'offusque de découvrir un jour la statue d'un homme nu dans l'église. Le doyen de la paroisse, qui n'est pas moins dévot, organise alors une expédition nocturne pour « terrasser le diable[43] ». Le prêtre et la sœur castrent la statue, en assenant un « coup sec » sur l'« icône obscène » dont le phallus tombe par terre. Mais Mlle Robineau, « une sainte femme », remarque l'« objet qui lui parut d'une forme insolite et d'un aspect bizarre, comme en ont, parfois, certaines reliques dans les reliquaires ». Si la grivoise analogie laisse entendre que les reliques représentent souvent des sexes, la dévote ne se doute pourtant pas de la provenance de l'objet :

> Arrivée chez elle, Mlle Robineau s'enferma dans sa chambre. Sur une table, parée d'une nappe blanche, elle disposa un coussin de velours rouge avec des glands d'or ; sur le coussin, délicatement, elle coucha la précieuse relique. Ensuite elle couvrit le tout d'un globe de verre aussitôt flanqué de deux vases

---

42 Maupassant, Guy de, *La Relique*, in *Contes et Nouvelles I*, p. 590-592.

43 Mirbeau, Octave, *Le Journal d'une femme de chambre*, p. 272-273.

pleins de fleurs artificielles. Et s'agenouillant devant cet autel improvisé, elle invoqua, avec ardeur, le saint inconnu et admirable à qui avait appartenu, en des temps probablement très anciens, cet objet profane et purifié… Mais, bientôt, elle ne tarda pas à se sentir troublée… Des préoccupations d'une précision trop humaine se mêlèrent à la ferveur de ses prières, à la joie pure de ses extases… Même des doutes terribles et lancinants s'insinuèrent dans son âme.

– Est-ce bien, là, une sainte relique ?… se dit-elle.

Et tandis qu'elle multipliait sur ses lèvres les *Pater* et les *Ave*, elle ne pouvait s'empêcher de penser à d'obscures impuretés et d'écouter une voix plus forte que ses prières, une voix qui venait d'elle, inconnue d'elle, et qui disait :

– Tout de même, ça devait être un bien bel homme[44] !…

Que le phallus ait soulagé la dévote dans sa solitude semble assez clair : à la désacralisation des reliques religieuses se noue ainsi l'érotisation d'une simple pierre dure. Le sacrilège semble dès lors bien plus résider dans l'abstinence et la castration du patrimoine architectural que dans l'adoration d'un phallus rocheux – godemiché si bienvenu aux dénaturées de la religion.

C'est donc à cette démystification antireligieuse que répond le devenir sacré des brimborions d'amour, notamment dans cette réécriture de *La Chevelure* de Maupassant qu'est *Bruges-la-Morte* de Rodenbach[45]. Mais ici, la chevelure appartient à l'épouse d'Hugues Viane, qui l'a coupée « sur le cadavre gisant ». « N'est-ce pas comme une pitié de la mort ? Elle ruine tout, mais laisse intacte les chevelures. Les yeux, les lèvres, tout se brouille et s'effondre. Les cheveux ne se décolorent même pas.

44 *Ibid.*, p. 275-276.

45 Dans « La Morte embaumée », Rollinat décrit également l'embaumement de la bien-aimée, déposée dans une « boîte étrange », « aussi belle qu'un ange ». Le corps est d'abord évidé de ses organes, puis rempli d'« onctueux parfums, / Du chlore, du goudron et de la chaux en poudre » avant d'être cousu parfaitement « sans que la peau fît un seul pli ». La morte, « pétrifiée » par l'embaumement, rendue *artificielle*, est enfin ornée par l'amant, qui la couvre « de bijoux, d'anneaux et d'amulettes », attachant finalement « sa petite babouche / À son pauvre petit pied froid ». Déposée dans une « bière de cristal », la défunte repose, « narguant la putréfaction ». Si dans ce poème la nécrophilie ne porte pas seulement sur une fraction du corps mais sur sa totalité, la mise en bière transparente du corps, cherchant à déjouer la mort de la chair, annonce l'érotisme posthume de la *Chevelure* de Maupassant et la passion du héros de *Bruges-la-Morte* de Rodenbach. Les trois auteurs témoignent ainsi d'une fétichisation du corps féminin cherchant à rendre caduque l'absence mortelle (Rollinat, Maurice, *Les Névroses. Les âmes, les luxures, les refuges, les spectres, les ténèbres*, avec un portrait de l'auteur par F. Desmoulin, Paris, G. Charpentier, 1883, p. 262-264).

C'est en eux seuls qu'on se survit[46]. » Le veuf conserve donc la chevelure de sa femme défunte :

> Il n'avait point voulu [l'] enfermer dans quelque tiroir de la commode ou quelque coffret obscur – ç'aurait été comme mettre la chevelure dans un tombeau ! – aimant mieux, puisqu'elle était toujours vivante, elle, et d'un or sans âge, la laisser étalée et visible comme la portion d'immortalité de son amour.
>
> Pour la voir sans cesse, dans le grand salon toujours le même, cette chevelure qui était encore Elle, il l'avait posée là sur le piano désormais muet, simplement gisante – tresse interrompue, chaîne brisée, câble sauvé du naufrage ! Et, pour l'abriter des contaminations, de l'air humide qui l'aurait pu déteindre ou en oxyder le métal, il avait eu cette idée, naïve si elle n'eût pas été attendrissante, de la mettre sous verre, écrin transparent, boîte de cristal où reposait la tresse nue qu'il allait chaque jour honorer.
>
> Pour lui, comme pour les choses silencieuses qui vivaient autour, il apparaissait que cette chevelure était liée à leur existence et qu'elle était l'âme de la maison[47].

Si la chevelure est une synecdoque de l'aimée, elle est néanmoins « intégrale » et « encore Elle ». La relique est ainsi à la fois permanence et rupture, « tresse interrompue, chaîne brisée, câble sauvé du naufrage », dont l'existence semble menacée par l'air contaminé et l'humidité brugeoise. Dès lors, le dépôt sous verre est une nouvelle mise en bière, quoique translucide ; et le narrateur s'attendrit face à ce culte adressé à la *nudité* de la tresse, exposée de manière presque obscène dans cette « boîte de cristal ». Mais la chevelure morte est l'âme de la maison, non seulement « pour lui », mais aussi « pour les choses silencieuses qui vivaient autour ». Le vivant et l'inanimé s'entremêlent, puisque les choses s'animent tandis qu'Hugues s'est arrêté dans un temps suranné, dans la répétition « chaque soir » du « même itinéraire », pendant cet « automne précoce » qu'est « son existence si monotone qu'elle ne lui donnerait presque plus la sensation de vivre[48] ».

Le veuf rend d'abord de « muettes dévotions » aux « menus objets, des brimborions, des portraits qu'il conservait de sa femme ». Il « bais[e] la relique de la chevelure conservée[49] » : « Chaque matin, ainsi qu'au lendemain de son décès, il faisait ses dévotions – comme les stations du

46 Rodenbach, Georges, *Bruges-la-Morte*, p. 54.
47 *Ibid.*, p. 61-62.
48 *Ibid.*, p. 66-67.
49 *Ibid.*, p. 81 et 142.

chemin de la croix de l'amour – devant les souvenirs conservés d'elle ». Il s'attendrit d'abord devant les portraits, sur lesquels il « mettait les lèvres et les baisait comme une patène ou comme des reliquaires ». Mais alors qu'au début il baise la chevelure, il semble ensuite interdit de la toucher :

> Chaque matin aussi, il contemplait le coffret de cristal où la chevelure de la morte, toujours apparente, reposait. Mais à peine s'il en levait le couvercle. Il n'aurait pas osé la prendre ni tresser ses doigts avec elle. C'était sacré, cette chevelure ! c'était la chose même de la morte, qui avait échappé à la tombe pour dormir d'un meilleur sommeil dans ce cercueil de verre. Mais cela était mort quand même, puisque c'était d'un mort, et il fallait n'y jamais toucher. Il devait suffire de la regarder, de la savoir intacte, de s'assurer qu'elle était toujours présente, cette chevelure, d'où dépendait peut-être la vie de la maison[50].

La relique est devenue intouchable – interdiction impensable chez Maupassant, où la chevelure est justement un objet « palpable ». Chez Rodenbach, c'est uniquement par la vue que son culte peut être exécuté. Si l'on a parfois qualifié de « fétichiste » la passion d'Hugues Viane[51], le fait qu'il s'interdise de toucher l'objet sanctifié implique un rapport désincarné à la relique amoureuse, porteuse toutefois d'un pouvoir fantastique. Car Jane, qui devient son amante parce qu'elle ressemble à la défunte, meurt précisément d'avoir transgressé cette interdiction tactile. Brisant le silence de la chapelle avec « un rire sonore », elle enroule la relique « comme un serpent charmé » autour de son cou : « Hugues était devenu livide. C'était la profanation. Il eut l'impression d'un sacrilège… Depuis des années, il n'osait toucher à cette chose qui était morte, puisqu'elle était d'un mort. Et tout ce culte à la relique, avec tant de larmes granulant le cristal chaque jour, pour qu'elle servît de jouet à une femme qui le bafoue… ». Voulant reprendre possession de la chevelure, l'amant « tira, serra autour du cou la tresse qui, tendue, était roide comme un câble[52] » – celui-là même qu'il avait sauvé trépas.

Résumé, le roman s'apparente donc à l'histoire d'une passion fétichiste pour une chevelure, des portraits et des robes suite à un deuil

50 *Ibid.*, p. 138 et 141.

51 *Ibid.*, p. 142. Voir par exemple Dumoulié, Camille, *Cet obscur objet du désir : essai sur les amours fantastiques*, Paris, L'Harmattan, « Psychanalyse et civilisations », 1995 et Fédida, Pierre, « La relique et le travail du deuil », in *Objets du fétichisme*, p. 250.

52 *Ibid.*, p. 267-269.

pathologique, compliqué d'une hallucination qui confond la vivante Jane avec la défunte, le tout se concluant dans un crime passionnel. D'ailleurs, l'« avertissement » de l'auteur désigne le roman comme étant une « étude passionnelle[53] ». Les premières lignes semblent donc indiquer que le texte de Rodenbach participe de l'école du document humain : *Bruges-la-morte* mettrait en scène un cas clinique sur les ravages du deuil et du fétichisme érotique (le rapport aux objets étant néanmoins platonique). L'histoire d'Hugues Viane serait ainsi celle de la névrose obsessionnelle ; celle de la passion criminelle, banale et inéluctable. Cette lecture a été suivie par certains critiques (dont Ginette Michaux) ; mais Paul Gorceix la trouve, à juste titre, réductrice. Il interprète l'« Avertissement » comme une volonté, de la part de Rodenbach de « conserver les "suspens" » et de ne donner aux lecteurs que « les éléments qui permettent une lecture superficielle de l'œuvre », puisque le public a été « formé par plusieurs décennies de réalisme ». Interpréter le roman de Rodenbach comme « l'histoire de la névrose vécue par un homme en proie à l'influence de la ville et de son climat, identifier l'imaginaire au monde matériel et lire *Bruges-la-Morte* comme le produit nécessaire de la race flamande et du terroir, conditionné par des facteurs géographiques et psycho-sociologiques », c'est confondre la création rodenbachienne avec « la reproduction mimétique de la réalité. Le plus éloigné de la pensée de l'auteur, c'était, à n'en pas douter, d'écrire un roman réaliste[54] ».

Rodenbach n'entendait sans doute pas réaliser un roman « clinique » ; toutefois, la terminologie scientifique utilisée dans l'« Avertissement » ne semble pas être là uniquement pour amadouer un public habitué aux œuvres naturalistes. Ce qu'il propose, c'est un élargissement de la clinique, car le réel décrit par le roman relève davantage d'une perception symboliste, ouverte sur la densité invisible des rapports entre les choses – ce fameux « démon de l'Analogie » convoqué à partir d'un poème en prose de Mallarmé[55]. Et le tissu analogique de *Bruges-la-Morte*

53 *Ibid.*, p. 49.

54 Gorceix, Paul, *Réalités flamandes et symbolisme fantastique.* Bruges-la-Morte *et* Le Carillonneur *de Georges Rodenbach*, Paris, Lettres modernes, 1992, p. 14-16.

55 « [Jane] répondit sans avoir l'air surprise et comme s'attendant à la rencontre d'une voix qui bouleversa Hugues jusqu'à l'âme. La voix aussi ! La voix de l'autre, toute semblable et réentendue une voix de la même couleur, une voix orfévrée de même. Le démon de l'Analogie se jouait de lui ! Ou bien y a-t-il une secrète harmonie dans les visages et

ne se décline pas seulement entre l'amante actuelle et la passée, mais aussi entre le monde et le sujet : c'est pourquoi le roman ne décrit pas seulement une passion amoureuse mais « aussi et principalement une Ville, la Ville comme personnage essentiel, associé aux états d'âme ». « Dans la réalité », Bruges « apparaît presque humaine », comme une force qui « détermine à agir » et mène l'intrigue, les sentiments, les autres personnages, marionnettes du milieu dans lequel ils « séjournent ». Et de même que la ville, photographiée, « orient[e] une action », de même Rodenbach s'est « plu d'élire » cet endroit pour « suggérer » l'emprise du décor sur « l'avènement même du livre ». Sujet, ville, photographie et écriture sont donc intimement – et analogiquement – liés.

L'« étude passionnelle » rodenbachienne émerge d'une conception du corps et de la psyché qui, sans être dépourvue de lien avec les théories contemporaines, témoigne pourtant d'une vision propre. Si d'une part l'« Avertissement » suggère l'influence du milieu sur les êtres dans une veine naturaliste, d'autre part le réel est beaucoup plus étendu que ses limites physiques. Le rôle de l'observateur s'apparente dès lors à celui d'un suggestionneur, qui travaille ses pages pour que « ceux qui nous liront subissent aussi la présence et l'influence de la Ville, éprouvent la contagion des eaux mieux voisines, sentent à leur tour l'ombre des hautes tours allongée sur le texte[56] ». Hypnotisé, victime d'une influence contagieuse, le lecteur devient aussi la proie de la Ville qui a envahi, par les modernes illustrations, le Texte même. L'« étude passionnelle » devient ainsi envoûtement du lecteur, à son *tour* emporté par *les tours* – dans un piège que tend la figure du chiasme : « Bruges était sa morte. Et sa morte était Bruges. Tout s'unifiait en une destinée pareille. C'était Bruges-la-Morte. » La « passion », inspirée par la ville, étend son ombre sur l'âme souffrante et la blancheur de la page. Le roman émerge donc d'une réalité magnétique traversée de contagions analogiques, où les choses se nouent en réseau et où le sujet, comme chez Lorrain, est une « âme » qui répond au monde :

---

faut-il qu'à tels yeux, à telle chevelure corresponde une voix appariée ? » (Rodenbach, Georges, *Bruges-la-Morte*, p. 102). Voir Mallarmé, Stéphane, « Le Démon de l'analogie », in *Divagations*, préface d'Yves Bonnefoy, Paris, Gallimard, « nrf Poésies », 1976, p. 75. L'*analogie* rodenbachienne s'appuie également sur les correspondances de Baudelaire – pour qui l'imagination « a créé, au commencement du monde, l'analogie et la métaphore » (Baudelaire, Charles, *Salon de 1859*, in *Œuvres complètes*, 2 vol., éd. Claude Pichois, Paris, Gallimard, « Bibliothèque de la Pléiade », 1976, t. II, p. 621).

56 Rodenbach, Georges, *Bruges-la-Morte*, p. 50.

> Il avait ce qu'on pourrait appeler « le sens de la ressemblance », un sens supplémentaire, frêle et souffreteux, qui rattachait par mille liens ténus les choses entre elle, apparentait les arbres par des fils de la Vierge, créait une télégraphie immatérielle entre son âme et les tours inconsolables[57].

Comme le montre Marta Caraion, la photographie incarne particulièrement, au sein de l'œuvre, ce « sens de la ressemblance » qui est en son cœur, en donnant « aussi corps à ces infinies modulations du blanc et du noir, aux nuances de gris qu'elle sait si bien exprimer[58] » et qui est la couleur de l'entre-deux mondes – le vivant et le mort.

Alors, la passion fétichiste ne plus être extraction d'un détail, mais inscription des choses dans l'ensemble du réel grâce à une perception qui verrait aussi bien les ressemblances entre les choses qu'entre elles et l'intime – qu'entre le texte et l'image. La métonymie symboliste du deuil devient donc saisie métaphorique du monde et de l'au-delà. Rodenbach explicite cette densité du réel, saisi par correspondances, dans le *Rouet des brumes* :

> Il y a tout un domaine mystérieux et négligé, limbes des sensations, clair-obscur de la conscience, région équivoque où trempent pour ainsi dire les racines de l'être. Il s'y noue des analogies étranges, des rapports volatils qui lient nos pensées et nos actes à telles impressions de la vue, de l'ouïe, de l'odorat. Pour avoir rencontré une femme dont les yeux sont gris, l'homme du nord, tout à coup nostalgique, s'en retourne au pays natal. De même une orange qu'on épluche, parfois suffit pour susciter l'atmosphère d'un théâtre. Et ceci encore : pour avoir respiré, sur un trottoir en réparation, l'été, l'odeur de l'asphalte qui bout dans sa cuve, nous partons pour la mer, avides de grands ports où le goudron sent bon aux quilles brunes des vaisseaux. Et ceci : les réverbères ophtalmiques, dans le brouillard, font rêver d'altruismes, de dévouements humanitaires, d'un legs pour un hospice ou une clinique des yeux[59]...

La brume nous prouve que la réalité est sans cesse troublée par des analogies. Et dans ce récit où un homme tue sa femme suite à la vision nocturne d'une lanterne rouge sur une locomotive, l'avocat plaide

57 *Ibid.*, p. 69 et 129.

58 Caraion, Marta, *Pour fixer la trace. Photographie, littérature et voyage au milieu du XIXe siècle*, Genève, Droz, 2003, p. 75. La critique remarque comment, ironiquement, Rodenbach fait entrer « la photographie au cœur même des territoires que le même Baudelaire lui interdisait », puisque le roman se construit en écho à la théorie baudelairienne des correspondances (*ibid.*, p. 73).

59 Rodenbach, Georges, *Le Rouet des brumes*, Paris, Ernest Flammarion, 1901, p. 82.

finalement la folie, renonçant à expliquer à « un jury de bourgeois positifs » « les raisons mystérieuses des actes, la fatalité, l'hypnotisme, la suggestion », qui ne sont pas encore acceptées en justice alors que la folie l'est déjà. « Peut-on admettre que le rouge d'une lanterne lui ait suggéré le rouge d'une blessure, et qu'il ait tué par la faute d'un convoi ? Un accès de démence était plus vraisemblable, et seul compréhensible pour la justice des hommes. Le reste regardait les poètes – et Dieu[60] ! ».

La même oscillation se retrouve dans *Bruges-la-Morte*, où le narrateur laisse parfois planer le diagnostic de folie sur Hugues, qui « s'illusionn[ait][61] ». Mais le texte suggère aussi que le héros est peut-être bien la proie du maléfice de l'analogie, d'un sortilège métaphysique[62]. Lors de l'essayage des robes défuntes par Jane, le narrateur laisse entendre comment, en réalité, tout est question de vision : « Les ressemblances ne sont jamais que dans les lignes et dans l'ensemble. Si on s'ingénie aux détails, tout diffère. Mais Hugues, sans s'apercevoir qu'il avait changé lui-même sa façon de regarder, confrontant avec un soin plus minutieux, en imputait la faute à Jane et la croyait elle-même toute transformée[63] ». S'il est bien une clinique chez Rodenbach, c'est alors une « clinique des yeux », car il faut savoir voir que le réel est entrelacé comme les dentelles et profond comme les canaux de Bruges – d'où l'importance capitale des images photographiques dans ce roman, où les reflets infinis des canaux symbolisent la multitude d'échos visuels, et l'analogie des métonymies.

Les fétiches apparaissent comme une nécessité vitale ; s'ils sont élaborés par contigüité, ils participent néanmoins d'un réseau métaphorique. Ainsi, les cheveux de Jane sont des fils que le héros tisse : « D'autres fois, il dénouait ses cheveux, en inondait ses épaules, les assortissait mentalement à un écheveau absent, comme s'il fallait les filer ensemble. » L'amant s'assimile à une de ces dentellières travaillant le fil blanc de Bruges ; et le cheveu devient, figurément et littéralement, le fil de l'histoire. Ses cheveux qui « apparaissaient dans la nuque, sous la capote noire et la voilette, étaient bien d'un or semblable, couleur d'ambre et de cocon, d'un jaune fluide et textuel[64] ». La chevelure est ainsi la trame de l'écriture, (dé)nouant l'intrigue – c'est d'ailleurs avec

60 *Ibid.*, p. 90-91.
61 Rodenbach, Georges, *Bruges-la-Morte* [1892], p. 215.
62 Voir Gorceix, Paul, *Réalités flamandes et symbolisme fantastique*…, p. 46 *sq.*
63 Rodenbach, Georges, *Bruges-la-Morte*, p. 178.
64 *Ibid.*, p. 112 et 78.

elle que s'ouvre le roman et qu'il s'achève. Elle participe, par sa similitude avec les fils, de ce lien si étroit qu'entretiennent, dans l'esthétique de Rodenbach, textile, texte et ville : Bruges est un musée de dentelles et sa blancheur eucharistique est comme celle de la page, où s'écrit un texte aussi fragile que la dentelle, aussi fugace que la brume ou que le dessin givré d'une fenêtre hivernale[65].

Dans un récit intitulé « Dentelle de Bruges », Sœur Ursule, réputée dentellière, « égrenait ses bobines, comme un tourbillonnant rosaire, où les doigts avaient plus de part, cette fois, que les lèvres ; et la guipure était une sorte de texte, une litanie en l'honneur de Dieu[66] ». La dentelle, ce « texte » qu'écrit Sainte-Ursule, est dans son étymologie même liée, en quelque sorte, à la bouche – à la parole. Le mot provient en effet de *petite dent* ; avant de signifier un tissu ajouré, « dentelle » est un terme d'architecture, renvoyant à des ornements ayant la forme de dents. La « dentelle » renferme donc, dans son signifiant même, une référence à la « dent » qui la dit – et à la féminité du « elle ». Constituée de « réseaux fins grillageant l'air nu, ce fouillis inextricable et lucide comme un écheveau de nerfs[67] », ce tissu incarne à la fois une liberté de création de la part de la dentellière (puisqu'il n'y a ni trame ni chaîne) et un savoir-faire traditionnel (puisqu'elle suit un modèle préétabli) – de même que tout texte est l'articulation d'un langage préexistant et d'une liberté artistique[68]. Mais Sainte-Ursule, ayant exceptionnellement accepté de faire un ouvrage pour des fiancés, se retrouve hantée par le mot *amour*, qui « réapparaissait malgré elle, tantôt permis, licite, transfiguré, brûlant comme le charbon d'Isaïe tombé du sein même de Dieu, puis tout aussitôt profane, tendre, presque charnel, lui mettant aux lèvres la chaleur du baiser d'une bouche invisible… ». La découverte

65 Dans le *Musée des béguines*, la dentellière « improvisait aussi parfois, inventant soudain quelque dessin imprévu, tout nouveau, un assemblage de rosaces, comme vu par elle, une nuit d'hiver, en dentelle de givre sur ses vitres, et tout à coup ressouvenu… » (Rodenbach, Georges, *Musée des béguines*, Paris, Bibliothèque Charpentier, 1894, p. 11-12).

66 *Ibid.*, p. 13-14.

67 *Ibid.*, p. 15.

68 « Le texte partage avec le textile la propriété d'être un entrelacement – d'où les termes de *trame, tresse* ou *tissage* qu'on lui applique fréquemment – et par là même de constituer une *texture*, c'est-à-dire un arrangement réciproque d'éléments, un réseau relationnel ou, si l'on préfère, une *structure* ». C'est pourquoi le tissu est toujours une référence réflexive du texte. Voir Dällenbach, Lucien, *Le Récit spéculaire. Essai sur la mise en abyme*, Paris, Seuil, 1977, p. 125.

que la dentelle peut être profane, symbole d'amour – que la bouche est non seulement le lieu de la parole mais aussi du baiser –, lui dévoile la profondeur de prières auparavant opaques : elles deviennent désormais, elles aussi, des textes ajourés. Prononçant une oraison à Marie, « tout à coup elle venait d'en pénétrer le sens, ce sens intime, équivoque, où le mystère de la chair transparaissait derrière le linge calme du texte. C'était plus que l'idée de l'amour que son regard avait atteint. Elle se jugea moins pure. Elle se sentit plus femme[69] ». La dentelle d'amour laisse ainsi entrevoir que le linge textuel est sensuel, que les mots sont chair. En étant profane, cette broderie élucide le sens des textes sacrés, pénètre la littéralité pour laisser exploser leur profondeur : elle est alors un péché, « comme un mauvais livre ». Mais la fiancée est abandonnée, et elle rend à la béguine « la dentelle d'un geste navré d'une mendiante qui vend ses cheveux[70]… ». Parce que Rodenbach *file* la métaphore de la dentelle et du textile écrit, l'archaïque mariage entre le tissu et le texte est actualisé, témoignant toujours de l'évanescente union de l'écriture et de la page blanche.

L'objet rodenbachien s'inscrit ainsi, loin de l'inanité que la médecine lui attribue, dans un réseau de correspondances large : la relation d'amour déborde sur la ville et sur l'invisible, s'écrivant avec le fil des dentelles nordiques. Le fétichiste n'est pas un individu coupé du monde par ses actes et que la science chercherait à écarter encore plus – au contraire : c'est celui qui, pris du démon de l'analogie, perçoit les liens entre les choses et la ville, s'attachant aux objets pour que quelque chose demeure malgré la mort. Hugues Viane entraîne dès lors l'empathie du lecteur, tels les héros maupassantiens : car il porte en lui une souffrance qui est celle de tout individu confronté au deuil. Comment supporter la disparition de l'être aimé sans reliques ? Il ne s'agit donc pas tant d'une « névrose » que d'une mélancolie d'autant plus partagée que le réel est métaphorique (les choses se réfléchissent les unes les autres, le lecteur peut être comme Hugues) et synecdochique (tout est contenu dans le moindre détail). La chevelure est la morte, la morte est la ville, et *Bruges-la-Morte* est dentelle – ce *textile* né du mariage de la « ville » et du « texte ».

---

69 *Ibid.*, p. 25-26.
70 *Ibid.*, p. 33.

LES LUXURES NORDIQUES

La ville de Bruges demeure un actant principal dans *Le Carillonneur* de Rodenbach où le héros, emporté par le désir érotique, se détourne du sacerdoce qu'il voue à la ville par le biais des cloches de son beffroi. L'écrivain développe alors une théorie de l'amour, selon laquelle les plus « grandes passions » proviennent de « si petites causes ». Cette origine minime, si proche de la pensée binetienne sur le culte des brimborions, n'a pas échappé à Émile Laurent qui l'évoque, en 1905, dans l'incipit de *Fétichistes et érotomanes* :

> Aussi nous sommes tous plus ou moins fétichistes. Dans la femme que nous aimons, certains détails ont plus particulièrement le don de nous plaire : une fine oreille orsée, un pied menu, des seins fermes et rebondis, une croupe opulente, des yeux de pervenche, une peau satinée, des dents blanches sous des lèvres purpurines. Un simple grain de beauté peut être pour quelques-uns l'aspérité où s'accroche l'amour. « On aime toujours pour un détail, pour une nuance, dit G. Rodenbach ; c'est un point de repère qu'on se crée dans le désarroi, dans l'infini de l'amour. Les plus grandes passions tiennent à de si petites causes ! Pourquoi aime-t-on ? À cause d'une couleur de cheveux, d'une intonation de la voix, d'un grain de beauté qui trouble et en suggère d'autres, d'une expression des yeux, d'un dessin des mains, d'une certaine palpitation du nez qui frémit comme s'il était toujours devant la mer[71] ».

Laurent utilise Rodenbach pour réactiver le continuisme de Binet et universaliser le fétichisme ; car toute passion se fixerait sur une minutie qui déterminerait le destin amoureux. Plus loin, le médecin convoque de nouveau le même roman, qui illustrerait selon lui un cas de fétichisme de la bouche.

Fréquentant la maison d'un antiquaire qui a deux filles, le carillonneur hésite entre la blonde flamande et la brune passionnée. C'est la bouche de cette dernière qui le décide :

> Il est certain qu'une fine bouche, ornée de lèvres roses encadrant des dents blanches, est un élément indiscutable de beauté, surtout quand elle s'éclaire d'un sourire. Mais le fétichisme est souvent en contradiction avec l'esthétique.

71 Laurent, Émile, *Fétichistes et érotomanes*, p. 4. *Cf.* Rodenbach, Georges, *Le Carillonneur*, p. 67.

> J'ai connu un poëte de talent qui aimait les femmes aux lèvres rouges et épaisses : il trouvait une saveur toute particulière à leurs baisers.
>
> G. Rodenbach (*Le Carillonneur)* a dépeint dans un de ses romans un personnage qui devint amoureux d'une jeune fille uniquement à cause de sa bouche. « Joris, dit-il, ne vit plus que cette bouche tentante et haletante, comme une fleur isolée qu'il eut voulu cueillir dans le jardin de sa chair... L'amour était dans cette bouche comme Dieu dans l'hostie ».
>
> A. Belot (*La Bouche de Madame X...)* a décrit un état d'âme à peu près semblable[72].

Excité par une cloche où des péchés charnels sont représentés, le carillonneur s'obsède en effet avec la bouche de « Barbe », dont le baiser devient une communion eucharistique, un blasphème de luxure :

> Car c'est toujours par cette bouche qu'il se sentait obsédé, rafraichi et brûlé, comme si elle était fleur et flamme à la fois. Tout à coup cette bouche l'avait communié. À présent l'amour était dans cette bouche comme Dieu dans l'hostie. Il n'y avait plus moyen de faire que cela ne fût pas. Ç'avait été le fait d'une seule minute, mais cette minute liait l'Éternité[73].

La comparaison eucharistique, longuement filée, assimile religion et amour, dans une transsubstantiation corporelle accomplie grâce au baiser. Le sacrement amoureux se teinte alors de fatalité tragique, car une force transcendante scelle les bouches (« c'était », « ç'avait été », « il n'y avait plus de moyen »). De même que le geste sacré consacre le pain, de même la bouche se transforme en présence amoureuse, *résumant* la femme :

> Trop tenté décidément par cette bouche, il y jeta ses lèvres, en communia, la mangea... Eucharistie de l'amour ! Hostie rouge ! Ne fut-ce pas vraiment une Présence réelle ? À cette minute, il la posséda toute sous les espèces de sa bouche, où elle fut résumée et transsubstantiée[74] !

L'emploi du verbe « communier » est déviant : Joris rassasie sa gourmandise dans une divinité buccale. L'exaltation semble assumée tant par le narrateur que par Joris : en effet, dans un flou énonciatif, le texte donne foi à l'« eucharistie de l'amour », à cette sanctification du baiser

72 Laurent, Émile, *Fétichistes et érotomanes*, p. 20-21. Pour Thoinot, en 1898, « le fétichisme de la *bouche* a servi de texte à un roman de Belot ; je n'en connais guère d'observation médicale » (*Attentats aux mœurs et perversions du sens génital*, p. 412). Rodenbach offre ainsi à la médecine un deuxième cas de fétichisme de la bouche.

73 Rodenbach, Georges, *Le Carillonneur*, p. 70.

74 *Ibid.*, p. 68.

qui ensanglante l'hostie tout en instaurant « vraiment une Présence réelle ». L'amour serait ainsi avènement d'une autre substance dans la partie fétiche. Mais le mariage sera désastreux. Joris découvre alors qu'il aime en fait la blonde Godelieve qui, après s'être donnée à lui, entre au béguinage. Le carillonneur, finalement abandonné de tous et trahi par une ville modernisée, se suicide dans le clocher du beffroi : « Il avait cédé à la tentation de la chair, au piège de la femme. Il aima des corps au lieu de n'aimer que la ville[75] ». Pourtant, l'idéal architectural n'est pas sans plaisir charnel, puisque la ville, féminisée, s'*embellit* et *se pare* pour l'amant :

> On peut dire que Borluut aimait d'amour la Ville.
>
> Or, nous n'avons qu'un cœur pour toutes nos amours. C'était donc quelque chose comme la tendresse pour une femme, le culte pour une œuvre d'art ou une religion. Il aimait Bruges d'être si belle ; et, tel qu'un amant, il l'aurait aimée davantage d'être plus belle. [...] Les choses l'intéressèrent, à défaut des êtres. La ville devint pour lui personnelle, presque humaine... Il l'aima, avec le désir de l'embellir, de parer sa beauté, une beauté mystérieuse d'être si triste[76].

La même érotisation de la ville se retrouve dans *Monsieur Bougrelon* de Jean Lorrain où le héros éponyme, dandy désuet, sert de Cicérone au narrateur égaré dans Amsterdam. Dans un des longs monologues parasitant le texte, le loquace Bougrelon convoque justement *Le Carillonneur* pour évoquer le rut des villes des Nord, car les cités brumeuses seraient particulièrement propices au plaisir qu'offrent des « hypothétiques luxures ». Si l'adjectif « hypothétique » indique une incertitude, il renvoie également à ce qui est théorique, abstrait, imaginé. C'est donc probablement une jouissance raffinée, d'ordre psychique, qui est réservée aux « âmes du Nord » – et ce dans la continuation de l'éréthisme mental des fétichistes binetiens. Parce que « cérébral », elle déjoue « l'instinct » et le « sexe » traqué par la médecine :

> « Elle est bien flamande et spéciale à ces âmes du Nord, cette effervescence de rut cérébral, égarant l'instinct et franchissant l'au-delà de l'espèce et du sexe. [...] il n'y a pas jusqu'à Bruges, Bruges que l'on dit morte et qui n'est qu'endormie, où se dorlote, emmaillotée de linges mystiques, la plus titillante priapée, celle des béguines ! Avez-vous visité Bruges ? Et dans Bruges les cloches de son beffroi ? [...] Eh bien, à Bruges-la-Sainte, il s'est trouvé un

75 *Ibid.*, p. 77 et 324.
76 *Ibid.*, p. 46-47.

homme, un Belge, un Flamand, pour désirer et requérir d'amour le bronze des cloches : le fait est historique, messieurs ; à Bruges, on nous a dit son nom.

Cas sans précédent d'hypothétique luxure dont s'inspirera peut-être un romancier de l'avenir, ce Borluut (car son nom maintenant me revient) aimait ses cloches comme des filles, des filles de joie, messieurs, et prenait à les brimbaler la même sensuelle et sexuelle volupté que vous ou moi à besoigner des gouges, si bien que cette tour du beffroi de Bruges était devenue un vase de luxure, messieurs, et que les carillons de ces cloches coupables, toutes frémissantes de rut et de désirs, avaient fini par corrompre la ville et, comme le disait M. de Mortimer, ce n'est pas Borluut, mais Horrut qu'eût dû se nommer ce hardi chevaucheur de croupes d'airain[77] ».

Lorrain aborde la luxure de Borluut comme un fait historique, un « cas sans précédent » de luxure – saluant au passage son ami Rodenbach, ce « romancier de l'avenir » qui décrit ce rut inédit. Joris apparaît pour Bougrelon comme un nouveau Quasimodo qui, épris de ses cloches, fétichise les choses. La ville continue certes à être féminisée, mais le style de Lorrain joue sur l'obscénité – et non plus sur un amour mélancolique comme chez Rodenbach. Si les cloches sont des filles, la tour (symbole phallique s'il en est), inonde la ville de son carillon, répandant une jouissance universelle.

Monsieur Bougrelon file ainsi la représentation des plaisirs analogiques que l'auteur belge met en scène, en les situant, lui aussi, dans la brume particulière des paysages du Nord : « Hypothétique luxure, messieurs, comme seule en produit l'atmosphère de songe et de brume de ces pays nébuleux ». Là, les êtres disparaissent dans la brume : il n'est plus cette « Barbara vraiment barbare[78] », ni l'espagnole tatouée Della Morozina Campéador Cantès ayant essuyé 15 viols, ni le si regretté ami Mortimer, ni même le caniche blanc aux yeux verts rappelant Barbara (quoique sa fourrure, transformée en manchon, soit encore porté par le dandy). Tout a disparu : même le bocal avec l'ananas qui concentrait l'âme d'Atala a été vendu[79]. Il ne reste alors, dans ce Nord endeuillé, que les

77 Lorrain, Jean, *Monsieur de Bougrelon*, in *Romans fin-de-siècle*, p. 131.

78 *Ibid.*, p. 128-129.

79 « L'âme d'Atala, c'était un ananas, messieurs, un ananas baignant dans son jus, un ananas de bocal de conserve, mais quel ananas ! quel bocal ! et quel jus ! [...] Il rayonnait ce bocal, telle une monstrueuse émeraude où se serait figé un fruit à palmes d'or... Cet ananas, messieurs, c'était tout l'œil de Barbara et c'était aussi les profondeurs de la mer. Vertigineux et glauque, il contenait tout l'Atlantique, messieurs, et tout le Pacifique et toutes les Indes, et l'Amérique aussi » (*ibid.*, p. 140).

reliques du passé, les souvenirs évidés de leurs références, les fourrures sans corps. Mais dans cette mort généralisée, les objets prennent vie autrement, suscitant le désir et les sens des touristes qui s'arrêtent devant un magasin de fourrures :

> Des fourrures, martre, vision et zibeline, jetées au travers des objets en aggravaient encore l'obscénité ; ombres soyeuses de mèches blondes et brunes, longues, on eût dit des chevelures, rases, des toisons de sexes, touches perverses et discrètes posées sur ces peaux nues ; et toutes ces fourrures et tous ces cuirs fauves, tentaient, caressaient, raccrochaient.

Les fourrures appellent la chair, deviennent des poils, des chevelures, dans une confusion métaphorique qui transforme les choses en êtres. Fourrures et peaux s'entremêlent pour susciter les fameuses « hypothétiques luxures » des « âmes de nègre » – ces ancêtres fétichistes : « Auriez-vous des âmes de nègre ? Ah ! je vous y surprends, messieurs, vous la subissez, vous aussi, la délétère influence de ces déprimants pays de brume. Hypothétiques luxures, elles flambent dans vos yeux, dans vos mains frémissantes, dans la fièvre de toute votre attitude [...]. » De même que dans *Ames d'automne* Lorrain attribuait la névrose à la saison, de même ici le lieu provoquerait les luxures improbables. Comme la cause du fétichisme est toujours exogène, le vieux dandy rassure ses hôtes. Succomber à ces charmes apparemment pervers est en fait aussi viril que normal :

> « Et vous seriez des sots, messieurs, et pis, des impuissants si vous aviez résisté au charme velu, moelleux et chatouilleur de ces peaux fauves et souples aggravées de fourrures. Quelle tentation que cet étalage, messieurs ! En France on ne s'y arrêterait point : il y a des Françaises dans les rues ; mais ici, l'atmosphère humide et la lumière finissante ont des enveloppements si caresseurs que les objets s'y lubrifient, messieurs. Ces sacoches et ces fourrures, mais c'est toute l'école hollandaise ; ici, il n'y a pas de nature morte, car les natures mortes sont vivantes [...][80]. ».

Lubrifiés par la lumière du nord, les objets vivent sexuellement, et il est impératif de saisir ces appels humides de la luxure. Le réel s'érotise, les choses s'animent et la mort s'annule ; la femme, toujours absente, n'est évoquée que grâce aux « brimborions[81] » lui ayant appartenu.

---

80 *Ibid.*, p. 137.

81 *Ibid.*, p. 149 et 144.

Dans le chapitre central intitulé précisément « hypothétiques luxures », le dandy fait visiter un musée qu'il nomme « le boudoir des Mortes », véritable « lupanar » et « vestiaire des mortes ; c'est devant des lambeaux d'étoffes, des robes à jamais vides, des corsages de néant, devant la défroque des siècles passés, devant les loques des amours défuntes que je veux vous griser du douloureux opium de ce qui aurait pu être et de ce qui n'est plus ». Le « vestiaire du Souvenir » est décrit par le narrateur dans une suite de présentifications, inaugurées par des « c'étaient » qui accumulent les objets. L'anaphore, suivie de l'apposition des tissus ou des habits observés, donne une profondeur ontologique à ce qui est apparemment abandonné, mais qui incarne en vérité une présence permanente : « C'était, bouffant encore à la place des seins, plaquant à la place des ventres, l'énigme irritante des corsages et des juges. » Le boudoir réussit ainsi à stopper le cours du temps et à figer la mode : l'éphémère semble durer grâce à des armoires qui ne sont, elles aussi, que des « touchantes boîtes à conserve d'élégances surannées », entassées dans ce « boudoir funèbre pieux et coquet, troublant comme une alcôve, mais froid comme une sacristie[82] ». Alors, tandis que le groupe recueilli se promène en silence, M. de Bougrelon se met à parler :

> « L'enchantement des modes surannées, le charme douloureux des vivantes choses anciennes messieurs, le sentez-vous comme moi ? oui, car je vous vois pâles d'une émotion puissante, puisqu'elle est silencieuse. Vous ai-je trompés quand je vous ai dit : “Préparez-vous à la souffrance.” Les adorables mortes dont ces quelques parures vous imposent la vision, n'en subissez-vous pas ici plus réellement la présence que devant le vernis ou l'embu d'un portrait ? Ah ! le sortilège des étoffes fanées, les langueurs patriciennes de toutes ces orfèvreries de soie et de satin !
>
> S'il règne ici une atmosphère d'église, car n'y éprouvez-vous pas le respect d'un lieu saint ? c'est qu'il y flotte invisible et palpable l'âme impérieuse des vieilles aristocraties. Quelle grâce autoritaire, quelle fierté dans les plis de ces robes, quelle élégance innée dans ces paniers bouffants, quelle belle audace dans le ridicule même de ces coiffures ; c'est toute une société disparue que je retrouve là, car je l'ai connue, moi, je suis ici chez moi. Un boudoir de mortes, en vérité, mais de mortes vivantes, car je sais les mots qui donnent des corps à ces guenilles, je sais les mots d'amour et de caresse qui rallument ici sourires et regards ; car ces mortes reviennent, oui, messieurs, ces mortes reviennent parce que je les aime, et m'obéissent parce qu'elles le savent, car l'amour seul ressuscite les morts[83] ».

---

82 *Ibid.*, p. 123-124.
83 *Ibid.*, p. 125.

Les étoffes, qui *enchantent* et *charment* le visiteur en proie à un « sortilège », sont comme des relais mystiques vers l'invisible palpable, vers l'âme des êtres demeurant après l'évanouissement de la chair. Alors, *Monsieur Bougrelon* devient le frère du fou de *La Chevelure*, certain lui aussi que « les morts reviennent[84] ». Et si les objets sont morts dans ce « boudoir de spectres », s'ils sont des métonymies pures (de simples contenants), il dépend aussi du toucher et du regard des visiteurs de les « ressusciter » :

> Ces spectres ont laissé là leurs linceuls de velours et de soie palpables et tangibles pour nous forcer à les ressusciter dans notre souvenir. Nous sommes ici dans un oratoire, mais un oratoire quasi divin où les christs surgiront de leur cadre si nous savons les regarder ; et ils en surgiront d'autant plus qu'il n'y a rien dans ces cadres magiques, rien que nos regrets et nos pensées. Ce ne sont que des chiffons de soie, de linon et de brocart, mais combien évocatoires. C'est de la poussière des siècles que nous allons remuer ; mais dans cette poussière, il y a des baisers, de la folie, de l'amour et des larmes. Nostalgiques poupées, messieurs[85] !

Les fantômes ont laissé volontairement des traces, pour *forcer* le spectateur ou le lecteur à remplir ces formes et à leur insuffler vie. Les brimborions (« ce ne sont que des chiffons de soie ») sont lestés d'un mystère que le visiteur remue par son regard et son discours, qui ne progresse qu'en répétant toujours son dernier élément syntagmatique, formant des sortes d'anadiploses. Ainsi, le propos revient toujours en arrière, à l'instar du personnage tourné vers le passé. De même que les choses sont mortes, mais appelées à se remplir de sens, de même les mots du discours sont prononcés une première fois pour être ensuite nuancés, renforcés, contrastés : « Nous sommes ici dans un oratoire, mais un oratoire quasi divin » ; « les christs surgiront [...] ; et ils en surgiront d'autant plus » ; « C'est de la poussière des siècles [...] ; mais dans cette poussière... » Le discours tourne autour des signifiants, qui se gonflent au fur et à mesure de leur prononciation (et de leur lecture) d'une densité sémantique autre, grâce à cette spirale structurelle. La syntaxe se construit ainsi comme une série d'échos que représente particulièrement le mot même d'« ananas » ou le jeu sur « dam[86] ». Construit par paronomases,

84 *Ibid.*, p. 112.

85 *Ibid.*, p. 122-123.

86 « Nous fîmes don à cette dame de l'âme d'Atala. Tout Amsterdam amateur s'étouffa à notre vente : ce furent de folles enchères, mais nous ne vendîmes pas Atala ; autant eût valu vendre un peu de notre âme. [...] L'âme d'Atala est chez cette dame » (*Ibid.*, p. 143).

le discours semble donc un jeu de signifiants se répondant les uns aux autres, suivant une logique non pas tant sémantique que musicale. Dès lors, les mots sont telles ces robes défuntes : un contenant creux, une structure évidée.

Pourtant, le discours donne vie à ces choses obsolètes et oubliées, alors même qu'il est prononcé par un être à l'ontologie douteuse : « Et comme un fantôme, vertigineux et macabre, cet homme extraordinaire pirouettait sur lui-même et, pfutt, s'évaporait dans les ténèbres du grand quai désert… Cela tenait du prodige, on l'aurait cru tombé dans la nuit[87] ». Ce qui demeure donc véritablement quand tout est mort, y compris le cicérone, c'est le discours : ce qui relie les choses entre elles, c'est l'acte de parole ressuscitant ce que la brume du temps a englouti. Ce sont les « mots » qui redonnent un « corps » aux guenilles – c'est le verbe qui rappelle à la vie les reliques. Et les étoffes fanées apparaissent bien comme des signifiants creux, des contenants vides, mais seulement jusqu'à ce qu'on vienne les caresser verbalement. Car la parole qui ranime est un acte d'amour. La poésie, seule, transcende la mort via la relique – mais une relique qui se dit. Ainsi le vrai fétiche, c'est le mot. C'est le dire qui conjure l'absence ultime ; c'est pourquoi Bougrelon récite des vers comme incantation amoureuse :

> De vieilles étoffes fanées
> Je suis le magnifique amant,
> Couleurs et modes surannées
> Qui dira votre enchantement ? […]
>
> Et dans l'ombre aimable et dévote
> D'un boudoir obscur et fardé,
> Sur des airs dansants de gavotte,
> Moi-même, en habit démodé,
>
> Des vieilles étoffes fanées,
> J'évoquerai l'esprit charmant
> Et le rêveur enchantement
> Des nuances, ces raffinées !

De même que le boudoir est fardé, de même le poète démodé s'arrête après cette oraison, car son maquillage se met à couler. La sueur entremêlée aux larmes forme des « rigoles » le long du visage, qui devient,

87 *Ibid.*, p. 134.

happé par ces résonnances analogiques, telle une ville nordique traversée de canaux – comme un papier où s'écrit, en noir endeuillé, la souffrance de sa propre mort :

> Le fard lui coulait le long des joues ; deux minces rigoles d'eau noirâtre sur les tempes et deux autres aux commissures des lèvres, le cosmétique de ses moustaches et de ses sourcils ; et cadavéreux sous son rouge et son blanc délayés, à bout de forces, effondré, aveuli dans les plis apparus tout à coup trop larges de sa rhingrave, M. de Bougrelon, plus vide et plus loque que les parures de néant exposées autour de lui, était bien, en effet, le pitoyable amant des étoffes fanées, le cavalier macabre et libertin de ce funèbre boudoir[88].

Le héros devient lui-même une étoffe fanée, à l'image des amantes décharnées. Et le fard ne cesse de couler, de révéler le néant : alors « une dentelle en loque » éponge ce front suant, dérobé tant bien que mal – mais qui n'arrête pas de se dévoiler, de mourir. Que Bougrelon soit un cadavre et un être désuet n'empêche toutefois pas ses mots d'advenir. C'est peut-être un fantôme qui parle – qui plus est à des morts : mais il est ainsi, comme le remarque Guy Ducrey, une « figure de la littérature elle-même – la littérature, ce maquillage qui donne corps au vide, et dont l'existence postule le deuil d'un réel cadavérique et spectral[89] ». Rendre hommage aux objets d'antan, donner corps au vide est un acte d'amour, une caresse adressée à toutes ces choses qui font le réel et qui demeurent pour nous – car « ces brimborions-là ne valent que pour celui qui les possède[90] ».

Si les luxures de Bougrelon sont « hypothétiques », c'est en définitive parce qu'elles sont des actes de langage : et la jouissance des reliques est un tribut rendu à ce qui n'est plus mais dont une trace demeure – comme l'écriture. L'on voit ainsi comment les actes érotiques relevant d'une perversion métonymique des sens (le rut des cloches, la palpation des fourrures, les adorations des robes) incarnent, métaphoriquement, le plaisir charnel de la littérature. Être fétichiste, c'est donc donner vie aux *brimborions*[91] : c'est articuler ces prières que l'on bredouillait jadis, pour qu'il demeure, par-delà cette bagatelle qu'est la vie, le plaisir des

88 *Ibid.*, p. 126.
89 *Ibid.*, « introduction » par Guy Ducrey, p. 106.
90 *Ibid.*, p. 149.
91 Au Moyen Age, des « breborions » ou des « brinborions » sont des « menues prières que l'on bredouille » (« brimborion », in *Trésor de la langue française).*

mots et des choses. L'*hypothétique luxure*, souvent adressée à des étoffes, des chevelures ou des dentelles, place en son cœur la passion *textuelle*. Aux nouvelles amours répond l'exploration de formes littéraires autres (poème-roman de Rodenbach où l'image fixe l'éphémère ; roman sans intrigue de Lorrain dans *Monsieur Bougrelon*). Et la dentelle d'amour, dont l'anonyme *Fétichisme dans l'amour* montrait tout le potentiel érotique, est peut-être bien une « guirlande plus fragile qu'un rêve[92] » ; celui d'une liberté d'aimer et d'écrire sous les auspices d'une modernité inaugurée par Baudelaire et Mallarmé, et ce malgré les conseils des carabins, les douches de aliénistes et l'inquiétante mort du XIXe siècle.

LA BIBLIOTHÈQUE DE FÉTICHES

> N'est-ce pas la fine volupté du collectionneur que son envie aille à l'infini, ne soit arrêtée par aucune limite, ignore toujours la possession totale qui déçoit par le fait même de sa plénitude[93] ?

Le symbolisme fétichiste noie finalement la diversité des fétiches en les confondant dans un tissu analogique : les cloches érotisées, les bouches poétiques, les paysages architecturaux dentelés, les tissus ajourés et les cheveux filés se répondent, car la cloche caressée est telle une femme, dont la bouche rouge dit un texte, semblable à ce textile qu'est la dentelle, dont les fils ténus s'apparentent à des cheveux liant la vie et la mort. La synecdoque ou la métonymie sur lesquelles se concentre le désir s'inscrivent dès lors dans un seul érotisme qui est métaphore, puisque le fétichisme dans l'amour dit la *poésie* du monde, son tissage analogique. Et de même que les tropes contigus ne sont pas tant des épuisements du sens que des résumés du tout, de même les textes littéraires sur les amours fétichistes ne sont pas clos sur eux-mêmes. À l'instar de la

92 Rodenbach, Georges, *Musée des béguines*, p. 18.
93 Rodenbach, Georges, *Le Carillonneur*, p. 42.

dentelle rodenbachienne du monde, ils se répondent les uns aux autres par le jeu de l'intertextualité qui unit Lorrain à Rodenbach, Rodenbach à Maupassant – et ces derniers aux traités médicaux qu'ils réécrivent. Le symbolisme amoureux, qui dévoile les liens du réel, est donc mis en scène dans des œuvres qui se nouent les unes aux autres, instaurant des échos fétichistes qui résonnent dans la Littérature. Ainsi la chevelure de Maupassant n'excède pas seulement le cadre narratif : on la retrouve d'une certaine manière dans *Bruges-la-Morte*, renvoyant à Celle qui n'est plus, tandis que *Monsieur Bougrelon* et *Le Carillonneur* se rejoignent explicitement dans l'évocation des villes nordiques et d'un rut généralisé.

Que l'objet soit une relique implique un rapport unique à son égard, lesté d'un passé personnel et singulier qui le sacralise pour un sujet donné. Le reliquaire d'amour se constitue généralement de peu d'articles – une chevelure, quelques souvenirs enfouis dans un tiroir qui accompagnent l'amoureux au cours de sa vie. Rétif de la Bretonne veut ainsi être enterré avec une chaussure religieusement conservée : « Je serrai ensuite dans ma cassette la jolie chaussure de Colette, dont je m'étais emparé, après l'avoir enveloppée de plusieurs doubles de papier blanc et bleu. Je l'ai toujours conservée, et je veux qu'on la mette dans mon tombeau ». De même, il garde sa vie durant la mule de la défunte Madelon : « On mit devant moi tout ce qui restait de sa dépouille, et je pris la paire de chaussures qu'elle avait le 20 janvier ; elle est rose, à talons verts, et je la conserve encore, avec celle de Mme Parangon, plus petite, quoique la dernière fût plus grande. Voilà une relique sacrée, ce qui a servi à des femmes qui me furent chères, et dont j'adore aujourd'hui les noms[94] » ! Les chaussures sont donc conservées comme des reliques qui, à l'instar des « noms », ressuscitent encore les amours défuntes. Si deux chaussures sont ici adorées, nous sommes toutefois loin, dans la conservation de reliques, de l'accumulation sérielle que dénoncent les médecins dans le comportement fétichiste. L'amant des tabliers blancs gardait chez lui des piles de fétiches. Le fameux coupeur de nattes de Motet, Socquet et Voisin, dont s'inspirent Lorrain et Grosclaude, accumule mille et une choses :

> P... n'avait pas seulement chez lui une collection de nattes, de tresses, il avait encore des boucles de cheveux soigneusement préparées, qu'il se faisait donner

94 Rétif de La Bretonne, Nicolas-Edme, *Monsieur Nicolas*, t. 1, p. 589 et 672.

> par des femmes de son entourage ; il avait de petits bouts de rubans, mille riens féminins ; il a toute sa vie poussé à l'excès la passion de la collection ; on a trouvé chez lui une quantité considérable de vieux journaux, et on a dû, à plusieurs reprises, en faire disparaître, ne sachant plus où les placer. Il avait de vieux outils inutiles, des pièces de bois, encombrant son atelier, il ne voulait pas s'en défaire, et acceptait mal les conseils qu'on lui donnait[95].

La description médicale apparente le fétichiste à un Diogène de mauvaise humeur. Et à cette accumulation désordonnée répond toutefois un catalogue mémoriel, comme chez ce fétichiste des nattes cité par Laurent :

> Il les a soigneusement étiquetées et attachées avec des faveurs de soie. Il prétend qu'il lui suffit de toucher ou de flairer une de ces mèches brune ou blonde, rousse ou châtaine, pour évoquer immédiatement l'image de celle à qui elle a appartenu, pour se remémorer le parfum spécial qu'elle répandait et les sensations qu'elle lui a données[96].

Les « faveurs » ainsi accumulées deviennent sources du souvenir, ressuscitant autant les voluptés passées que les rares reliques érotiques. Mais la mise en série ajoute un principe quantitatif à la qualité de la remémoration, qui voudrait conserver une trace de chaque jouissance – et non plus d'un seul et immense chagrin d'amour.

Le cas de Rétif a semblé être une antonomase fétichiste aux spécialistes du tournant du siècle précisément parce qu'il collectionnait les souliers. Charpentier assure qu'« il est certain qu'il devait avoir chez lui toute une collection de chaussures, dépouilles de celles qu'il avait aimées ». Car « il fallait que Restif, pour entrer dans autant de détails comme il le fait dans ce récit, eût chez lui, tout comme Saintepallaie, disposé sur un rayon quelques petites mules à hauts talons[97] ». Dans *Le Joli Pied*, le héros a justement « rangé sur des rayons tout ce qu'a porté mademoiselle ; cela est couvert d'une gaze comme celle qu'on met sur les pendules, de peur que la poussière ne les gâte ; et il regarde tout cela avec un respect qui m'a touché, moi » confie le cordonnier. Une fois le mariage consommé, la collection se déploie enfin dans l'infini du quotidien :

> La première année, le cordonnier a eu ordre d'apporter tous les jours une paire de souliers dont la couleur et la broderie étaient ordonnées par Saintepallaie :

95 Voisin, Auguste, Socquet, J. et Motet, A., « État mental de P... », p. 338.
96 Laurent, Émile, *L'Amour morbide*, p. 164.
97 Charpentier, Louis, *Restif de la Bretonne. Son Fétichisme*, p. 138-139.

> c'étaient à lui qu'on les remettait ; son épouse les portait un jour ; il les reprenait ensuite, et les serrait dans des rayons vitrés. La seconde année, il ne fit faire que les chaussures blanches : son épouse remettait, par ordre, les souliers qu'elle n'avait portés qu'une fois, et quelques-uns de ceux que son mari s'était appropriés, lorsqu'elle était fille[98].

La *sainte* collection, conservée dans des rayons vitrés, s'apparente dès lors à celle d'une bibliothèque, où les chaussures, métonymies féminines, se substitueraient aux livres. Un archivage semblable se retrouve dans une anecdote narrée dans les apports de l'édition de 1800 du *Pied de Fanchette.* Un galant est tombé amoureux du pied d'une belle Aglaé à la rue littéraire de la Parcheminerie, située en plein centre du Quartier Latin et où, au Moyen Age, les écrivains côtoyaient les faiseurs de parchemins. Le fétichiste lui rend régulièrement visite pour la séduire :

> Il trouva chez elle une bibliothèque de chaussures de tous les genres, de toutes les couleurs. Il se plut à la voir chaque jour avec une différente ; elles étaient toutes également voluptueuses. Il en faisait ses idoles, car il les baisait, lorsqu'elle les quittait. Il vit par hasard la belle parée ; il la vit dans l'état de nature : son pied répondait à tous ses charmes. Bref, il l'épousa, et ne sortait qu'avec elle[99].

La collection fétichiste s'élabore donc sous la forme d'une bibliothèque déclinant tous les « genres » de chaussures littéraires. Rétif assure souvent que le pied est un « *abrégé* » des charmes, « *l'extrait de la beauté* » féminine[100] : s'il en est la synecdoque, il s'apparente aussi à un texte succinct. Tout se passe donc comme si la femme était un livre que la chaussure résume : l'auteur la range dans ses étagères et la catalogue dans ses œuvres – que les bibliophiles du XIXe siècle collectionnent.

La mise en série des fétiches sur des rayonnages, archivant les moments amoureux, marque l'imaginaire du fétichisme : on retrouve le même procédé chez ce fétichiste des dessous féminins observé par Garnier, qui cache les gants ou les bottines féminins achetés dans sa bibliothèque, véritable « petit musée[101] ». De même, dans *Le Règne de la cravache et de la bottine*, le narrateur décrit la bibliothèque de chaussures qu'il a vue chez le baron, où se trouve notamment une paire ayant appartenu à

98 Rétif de La Bretonne, Nicolas-Edme, « Le Joli Pied », p. 313 et 327.
99 Rétif de La Bretonne, Nicolas-Edme, *Le Pied de Fanchette*, p. 394.
100 Ces expressions sont récurrentes : voir p. 403, 402, 380.
101 Garnier, Paul, *La Folie à Paris*, p. 203.

Marie-Antoinette[102]. Ce motif imprègne ainsi la représentation artistique de l'amour partiel : la métaphore de la bibliothèque érotique se transmet de descriptions littéraires en observations médicales. Elle montre comment le fétichisme amoureux est en fait une accumulation non pas tant d'objets que de textes sur lui : qu'il est un amour *textuel* inscrit dans un réseau intertextuel. Chaque interprétation du fétichisme est ainsi une relecture rejoignant un patrimoine scripturaire. Et cette bibliothèque commune semble connaître son aboutissement dans l'adaptation réalisée en 1964 par Luis Buñuel du *Journal d'une femme de chambre*. Bien qu'il situe l'action en 1928, le cinéaste témoigne d'une connaissance fine des principaux traits du fétichisme amoureux tel que le pense le XIXe siècle et que Rétif a pu le mettre en scène : sa proposition représente ainsi le dernier volume de la *bibliothèque* de lectures du fétichisme amoureux.

Buñuel développe l'obsession de Rabour selon une tragi-comédie qui se déroule dans le bureau du fétichiste, dont le réalisateur a savamment soigné le décor. La pièce d'étude, qui donne tant sur la chambre à coucher de M. Rabour que sur le couloir, est fermée par une porte capitonnée et des fenêtres closes, qui rendent l'appartement imperméable aux entrées – symbolisant ainsi une scène intérieure. L'ameublement est constitué de plusieurs bibliothèques entourant circulairement la pièce et d'un bureau, derrière lequel se situe une bibliothèque d'angle remplie d'ouvrages. Rabour apparaît grâce à ce décor comme un homme instruit, appréciant l'art, et vivant dans un intérieur tout à fait fin-de-siècle, tels ces fétichistes lettrés entourés de fins bibelots que la médecine rapporte. Exigeant sur la propreté comme un héros rétivien, il est courtois et prend tous les soirs une tisane que Célestine lui apporte tandis qu'il collectionne des cartes illustrant les lettres de l'alphabet. Lors de leur première rencontre, le héros convertit le nom de Célestine en Marie (ce qui est déjà le cas dans le roman), car il a appelé de la sorte « toutes [ses] femmes de chambres. C'est une habitude ». Si ce baptême désindividualise la domestique, elle l'inscrit d'autre part dans une série et la rend partie intégrante d'un paradigme général. En s'accumulant, les femmes singulières se subsument en une entité essentielle qui est Marie – comme Rétif n'a en réalité cherché que l'idéale Mme Parangon sous la multitude d'amantes. La collection féminine s'accomplit donc dans l'anagramme d'*aimer*, dans la quête d'un absolu érotique, où la multitude de lettres ne forme en vérité qu'un mot.

102 Voir II. 4, « La Select Bibliothèque ».

Mais le cinéaste s'écarte de Mirbeau, lorsque Rabour demande à Célestine de lui lire des extraits d'*À rebours* de Huysmans, « excellent auteur » qu'il « aime beaucoup ». La bonne prononce alors des pages « au hasard », décomposant les phrases en des mots visiblement incompréhensibles pour elle : la lecture est ainsi « décadente » au sens de Bourget, puisque l'organicité du texte se fragmente, de même que le désir fétichiste décompose le corps. La désintégration du sens se noue au contenu même du passage, qui dénonce le fait qu'« il n'existe plus de substance saine » et qu'il faut avoir « une singulière dose de bonne volonté pour croire que les classes dirigeantes sont respectables et que les classes domestiquées sont dignes d'être soulagées ou plaintes[103] ». Mais le vieux dandy interrompt la lecture pour caresser brièvement le mollet de Célestine et lui demander sa pointure. Il ouvre alors le buffet, où l'on découvre des paires de chaussures disposées sur des rayons : surgit ainsi une véritable bibliothèque à chaussures telle que Rétif l'imagine – motif absent du texte de Mirbeau. Le fétichiste y saisit une paire qu'il nomme « la rose des vents », enjoignant Célestine à la chausser chaque soir, car cela lui « évoque des souvenirs ». Rabour, qui demeure toujours élégant chez Buñuel, souhaite voir « vivre [sa] petite rose des vents rediviva ! ». Mais cette résurrection entraîne le trépas du vieillard alors que recroquevillé dans sa chambre, il croque les bottines venteuses. La caméra le focalise alors de manière externe, le laissant enfermé dans sa chambre où les autres protagonistes peineront à pénétrer – symbolisant ainsi l'étanchéité, pour autrui, de la perversion intime.

Alors que l'aventure de Rabour ouvre le roman de Mirbeau mais demeure concentrée sur quelques pages, Buñuel choisit de situer tout *Le Journal* sous le toit du bibliothécaire de chaussures : il ne le « dégonfle » donc pas « dans la diégèse centrale », contrairement à ce que soutient Emily Apter[104]. Tandis que, dans le film, Célestine n'écrit pas, c'est au contraire le fétichiste qui possède chez Buñuel tous les instruments d'écriture et une salle entièrement dédiée aux arts : belles-lettres, sculpture, peinture et musique côtoient les chaussures. Les bottines remplacent les livres, et lire devient alors aimer Marie. Le fétichisme semble donc être une passion qui se construit par la littérature, forgé par un héritage de l'aimer *à rebours*, de Rétif à la fin-de-siècle, pour que ressuscitent les voluptés anciennes, emportées par les roses des vents.

103 Voir Huysmans, Joris-Karl, *À rebours*, p. 228.

104 Apter, Emily A., « Fétichisme et domesticité. Freud, Mirbeau, Buñuel », p 163.

Puisque le pervers utilise une chose pour autre chose ; puisqu'il entretient un rapport métonymique aux objets, on a cru reconnaître à la Belle Époque une vision poétique dans ce geste érotique visant à établir des correspondances entres les choses. Le fétichisme amoureux a donc interrogé de manière aiguë ce triomphe du figuré tant en médecine (où les auteurs disent la perte du trope amoureux) qu'en littérature, où l'érotisme incarne une contagion métonymique. Comme l'amoureux entre en relation avec *autre chose* via l'objet, il s'inscrit de ce fait dans une tradition littéraire symboliste envisageant le monde selon une théorie des correspondances baudelairiennes ou des analogies mallarméennes. La métonymie ou la synecdoque disent ainsi une mode d'être au monde où le sujet participe d'un tissu signifiant – que les étoffes érotisées semblent littéralement incarner. Lorrain réécrit dans *Âmes d'automne* l'observation médicale d'un coupeur de nattes, qu'il considère comme le frère de figures poétiques. En s'appuyant sur des métonymies, le fétichiste établit des liens entre le visible et l'invisible, entre la présence et l'absence, entre le présent et le passé – lisant métaphoriquement le monde. Le fétiche érotique est ainsi perçu comme une relique, comme un objet dépositaire d'un passé révolu et capable de le ressusciter : c'est pourquoi il est essentiellement lié au travail du deuil – en particulier dans *Bruges-la-Morte* de Rodenbach, où le « démon de l'analogie » embrume toute distinction entre la ville, le texte – et le textile. Dans *Monsieur Bougrelon*, la relique érotique représente une métaphore de la littérature : car à chaque adoration, elle ressuscite les paroles mortes, redonne vie à l'inerte en l'inscrivant dans une trame unissant les choses.

C'est donc par le discours que les choses défuntes prennent vie : et que la *vraie* relique est la littérature. L'image dès lors de bibliothèques de fétiches, qui resurgit sans cesse dans les évocations du fétichisme amoureux depuis Rétif de la Bretonne, prend tout son sens : le fétiche érotique est conservé pieusement comme un livre du plaisir passé mais vivifiant – et chaque récit rejoint les anciennes narrations. Apparaît ainsi la littérarité de cette forme amoureuse, car les objets érotiques se substituent aux livres sur les rayons, instaurant une communauté non pas tant de fétichistes que de discours sur le fétichisme. Et de même que les pervers en médecine sont surtout des figures textuelles, empruntées d'un traité à l'autre comme pour les démultiplier ; de même les récits littéraires d'amours fétichistes se répondent souvent les uns aux autres, puisque Rodenbach réécrit Maupassant et que Lorrain retravaille Rodenbach. Se tisse ainsi un entrelacs intertextuel autour des amours dites perverses. Voilà pourquoi, peut-être, le tissu est un fétiche privilégié, lui qui est une référence bien connue au texte, comme le rappellera Roland Barthes dans son *Plaisir du texte* :

> *Texte* veut dire *Tissu ;* mais alors que jusqu'ici on a toujours pris ce tissu pour un produit, un voile tout fait, derrière lequel se tient, plus ou moins caché, le sens (la vérité), nous accentuons maintenant, dans le tissu, l'idée générative que le texte se fait, se travaille à travers un entrelacs perpétuel ; perdu dans ce tissu – cette texture – le sujet s'y défait, telle une araignée qui se dissoudrait elle-même dans les sécrétions constructives de sa toile[105].

Narrer l'amour des textiles, c'est ainsi non seulement infléchir une pathologisation de l'érotisme par la norme médicale fin-de-siècle, mais réfléchir plus largement à un amour des textes. Ce ne sont donc pas tant les objets fétiches que les textes narrant les amours fétichistes qui réussissent à contourner l'évanescence du monde. Et comme, si l'on en croit Maupassant, c'est dans les livres que l'on apprend la passion, alors la bibliothèque de textes fétichistes enseigne l'enchantement des choses, leur force mémorielle – et surtout l'amour de la littérature qui, comme le fétiche, chante par-delà l'absence.

105 Barthes, Roland, *Le Plaisir du texte*, Paris, Éd. du Seuil, « Essais », 1973, p. 85.

RELIQUES DU FÉTICHISME

Trotz zahlreicher Krankengeschichten, die wir über Fetischisten gelesen haben, kann ich ruhig behaupten, dass wir das Wesen des Fetischismus noch nicht kennen. Der Fetischismus ist eine kunstvolle Konstruktion[1].

En pathologisant une pratique amoureuse, la science de la Belle Époque a façonné le fétichisme, dont la structure et les enjeux intertextuels interrogent la psychologie de l'amour – le fonctionnement du langage. Parce qu'il se construit comme un trope, le fétichisme permet de réfléchir non seulement à la perception indirecte du corps aimé, mais aussi et surtout à la figuralité du discours qui dit ce désir tropique, cette « folie poétique ». Parce qu'il réfléchit à ce qu'est un signe, le fétichisme amoureux semble pouvoir déboucher sur une pensée de la littérature. L'enjeu ici n'a toutefois pas été d'élaborer une théorie générale des amours métonymiques ou une poétique du discours fétichistes ; l'on a voulu montrer comment s'est construite une perversion qui perdure dans les catégorisations médicales jusqu'à nos jours, en dégageant à quel point toute « science de l'amour » est impensable en dehors du creuset où s'entremêlent des discours et des représentations (iconographiques, photographiques, cinématographiques) alimentant l'imaginaire amoureux – et peut-être bien les pratiques. L'histoire du fétichisme montre que certaines topiques sont sans cesse réactivées, rendant caduque une conclusion sur le devenir de cette perversion. L'on remarque en effet

1 « En dépit des nombreux cas de fétichisme que nous avons rencontré dans nos lectures, je peux assurer certainement que nous ne connaissons pas l'essence du fétichisme. Ce dernier est une magnifique construction ». (Stekel, Wilhelm, *Der Fetischismus ; dargestellt für Arzte und Kriminalogen*, Berlin, Urban & Schwarzenberg, 1923, p. 10. Notre traduction).

comme une reformulation constante d'éléments anciens concernant la fréquence des cas, leur degré de morbidité, leur dangerosité – et ce même dans la psychiatrie la plus récente. Comment comprendre dès lors que le fétichisme soit toujours une actualité médicale au XXe siècle ? Est-il si intimement lié au fonctionnement de l'esprit, une donnée si incontournable de la vie amoureuse que la science, l'ayant formulé, ne peut plus en faire l'économie ?

Avec la Première Guerre mondiale, les théories de la dégénérescence se modifient : c'est désormais une « doctrine des constitutions » qui ancre le fait pathologique dans l'organisme, quoique dans une dépendance moindre face à la transmission. Mais « le pervers et l'idiot sont les deux figures qui se maintiennent conjointement au XXe siècle, y compris après la Seconde Guerre mondiale dans le cadre de la dégénérescence sans nom[2] ». Pourtant, après la thèse conclusive de Louis Barras en 1913, la catégorie du fétichisme amoureux connaît une dissolution, troublée par les croisements nosographiques de Garnier et sa prise en compte comme syndrome – autorisant alors sa combinaison à d'autres pathologies. Les rares textes psychiatriques évoquant par la suite le fétichisme amoureux continuent cet élargissement théorique. Alors qu'il désigne un amour « à côté » de la génitalité pour Garnier, il en vient, dans les dernières éditions de *Psychopathia sexualis* de Krafft-Ebing, à renvoyer à n'importe quelle fixation du désir :

> On admettait auparavant que le fétiche pathologique n'avait jamais une relation immédiate avec les organes sexuels proprement dits ; pourtant, il y a des exceptions à cela. Les seins de la femme peuvent parfois exciter l'intérêt exclusif du fétichiste à un degré tel qu'il faut tenir le cas pour fétichisme pathologique. De même, les organes génitaux de la femme peuvent avoir un effet de même sorte et jouer le même rôle, et bien des cas de cunnilinctus s'expliquent de cette façon. Il semble que cette forme de fétichisme se présente encore plus fréquemment dans le sexe féminin, en ce que les organes génitaux de l'homme, surtout le pénis, dominent si fortement toute la vie sensible de la femme, que tout le reste se retire à l'arrière-plan[3].

L'extension du fétichisme en vient à considérer comme pathologique le désir de l'autre sexe si la focalisation opère sur les parties génitales, auparavant exclues de la perversion. La logique perverse est ainsi poussée

---

2 Coffin, Jean-Christophe, *La Transmission de la folie 1850-1914*, p. 246.

3 Krafft-Ebing, Richard von, *Psychopathia sexualis* [1950], p. 314.

dans ses derniers retranchements, portée par la désignation communément admise des organes génitaux comme des « parties » que l'affection morbide envisagerait comme un tout. De même, Havelock Ellis évoque un « fétichisme du pénis et [...] de la vulve », « problème » qui, de son aveu même, « n'est pas simple » :

> Nous avons nettement le droit de reconnaître un fétichisme des poils du pubis et même, dans un cas qu'on m'a communiqué, un fétichisme du clitoris ; mais il ne semble pas permis de regarder les organes sexuels centraux comme des symboles du sexe, c'est-à-dire comme des symboles d'eux-mêmes. Pourtant, à y regarder de près, on constate que c'est plutôt l'acte sexuel que l'organe sexuel qui est le foyer du désir sexuel ; l'organe est considéré comme un moyen et non pas comme une fin ; il ne devient un fétiche que quand il arrête et fixe l'attention[4].

Mais cette désintégration du fétichisme met en péril la sexualité normée, car la morbidité semble alors atteindre même le coït, sauf dans l'exclusivité et dans le degré accordés aux *genitalia* – deux logiques d'excès qui indiqueraient le caractère pathologique de la fixation. Dans ce nouveau fétichisme, la femme serait cette fois particulièrement concernée : son désir ne viserait souvent que la partie pénienne qui, devenue de la sorte un objet-fétiche, désubjectivise l'homme tout en pathologisant l'érotisme féminin, fût-il génital.

Le fétichisme touche ainsi de plus en plus aux organes sexuels. Et d'ailleurs, la traduction française de *Psychopathia sexualis* effectue une confusion, probablement involontaire mais signifiante, entre un coupeur de nattes (forme fétichiste qui semble disparaître avec les cheveux courts des années folles) et un fétichiste des fesses. En effet, dans l'observation 153, cette partie est désignée par le terme latin de *nates*, ce qui produit une homonymie évidente. L'amateur de ces nouvelles *nates* est de plus médecin, pratiquant avec expertise des cunnilingus apparemment fortement appréciés et décrits dans un latin transparent : la passion des *nates* devient ainsi un mode d'emploi pour réussir des caresses perverses – quoique sexuelles[5]. Ainsi, ce qui n'était pas pervers le devient, selon la logique de la partie pour le tout. Mais le fétichisme demeure dangereux pour Krafft-Ebing – et pour Moll qui retravaille le traité –, car d'un point de vue médico-légal, le pervers est toujours poussé au vol pour

4 Ellis, Havelock, *Études de psychologie sexuelle*, V. Le Symbolisme érotique, p. 151.
5 Krafft-Ebing, Richard von, *Psychopathia sexualis* [1950], p. 333-337.

s'emparer de son objet adoré ; d'autre part, la perversion peut paralyser les relations matrimoniales :

> Le danger de l'impuissance joue naturellement un grand rôle dans le mariage, surtout si le mari est le fétichiste, car la femme en soi est passive dans l'acte, et les conditions préalables nombreuses et compliquées qui amènent à l'érection ne lui sont pas nécessaires pour accomplir le coït. Chez l'homme fétichiste, l'excitabilité pour les charmes normaux manque souvent, de telle sorte qu'il ne survient pas d'érection lors de la cohabitation.

Le fétichisme désigne en définitive, dans la dernière version de la *Psychopathia sexualis*, le risque d'émoussement de la relation conjugale suite à l'habitude : la femme n'arrive plus à exciter le mari, qui dès lors rechercherait dans les autres femmes des « qualités déterminées, qui manquent chez l'épouse[6] ». Bref, sous cette perversion se noient désormais tous les déboires conjugaux.

Face à cette dissolution psychiatrique de la première moitié du XXe siècle, l'inflexion théorique majeure que connaît le fétichisme est due alors à Freud, qui s'en empare dès les *Trois essais pour une théorie sexuelle* de 1905. Comme chez Binet, cette perversion « occupe une place à part dans [le] vaste sujet » des « rapports entre l'instinct sexuel et les excitations sensorielles[7] » : « Aucune variation de la pulsion sexuelle confinant au pathologique ne mérite autant notre intérêt que celle-ci, en vertu du caractère singulier des manifestations qu'elle engendre[8] ». Freud évoque une « transition » fétichiste : entre les cas où le but sexuel ne peut être atteint sans le fétiche et la sexualité dite normale se nichent ceux pour qui l'objet sexuel doit remplir certaines conditions. Dans une perspective derechef continuiste, le fétichisme serait l'effet d'une « surestimation psychologiquement nécessaire de l'objet sexuel », inhérent au processus amoureux que Binet nommait *divinisation* et Stendhal *cristallisation*. Le fétichisme serait donc toujours en « germe » dans la vie normale, puisque tous peuvent le pratiquer lorsque le *but* ne peut être atteint – lorsque l'autre se dérobe :

> Un certain degré de fétichisme de ce genre est ainsi régulièrement propre à la vie amoureuse normale, en particulier aux stades de l'état amoureux où le but sexuel normal paraît impossible à atteindre ou ne peut être réalisé.

6 *Ibid.*, p. 315.
7 Binet, Alfred, « Le Fétichisme dans l'amour », p. 239.
8 Freud, Sigmund, *Trois essais sur la théorie sexuelle*, traduit de l'allemand par Philippe Koeppel, préface de Michel Gribinski, Paris, Gallimard, « Folio essais », 1987, p. 63.

Schaff' mir ein Halstuch von ihrer Brust,
Ein Strumpfband meiner Liebeslust[9].

Alors que le fétichisme relève chez Binet d'« *affinités électives*[10] » explorées par la littérature, la citation freudienne du *Faust* de Goethe (I, 7) témoigne de l'universalité de ce goût, dont le seuil pathologique est franchi uniquement si « le fétiche se détache d'une personne déterminée pour devenir l'unique objet sexuel[11] ». Toute la difficulté pour Freud gît dans le fait qu'il considère le fétichisme comme une perversion du « but » de la sexualité, alors même qu'il n'y a pas forcément renonciation à celui-ci – difficulté rencontrée également par les pathographes de Rétif, podophile savourant cependant les vulves accueillantes. Comme le remarque Pontalis, on peut donc constater un « flottement » dans la première théorie freudienne du fétichisme :

> Déviation quant au but ou quant à l'objet ? effet secondaire de l'énamoration, condition sine qua non de la jouissance, choix exclusif et non seulement nécessaire, mais suffisant, d'une partie prise pour le tout ? Il faut d'ailleurs reconnaître que, depuis Freud, la clinique psychanalytique n'a pas toujours réussi à préciser la spécificité de l'objet fétiche et du désir anxieux qui précipite sa quête : à la limite, tout objet fortement investi, dont « on ne peut se passer », serait tenu pour un fétiche[12]...

L'héritage de Binet se ressent également dans l'importance que Freud accorde au traumatisme initial : « Dans le choix du fétiche, ainsi que Binet l'a affirmé le premier et comme de nombreux exemples l'ont confirmé depuis, se manifeste l'influence persistante d'une impression sexuelle ressentie le plus souvent au cours de la prime enfance, ce qui peut être mis en parallèle avec la ténacité proverbiale d'un premier amour chez les normaux ("*on revient toujours à ses premières amours*")[13] ». La dernière expression, citée en français par Freud, rattache ainsi le traumatisme à la tradition hexagonale.

Le psychanalyste revient sans cesse sur le fétichisme, ce qui prouve l'inquiétude théorique qu'il suscite en lui. Dans une lettre à Karl Abraham, il marie d'abord le fétichisme au « *plaisir olfactif* ["*Riechlust*"] coprophilique,

9 *Ibid.*, p. 63. « Apporte-moi un fichu, qui ait couvert son sein, / Une jarretière de ma bien-aimée ».
10 Binet, Alfred, « Le Fétichisme dans l'amour », p. 160.
11 Freud, Sigmund, *Trois essais sur la théorie sexuelle*, p. 63.
12 Pontalis, Jean-Bertrand, « Présentation » à *Objets du fétichisme*, p. 8.
13 Freud, Sigmund, *Trois essais sur la théorie sexuelle*, p. 64, note 1.

qui s'est perdu en raison du refoulement[14] ». Rien d'innovant, en réalité par rapport à Binet, sauf que ce dernier considère l'olfactivité comme une classe de fétichisme, tandis que le psychanalyste l'érige en condition de la perversion. Puis, en 1915, alors qu'il a déjà élaboré sa théorie de la castration, Freud assure que la « *pulsion scopique* ["*Schautrieb*"], dirigée vers les parties génitales et qui cherche à accéder à son objet par en-dessous, a été retenue en route par l'interdit et le refoulement, moyennant quoi elle s'est attachée au pied ou au soulier qui ont pris valeur de fétiche[15] » : c'est, exprimée en d'autres termes, la thèse de Grand-Carteret dans *Le Décolleté et le Retroussé*[16]. Mais Freud retravaille ses *Trois Essais* en 1920 et nuance son propos, en émettant « une critique justifiée à l'affirmation de Binet[17] ». Il soutient alors que la rencontre avec le fétiche s'est déjà jouée auparavant, et que la fixation n'est qu'une reconnaissance : « Les choses se passent en réalité de la manière suivante : derrière le premier souvenir relatif à l'apparition du fétiche se trouve une phase engloutie et oubliée du développement sexuel, qui est représentée ["*vertreten*"] par le fétiche comme par un "souvenir écran", et dont le reste et le précipité constituent, par conséquent, le fétiche. » Tant le développement du fétichisme que le choix de l'objet adoré sont donc, pour Freud, « constitutionnellement déterminés[18] », et non pas le fruit d'une rencontre hasardeuse, entre un objet et un terrain héréditairement dégénéré, comme pour Binet.

Divers textes préparent ainsi l'article majeur de 1927 sur le fétichisme, notamment une conférence faite à la Société psychanalytique de Vienne le 11 mars 1914 à propos d'un cas de fétichisme des pieds[19].

14 Freud, Sigmund et Abraham, Karl, *Correspondance complète, 1907-1925*, trad. de l'allemand, présenté et annoté par Fernand Cambon, Paris, Gallimard, « Connaissance de l'inconscient », 2006, p. 65, note 1.

15 *Ibid.*, p. 65. Que le fétichisme soit lié au regard pour Freud est confirmé par le cas du fétichiste appréciant un certain « brillant sur le nez », qui est en fait un « regard sur le nez ». En effet le jeune homme, élevé dans sa tendre enfance en anglais, avait effectué un glissement entre le *glance* anglais et le *Glanz* allemand : « Ainsi le nez était ce fétiche auquel, du reste, il pouvait à son gré octroyer ce brillant que les autres ne pouvaient percevoir » (« Le Fétichisme » [1927], in *La Vie sexuelle* [1907-1931], traduit de l'allemand par Denise Berger, Jean Laplanche et collaborateurs, introduction de Jean Laplanche, Paris, P.U.F., « Bibliothèque de psychanalyse », 1977, p. 133).

16 Voir I. 1, « Cristallisation du fétichisme fin-de-siècle ».

17 Freud, Sigmund et Abraham, Karl, *Correspondance complète, 1907-1925*, p. 64.

18 Freud, Sigmund, *Trois essais sur la théorie sexuelle*, p. 64.

19 Freud, Sigmund, « De la genèse du fétichisme », *Revue internationale d'histoire de la psychanalyse*, 1989, p. 421-439 ; republié dans Bouchet-Kervella, Denise [*et al.*], *Le Fétichisme : études psychanalytiques*, Paris, P.U.F, « Monographies et débats de psychanalyse », 2012,

L'observation concerne un philosophe, qui assistait régulièrement au déshabillage de sa mère :

> Son intérêt pour les vêtements faisait écho à d'autres éléments concernant ce patient : il se consacra à la spéculation philosophique et il attachait une grande importance aux noms des choses. Chez ce patient, quelque chose de similaire à ce qui s'était passé dans le domaine érotique arriva donc dans le domaine intellectuel : il détourna son intérêt des choses vers les mots, qui en quelque sorte habillent les idées. Voilà qui explique son intérêt pour la philosophie[20].

Le philosophe fétichiste a donc subi un double déplacement métonymique : au fétiche érotique fixé par contigüité, devenu signe du sexe féminin absent, répond la focalisation intellectuelle sur les mots plutôt que sur les choses, et ce à partir de l'ancienne métaphore rhétorique selon laquelle les mots habillent les idées – les tropes étant des habits élégants que le langage revêt[21]. La métaphore figurant le fonctionnement des tropes se littéralise grâce au déplacement fétichiste qui érotise les vrais habits. La perversion réalise ainsi la métaphore de la langue, disant ce faisant la « grande importance » des mots, et que le verbe est jouissance.

Le goût des vêtements, qui est le seul à susciter une véritable réflexion après Binet sur le statut du fétiche[22], joue donc un rôle particulier dans la pensée freudienne ; et s'il articule le plaisir érotique à la rhétorique chez un philosophe, il serait par ailleurs universel – chez les femmes :

> Dans la vie de tous les jours, on peut observer que la moitié de l'humanité doit être classée dans la catégorie des fétichistes du vêtement : en effet, toutes les femmes sont des fétichistes du vêtement. Il s'agit à nouveau du refoulement

p. 15-31. Deux lettres adressées à Karl Abraham développent également de nouveaux aspects du fétichisme. Le 18 février 1909, Freud lie le fétichisme à la « pulsion passive de voir, à la pulsion de se dénuder », tout en assurant déjà que le fétichisme « résulte d'un mode particulier de refoulement, qu'on pourrait qualifier de partiel, et lors duquel un pan du complexe est refoulé, et un autre, solidaire, est, en dédommagement, *idéalisé* ». Le 24 février 1910, il précise que « le pied féminin remplace probablement le pénis de la femme, dont l'absence a été ressentie douloureusement, et qui a été préhistoriquement [*prähistorisch*] postulé. La natte pourrait être le substitut de cette même chose. Couper la natte, c'est donc castrer des femmes, "faire" des femmes, puisque c'est par la castration qu'on devient femme » (Freud, Sigmund et Abraham, Karl, *Correspondance complète, 1907-1925*, p. 122 et 147).

20 *Ibid.*, p. 20.

21 Voir I. 2, « La Volupté tropique ».

22 Voir I. 2, « La Féminisation impossible ».

> de la même pulsion, mais cette fois sous sa forme passive : se laisser voir. En conséquence, les vêtements sont fétichisés. Nous comprenons maintenant pourquoi même les femmes les plus intelligentes sont sans défense face aux exigences de la mode. Pour une femme, les vêtements se substituent aux formes du corps. Porter les mêmes vêtements ne signifie rien d'autre qu'être capable de montrer ce que les autres peuvent montrer, et que l'on peut trouver chez elle tout ce que l'on peut attendre d'une femme. C'est la seule façon pour les femmes de donner une telle garantie. S'il en était autrement, on ne comprendrait pas pourquoi de nombreuses femmes, suivant les injonctions de la mode, voudraient porter et porteraient en effet des vêtements qui ne les montrent pas à leur avantage et ne leur vont pas[23].

Alors que pour la psychiatrie fin-de-siècle la femme demeurait exclue du plaisir fétichiste quoiqu'en proie à une « magasinite[24] », Freud la condamne, au contraire, à vivre dans cette perversion qui la soumet sans cesse au regard des autres, victime de la mode. Chez l'homme, le fétichisme des vêtements est philosophique ; chez la femme, hystérie dépensière. Même si elles sont toutes fétichistes, il n'en demeure pas moins qu'elles continuent encore à se voir refuser une jouissance peut-être perverse, mais que les savants considèrent comme superlative : « si intense et surtout si agréable[25] » pour Binet, elle active chez Clérambault un « complexus d'évocations sensorielles, esthétiques, morales, dont le fétiche est proprement l'occasion pour l'homme[26] ».

Mais si la théorie psychanalytique refuse le plaisir pervers aux femmes, elle se construit de plus en plus autour de leur sexe. En effet, *Le Fétichisme* de 1927 est entièrement centré sur le « phallicisme féminin[27] » – ou plutôt sur son absence. Enrichi du complexe de castration, Freud assure désormais que la fixation fétichiste provient du refus, chez l'enfant, d'admettre l'absence réelle de pénis chez la femme (chez sa mère), car elle le menace de castration lui-même. Le fétiche serait ainsi un compromis ambigu entre la perception de la réalité et le contre-désir qui lui fait nier cette perception. L'enfant dément l'évidente absence tout en la reconnaissant à travers l'élaboration d'un objet-fétiche, souvent le dernier objet qu'il ait vu avant de s'apercevoir de l'absence phallique (la chaussure, le pied,

23 *Ibid.*, p. 21-22.
24 Voir I. 1, « Les Bazars de l'amour ».
25 Binet, Alfred, « Le Fétichisme dans l'amour », p. 263.
26 Clérambault, Gaëtan Gatian de, « La Passion érotique des étoffes chez la femme [1908] », p. 699.
27 Smirnoff, Victor N., « La Transaction fétichique », in *Objets du fétichisme*, p. 47.

les dessous). Le fétiche est donc à la fois « présence de ce rien qu'est le pénis maternel et signe de son absence ; symbole de quelque chose et en même temps de son contraire[28] ». Il ne peut donc exister que moyennant une déchirure essentielle du sujet (*Ichspaltung*), dont une partie du moi se détache de la réalité. C'est pourquoi le fétichiste semble être à la fois un névrosé et un psychotique[29] :

> Le fétiche ne serait donc nullement un symbole, mais comme un plan fixe et figé, une image arrêtée, une photo à laquelle on reviendrait toujours pour conjurer les suites fâcheuses du mouvement, les découvertes fâcheuses d'une exploration : il représenterait le dernier moment où l'on pouvait encore croire[30]...

Le regard du fétichiste a été donc retenu : alors que pour Grand-Carteret ce sont les maudits pantalons qui interdisent dès la Belle Époque de voir le sexe de la femme, pour Freud la pulsion scopique se détourne d'une réalité angoissante, menaçant le sujet dans sa totalité. Si le corps de l'autre est fragmenté par le fétichiste, c'est pour que ce dernier garde un fragile équilibre permettant de conserver la totalité de sa propre chair.

À l'instar de Moll qui se lamentait de ne posséder « encore [que] fort peu de matériaux relatifs au fétichisme dans l'amour[31] », Freud indique qu'il s'apprête à communiquer lors d'une conférence de 1909 « une théorie du fétichisme qui ne repose que sur un nombre limité de cas[32] ». La question de la quantité des fétichistes hante ainsi la psychanalyse, alors même qu'elle était problématique pour la science de l'amour de la fin du

28 Agamben, Giorgio, *Stanze. Parole et Fantasme dans la culture occidentale*, p. 66.

29 Voir Dorey, Roger, « Contributions psychanalytiques à l'étude de fétichisme. Revue critique », in *Objets du fétichisme*, p. 124 *sq.* Mais dans *Le Clivage du moi dans le processus de défense* de 1938, Freud précise qu'il n'y a pas d'hallucination d'ordre psychotique chez le fétichiste, mais seulement déplacement du pénis maternel à une autre partie du corps de la femme.

30 Deleuze, Gilles, *Présentation de Sacher-Masoch. Le froid et le cruel*, p. 29.

31 Moll, Albert, *Les Perversions de l'instinct génital. Étude sur l'inversion sexuelle basée sur des documents officiels*, avec une préface du Dr R. V. Krafft-Ebing, traduit de l'allemand par le Dr Pactet et le Dr Romme, 4e édition, Paris, Georges Carré, 1893, p. 165. Sylvie Chaperon se montre dubitative quant à la quantité d'observations que les médecins disent avoir recueillie à propos des perversions sexuelles, soutenant que « la tentation d'inventer ou d'embellir quelques observations est sans doute bien forte parmi les praticiens » (*Les Origines de la sexologie (1850-1900)*, p. 187).

32 Freud, Sigmund, « De la genèse du fétichisme », p. 15.

XIXe siècle. Au peu de cas observés répond l'importance qualitative du fétichisme : s'il doit offrir « la clef du problème[33] » amoureux pour Binet, cette perversion permet de comprendre le fonctionnement de la castration symbolique – nœud théorique s'il en est dans la pensée freudienne.

De même, chez Lacan le fétichisme demeure « un exemple particulièrement fondamental de la dynamique du désir ». Dans le Livre IV du *Séminaire*, le psychanalyste consacre une section à « l'objet fétiche », pensé comme une « figuration du manque[34] » – le phallus que la mère n'a pas. Le fétichisme serait donc toujours « excessivement rare chez la femme, au sens propre et individualisé, où il s'incarne dans un objet que nous pouvons considérer comme répondant d'une façon symbolique au phallus en tant qu'absent ». Toute l'analyse de Lacan s'interroge sur « la relation d'un sujet à un objet qui n'en est pas un », au fait que dans le désir, « ce qui est visé est au-delà de ce qui se présente ». C'est pourquoi l'image du voile incarnerait la relation fétichiste, car c'est sur le voile que « se peint l'absence[35] » de l'au-delà (le phallus en tant qu'il manque à la femme). Alors que les pervers de la fin-de-siècle se racontaient des « romans d'amour », chez Lacan ils visualisent des films : « Le souvenir-écran, le *Deckerinnerung*, n'est pas simplement un instantané, c'est une interruption de l'histoire, un moment où elle s'arrête et se fige et où, du même coup, elle indique la poursuite de son mouvement au-delà du voile ». Cet arrêt sur image, qui s'oppose à l'énergie dynamogénique de Binet, est d'ordre métonymique, « car l'histoire, de sa nature continue ». Le fétiche serait ainsi un arrêt dans la chaîne narrative, mais un repère dont on devine qu'il pourrait continuer : il est un voile « plus précieux à l'homme que la réalité[36] ». Se perpétue ainsi l'idée que la fixation fétichiste est structurée comme un trope ; et le voile – le tissu – permet d'exprimer chez Lacan la figuration de l'absence. Le *textus*, objet fétiche s'il en est, permet de penser psychanalytiquement la perversion elle-même, dans un abîme métaréflexif.

Que le deuxième numéro de la *Nouvelle revue de psychanalyse* soit dédié au fétichisme en automne 1970 prouve l'intérêt que cette perversion suscite encore alors – intérêt d'autant plus étonnant que, comme le remarque J.-B. Pontalis dans sa présentation, la perversion est « relativement rare,

33 Binet, Alfred, « Le Fétichisme dans l'amour », p. 259.

34 Lacan, Jacques, *Le Séminaire. Tome IV : La Relation d'objet 1956-1957*, Paris, Seuil, « Champ freudien », 1994, p. 165.

35 *Ibid.*, p. 154-155.

36 *Ibid.*, p. 158.

et motivant encore plus rarement une décision de traitement[37] ». C'était déjà le cas pour Freud en 1927 :

> Il ne faut pas s'attendre à ce que ces personnes aient recherché l'analyse à cause du fétiche ; celui-ci, en effet, est bien reconnu par ses adeptes comme une anomalie, mais il est rare qu'on le ressente comme un symptôme douloureux ; la plupart des adeptes en sont très contents ou même se félicitent des facilités qu'il apporte à leur vie amoureuse[38].

Dès lors, Pontalis se demande « pourquoi accorder à cette curiosité, le plus souvent marquée, dans la littérature et l'iconographie spécialisées, d'un attrait suranné – les coupeurs de nattes, les bottines à boutons, le tablier de soubrette ou le mackintosh d'Outre-Manche –, un statut privilégié[39] ? » Et le psychanalyste de répondre, à l'instar de Binet, que le fétichisme sert de tremplin non seulement à l'étude de l'ensemble des perversions sexuelles, mais aussi à « mettre à nu certaines conditions essentielles à la constitution de l'objet du désir (sexuel), conditions plus ou moins masquées dans l'exercice dit normal de la sexualité[40] ». La pathologie fétichiste permettrait donc toujours d'éclairer le fonctionnement normal de la sexualité, suivant un déséquilibre entre intérêt et quantité réelle de cas demeuré constant jusqu'à nos jours.

Si la psychanalyse continue de réfléchir sur la perversion dans le sillon de la pensée freudienne[41], la catégorie « fétichisme » est l'une des entrées du

37 Pontalis, J.-B., « Présentation » à *Objets du fétichisme*, p. 5. Dans *Le Désir et la perversion* de 1967, Guy Rosolato dédie un long article au fétichisme (« Étude des perversions sexuelles à partir du fétichisme », in *Le désir et la perversion*, avec Piera Aulagnier-Spairani, Jean Clavreul, François Perrier et Jean-Paul Valabrega), Paris, Seuil, 1967).

38 Freud, Sigmund, « Le Fétichisme », p. 133.

39 Pontalis, J.-B., « Présentation » *Objets du fétichisme*, p. 5.

40 *Ibid.*, p. 6.

41 Bouchet-Kervella, Denise [*et al.*], *Le Fétichisme : études psychanalytiques*, Paris, P.U.F, « Monographies et débats de psychanalyse », 2012. La biologie n'est pas en reste sur la question du fétichisme. En effet, récemment, Hanna Aronsson assure que le fétichisme met en péril la théorie, généralement admise, d'une détermination génétique dans le choix des partenaires. En revanche, la théorie éthologique de l'empreinte sexuelle, selon laquelle les animaux déterminent leurs choix en fonction de l'expérience sociale, pourrait selon l'auteur expliquer tant la sexualité normale comme la déviante (« Sexual imprinting and fetishism : an evolutionary hypothesis », *in* Adriaens, Pieter R. et De Block, Andreas (éd.), *Maladapting Minds : Philosophy, Psychiatry, and Evolutionary Theory. International Perspectives in Philosophy and Psychiatry*, préf. Geoffrey Miller, Oxford, Oxford University Press, 2011, p. 65-90). Cette hypothèse rejoint Binet en quelque sorte, puisqu'elle postule que la fixation fétichiste s'est produite lors de la conjonction fortuite d'une éjaculation et d'un objet, déterminant ensuite la vie sexuelle.

manuel de psychiatrie américaine *Diagnostic and Statistical Manual of Mental Disorders.* L'on ne peut certes pas réduire la médecine mentale actuelle à cet important ouvrage, produit d'un consensus de tendances psychiatriques hétéroclites et variées. Toutefois, malgré les virulentes critiques qui lui sont adressées en permanence, il demeure extrêmement important dans la pratique médico-légale, et la présence ou l'absence d'une notion peut avoir de réelles conséquences. C'est pourquoi son propos, bien que problématique, ne saurait être négligé. L'entrée « fétichisme » se trouve dans la section des paraphilies : dans la cinquième et dernière version anglaise, la perversion est diagnostiquée si, « pendant une période d'au moins six mois, présence d'une excitation sexuelle intense et récurrente provoquée soit par l'utilisation d'objets, soit par un intérêt hautement spécifique pour une ou plusieurs parties non génitales du corps, se manifestant sous la forme de fantasmes, de pulsions et de comportements ». Pour que le diagnostic soit posé, il faut qu'il y ait une « détresse cliniquement significative ou une altération du fonctionnement social, professionnel ou dans d'autres domaines importants[42] ». La rémission est totale s'il n'y a pas eu de périodes de souffrance au cours des cinq dernières années. Le fétichiste d'aujourd'hui se focaliserait donc sur une partie non génitale du corps ou utiliserait de manière répétée, pendant six mois au moins, un objet inanimé dans sa vie érotique (fantasmes et pratiques incluses). Parmi les fétiches les plus communs, le *DSM* relève les sous-vêtements féminins, les souliers, le cuir ou le latex – pieds et cheveux en ce qui concerne les parties. Le goût exclusif d'une partie corporelle est nommé « partialisme », pratique subsumée jusqu'à la troisième version du manuel dans l'entrée « fétichisme ». La quatrième édition a en revanche séparé fétichisme des objets et des parties du corps : cette dernière forme n'est alors évoquée que comme une « paraphilie non spécifiée », à l'instar de la scatophilie téléphonique, la nécrophilie, la coprophilie ou la zoophilie (F65.9 [302.9]). La cinquième version réintègre l'amour des parties dans le fétichisme : c'est la seule variation véritable qu'a connu cette paraphilie au cours des différentes éditions, dont la définition se maintient par ailleurs identique[43].

---

42 « Trouble fétichisme » (302.81 [F65.0]), in Crocq, Marc-Antoine, Julien Daniel Guelfi, and American Psychiatric Association, *DSM-5 : Manuel Diagnostique Et Statistique Des Troubles Mentaux*, 5e édition, Paris, Elsevier Masson, 2015, p. 826.

43 Voir Martin P. Kafka, "The DSM diagnostic Criteria for Fetishism", *Archives of Sexual Behavior* 39, 2 (April 2010) : 357-362, accessed February 26, 2013, doi : 10.1007/s10508-009-9558-7.

C'est lorsque le fétichiste souffre qu'il devient un cas pathologique : s'il pratique son goût avec un partenaire consentant ou qu'il est heureux de ses pratiques solitaires, alors il n'est cliniquement pas paraphilique – Moll ne disait déjà pas autre chose à propos des baisers que Laurent donne aux bottines de Thérèse Raquin[44]. Selon le *DSM*, la perversion peut éclore pendant la puberté, ou avant l'adolescence, comme pour Binet. Si elle est constante tout au long de la vie de l'affecté, elle ne cesse pourtant de *fluctuer* dans son intensité : « Le trouble fétichisme tend à évoluer de manière continue avec des fluctuations en intensité et en termes de fréquence des pulsions et des comportements[45] ». Il semble ainsi difficile, pour le praticien, de saisir le fétichisme à cause de sa structure oscillatoire. En outre, pour poser un diagnostic certain, il lui faudrait être au clair sur ce qu'est une sexualité normale :

> La connaissance ainsi qu'une appréciation adéquate des normes de comportements sexuels sont des facteurs importants à considérer pour établir le diagnostic clinique du trouble fétichisme et pour distinguer un diagnostic clinique d'un comportement sexuel socialement acceptable[46].

Pour le coup, il ne s'agit plus, comme chez Binet et Freud, d'apprendre ce qu'est la physiologie amoureuse à partir de l'étude du morbide. Il faut que le psychiatre ait une *considération appropriée des aspects normaux du comportement sexuel* pour qu'il soit à même de savoir à partir de quand la pratique devient morbide. Le *DSM* exige ainsi des médecins un *savoir* sur la sexualité *normée*, dont on ignore la teneur et où l'on peut l'acquérir : est probablement encore et toujours *normale*, comme pour Thoinot, l'excitation génitale dont l'origine est « tout spécialement la vue ou la représentation de la *femme nue*, ou des *organes génitaux féminins*[47] ». Alors, nul objet, nul vêtement ne viendraient distraire les agents sexuels d'un *comportement sexuel approprié.*

Il revient donc entièrement au médecin, lecteur du *DSM*, de *savoir* au-delà de quel seuil le fétichisme n'est plus socialement admis, à partir de quand il mérite un « diagnostic clinique ». Et la délimitation entre le normal et le pathologique est d'autant plus ardue que les critères fournis

44 Voir I. 2, « Thérapeutiques de l'inguérissable ».

45 « Trouble fétichisme », in *DSM-5 : Manuel Diagnostique Et Statistique Des Troubles Mentaux*, p. 827.

46 *Ibid.*

47 Thoinot, Léon-Henri, *Attentats aux mœurs et perversion du sens génital*, p. 400.

par le manuel sont ambigus : la détermination tout à fait arbitraire des 6 mois (qui rejoint l'inquiétude de notre époque pour les addictions), l'utilisation d'objets comme les sous-vêtements féminins (pourtant si présents dans toute vie amoureuse), censés déterminer le caractère morbide, signalent la difficulté actuelle à détailler médicalement le fétichisme. L'évocation de vibromasseurs est sur ce point particulièrement problématique, et ce à cause d'une tournure grammaticale. En effet, les notes relatives au diagnostic différentiel, situées à la toute fin de l'entrée classificatoire, précisent que le fétichisme n'est pas diagnostiqué si « l'objet est sexuellement excitant parce qu'il a été conçu à cet effet (par ex. un vibromasseur)[48] ». Or, dans les critères principaux placés en exergue de la catégorie, la question du vibromasseur apparaît de manière équivoque dans une tournure négative (« ne se limitent pas à »). Dès lors, si on ne lit pas l'entrée « fétichisme » jusqu'à la fin, on inclurait les vibromasseurs dans les possibles objets fétiches : « Les objets fétiches ne se limitent pas à des vêtements utilisés pour se travestir [...] ou des appareils conçus pour la stimulation tactile des organes génitaux (p. ex. vibromasseur)[49] ».

Par conséquent, la logique ambiguë du *DSM* voudrait que toute personne utilisant un vibromasseur soit fétichiste si elle l'utilise pendant plus de six mois et si le praticien, bien au courant des pratiques sociales et normatives de la sexualité, considère que cela est d'ordre pathologique. La fétichisation d'appareils d'excitation génitale *a priori* féminins est d'autant plus étonnante que le *DSM* assure plus loin que « l'existence d'un trouble fétichisme n'a pas été rapportée d'une façon systématique chez les femmes. Dans les échantillons cliniques, le trouble fétichisme n'est presque exclusivement trouvé que chez les hommes[50] ». Il serait donc rare qu'une femme soit fétichiste, mais si elle se masturbe avec un vibromasseur (pendant six mois), elle pourrait tout à fait entrer dans cette catégorie paraphilique.

Parmi les conséquences néfastes du fétichisme, le *DSM* relève le dysfonctionnement sexuel « lors des relations amoureuses lorsque le fétiche préféré (objet ou partie du corps) n'est pas disponible pendant les préliminaires ou le coït[51] ». Le fétichiste peut donc même s'écarter de

48 « Trouble fétichisme », in *DSM-5 : Manuel Diagnostique Et Statistique Des Troubles Mentaux*, p. 828.

49 *Ibid.*, p. 826.

50 *Ibid.*, p. 827.

51 *Ibid.*

son partenaire pour préférer des jeux sexuels solitaires où le fétiche est protagoniste – comme Krafft-Ebing craignait qu'il ne survienne « pas d'érection lors de la cohabitation[52] ». Le pervers n'arriverait donc pas à assumer ses devoirs « romantiques » dit le *DSM* – conjugaux pense le XIXe siècle. Le fétichisme entraîne en outre des conséquences médico-légales, que le manuel relève en des termes analogues à ceux de la Belle Époque. Les fétichistes « mâles » cambriolent et volent pour s'emparer des objets adorés :

> Bien que le trouble fétichisme soit relativemen rare chez les délinquants sexuels paraphiliques faisant l'objet d'interpellations, les hommes présentant ce trouble peuvent voler ou collectionner leur(s) objet(s) fétiche(s) préféré(s).
>
> Les fétichistes ont bien souvent maille à partir avec la justice, et c'est à l'expert qu'appartient la démonstration de l'état anormal, de l'irresponsabilité de ces malheureux.
>
> *Vols et outrages à la pudeur :* voilà les deux délits qui amènent les fétichistes devant les tribunaux[53].

Mais le *DSM* avoue que peu de fétichistes finissent en réalité devant les tribunaux… Ce que le relevé mineur de cas observés à la fin du XIXe siècle montrait déjà. Enfin, l'expert médical d'aujourd'hui rencontre une autre difficulté dans son approche du fétichisme : la « comorbidité ». En effet, le fétichisme peut se confondre avec le sadomasochisme ; mais Thoinot indiquait aussi à ses étudiants que parmi les stigmates du fétichisme ils allaient souvent rencontrer « d'autres perversions de l'instinct génital, telles qu'*inversion, sadisme, masochisme*, etc.[54] ». Le *DSM* élargit les mariages possibles entre le fétichisme et d'autres désordres paraphiliques (tels que l'énigmatique *hypersexualité*) ; la perversion peut aussi être associée, quoique plus rarement, à des « maladies neurologiques[55] », qui rappellent peut-être que le « fétichisme fait vraiment *corps* avec l'individu », et qu'il continue à être envisagé comme une tare organique pouvant s'accoupler à d'autres perversions[56].

52 Krafft-Ebing, Richard von, *Psychopathia sexualis* [1950], p. 315.

53 « Trouble fétichisme », in *DSM-5*, p. 828 ; Thoinot, Léon-Henri, *Attentats aux mœurs et perversion du sens génital*, p. 425.

54 *Ibid.*, p. 403.

55 « Trouble fétichisme », in *DSM-5*, p. 828.

56 Thoinot, Léon-Henri, *Attentats aux mœurs et perversion du sens génital*, p. 404. Les neurosciences se sont emparées aussi du fétichisme érotique. Dans *Le Fantôme intérieur*, le neurologue V. S. Ramachandran assure que la représentation corticale des pieds et des

L'on voit donc que la définition du fétichisme oscille peu scientifiquement depuis sa constitution : qu'elle ne cesse en outre de poser les mêmes problèmes d'établissement de la normativité érotique, de catégorisation nosographique et de délimitation du pathologique. Mais que la morbidité soit établie par le *DSM* à partir de six mois implique toutefois un changement de paradigme. Alors que la médecine du XIXe concevait la maladie de manière essentialiste (que son optique soit continuiste ou dégénérescente), désormais le pathologique est déterminé par la durée. Le fétichisme est une étape vitale à l'abri de laquelle personne ne se trouve. Ainsi, bien que le rapport entre le normal et le pathologique ait évolué, le fait que la perversion puisse être une crise, ou un épisode qui se résorberait, continue à faire peser une menace pour tout un chacun – de même qu'au XIXe siècle, parce que le fétichisme était en germe dans tout amour, il menaçait chaque amant. Toutefois, quoique la thérapeutique soit toujours obscure, la psychiatrie laisse la porte ouverte à une résorption du caractère morbide.

Le rapport au fétichisme semble donc avoir évolué dans la nosographie psychiatrique, puisque même le *DSM* parle de consentement et de règles pouvant être établies entre partenaires, ce qui dépathologise une pratique dont on reconnaît d'ailleurs, depuis Freud, qu'elle peut rendre très heureux les adeptes – ce que Rétif de La Bretonne assurait déjà. La pathologisation de l'érotique fonctionne différemment, et l'on peut peut-être considérer le monologue théâtral *Le Fétichiste* de Michel Tournier, créé en 1974, comme un dernier sursaut contestataire. L'auteur connaît les relevés fin-de-siècle des coupeurs de nattes et des clous de bottines : « Ces cas peuvent faire sourire. Ils n'en illustrent pas moins un érotisme plus construit, élaboré et finalement civilisé que la sexualité considérée comme "normale", et qui, par son incapacité à

orteils est directement adjacente à celle des organes génitaux, ce qui expliquerait, par un processus neurologique hasardeux, pourquoi les pieds sont un fétiche privilégié. Que ce soit donc en psychanalyse, en psychologie ou en neurosciences, le fétichisme se cristallise toujours par métonymie – ici par contigüité topique (Ramachandran, V.S et Sandra Blakeslee, *Le fantôme intérieur*, trad. de l'anglais par Michèle Garène ; préf. de Oliver Sacks, Paris, O. Jacob, 2002). Dans les années 1960, le fétichisme apparaît comme l'effet d'un désordre du lobe temporal (Epstein, Arthur W. M. D., « Relationship of Fetishism and Transvestism to Brain and Particularly to Temporal Lobe Dysfunction »,*Journal of Nervous poiurweq& Mental Disease*, Volume 133, Issue 3 (September 1961), p. 247-253). Dans les deux cas, le fétichisme serait, comme pour la théorie de la dégénérescence, le résultat d'une lésion organique, qui détermine le destin sexuel de l'individu congénitalement affecté.

dissocier érotisme et procréation, est directement responsable de deux immenses charniers, celui des avortements et celui des famines du tiers monde[57] ». Le fétichisme pourrait donc même sauver l'humanité de la faim dans le monde… quoique ses adeptes soient en inadéquation avec la société. Habitant Alençon (capitale hautement érotique de la dentelle dans *Le Fétichisme dans l'amour*), le personnage raconte dans un monologue trahissant sa solitude sa passion des dessous, sa haine de la nudité, l'échec de son mariage suite à des vols de sous-vêtements qu'il cache, comme d'autres pervers historiques, « derrière [les] livres dans la bibliothèque » ; son incarcération puis sa vie, depuis 20 ans, dans un asile, où se succèdent « les douches glacées, les lits à sangles, la camisole de force, la coma insulinique, les électrochocs. C'est pas toujours rose, non[58] ». Michel Tournier réactive ainsi le circuit médico-légal fermé des pervers fétichistes, l'échec thérapeutique (le personnage étend finalement, sur scène, une collection de sous-vêtements achetés un jour de sortie), l'accumulation pléthorique d'objets, la pulsion kleptomaniaque chère aux traités médicaux de la Belle Époque. Il articule de plus son propos, à visée démonstrative, autour d'une « normalité » reproductive et d'une apparente « anormalité » qui du coup serait, malgré les actes criminels, signe d'une certaine rationalité. Ce qui semble être la vie d'un « pauvre fou » dont « on rit » remet en cause « l'ordre social dans lequel nous vivons ». « Impossible d'échapper à cette évidence : le fétichiste qui s'attache davantage au vêtement qu'au corps nu est le contraire du violeur. Le violeur est un asocial. Le fétichiste est un hypersocial », car c'est le vêtement qui fonde la vie en collectivité. Il est ainsi le témoin d'une « sagesse secrète d'autant plus efficace qu'elle chemine au cœur des choses[59] ».

Mais depuis les années 1970 le rapport à la « normativité » sexuelle a explosé dans la société occidentale, et désormais, il ne semble plus y avoir d'affrontement véritable entre la médecine et l'art à propos du fétichisme. C'est pourquoi, peut-être, lorsqu'une passion du mouchoir resurgit chez Pascal Quignard dans « Le mouchoir de joie », extrait d'*Abîmes*, l'histoire se déroule en 1292 et narre dans une prose poétique

57 Tournier, Michel, *Le Fétichiste. Un acte pour un homme seul*, Paris, Gallimard, « nrf », 1997, p. 67-68.

58 *Ibid.*, p. 53 et 60.

59 *Ibid.*, p. 7-9.

la nuit du sexe non pénétrant. Le chevalier de Vaudray et sa compagnie font une halte chez Madame de Vergy, dont l'époux est absent : et « sans qu'ils l'aient cherché, ils se virent ; s'étonnèrent ; tombèrent amoureux l'un de l'autre[60] ». Pourtant pressée dans les escaliers, elle refuse de se donner par fidélité envers son mari, alors que le « sexe du chevalier était tendu et Madame de Vergy le sentait bien sous l'étoffe ». Mais « il donna sa parole d'honneur que rien de son corps ne serait insinué en elle. Elle refusa encore ». Pourtant elle cède, d'une certaine manière :

> Alors ils mirent nus seulement le bas de leur ventre l'un devant l'autre et ils jouirent dans leurs doigts. Une grande flaque tomba d'un coup sous les pieds de la comtesse.
>
> La comtesse prit un de ses mouchoirs. Elle s'essuya. Puis elle essuya ses mains, celles de Vaudray, son sexe.
>
> Le chevalier dégorgea de nouveau dans ce mouchoir.
>
> Ils s'endormirent l'un contre l'autre. Pour s'assurer de ses faits et gestes elle tint le sexe de Vaudray durant tout son sommeil enveloppé dans le mouchoir. À l'aube il se déversa encore. Il la quitta. Le mouchoir était raide et odorait une odeur merveilleuse. Madame de Vergy glissa le *mouchoir de joie* à l'intérieur d'un autre mouchoir sur lequel elle broda la lettre V avec un fil rose et le rangea dans la poche interne de sa robe[61].

Vaudray, Vergy – Verge : autant de V qui signent la relique d'un amour contournant la tromperie du coït, et qui pourtant n'a de cesse d'être tendre caresse du sexe avant le mystérieux abîme de la mort : « Elle mourut en tombant dans l'escalier à deux mois de là ». La mort, sans cause définissable, surgit comme un hasard malheureux ou un destin vengeur dans l'escalier. Héritier des délices qu'éprouvaient les héros du *Fétichisme dans l'amour*, le mouchoir devient cette fois métaphore du sexe masculin – « raide » dans son odeur –, et non plus icône du féminin par l'entrelacs de la dentelle. S'il n'y a pas « d'insinuation » du sexe dans le corps, le mouchoir, dérobé dans « la poche interne de sa robe », assure la permanence métonymique de la jouissance, au for de l'intime : il devient la métaphore du chevalier, ce qui, en quelque sorte, lui équi*vaudrait.*

Aujourd'hui, il ne semble donc y avoir de lieu que pour une poésie de l'érotisme ; et si une dénonciation à la Tournier apparaît désormais

---

60 Quignard, Pascal, *Abîmes. Dernier royaume, III*, Paris, Gallimard, « folio », 2002, p. 139.
61 *Ibid.*, p. 140-141.

comme révolue, c'est que le fétichisme s'est socialisé et amplement diffusé dans la société. En effet, le mot même *fétichisme* est « revendiqué par les pervers de toutes obédiences pour désigner la démarche qui consiste à extérioriser la paraphilie, *quelle qu'elle soit*, sous une forme artistique, littéraire, ou simplement épistolaire – démarche dont Krafft-Ebing soulignait qu'elle était constitutive de la perversion elle-même[62] ». L'extension du fétichisme a même conduit à une confusion, analysée par Philippe Rigaut, avec le sadomasochisme – mais latente dès sa naissance médicale dans la théorie de Krafft-Ebing[63]. À partir des années 1980-1990, « fetish » est en effet employé pour éluder la connotation devenue trop brutale du *SM* : ce mot « désigne à présent un type d'érotisme qui, s'il conserve des liens forts avec les sexualités *hard*, puise également à d'autres sources, et qui surtout accorde à la dimension de l'imaginaire et de la théâtralité une place prépondérante ». Sont donc fétichistes ces « hérésies culturelles qui n'ont pas toutes de liens avec l'univers du sexe extrême, mais qui ont en commun avec celui-ci de se situer sur le registre de la transgression, de l'inquiétant, de mêler le malaise et l'attirance[64] » – autant de sentiments ambivalents que la chevelure de Maupassant suscitait aussi.

Le fétichisme entremêle donc de nos jours toutes sortes de fantasmes sexuels, où les hauts talons côtoient le latex, relayés par des œuvres d'arts contemporaines (en particulier les arts graphiques, le design, le stylisme). Les photographies des fétichistes de la laine (alias les « woolies »), où les corps apparaissent recouverts de mohair moelleux, sont souvent relayées par-delà des sites spécialisés de rencontre pour faire l'objet de publications sur des blogs populaires : branchée, la laine pourrait presque avoir remplacé le latex, pourtant si associé ces dernières années au fétichisme. Terme répandu, le « fétichisme » est en fait devenu synonyme d'une disponibilité érotique où la nudité n'est pas totale, où le bondage ou le mohair mettent en avant le relief corporel ; la perversion apparaît donc comme une subversion esthétique valorisée. Derechef, ce succès mondain n'est pas nouveau : Binet s'adressait aux lecteurs hétéroclites de la *Revue philosophique de la France et de l'étranger*, tandis que les Dubarry et autres

62 Rigaut, Philippe, *Le Fétichisme, perversion ou culture*, Belin, « Nouveaux Mondes », 2004, p. 29.

63 Voir I. 2, « L'Épidémie fétichiste ».

64 *Ibid.*, p. 119.

Roland Brévannes utilisaient le fétichisme pour alimenter leurs œuvres en aventures érotiques piquantes. Mais si les amours fétichistes ont toujours le vent en poupe dans la culture populaire, il n'en demeure pas moins que la presse continue de nos jours à mentionner des faits divers fétichistes, selon un déroulement tellement identique à celui des périodiques de la fin du XIXe siècle, qu'ils en deviennent troublants. Quelle est donc cette résurgence du fétichisme dans ses infractions médico-légales (si tant est qu'il ait vraiment disparu) ? Pourquoi, ces dernières années, la presse se fait-elle de nouveau l'écho d'actes délictueux fétichistes, dont elle relaie les graves condamnations, alors même que la notion est valorisée artistiquement et populairement associée, de manière très vaste, à l'érotisme ? Le fétichisme, omniprésent culturellement, se réécrit donc dans les journaux du tournant des XXe et XXIe siècles, interrogeant de nouveau l'impétuosité du désir, son désarroi peut-être – en tout cas notre rapport aux choses et à l'amour.

Le 23 octobre 2009, *La Tribune de Genève* mentionne l'arrestation, en Haute-Savoie, d'un fétichiste de 47 ans chez qui la police a découvert six cents sous-vêtements féminins : « Le tout est saisi et transporté dans trois sacs poubelles de 100 litres ». L'hyperbole le rattache à ses ancêtres pervers chez qui l'on trouve par exemple, lors de perquisitions, 446 articles[65]. Comme eux, le Savoyard est un habitué des tribunaux : il est jugé pour vol, puisqu'il dérobe le soutien-gorge et autres culottes en « grimpant aux balcons, en pillant les étendages ou en fouillant dans les lave-linge ». Or, selon l'état-major de Haute-Savoie, « le danger réside surtout dans la violation de domicile en présence d'une personne. Cela peut déboucher sur des faits plus graves que les vols de sous-vêtements ». Il est condamné à « deux ans d'emprisonnement, dont un avec sursis, assortis d'une mise à l'épreuve de trois ans avec obligation de soins, de travailler et d'indemniser ses victimes », bien que « le rapport d'expertise psychiatrique défini[sse] ses actes comme du fétichisme[66] ». Si l'état-major savoyard n'a pas l'air d'aimer plaisanter, il n'en est pas de même des forces de l'ordre de Châtellerault, qu'une série de vol de petites culottes « amusait et embarrassait depuis plus de dix-huit mois », jusqu'à ce qu'une webcam surprenne l'amateur dans un jardin : il avoue

65 Krafft-Ebing, Richard von, *Psychopathia sexualis*, p. 227.

66 Prieur, Marie, « Un fétichiste des sous-vêtements condamné », *La Tribune de Genève*, 23 octobre 2009.

aux enquêteurs « son penchant fétichiste[67] » qui l'a conduit à garder soixante-dix culottes chez lui.

Il est frappant à quel point les condamnations pénales pour fétichisme sont lourdes : un fétichiste de 54 ans a été condamné à dix-huit mois de prison ferme à Belfort pour avoir dérobé une pantoufle à une septuagénaire, à qui il a « caressé, léché et humé les pieds » et téléphoné le lendemain pour s'excuser. « *On n'a pas voulu adapter la justice, le suivi et la sanction à sa personnalité*[68] », regrette l'avocat de ce fétichiste qui avait déjà écopé de la même peine auparavant. De même, un jeune homme a été condamné à trois ans de prison ferme avec maintien en détention pour avoir soustrait lors de cambriolages des « bijoux, du matériel audio et vidéo, mais aussi de nombreux sous-vêtements féminins ». L'article de *L'écho républicain* narre, avec suspense, le procès du fétichiste :

> Avec sa carrure impressionnante, ses cheveux roux frisés et sa barbe de la même couleur, le jeune paraît plus âgé que les 22 printemps de son état civil. Déjà son casier judiciaire est émaillé de nombreuses condamnations pour vol. Mais en ce début d'été, il a fait très fort.
>
> En moins d'un mois, il s'est rendu coupable de vingt-cinq cambriolages et tentatives dans les cantons de Senonches, de Courville-sur-Eure et des Châteauneuf-en-Thymerais. [...]
>
> « Il les a choisis avec soin. Il ne les a pas pris au hasard », témoigne l'une de ses victimes. Les juges n'auront pas la réponse à leurs questions. « Pourquoi vous intéressiez-vous à ces sous-vêtements ? » interroge le président d'audience. Pour toute réponse, un silence assourdissant.
>
> « On ne va pas se voiler la face, monsieur a visiblement un problème », intervient le procureur de la République. [...][69]

La détermination du fétichiste et son silence face aux questions le condamnent doublement : comme maudit par sa rousseur frisée, sa jeune maturité, sa pilosité apparente et son athlétique corpulence ne lui permettent pas d'échapper à la prison.

Si la police française n'a pas de pitié pour les voleurs de dessous, à propos desquels les psychiatres semblent même moins consultés et

---

67 Cadorel, Adrien, « Poitou-Charentes : un voleur de petites culottes interpellé », *Le Parisien.fr*, 21 octobre 2013.

68 AFP, « Dix-huit mois de prison ferme pour un fétichiste des chaussons », *Libération*, 23 avril 2014.

69 Joannopoulos, Jacques, « Lourde peine pour le jeune cambrioleur fétichiste », *lechorepublicain.fr*, 22 juillet 2013.

entendus qu'au XIXe siècle, il est plus inquiétant d'apprendre dans *Libération* le retour des coupeurs de nattes, qui avaient pourtant disparu avec les années folles. On se souvient qu'ils apparaissent nommés dans un pluriel, comme s'ils agissaient en bande. Paul Garnier résumait ainsi leurs actes : « Armés de forts ciseaux, ces individus opèrent au milieu d'une foule compacte et mutilent ces longues tresses que les fillettes portent pendantes sur leurs épaules. Arrêtés *flagrante delicto*, ils sont trouvés nantis de nattes déjà coupées[70]. » Leur *modus operandi*, un siècle plus tard, est toujours le même :

> Leurs armes : des ciseaux. Leurs cibles : des femmes avec de longs cheveux, tressés, relevés en queue de cheval ou simplement dénoués. Selon la police de Vladivostok, des gangs de coupeurs de cheveux sévissent dans la cité. Hier l'agence d'Itar-Tass annonçait ainsi l'arrestation de deux jeunes pris en flagrant délit dans un trolleybus. Ils sectionnaient la natte d'une passagère qui, précise la dépêche, lui arrivait jusqu'à la taille. Ces agressions sont de plus en plus fréquentes, en particulier dans les transports publics. Les délinquants revendent ensuite les mèches de cheveux à des coiffeurs ou à des marchands de perruques. Vladivostok, avec son grand port bordant la Mer du Japon, est considéré comme un lieu de trafics en tout genre : avec la Chine toute proche, mais aussi avec les pays du Golfe vers lesquels on vient de découvrir un trafic d'aigles rares. La ville, avec ses 700 000 habitants, connaît une situation sociale désastreuse. Régulièrement les services publics ramassage d'ordures (*sic*), hôpitaux se mettent en grève pour obtenir leurs salaires. C'est sur ce fond sombre que de petits malins ont eu l'idée de se spécialiser dans le vol de nattes[71].

Si ces coupeurs semblent surtout faire du trafic dans une situation sociale catastrophique, où les éboueurs et les médecins sont en grève, il faut se rappeler toutefois que déjà au XIXe siècle il n'est pas toujours facile de démêler les motifs intimes qui les agitent. Et la parenté entre ces coupeurs russes et les amateurs de nattes est flagrante. Se pose ainsi la question de la finalité fétichiste, du pourquoi l'on coupe des cheveux. Alors qu'ils avaient surgi à Paris, qu'on en avait trouvés à Londres et en Amérique au XIXe siècle, les coupeurs de nattes, toujours aussi globalisés, semblent pouvoir s'étendre aujourd'hui à partir de la Russie,

70 Garnier, Paul, « Des perversions sexuelles obsédantes et impulsives, au point de vue médico-légal », *AA*, t. 15 (1900), p. 616.

71 Soule, Véronique, « Les gangs russes de coupeurs de nattes », *Libération*, 3 novembre 1998.

vers la Chine, le Golfe ou le Japon, tels ces « aigles rares » lucratifs. Ils opèrent toujours dans les transports en public, augmentant de nouveau la fréquence de leurs interventions malines, préférant les longues nattes mais ne reculant désormais devant aucune coiffure, dans ce « fond sombre » qui est le nôtre. Seuls deux individus ont été interpellés. Les autres courent toujours.

BIBLIOGRAPHIE

Sont recensés dans la bibliographie les ouvrages cités. Les abréviations suivantes ont été retenues pour les dictionnaires et périodiques médicaux : *Archives générales de médecine (AGP)* ; *Annales d'hygiène publique et de médecine légale (AHPML)* ; *Annales médico-psychologiques (AMP)* ; *Archives de neurologie (AN)* ; *Gazette médicale de Paris (GMP)* ; *Archives d'anthropologie criminelle (AA)* ; *Dictionnaire encyclopédique des sciences médicales*, sous la direction d'Amédée Dechambre (*DESM)* ; *Revue philosophie de France et de l'étranger (RP).* Lorsque l'édition utilisée n'est pas l'originale, la première date de publication est indiquée entre crochets.

TEXTES

PSYCHIATRIE, PSYCHOLOGIE, PATHOGRAPHIE, PHYSIOLOGIE

« Variétés. Le Joli Pied », *Revue de psychiatrie*, 4e année (1901), p. 16-259.

AVALON, J., « Restif de La Bretonne fétichiste », *Aesculape*, (avril 1912), p. 89-93.

BALL, Benjamin, « De l'érotomanie ou folie érotique. Leçon professée à la clinique des maladies mentales à l'Asile de Sainte-Anne », *L'Encéphale. Journal des maladies mentales et nerveuses*, 3e année, n° 1 (janvier 1883), p. 129-139.

BALL, Benjamin, *La Folie érotique*, Paris, J. B. Baillière, 1888 puis 1893.

BARRAS, Louis, *Le Fétichisme. Restif de La Bretonne fut-il fétichiste ?*, préf. John Grand-Carteret, Paris, Maloine, 1913.

BERBEZ, Henry, « Obsession avec conscience. Aberration du sens génital », *Gazette hebdomadaire de médecine et de chirurgie. – Le mercredi médical*, série 2, t. 27b (1890), p. 226-228.

BINET, Alfred, « Essai de chiromancie expérimentale », *Année psychologique*, vol. 14 (1907), p. 390-404.

BINET, Alfred, « Le Fétichisme dans l'amour », *RP*, vol. XXIV (juillet à décembre 1887), p. 143-167 et 252-274 ; rééd. *Le Fétichisme dans l'amour*, préf. André Béjin, Paris, Payot et Rivage, 2001.

BINET, Alfred, « Nordau (Max). – Vus du dehors. Essai de critique scientifique et philosophique sur quelques auteurs contemporains », *L'Année psychologique*, vol. 10, (1903), p. 549.

BINET, Alfred, « Recherches sur les altérations de la conscience chez les hystériques », *RP*, 27 (février 1889), p. 135-170.

BINET, Alfred, *Études de psychologie expérimentale. Le Fétichisme dans l'amour. – La Vie psychique des micro-organismes. – L'Intensité des images mentales. – Le Problème hypnotique. – Notes sur l'écriture hystérique*, Paris, O. Doin, 1888.

BINET, Madeleine, *Journal*, publié sous la direction de Bernard Andrieu, Jacqueline Morlot et Alexandre Klein, *HS*, n° 2, octobre 2011 ; consulté le 07.03.2012 sur http://rechercheseducations.revues.org/index873.html.

BOUCHEREAU, G., « Satyriasis », in *DESM*, série 3, tome 7 (1879), p. 65-70.

BRIERRE DE BOISMONT, Alexandre, « De l'influence de la civilisation sur le développement de la folie », *AHPML*, série 1, n° 21 (1839), p. 241-295.

BRIERRE DE BOISMONT, Alexandre, « Remarques médico-légales sur la perversion de l'instinct génésique », *GMP*, série 3, n° 4 (1849), p. 555-564.

CABANÈS, Augustin, *Le Cabinet secret de l'histoire*, 4 vol., nouv. éd. revue et très augmentée, Paris, A. Michel, 1905, t. 3.

CABANÈS, Augustin, *Les Grands Névrosés de l'histoire. Malades immortels* [1923], Paris, Les Éditions de l'Opportun, 2011.

CHARCOT, Jean-Martin, et MAGNAN, Valentin, « De l'onomatomanie », *AN*, t. 10 (1885), p. 157-168.

CHARCOT, Jean-Martin, et MAGNAN, Valentin, « Inversion du sens génital », *AN*, t. III, n° 7 (1882), p. 53-60, et « Inversion du sens génital et autres perversions sexuelles (suite) », *ibid.*, t. IV, n° 12 (1882), p. 296-322 ; rééd. *Inversion du sens génital et autres perversions sexuelles*, présentation de Gérard Bonnet, Paris, Frénésie, « Insania », 1987.

CHARPENTIER, Paulin-Joseph-Louis, *Restif de La Bretonne. Son Fétichisme*, Bordeaux, A. Destout, 1912.

CHEVALIER, Julien, *De l'inversion de l'instinct sexuel d'un point de vue médico-légal*, thèse présentée à la Faculté de médecine et de pharmacie de Lyon, Lyon, Imprimerie nouvelle, 1885.

CHEVALIER, Julien, *Une maladie de la personnalité : l'inversion sexuelle. Psycho-physiologie. Sociologie. Tératologie. Aliénation mentale. Psychologie morbide. Anthropologie. Médecine judiciaire*, Lyon, Stock/Paris, G. Masson, 1893.

CLÉRAMBAULT, Gaëtan Gatian de, *Œuvre psychiatrique. Réuni et publié sous les auspices du comité des élèves et des amis de Clérambault par Jean Frétet*, 2 vol., préf. Paul Guiraud, Paris, P.U.F., 1942 ; rééd. Paris, Frénésie, « Collection Insania. Les Introuvables de la psychiatrie », 1987.

CROCQ, Marc-Antoine, Julien Daniel GUELFI, and American Psychiatric

Association, *DSM-5 : Manuel Diagnostique Et Statistique Des Troubles Mentaux*, 5e édition, Paris, Elsevier Masson, 2015.

CULLERRE, Alexandre, *Les Frontières de la folie*, Paris, J. B. Baillière et fils, 1888.

DANVILLE, Gaston [Armand Abraham Blocq], « L'amour est-il un état pathologique ? », *RP*, n° 35 (1893).

DANVILLE, Gaston [Armand Abraham Blocq], *La Psychologie de l'amour*, Paris, Félix Alcan, 1894.

DUBUISSON, Paul, *Les Voleuses des grands magasins*, Paris, A. Storck, 1902.

ELLIS, Havelock, *Études de psychologie sexuelle, III. L'Impulsion sexuelle*, édition française revue et augmentée par l'auteur, traduite par A. van Geenep, Paris, Mercure de France, 1911.

ELLIS, Havelock, *Études de psychologie sexuelle, V. Le Symbolisme érotique. Le Mécanisme de la Détumescence* [1923], édition française revue et augmentée par l'auteur, traduite par A. van Geenep, 4e édition, Paris, Mercure de France, 1925.

ELLIS, Havelock, *From Rousseau to Proust*, Boston and New York, Houghton Mifflin Company, 1935.

ESQUIROL, Etienne, *Des maladies mentales : considérées sous les rapports médical, hygiénique et médico-légal*, Paris, J. B. Baillière / Londres, H. Baillière, 1838, 2 vol ; rééd. Paris, frénésie éditions, « Collection Insania. Les Introuvables de la psychiatrie », 1989.

FAUCONNEY, Jean [Docteur Caufeynon], *Perversion sexuelle. Fétichisme. – Exhibitionnisme. Masochisme. – Sadisme. – Nécrophilie. Vampirisme. – Bestialité*, Paris, Nouvelle Librairie médicale, [1902 ?].

FAUCONNEY, Jean, *La Folie érotique. Nymphomanie, satyriasis, abus vénériens*, Paris, Nouvelle librairie médicale, « Bibliothèque populaire des connaissances médicales », n. d.

FÉRÉ, Charles, « Contribution à l'étude de la descendance des invertis », *Publications du progrès médical*, Évreux, C. Hérissey, 1898.

FÉRÉ, Charles, *Pathologie des émotions. Études physiologiques et cliniques*, Paris, Félix Alcan, 1892.

FERRAND, Jacques, *De la maladie d'amour, ou Mélancolie érotique*, éd. par Donald Beecher et Massimo Ciavolella, Paris, Classiques Garnier, « Textes de la Renaissance », 2010.

GARNIER, Paul, « Le Sadi-Fétichisme », *AHPML*, série 3, n° 43 (1900), p. 97-121 et 210-247.

GARNIER, Paul, « Pervertis et invertis sexuels. Les Fétichistes. Observations médico-légales », *AHPML*, série 3, n° 33 (1895), p. 349-369 et 385-408.

GARNIER, Paul, « Un cas de perversion du sens génésique. Obsession appétitive et amoureuse du toucher de la soie avec phénomènes d'orgasme génital à ce contact. Observations médico-légale », *AHPML*, série 3, n° 29 (1893), p. 457-465.

GARNIER, Paul, *Épuisement génital nerveux. Causes et remèdes.* Avec 152 observations inédites et une planche, Paris, Garnier frères, 1899.

GARNIER, Paul, *La Folie à Paris. Étude statistique, clinique et médico-légale*, préface de J.-C. Barbier, Paris, J. B. Baillière et fils, 1890.

GARNIER, Paul, *Les Fétichistes, pervertis et invertis sexuels. Observations médico-légales*, Paris, J.-B. Baillière et fils, 1896.

GLEY, Eugène, « Les Aberrations de l'instinct génésique d'après des travaux récents », *RP*, VII (janvier-juin 1884), p. 88-89.

GRASSET, Joseph, *Demi-fous et Demi-responsables*, Paris, Félix Alcan, 1907.

HAMMOND, William Alexander, *L'Impuissance sexuelle chez l'homme et la femme*, Paris, Lecrosnier et Babé, 1890.

KRAFFT-EBING, Richard von, *Psychopathia sexualis. Avec recherches spéciales sur l'inversion sexuelle* [1886], traduit sur la huitième édition allemande par Émile Laurent et Sigismond Csapo, Paris, Georges Carré, 1895.

KRAFFT-EBING, Richard von, *Psychopathia sexualis. Étude médico-légale à l'usage des médecins et des juristes. 16e et 17e éditions allemandes refondues par le Dr Albert Moll*, traduction française par René Lobstein, préface du Dr Pierre Janet, Paris, Payot, 1950.

LACASSAGNE, Zacharie, *La Folie de Maupassant*, Toulouse, Gimet-Pisseau, 1907.

LADAME, Paul-Louis, *Inversion sexuelle chez un dégénéré traitée avantageusement par la suggestion hypnotique*, extrait des comptes rendus du congrès de médecine mentale tenu à Paris du 8 au 10 août 1889, Melun, Imprimerie administrative, 1891.

LANGLOIS, Alexandre, *Une observation de fétichisme des étoffes chez la femme. Thèse de médecine, présentée le 5 juin 1912*, Montpellier, imprimerie coopérative ouvrière, 1912.

LASÈGUE, Charles, « Les Exhibitionnistes », *Études médicales du Professeur Charles Lasègue*, t. I, Asselin et Cie, Paris, 1884, p. 691-700.

LASÈGUE, Charles, « Vol à l'étalage », *L'Union médicale : journal des intérêts scientifiques et pratiques moraux et professionnels du corps médical*, troisième série, n° 28 (1879), p. 989-995.

LAURENT, Émile, « Observations sur quelques anomalies de la verge chez les dégénérés criminels », *AA*, t. 7 (1892), p. 24-34.

LAURENT, Émile, *Fétichistes et Érotomanes*, Paris, Vigot frères, « Les Perversions sexuelles. Physiologie-pathologie-thérapeutique », 1905.

LAURENT, Émile, *L'Amour morbide. Étude de psychologie pathologique*, Paris, Société d'éditions scientifiques, 1891.

LAURENT, Émile, *La Poésie décadente devant la science*, Paris, Alexandre Maloine, 1897.

LEGRAIN, Paul Maurice, *Des anomalies de l'instinct sexuel*, Paris, Georges Carré, 1896.

LEGRAND DU SAULLE, Henri, *La Folie du doute (avec délire du toucher)*, Paris, Adrien Delahaye, 1875.

LOMBROSO, Cesare, *L'Homme de génie*, traduit sur la 6e édition italienne par Fr. Colonna d'Istria et précédé d'une préface de M. Ch. Richet, Paris, F. Alcan, 1889.

LOUIS, « Pathologie littéraire. Un romancier fétichiste : Restif de La Bretonne », *Chronique médicale. Revue bimensuelle de médecine historique, littéraire et anecdotique*, n° 11, (1er juin 1904).

LUNIER, Ludger, « Examen médico-légal d'un cas de monomanie instinctive », *AMP*, n° 1 (1849), p. 351-379.

MAGNAN, Valentin « Des anomalies, des aberrations et des perversions sexuelles », *AMP*, n° 01 (1885), p. 448-474.

MAGNAN, Valentin et LEGRAIN, Paul Maurice, *Les Dégénérés (état mental et syndrome épisodique)*, Paris, Rueff et éditeurs, 1895, p. 65.

MAGNAN, Valentin, *« "Des exhibitionnistes" »*, *AA*, t. V, n° 28 (1890), p. 456-471.

MAGNAN, Valentin, « Des exhibitionnistes », *AHPML*, série 3, n° 24 (1890), p. 152-168.

MAGNAN, Valentin, *Des anomalies, des aberrations et des perversions sexuelles*, communication faite à l'Académie de médecine dans la séance du 13 janvier 1885, Paris, Aux bureaux du progrès médical / A. Delahaye et E. Lecrosnier, 1885.

MAGNAN, Valentin, *Leçons cliniques sur les maladies mentales faites à l'asile clinique (Sainte-Anne)*, recueillies et publiées par le Dr Marcel Briand, le Dr Legrain, les Drs Jouriac et Sérieux. Deuxième édition, Paris, Bureaux du progrès médical / Louis Bataille, 1893.

MAGNAN, Valentin, *Recherches sur les centres nerveux. Alcoolisme, folie des héréditaires dégénérés. Paralysie générale, médecine légale*, deuxième série. Avec 6 planches hors texte, un graphique en chromolithographie et 27 figures dans le texte, Paris, G. Masson, 1893.

MANTEGAZZA, Paolo, *Physiologie de l'amour*, traduit sur la 4e édition italienne, Paris, F. Fetscherin et Chuit, 1886.

MARC, Charles Chrétien Henri, *De la folie : considérée dans ses rapports avec les questions médico-judiciaires*, 2 vol., Paris, J. B. Baillière, 1840.

MAYNIAL, Édouard, *La Vie et l'œuvre de Guy de Maupassant*, 4e édition, Paris, Société du Mercure de France, 1907.

MOLL, Albert, *Les Perversions de l'instinct génital. Étude sur l'inversion sexuelle basée sur des documents officiels*, préface de R.-V. Krafft-Ebing, trad. de l'allemand par le Dr. Pactet et le Dr. Romme, 4e édition, Paris, George Carré, 1893.

MOLL, Albert, *Die Conträre Sexualempfindung. Mit benutzung amtlichen Materials*, mit einem Vorwort von R. von Krafft-Ebing, Berlin, Fischer, 1891.

MOREAU (de Tours), Jacques Joseph, *La Psychologie morbide dans ses rapports avec la philosophie de l'histoire, ou de l'Influence des névropathies sur le dynamisme intellectuel*, Paris, V. Masson, 1859.

MOREAU (de Tours), Jacques-Joseph, *Un chapitre oublié de la pathologie mentale*, Paris, Victor Masson, 1850.

MOREAU (de Tours), Paul, *Les Aberrations du sens génésique* [1880], Paris, Ed. Asselin et Houzeau, 1887.

MOREL, Benedict Augustin, *Traité des dégénérescences physiques, intellectuelles et morales de l'espèce humaine et des causes qui produisent ces variétés maladives; accompagné d'un atlas de XII planches*, Paris, J. B. Baillière / Londres, H. Baillière / New York, H. Baillière, 1857, 1 vol. et un atlas.

NÄCKE, Paul, « Un cas de fétichisme de souliers. Avec remarques sur les perversions du sens génital », *Bulletin de la société de médecine mentale de Belgique*, n° 72 (mars 1894), p. 308-332.

NORDAU, Max Simon, *Dégénérescence*, trad. de l'allemand par Auguste Dietrich, Paris, Félix Alcan, « Bibliothèque de philosophie contemporaine », 1894, 2 vol.; rééd. partielle Paris, M. Milo, « Condition humaine », 2006.

RIBOT, Théodule, *La Psychologie des sentiments*, Paris, Félix Alcan, 1896.

ROUX, Joanny, *Psychologie de l'instinct sexuel. Avec figures dans le texte*, Paris, J. B. Baillière et fils, 1899.

SOURY, Jules, « Un cas de fétichisme de souliers avec remarques sur les perversions du sens génital. Par le Dr P. Näcke », *AMP*, n° 02 (1895), p. 143-145.

SOURY, Jules, *Portraits du XVIIIe siècle*, Paris, G. Charpentier, 1879.

STEKEL, Wilhelm, *Der Fetischismus; dargestellt für Arzte und Kriminalogen*, Berlin, Urban & Schwarzenberg, 1923.

TANZI, Eugenio, « I neologismi degli alienati in rapporto col delirio cronico », *Rivista sperimentale di freniatria e di medicina legale in relazione con l'antropologia e le scienze giuridiche e sociali*, diretta dai professori Augusto Tamburini, Camillo Golgi, Arrigo Tamassia, Enrico Morselli, vol. XV, 4, Reggio-Emilia, 1889, p. 352-393.

TARDE, Gabriel, « L'Amour morbide », *AA*, t. 5 (1890), p. 585-595.

TARDIEU, Auguste Ambroise, *Étude médico-légale sur les attentats aux mœurs*, 3e édition accompagnée de trois planches gravées, Paris, J. B. Baillière et fils / Londres, Baillière / New York, Baillière, 1859.

THOINOT, Léon-Henri, *Attentats aux mœurs et perversion du sens génital. Leçons professées à la Faculté de médecine*, recueillies par le Dr E. Dupré, revues et publiées par l'auteur, Paris, Octave Doin, 1898, p. 434-436.

TRÉLAT, Ulysse, *La Folie lucide, étudiée et considérée au point de vue de la famille et de la société*, Paris, Adrien Delahaye, 1861.

VALLON, Charles, « Fétichiste honteux. Rapport médico-légal », *AHPML*, série 3, n° 34 (1895), p. 547-554.

VALLON, Charles, « Un cas de fétichisme », *Gazette hebdomadaire de médecine et de chirurgie. Le mercredi médical*, série 2, t. 32 (1895), p. 296-297.

VOISIN, Auguste, SOCQUET, J. et MOTET, A., « État mental de P... poursuivi pour avoir coupé les nattes de plusieurs jeunes filles », *AHPML*, série 3, n° 23 (1890), p. 331-340.

PÉRIODIQUES, DICTIONNAIRES ET ENCYCLOPÉDIES

Annales d'hygiène publique et de médecine légale, Paris, Gabon, puis Crochard, puis J.-B. Baillière, 1829-1922.

Annales médico-psychologiques. Journal de l'anatomie, de la physiologie et de la pathologie du système nerveux, destiné particulièrement à recueillir tous les documents relatifs à la science des rapports du physique et du moral, à la pathologie mentale, à la médecine légale des aliénés et à la clinique des névroses, Paris, Fortin, Masson et Cie, 1843 et suiv.

Archives d'anthropologie criminelle et des sciences pénales. Médecine légale, judiciaire. – Statistique criminelle, – Législation et Droit, directeurs de rédaction A. Lacassagne, R. Garraud, H. Coutagne ; puis A. Lacassage et G. Tarde ; puis A. Lacassagne et P. Dubuisson ; puis A. Lacassagne, Paris, G. Masson / Larose / Forcel ; puis Lyon, Rey, 1886-1914, 29 vol. [Le sous-titre varie].

Archives de neurologie. Revue Trimestrielle des Maladies Nerveuses et Mentales, publiée sous la direction J.-M. Charcot, Paris, Bureaux du Progrès Médical, 1880-1907.

Archives générales de médecine, Paris, Béchet jeune / Migneret, puis Labé/ Panckoucke, puis P. Asselin/Houzeau, 1823-1898.

Dictionnaire des sciences médicales, par une société de médecins et chirurgiens, Paris, C.L.F. Panckoucke/Crapart/Le Normant, puis C.L.F. Panckoucke, 1812-1822, 63 vols.

Dictionnaire encyclopédique des sciences médicales, sous la direction d'Amédée Dechambre, Paris, Masson/Asselin, 1864-1889, 100 vol.

Gazette hebdomadaire de médecine et de chirurgie. Bulletin de l'enseignement médical puis Gazette hebdomadaire de médecine et de chirurgie), Paris, Victor Masson, 1853-1902, 49 vol.

Gazette médicale de Paris. Journal de médecine et des sciences accessoires, Paris, 1830 et suiv.

Gil Blas, Paris, [s.n.], 1879-1940.

La Tribune de Genève, Genève, 1879-.

L'Écho républicain : de Chartres, Chartres, Echo républicain de la Beauce et du Perche, 1985-.

Le Dictionnaire de l'Académie françoise, dédié au Roy, Paris, Vve J-B. Coignard / J.-B. Coignard, 1694, 2 vol.

Le Figaro, Paris, [s.n.], 1854-.

Le Gaulois : littéraire et politique, [s.n.] (Paris), 1868-1929.

L'Encéphale. Journal des maladies mentales et nerveuses, Paris, G. Masson, 1881-1889.
Le Parisien, Saint-Ouen (25 av. Michelet, 93408 Cedex), Ed. Philippe-Amaury, 1986-.
Le Petit Parisien : journal quotidien du soir, Paris, 1876-1944.
Libération, Paris, 1973-.
LITTRÉ, Émile, *Dictionnaire de la langue françoise*, Paris, Hachette, 1873-1877, 4 vol.
Revue philosophique de la France et de l'étranger, Paris, G. Baillière et Cie ; puis F. Alcan ; puis Presses universitaires de France (Paris), 1876 et suiv.
Trésor de la langue française : Dictionnaire de la langue du XIXe et du XXe Siècle (1789-1960), Paris, Gallimard, 1990 ; version électronique http://www.cnrtl.fr/definition/.

PSYCHANALYSE, PHILOSOPHIE, ANTHROPOLOGIE, RHÉTORIQUE

ARNAUD, Antoine et NICOLE, Pierre, *La Logique ou l'Art de penser : contenant, outre les règles communes, plusieurs observations nouvelles, propres à former le jugement*, introd. de Louis Marin, Paris, Flammarion, 1970.
ARONSSON, Hanna, « Sexual imprinting and fetishism : an evolutionary hypothesis », *in* ADRIAENS, Pieter R. et DE BLOCK, Andreas (éd.), *Maladapting Minds : Philosophy, Psychiatry, and Evolutionary Theory. International Perspectives in Philosophy and Psychiatry*, préf. Geoffrey Miller, Oxford, Oxford University Press, 2011, p. 65-90
AULAGNIER-SPAIRANI, Piera [*et al.*], *Le Désir et la Perversion*, Paris, Seuil, 1967.
BAYLE, Pierre, *Œuvres diverses de Mr Pierre Bayle, contenant tout ce que cet auteur a publié sur des matières de théologie, de philosophie, de critique, d'histoire, de littérature ; excepté son dictionnaire historique et critique. Nouvelle édition considérablement augmentée, où l'on trouvera plusieurs ouvrages du même auteur, qui n'ont point encore été imprimez*, La Haye, par la compagnie des Libraires, 1737, t. III.
BOSMAN, Guillaume, *Voyage en Guinée contenant une description nouvelle et très-exacte de cette côte où l'on trouve et où l'on trafique l'or, les dents d'éléphant, et les esclaves* [1704], Utrecht, A. Schouten, 1705.
BOUCHET-KERVELLA, Denise [*et al.*], *Le Fétichisme : études psychanalytiques*, Paris, P.U.F, « Monographies et débats de psychanalyse », 2012.
[BROSSES, président Charles de], *Du culte des dieux fétiches ou Parallèle de l'ancienne Religion de l'Égypte avec la religion actuelle de Nigritie*, [Genève], [s. n.], 1760.
BROSSES, président Charles de, *Histoire des navigations aux terres australes, contenant ce que l'on sçait des mœurs et des productions des contrées découvertes jusqu'à ce jour ; et où il est traité de l'utilité d'y faire de plus amples découvertes, et des moyens d'y former un établissement*, Paris, Durand, 1756, 2 vol.

COMTE, Auguste, *Physique sociale. Cours de philosophie positive, leçons 46 à 60*, présentation et notes par Jean-Paul Enthoven, Paris, Hermann, 1975.

CONDILLAC, Etienne Bonnot, *L'Art de penser, in Œuvres de Condillac, revues, corrigées par l'auteur, imprimées sur ses manuscrits autographes, et augmentées de la langue des calculs, ouvrage posthume. Cours d'études pour l'instruction du prince de Parme*, Paris, Ch. Houel, an VI (1798).

DERRIDA, Jacques, *Glas*, Paris, Éditions Galilée, « Collection Diagraphe », 1974.

DESCARTES, René, *Œuvres et Lettres*, textes présentés par André Bridoux, Paris, Gallimard, « Bibliothèque de la Pléiade », 1952.

DU MARSAIS, César Chesneau, *Les Tropes de Dumarsais, avec un commentaire raisonné, destiné à rendre plus utile que jamais pour l'étude de la grammaire, de la littérature, et de la philosophie, cet excellent ouvrage classique, encore unique dans son genre ; par M. Fontanier*, Paris, Belin-le-Prieur, 1818.

EPSTEIN, Arthur W. M. D., « Relationship of Fetishism and Transvestism to Brain and Particularly to Temporal Lobe Dysfunction », *Journal of Nervous & Mental Disease*, Volume 133, Issue 3 (September 1961), p. 247-253.

FONTANIER, Pierre, *Les Figures du discours*, introduction par Gérard Genette, Paris, Flammarion, « Champs classiques », 1977.

FREUD, Sigmund, « De la genèse du fétichisme », *Revue internationale d'histoire de la psychanalyse*, 1989, p. 421-439 ; republié dans Bouchet-Kervella, Denise [*et al.*], *Le fétichisme : études psychanalytiques*, Paris, P.U.F, « Monographies et débats de psychanalyse », 2012, p. 15-31

FREUD, Sigmund, « Le Fétichisme » [1927], in *La Vie sexuelle* [1907-1931], trad. de l'allemand par Denise Berger, Jean Laplanche et collaborateurs, introduction de Jean Laplanche, Paris, P.U.F., « Bibliothèque de psychanalyse », 1977.

FREUD, Sigmund, et ABRAHAM, Karl, *Correspondance complète, 1907-1925*, trad. de l'allemand, présenté et annoté par Fernand Cambon, Paris, Gallimard, « Connaissance de l'inconscient », 2006.

FREUD, Sigmund, *Trois essais sur la théorie sexuelle* [1905], trad. de l'allemand par Philippe Koeppel, préface de Michel Gribinski, Paris, Gallimard, « Folio essais », 1987.

GOURMONT, Rémy de, *La Culture des idées*, préf. de Charles Dantzig, Paris, R. Laffont, « Bouquins », 2008.

HEGEL, Georg Wilhelm Friedrich, *La Raison dans l'histoire*, éd. Kostas Papaioannou, Paris, Bibliothèques 10-18, 2003.

KANT, Emmanuel, *La Religion dans les limites de la simple raison* [1794], introduit et traduit par M. Naar, Paris, J. Vrin, 2004.

KOFMAN, Sarah, *Lectures de Derrida*, Paris, Ed. Galilée, 1984.

LABAT, Jean-Baptiste, *Voyage du chevalier des Marchais en Guinée, isles voisines, et Cayenne, fait en 1725, 1726 & 1727. Contenant une description très exacte &*

très étendue de ces païs & du commerce qui s'y fait. Enrichi d'un grand nombre de cartes & de figures en tailles douces [1730], 4 vol., Amsterdam, 1731.

LAFITAU, Joseph François, *Mœurs des sauvages ameriquains, comparées aux mœurs des premiers temps. Ouvrage enrichi de Figures en taille-douce*, Paris, Saugrain / Charles Estienne Hochereau, 1724, 2 vol.

LOYER, Godefroy, *Relation du royaume d'Issyny, Côte-d'Or, Païs de Guinée, en Afrique. La description du païs, les inclinations, les mœurs, et la Religion des habitans : avec ce qui s'y est passé de plus remarquable dans l'établissement que les François y ont fit. Le tout exactement recueilli sur les lieux. Enrichie de figures en taille-douce*, Paris, Chez A. Seneuze et J.-R. Morel, 1714.

MACÉ, Gustave, *La Police parisienne. Un Joli Monde*, Paris, G. Charpentier et Cie, 1887.

MARX, Karl, *Le Capital*, trad. de M. J. Roy, chronologie et avertissement Louis Althusser, Paris, Flammarion, « Champs Classiques », 1985.

MAURY, Max, *La Magie et l'Astrologie dans l'Antiquité et au Moyen Age, ou Étude sur les superstitions païennes qui se sont perpétuées jusqu'à nos jours*, Paris, Didier et Cie, 1860.

MÜLLER, Friedrich Max, *Origine et Développement de la religion étudiés à la lumière des religions de l'Inde. Leçons faites à Westminster Abbey*, traduites de l'anglais par J. Darmesteter, Paris, C. Reinwald et Cie, 1879.

MÜLLER, Friedrich Max, *Nouvelles études de Mythologie*, traduites de l'anglais par Léon Job, Paris, Félix Alcan, 1898.

Objets du fétichisme, Paris, Gallimard, « Nouvelle revue de psychanalyse », N° 2, 1970.

RAMACHANDRAN, V.S et Sandra BLAKESLEE, *Le Fantôme intérieur*, trad. de l'anglais par Michèle Garène ; préf. de Oliver Sacks, Paris, O. Jacob, 2002.

SCHELLING, Friedrich-Wilhelm, *Philosophie de la mythologie* [1842], trad. par Alain Pernet, préf. de Marc Richir, postf. de François Chenet, Grenoble, J. Millon, « Krisis », 1994.

TAINE, Hippolyte, *De l'intelligence*, sixième édition, Paris, Librairie Hachette et Cie, 1892, 2 vol.

VOSSIUS, Gerardus Joannes, *De theologia gentili et physiologia christiana : sive de origine ac progressu idololatriae, ad veterum gesta, ac rerum naturam, reductae ; deque naturae mirandis, quibus homo adducitur ad Deum*, Lib. I, cap. V., Amsterdami, apud Ioh et Cornelium Blaeu, 1641.

LITTÉRATURE

ALÉRA, Don Brennus, *L'Amant des chaussures*, Sceaux (Seine), Select Bibliothèque, 1910.

ALÉRA, Don Brennus, *L'Amoureux des chevelures. Tome 1. Cheveux coupés ; Tome 2. Cheveux nattés ; Tome 3. Dominatrices capturées*, Sceaux (Seine), Select-Bibliothèque, 1936.

ALÉRA, Don Brennus, *La Lionne en fourrure. D'après Sacher-Masoch*, Sceaux (Seine), Select Bibliothèque, 1912.

BATAILLE, Henry, « Jean Lorrain », in *La Renaissance latine*, n° 2 (15 juin 1902) ; consulté sur http://livrenblog.blogspot.ch/2011/04/robert-de-montesquiou-et-jean-lorrain.html le 05.02.2014.

BAUDELAIRE, Charles, *Œuvres complètes*, éd. Claude Pichois, Paris, Gallimard, « Bibliothèque de la Pléiade », 1976, 2 vol.

BELOT, Adolphe, *La Bouche de Madame X**** [1882], 55e édition, Paris, E. Dentu, 1885.

BELOT, Adolphe, *Les Baigneuses de Trouville, suite des Mystères mondains*, Paris, E. Dentu, 1878.

BRANTÔME, *Les Dames galantes*, texte établi et annoté par Pascal Pia, préface de Paul Morand, Gallimard, « Folio classique », 1981.

CHRÉTIEN DE TROYES, *Le Chevalier de la Charrette (Lancelot)*, éd. d'A. Foulet et K. D. Uitti, Paris, Bordas, « Classiques Garnier », 1989.

CROS, Charles, « La Science de l'amour » [1874], *Le Collier de griffes*, présentation par Louis Forestier, Paris, Gf Flammarion, 1979.

DAIRES, John, *Les Vacances au château*, Créteil, éditions C.E.F., 1970.

DANVILLE, Gaston [Armand Abraham Blocq], *Les Infinis de la chair*, Paris, Alphonse Lemerre, 1892.

DORAT, Claude-Joseph, *Les Baisers, précédés du mois de mai*, La Haye, [s.n.], 1770.

DROZ, Gustave, *Une femme gênante*, 19e édition, Paris, Victor Havard, 1877.

DUBARRY, Armand, *Les Déséquilibrés de l'amour*, Paris, Chamuel, 1898-1902, 11 vol.

FAUCONNEY, JEAN [Docteur Caufeynon], *Scènes d'amour morbide (observations psycho-physiologiques)*, Paris, P. Fort, 1903.

FLAUBERT, Gustave, et MAUPASSANT, Guy de, *Correspondance (1873-1880)*, éd. Sylvain Kerandoux, Rennes, La Part Commune, 2009.

FLAUBERT, Gustave, *Œuvres complètes III (1851-1862)*, éd. publiée sous la direction de Claudine Gothot-Mersch, Paris, Gallimard, « Bibliothèque de la Pléiade », 2013

GOETHE, Johann Wolfgang von, *Goethe en Suisse et dans les Alpes : voyages de 1775, 1779 et 1797*, « Première partie », éd. de Christine Chiadò Rana, Genève, Georg, 2003.

HUYSMANS, Joris-Karl, *À rebours*, éd. Marc Fumaroli, Paris, Gallimard, « Folio classique », 1996.

La Bible, traduction œcuménique de la Bible, Paris, Alliance biblique universelle – Le Cerf, Société biblique française, 1988.

Les Vacances au château ; Le Fétichisme dans l'amour, Rotterdam-Paris, [s. n.], [1907 ?].

LORRAIN, Jean, *Ames d'automne*, illustrations de Heidbrinck, Paris, Charpentier et Fasquelle, 1898.

LORRAIN, Jean, *Monsieur de Bougrelon*, in *Romans fin-de-siècle. 1890-1900*, éd. de Guy Ducrey, Paris, R. Laffont, « Bouquins », 1999.

LORRAIN, Jean, *Monsieur de Phocas*, éd. Hélène Zinck, Paris, GF Flammarion, 2001.

MALLARMÉ, Stéphane, *Igitur. Divagations. Un coup de dés*, préface d'Yves Bonnefoy, Paris, Gallimard, « nrf Poésies », 1976.

MALLARMÉ, Stéphane, *Poésies*, frontispice de F. Rops, Bruxelles, E. Deman, 1899

MUSSET, Alfred, « Une soirée perdue », in *Poésies complètes*, texte établi et annoté par Maurice Allem, Paris, Gallimard, « Bibliothèque de la Pléiade », 1967.

MAUPASSANT, Guy de, *Contes et nouvelles*, texte établi et annoté par Louis Forestier, Paris, Gallimard, « Bibliothèque de la Pléiade », 1974-1979, 2 vol.

MAUPASSANT, Guy de, *Romans*, éd. établie par Louis Forestier, Paris, Gallimard, « Bibliothèque de la Pléiade », 1987.

MENDÈS, Catulle, *Tous les baisers I, (Le guignon, – l'ours blanc, le fétiche)*, Paris, chez tous les libraires, 1884.

MIRBEAU, Octave, *Le Jardin des supplices* [1899], édition présentée et annotée par Michel Delon, Paris, Gallimard, « Folio classique », 1991.

MIRBEAU, Octave, *Le Journal d'une femme de chambre* [1900], édition présentée et annotée par Noël Arnaud, Paris, Gallimard, « Folio classique », 1984.

MONTÉGUT, Maurice, *Le Fétiche*, Paris, F. Juven, 1898.

NERVAL, Gérard de, « Les Confidences de Nicolas (XVIIIe siècle). Restif de la Bretonne », *Les Illuminés* [1852], in *Œuvres complètes*, 2 vol., Jean Guillaume et Claude Pichois (dir.), Paris, Gallimard, « Bibliothèque de la Pléiade », 1984, t. 2, p. 946-1074.

PROUST, Marcel, *À la Recherche du Temps perdu. La Prisionnière*, éd. Pierre-Edmond Robert, Paris, Gallimard, « Folio classique », 1989.

QUIGNARD, Pascal, *Abîmes. Dernier royaume, III*, Paris, Gallimard, « folio », 2002.

RACHILDE, *La Jongleuse* [1900], présenté par Claude Dauphiné, Paris, des femmes, 1982.

RACHILDE, *Les Hors Nature : mœurs contemporaines*, [1897], in *Romans fin-de-siècle, 1890-1900*, éd. de Guy Ducrey, Paris, R. Laffont, « Bouquins », 1999, p. 617-844.

RACHILDE, *Les Hors Nature*, présentation de Jean de Palacio, Paris, Séguier, « Bibliothèque décadente », 1994.

RÉTIF DE LA BRETONNE, Nicolas-Edme, « Le Joli Pied », in *Les Contemporaines ou Aventures des plus jolies femmes de l'âge présent : les contemporaines mêlées ; édition précédée de la vie de Restif, d'une étude sur Restif écrivain, son œuvre et sa portée, d'une bibliographie raisonnée de ses ouvrages, et de notes*, éd. J. Assezat, Paris, G. Charpentier, 1884.

RÉTIF DE LA BRETONNE, Nicolas-Edme, *Contes de Restif de la Bretonne. Le Pied de Fanchette ou le Soulier couleur de rose*, Paris, A. Quantin, 1881.

RÉTIF DE LA BRETONNE, Nicolas-Edme, *Histoire des compagnes de Maria ou Épisodes de la vie d'une jolie femme*, Paris, Chez Guillaume, 1811, 2 vol.

RÉTIF DE LA BRETONNE, Nicolas-Edme, *L'Anti-Justine ou Les délices de l'amour*, par M. Linguet… Avec LX figures…, Au Palais-roial, chez feue la Veuve Girouard très connue, 1798 ; Paris, La Musardine, 2008.

RÉTIF DE LA BRETONNE, Nicolas-Edme, *Le Paysan perverti ou les Dangers de la ville*, Paris, Esprit, 1776.

RÉTIF DE LA BRETONNE, Nicolas-Edme, *Le Pied de Fanchette*, in *Romanciers libertins du XVIII*^e^ *siècle*, 2 vol., éd. Patrick Wald Lasowski (dir.), Paris, Gallimard, « Bibliothèque de la Pléiade », 2005, t. 2.

RÉTIF DE LA BRETONNE, Nicolas-Edme, *Les Contemporaines ou Aventures des plus jolies femmes de l'âge présent. Choix des plus caractéristiques de ces nouvelles pour l'étude des mœurs à la fin du XVIII*^e^ *siècle. Vie de Restif, Restif écrivain, son œuvre et sa portée, bibliographie raisonnée des ouvrages de Restif, annotations tirées surtout des autres écrits de l'auteur*, par J. Assezat, Paris, A. Lemerre, 1875-1876, 3 vol.

RÉTIF DE LA BRETONNE, Nicolas-Edme, *Monsieur Nicolas, ou le Cœur humain dévoilé (Enfance et jeunesse)*, édition abrégée, avec introduction, notes et index par John Grand-Carteret, Paris, Louis Michaud, « Les mœurs légères au XVIIIe siècle », 1905 ; *Monsieur Nicolas*, 2 vol., éd. de Pierre Testud, Gallimard, « Bibliothèque de la Pléiade », 1989.

RODENBACH, Georges, *Bruges-la-Morte* [1892], éd. Jean-Pierre Bertrand et Daniel Grojnowski Paris, GF Flammarion, 1998.

ROLLINAT, Maurice, *Les Névroses. Les âmes, les luxures, les refuges, les spectres, les ténèbres*, avec un portrait de l'auteur par F. Desmoulin, Paris, G. Charpentier, 1883.

RODENBACH, Georges, *Le Carillonneur*, Paris, Bibliothèque Charpentier, 1897.

RODENBACH, Georges, *Le Rouet des brumes*, Paris, Ernest Flammarion, 1901.

RODENBACH, Georges, *Musée des béguines*, Paris, Bibliothèque Charpentier, 1894.

Romans fin-de-siècle. 1890-1900, éd. de Guy Ducrey, Paris, R. Laffont, « Bouquins », 1999.

SACHER-MASOCH, Leopold Ritter von, *La Pantoufle de Sapho et autres contes*, traduit par D. Dolorès, Paris, Charles Carrington, 1907.

SACHER-MASOCH, Leopold Ritter von, *La Vénus à la fourrure, roman sur la flagellation*, traduit par Ledos de Beaufort, Paris, C. Carrington, 1902.

SECOND, Jean, *Baisers et élégies*, traduites en français, avec le texte en regard, par Tissot ; suivis de ses poèmes érotiques et précédés d'une esquisse sur la poésie érotique ; troisième édition, Bruxelles, Avransart, Lejeune fils et Galaud, 1826.

STENDHAL, *De l'amour* [1822], édition présentée, annotée et établie par V. del Litto, Paris, Gallimard, « Folio classique », 1980.

TOURNIER, Michel, *Le Fétichiste. Un acte pour un homme seul*, Paris, Gallimard, « nrf », 1997.

VALONNES, Bernard, *Le Règne de la cravache et de la bottine*, Sceaux (Seine), Select Bibliothèque, « Que sais-je ? », 1913.

VERLAINE, Paul, *Œuvres poétiques complètes*, éd. Y.-G. Le Dantec complétée par Jacques Borel, Paris, Gallimard, « Bibliothèque de la Pléiade », 1962.

VIGNÉ d'Octon, Paul, *Au pays des fétiches*, Paris, 1891.

ZOLA, Émile, *La Curée*, préf. Jean Borie, éd. Henri Mitterand, Paris, Gallimard, « folio classique », 1981.

ZOLA, Émile, *Les Rougon-Macquart. Histoire naturelle et sociale d'une famille sous le Second Empire*, édition intégrale publiée sous la direction d'Armand Lanoux, études, notes et variantes par Henri Mitterand, Paris, Gallimard, « Bibliothèque de la Pléiade », 1960, 5 vol.

ÉTUDES CRITIQUES

HISTOIRE DE LA MÉDECINE, DE LA PSYCHOLOGIE, DES IDÉES

AGAMBEN, Giorgio, *Stanze. Parole et Fantasme dans la culture occidentale*, traduit de l'italien par Yves Hersant, Paris, Christian Bourgois, « Énonciations », 1981.

ASSOUN, Pierre-Laurent, *Le Fétichisme*, Paris, P.U.F., « Que sais-je ? », 2006.

CANGUILHEM, Georges, *Études d'histoire et de philosophie des sciences*, cinquième édition augmentée, Paris, Librairie philosophique J. Vrin, « Problèmes et controverses », 1983.

CANGUILHEM, Georges, *Le Normal et le Pathologique*, Paris, P.U.F., « Quadrige », 1996.

CARLINO, Andrea, et WENGER, Alexandre (éd.), *Littérature et Médecine : approches et perspectives (XVIe-XIXe siècles)*, Genève, Droz, « Recherches et rencontres », 2007.

CARROY, Jacqueline *[et al.]*, *Les Femmes dans les sciences de l'homme*, XIXe – XXe *siècles*, Paris, Seli Arslan, 2005.

CARROY, Jacqueline, « "Je ne veux pas faire rire" : la sexualité de et selon Zola », in SACQUIN, Michèle (dir.), *Zola et les historiens*, Paris, Bibliothèque Nationale de France, 2004, p. 104-117.

CARROY, Jacqueline, « Les Confessions physiologiques d'Émile Zola », in SACQUIN M. (dir.), *Zola*, Paris, Bibliothèque Nationale de France/Fayard, 2002, p. 144-151.

CARROY, Jacqueline, et RICHARD, Nathalie (dir.), *Alfred Maury, érudit et rêveur. Les sciences de l'homme au milieu du XIXe siècle*, Rennes, Presses Universitaires de Rennes, 2007.

CARROY, Jacqueline, *Nuits savantes. Une histoire des rêves (1850-1945)*, Paris, Éditions de l'École des hautes études en sciences sociales, 2012.

CARROY, Jacqueline, OHAYON, Annick et PLAS, Régine, *Histoire de la psychologie en France, XIXe-XXe siècles*, Paris, La Découverte, « Grands repères manuels », 2006.

CASTOLDI, Alberto, *Clérambault, stoffe et manichini*, Bergamo, Moretti e Vitali, 1994.

CHAPERON, Sylvie, *La Médecine du sexe et les Femmes. Anthologie des perversions féminines au XIXe siècle*, Paris, La Musardine, « L'attrape-corps », 2008.

CHAPERON, Sylvie, *Les Origines de la sexologie (1850-1900)*, Paris, Petite Bibliothèque Payot, 2012.

CHOMETY, Philippe et LAMY, Jérôme, « Littérature et science : archéologie d'un litige (XVIe-XVIIIe siècles) », *Littératures classiques*, n° 85, 2014/3, p. 5-30.

CORBIN, Alain, *L'Harmonie des plaisirs. Les manières de jouir du siècle des Lumières à l'avènement de la sexologie*, Perrin, 2008.

CORBIN, Alain, *Les Filles de noce. Misère sexuelle et prostitution (19e et 20e siècles)*, Paris, Aubier Montaigne, 1978.

DOWBIGGIN, Ian, *La Folie héréditaire : ou comment la psychiatrie française s'est constituée en un corps de savoir et de pouvoir dans la seconde moitié du XIX siècle, préface de Georges Lanteri-Laura*, trad. de l'américain par Guy Le Gaufey, notes établies par Xavier Leconte, Paris, E.P.E.L., 1993.

DUMASY-QUEFFÉLEC, Lise et SPENGLER, Hélène, *Médecine, sciences de la vie et littérature en France et en Europe de la Révolution à nos jours*, Genève, Droz, « Histoire des idées et critique littéraire », 2014, 3 vol.

ELLENBERGER, Henri F., *Histoire de la découverte de l'inconscient*, trad. de l'anglais par J. Feisthauer ; présentation par Élisabeth Roudinesco ; complément bibliographique par Olivier Husson, Paris, Fayard, 1995.

FEDI, Laurent, *Fétichisme, philosophie, littérature*, Paris, L'Harmattan, « La Philosophie en commun », 2002.

FOUCAULT, Michel, *Histoire de la sexualité 1. La volonté de savoir*, Paris, Gallimard, « Tel », 1976.

FOUCAULT, Michel, *Les Anormaux : cours au Collège de France, 1974-1975*, éd. établie sous la dir. de François Ewald et Alessandro Fontana, par Valerio Marchetti et Antonella Salomoni, Paris, Gallimard, le Seuil, 1999.

FUREIX, Emmanuel, « Histoire d'une peur urbaine : des "piqueurs" de femmes sous la Restauration », *Revue d'histoire moderne et contemporaine*, 2013/2, n° 60-3, p. 31-54.

GAUCHET, Marcel, et SWAIN, Gladys, *La Pratique de l'esprit humain. L'Institution asilaire et la révolution démocratique*, préf. inédite de Marcel Gauchet, Paris, Gallimard, 1980 et 2007 pour la préface.

IACONO, Alfonso M., *Le Fétichisme : histoire d'un concept*, Paris, P.U.F., « Philosophies », 1992.

KAFKA, Martin P., "The DSM diagnostic Criteria for Fetishism", *Archives of Sexual Behavior* 39, 2 (April 2010) : 357-362, accessed February 26, 2013, doi : 10.1007/s10508-009-9558-7.

KOHL, Karl-Heinz, *Die Macht der Dinge. Geschichte und Theorie sakraler Objekte*, München, C. H. Beck, 2003.

LANTÉRI-LAURA, Georges, *Lecture des perversions. Histoire de leur appropriation médicale*, Paris, Masson, « La sphère psychique », 1979.

MAZALEIGUE-LABASTE, Julie, *Les Déséquilibres de l'amour. La Genèse du concept de perversion sexuelle, de la Révolution française à Freud*, Montreuil-sous-Bois, Ithaque, « philosophie, anthropologie, psychologie », 2014.

MASUZAWA, Tomoko, « Troubles with Materiality : The Ghost of Fetishism in the Nineteenth Century », *Comparative Studies in Society and History*, vol. 42, N° 2 (April 2000), p. 242-267.

MORON, Pierre, *Clérambault, maître de Lacan*, Le Plessis-Robinson, Syntélabo, « Les Empêcheurs de penser en rond », 1993.

MOUREY, Jean-Pierre, *Philosophies et pratiques du détail. Hegel, Ingres, Sade et quelques autres*, Seyssel, Champ Vallon, « milieux », 1996.

NYE, Robert A., *Crime, Madness [and] Politics in modern France : the medical concept of national decline*, Princeton N.J., Princeton University Press, cop. 1984.

PIERSSENS, Michel, éditorial d'*Epistémocritique. Littérature et savoirs*, (http://www.epistemocritique.org/).

PIETZ, William, *Le Fétiche : généalogie d'un problème*, trad. de l'anglais (États-Unis) par Aude Pivin, Paris, Kargo & L'Éclat, 2005.

POGNANT, Patrick, *Psychopathia sexualis de Krafft-Ebing, 1886-1924. Une œuvre majeure dans l'histoire de la sexualité*, Paris, L'Harmattan, 2011.

RENNEVILLE, Marc, « L'Affaire Joseph Vacher : la fin d'un "brevet d'impunité" pour les criminels ? », *Droit et culture. Revue internationale et interdisciplinaire. Expertise psychiatrique et sexualité (1850-1930)*, n° 60 (2010), p. 129-142.

RIGAUT, Philippe, *Le Fétichisme, perversion ou culture*, Belin, « Nouveaux Mondes », 2004.

RIGOLI, Juan, *Lire le délire. Aliénisme, rhétorique et littérature en France au XIXe siècle*, préf. Jean Starobinski, Paris, Fayard, 2001.

ROSARIO, Vernon A., *L'Irrésistible Ascension du pervers. Entre littérature et psychiatrie*, traduit de l'américain par Guy le Gaufey, Paris, Epel, 2000.

RUBENS, Alain, *Le Maître des insensés. Gaëtan Gatian de Clérambault (1872-1934)*, Le Plessis-Robinson, Institut Synthélabo, « Les Empêcheurs de penser en rond », 1998.

STAROBINSKI, Jean, « FABLE ET MYTHOLOGIE, aux *XVII*ᵉ et *XVIII*ᵉ siècles. Dans la littérature et la réflexion théorique », in BONNEFOY, Yves (dir.), in *Dictionnaire des mythologies et des religions des sociétés traditionnelles et du monde antique*, 2 vol., Paris, Flammarion, 1991, t. 1, p. 390-400.

STAROBINSKI, Jean, *L'Encre de la mélancolie*, postface par Fernando Vidal, Paris, Éditions du Seuil, 2012.

TORTONESE, Paolo (dir.), *Image et pathologie au XIX*ᵉ *siècle*, Paris, L'Harmattan, « Cahiers de littérature française VI », 2008.

CATALOGUE, BIOGRAPHIE, HISTOIRE DE LA MODE

ALEXANDRIAN, Sarane, *Histoire de la littérature érotique*, Paris, Petite Bibliothèque Payot, 2008.

APOLLINAIRE, Guillaume, FLEURET, Fernand, et PERCEAU, Louis, *L'Enfer de la Bibliothèque nationale : bibliographie méthodique et critique de tous les ouvrages composant cette célèbre collection*, Genève, Slatkine, 1970.

BARD, Christine, *Une Histoire politique du pantalon*, Paris, Seuil, 2010.

Biblio Curiosa. La Bibliographie de littérature érotique et de curiosa : http://www.bibliocuriosa.com.

CHENOUNE, Farid, *Les Dessous de la féminité. Un siècle de lingerie*, Paris, Éditions Assouline, 1998.

GRAND-CARTERET, John, *Le Décolleté et le Retroussé. Un siècle de gauloiseries (1800)*, Paris, Édition photographique, 1910.

GRAND-CARTERET, John, *La Femme en culotte : 1899*, préf. de Jean-Louis Vissière, Paris, Côté-femmes, 1993.

HÉRAN, Emmanuelle (dir.), *Le Dernier Portrait*, Paris, Réunion des musées nationaux, 2002.

JOUBERT, Bernard, *Dictionnaire des livres et journaux interdits : par arrêtés ministériels de 1949 à nos jours*, Paris, Electre-Ed. du Cercle de la Librairie, 2007.

MONSELET, Charles, *Restif de La Bretonne. Sa vie et ses amours. Documents inédits ; – ses malheurs, – sa vieillesse et sa vie ; ce qui a été écrit sur lui ; ses descendants ; catalogue complet et détaillé de ses ouvrages suivi de quelques extraits, avec un beau portrait gravé par Nargeot et un fac-similé*, Paris, Auguste Aubry, 1858.

PASTOUREAU, Michel, et SIMONNET, Dominique, *Le Petit Livre des couleurs*, Paris, Points, « Histoire », 2005.

PERCEAU, Louis, *Bibliographie du roman érotique au XIX*ᵉ *siècle : donnant une description complète de tous les romans, nouvelles et autres ouvrages en prose, publiés sous le manteau en français, de 1800 à nos jours, et de toutes leurs réimpressions*, Paris, Georges Fourdinier, 1930 ; rééd. Mansfield Centre, Martino Publishing, 2002.

QUIGNARD, Marie-Françoise et SECKEL, Raymond-Josué (dir.), *L'Enfer de la Bibliothèque. Éros au secret*, Paris, Bibliothèque Nationale de France, 2007.

RIFELJ, Carol, *Coiffures. Hair in 19th Century French Literature and Culture*, Newark, University of Delaware Press, 2010.

Scissors and Paste Bibliographies : http://scissors-and-paste.net/

SILVESTRE, Armand, *La Chemise à travers les âges. Album inédit*, dessins de L. Le Riverend, Paris, Didier et Méricant, 1901.

SILVESTRE, Armand, *Le Demi-nu*, conté par Armand Silvestre, imagé par L. Le Riverend, Paris, A. Méricant, 1901.

SILVESTRE, Armand, *Les Dessous de la femme à travers les âges*, Paris, E. Bernard, 1902.

TURCOT, Laurent « Du pied médicalisé au pied à la mode : Pour une histoire du pied au XVIIIe siècle », dans *Le Corps et ses images dans l'Europe du dix-huitième siècle / The Body and its images in 18th Century Europe*, sous la dir. de Sabine Arnaud et Helge Jorheim, Paris, Honoré Champion, « Collection Lumières Internationales », 2012, p. 313-331.

CRITIQUE LITTÉRAIRE

APTER, Emily S., et PIETZ, William, *Fetishism As Cultural Discourse*, Ithaca, N.Y., Cornell University Press, 1993.

APTER, Emily, « Fétichisme et domesticité. Freud, Mirbeau, Buñuel », *Poétique*, n° 70 (1987), p. 143-165.

APTER, Emily, *Feminizing the Fetish. Psychoanalysis and narrative obsession in Turn-of-the-Century France*, Ithaca and London, Cornell University Press, 1991.

AUERBACH, Erich, *Figura*, traduit et préfacé par M. A. Bernier, Paris, Belin, 1993.

BANCQUART, Marie-Claire, *Maupassant conteur fantastique*, Paris, Archives des Lettres modernes – Minard, 1976.

BARTHES, Roland, *Le Plaisir du texte*, Paris, Éd. du Seuil, « Essais », 1973.

BENJAMIN, Walter, « Paris, capitale du XIXe siècle » [1935], in *Œuvres*, 3 vol., traduit de l'allemand par Maurice de Gandillac, Rainer Rochlitz et Pierre Rusch, Paris, Gallimard, « Folio », 2000, t. 3.

BENJAMIN, Walter, *Baudelaire*, éd. G. Agamben, B. Chitussi, C.-C. Härle et P. Charbonneau, Paris, la Fabrique, 2013.

BLANCHOT, Maurice, *Sade et Restif de La Bretonne*, Bruxelles, Ed. Complexe, « Le regard littéraire », 1986.

BOLLHALDER MAYER, Regina, *Éros décadent : sexe et identité chez Rachilde*, Paris, H. Champion ; Genève, Diff. Slatkine, 2002.

BORIE, Jean, *Mythologies de l'hérédité au XIXe siècle*, Paris, Galilée, 1981.

BOURGET, Paul, *Essai de psychologie contemporaine. Études littéraires* [1899], édition établie et préfacée par André Guyaux, Paris, Gallimard, « Tel », 1993.

CABANÈS, Jean-Louis (dir.), *Paradigmes de l'âme : littérature et aliénisme au* XIX*e siècle*, Paris, Presses Sorbonne Nouvelle, 2012.

CABANÈS, Jean-Louis, *Le Corps et la Maladie dans les récits réalistes (1856-1893)*, Paris, Klincksieck, 1991, 2 vol.

CARAION, Marta, *Pour fixer la trace. Photographie, littérature et voyage au milieu du* XIX*e siècle*, Genève, Droz, 2003.

CASTA-ROSAZ, Fabienne, « Un contre-modèle de la sexualité conjugale : le flirt », DIAZ, José-Luis (dir.), *Le Magasin du* XIX*e siècle. Sexorama*, n° 4, Paris, Champvallon, 2014, p. 46-54.

DÄLLENBACH, Lucien, *Le Récit spéculaire. Essai sur la mise en abyme*, Paris, Seuil, 1977.

DELEUZE, Gilles, *Présentation de Sacher-Masoch. Le froid et le cruel*, Paris, Les Éditions de Minuit, 2007.

DONALDSON-EVANS, Mary, *A Woman's Revenge : the Chronology of Dispossession in Maupassant's Fiction*, Lexington, Ky., French Forum, 1986.

DOY, Gen, *Drapery. Classicism and Barbarism in Visual Culture*, London / New York, I. B. Tauris, 2002.

DUMOULIÉ, Camille, *Cet Obscur Objet du désir : essai sur les amours fantastiques*, Paris, L'Harmattan, « Psychanalyse et civilisations », 1995.

GORCEIX, Paul, *Réalités flamandes et symbolisme fantastique.* Bruges-la-Morte *et* Le Carillonneur *de Georges Rodenbach*, Paris, Lettres modernes, 1992.

HILLMAN, David, et MAZZIO, Carla, *The Body in Parts : Fantasies of Corporeality in Early Modern Europe*, New York, Routledge, 1997.

JANKÉLÉVITCH, Vladimir, « La Décadence », *Revue de Métaphysique et de Morale*, n° 4 (1950), p. 337-369 ; rééd. dans THOREL-CAILLETEAU, Sylvie (dir.), *Dieu, la chair et les livres : une approche de la décadence*, Paris, H. Champion / Genève, diff. Slatkine, « Romantisme et modernités », 2000.

LABARTHE, Patrick, *Baudelaire et la tradition de l'allégorie*, Genève, Droz, 1999.

LEJEUNE, Philippe, « Autobiographie et homosexualité », *Romantisme. Revue du dix-neuvième siècle*, n° 56 (1987), p. 79-94.

LEJEUNE, Philippe, « Maupassant et le fétichisme », in LECARME, Jean, VERCIER, Bruno, BAROCHE, Christiane [*et al.*], *Maupassant, miroir de la nouvelle*, Saint-Denis, Presses universitaires de Vincennes, « L'imaginaire du texte », 1988, p. 91-109.

MACÉ, Gérard, *Vies antérieures*, Paris, Gallimard, « Le Chemin », 1991.

MARQUER, Bertrand, *Les Romans de la Salpêtrière*, Genève, Droz, 2008.

MARQUER, Bertrand, *Naissance de la clinique fantastique. La crise de l'analyse dans la littérature fin-de-siècle*, Paris, Hermann, « Savoir lettres », 2014.

MEYER, Michel, *Principia rhetorica : Une théorie générale de l'argumentation*, Fayard, « Ouvertures », 2008.

MOGER, Angela S., « Narrative structure in Maupassant : Frames of Desire », *PMLA*, Vol. 100, No. 3 (May, 1985), p. 315-327.

MONSELET, Charles, « Restif de La Bretonne », *Le Constitutionnel*, 17, 18 et 19 août 1849.

ROSSET, Clément, *L'Anti-Nature. Éléments pour une philosophie tragique*, Paris, P.U.F., 1973, p. 90.

SABATIER, Antoine, « Le docteur Émile Laurent devant les poètes », *Le Passe-Temps médical. Journal des curiosités médicales, anecdotiques, historiques, littéraires et scientifiques*, n° 3 (12 août 1898), p. 27 à 30.

SCHOR, Naomi, "Female Fetishism : The Case of George Sand", *Poetics Today*, vol. 6, n° 1/2, "The Female Body in Western Culture : Semiotic Perspectives" (1985), p. 301-310.

SCHOR, Naomi, *Bad objects. Essays on popular and unpopular*, Durham and London, Duke University Press, 1995.

SCHOR, Naomi, *Lectures du détail*, trad. de Luce Camus, Paris, Nathan, 1994, p. 157-170.

SPOERRI, Theophil, et TRUDE, Douglas, « Mérimée and the short story », trad. Trude Douglas, *Yale French Studies*, « Literature and Ideas », N° 4 (1949), p. 3-11.

STAROBINSKI, Jean, *Le Remède dans le mal. Critique et légitimation de l'artifice à l'âge des Lumières*, Paris, Gallimard, 1989.

THOMPSON, Hannah, *Naturalism redressed. Identity and clothing in the novels of Emile Zola*, Oxford, Legenda, 2004.

THOREL-CAILLETEAU, Sylvie (dir.), *Dieu, la chair et les livres : une approche de la décadence*, Paris, H. Champion / Genève, diff. Slatkine, « Romantisme et modernités », 2000.

TODOROV, Tzvetan, *Théories du symbole*, Paris, Seuil, « Points », 1977.

TSUJIKAWA, Keiko, *Nerval et les limbes de l'histoire. Lecture des* Illuminés, préf. de Jean-Louis Illouz, Genève, Droz, 2008.

VIAL, André-Marc, « Maupassant et Restif de La Bretonne », *Revue d'Histoire littéraire de la France*, 79e année, n° 5 (sept-oct. 1979), p. 772-799.

VIAL, André-Marc, *Guy de Maupassant et l'art du roman*, Paris, Librairie Nizet, 1971.

INDEX DES NOMS PROPRES

TABLE DES MATIÈRES

DEUXIÈME PARTIE

POÉTISATION DE LA PERVERSION

Achevé d'imprimer par Corlet Numéric,
Z.A. Charles Tellier, Condé-en-Normandie (Calvados). N° d'impression : 156138
Imprimé en France